L'ANNUEL DE L'AUTOMOBILE 2013.5

Ford EVOS Concept

13 ANS

DÉJÀ 13 ANS À VOUS OFFRIR L'INFORMATION AUTOMOBILE LA PLUS COMPLÈTE AU QUÉBEC

+ ÉQUIPES ÉDITORIALES ET DE PRODUCTION

ÉDITEURS
Benoit Charette et Michel Crépault

RÉDACTEUR EN CHEF
Michel Crépault

AUTEURS DE *L'ANNUEL DE L'AUTOMOBILE 2013,5*
Vincent Aubé, Benoit Charette, Michel Crépault, Antoine Joubert, Philippe Laguë, Gilles Pilon, Charles René et Daniel Rufiange

COMPLICES DE *L'ANNUEL DE L'AUTOMOBILE 2013,5*
Pierre Michaud, producteur et animateur télé, et toute l'équipe de l'émission *RPM* au Canal V

RÉFÉRENCES
Automotive News, *The Detroit Bureau* ainsi que plusieurs sources individuelles et virtuelles.

FICHES TECHNIQUES
Gilles Pilon

PHOTOGRAPHIES
Les constructeurs et les membres de *L'Annuel de l'automobile*

SUPPLÉMENT DES PRIX DES VOITURES NEUVES
Patrice Rivest

RÉVISEUR
Richard Roch

RÉVISEUR TECHNIQUE
Gilles Pilon

CONCEPTION GRAPHIQUE
Communications graphiques Point de mire
www.pointdemire.net
Karyne Bradley
Karine Longtin
Valérie Ross
Josée Tremblay

COMPTABILITÉ
Chantal Gareau

IMPRIMERIE
Interglobe (Transcontinental)

DISTRIBUTION
Les Messageries de Presse Benjamin

+ COORDONNÉES

L'Annuel de l'automobile 2013,5
CP 930, Coteau-du-Lac (QC) Canada J0P 1B0
www.annuelauto.com
annuelauto@gmail.com

+ REMERCIEMENTS

AUDI | Cort Nielsen

BMW/MINI | Joanne Bond, Rob Dexter, Terry Grant et Barbara Pitblado

FERRARI/MASERATI | Umberto Bonfa, Sabrina D'Amico et Maria Morgado

FISKER | Franck Peronace

FORD | Christine Hollander

GENERAL MOTORS | Robert Pagé, George Saratlic et Faye Roberts

HONDA/ACURA | Nadia Mereb, Gisèle Bradley, Laura Heasman et Maki Inoue

HYUNDAI | Patrick Danielson, Chad Heard et John Vernile

JAGUAR/LAND ROVER | Barbara Barrett et Alana Fontaine

KIA | Cathy Laroche

LAMBORGHINI | Kelly Strong

LOTUS | Bernard Durand (Groupe John Scotti)

MAZDA | Rania Guirguis, Sandra Lemaître et Alain Desrochers

MERCEDES-BENZ | JoAnne Caza, Michael Minielly, Rob Tackacs, Joseph Ticar et Karen Zlatin

MITSUBISHI | John Arnone et Sophie Desmarais

NISSAN/INFINITI | Heather Meehan, Kate Longmoore, Didier Marsaud et Wendy Durward

PORSCHE | Patrick Saint-Pierre et Rick Bye

ROLLS-ROYCE | Norman Hébert, Anne Dongois et Franck Peronace

SUBARU | Joe Felstein, Keith Townsend et Amyot Bachand

SUZUKI | André Beaucage

TOYOTA/LEXUS/SCION | Melanie Testani et Rose Hasham

VOLKSWAGEN | Thomas Tetzlaff et John White

VOLVO | Dustin Woods

LES AUTEURS TIENNENT ÉGALEMENT À REMERCIER :

» Joel Segal, de Décarie Motors, pour son appui inconditionnel au fil des ans;

» Leeja Murphy, Agence Pink Martini, pour Aston Martin et Bentley;

» Steve Spence, de Service Spenco;

» Patrice Marchessault, de L.A. Détails

» Ainsi que tous nos proches qui, pour une 2e année consécutive, ont accepté que nous nous lancions dans un autre *0,5* comme si nous n'avions déjà pas assez de travail comme ça...

Catalogage avant publication de Bibliothèque et Archives Canada Vedette principale au titre : L'Annuel de l'automobile ISBN 978 2 9807312 9 7 Dépôt légal – 1er trimestre 2013 Bibliothèque nationale du Québec, Bibliothèque nationale du Canada,

L'équipe de *L'Annuel de l'automobile* vous invite à lui faire part de vos commentaires. Il est plus que probable que vous, les propriétaires de voiture, remarquiez au quotidien des qualités ou des défauts qui nous auraient échappé.
Merci à l'avance.

TABLE DES MATIÈRES

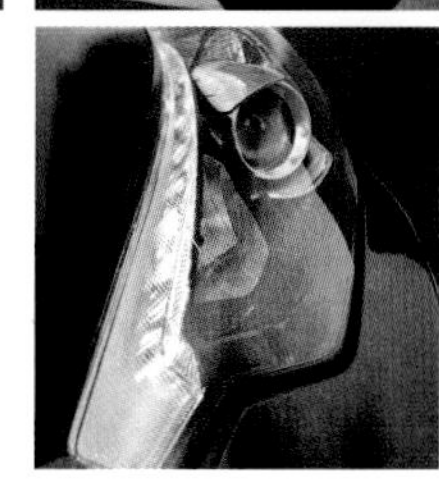

TABLE DES MATIÈRES

+ LES CONSTRUCTEURS

Pas facile de faire parler un constructeur ! C'est-à-dire que pour jaser d'un véhicule sur le point d'aboutir chez le concessionnaire, pas de problème, on nous ensevelit sous une masse d'information. Mais pour parler de modèles en développement, les relationnistes se font plus discrets qu'une religieuse cloîtrée. Par contre, à force de persévérance, on finit par apprendre des choses. Nous vous déballons ces secrets un à un, modèle par modèle.

32 à 219

+ LES ESSAIS ROUTIERS

Entre le mois d'août 2012, moment où nous avons publié *L'Annuel de l'automobile 2013*, et le début de mars 2013, moment où sort *L'Annuel de l'automobile 2013.5* que vous tenez entre les mains, nous avons assisté à 22 lancements de nouveaux véhicules. Exactement le même nombre que durant la même période il y a un an. Les constructeurs ont donc de la suite dans les idées. Ils ne nous donnent aucun répit. Et c'est tant mieux parce qu'on aime ça. Pour bien comprendre notre façon de décrire chaque nouveauté dans ses moindres détails, reportez-vous au *Manuel du propriétaire* juste la page d'après.

32 à 219

+ INDEX DES ESSAIS

+ LA LISTE DES PRIX DES VÉHICULES NEUFS 2013.5

D'*Annuel* en *Annuel*, nous publions une liste exhaustive des prix de détail suggérés pour tous les véhicules commercialisés au Québec. Or, s'il y a une information susceptible de changer en l'espace de quelques mois, ce sont bien les PDSF. D'où l'obligation de vous offrir cette liste mise à jour quelques nanosecondes avant d'aller sous presse !

220 à 224

+ INDEX DES ANNONCEURS

C'EST LA FAUTE AUX CONSTRUCTEURS !

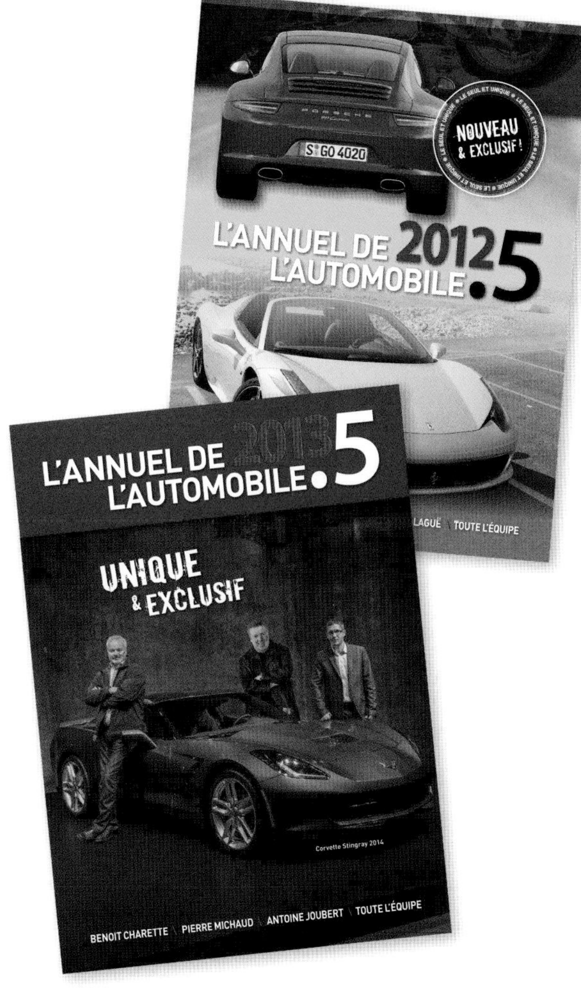

Vous tenez entre les mains le deuxième livre de la mi-temps publié par l'équipe de *L'Annuel de l'automobile*. Après le *2012.5*, le *2013.5*! Pour exactement les mêmes raisons qui nous ont poussés à sortir le premier: les constructeurs n'arrêtent pas de nous surprendre avec plusieurs nouveaux véhicules à tous les mois!

Vous souvenez-vous de l'hallucination auditive qui perturbe le personnage de Ray Kinsella, un fermier de l'Iowa joué par Kevin Costner dans le magnifique hommage au baseball qu'est le film *Field of Dreams*?

« Si tu le construis, il viendra ».

Nous ne vous révélerons pas qui est « il », au cas où certains se précipiteraient dans la minute qui suit au club vidéo, mais en guise d'analogie avec l'industrie de l'automobile, disons que plus les constructeurs construisent de nouveaux modèles, plus ils en achèteront. Vous et moi étant ici les « ils ».

Ce n'est même pas un pari risqué de leur part. En ces temps d'économie yo-yo, il convient de prêcher le gros bon sens en privilégiant la rationalisation – une sage attitude même quand le soleil brille car le beau temps n'est pas éternel, sauf dans des paradis tropicaux où l'automobile est aussi à la mode qu'un pyjama sur une autruche.

Les fabricants multiplient leurs modèles, mais limitent les plateformes, cannibalisent les pièces entre leurs divisions et utilisent les mêmes agences de marketing pour mousser les différences entre tous ces faux jumeaux.

Et des différences, il y en a. Certaines, évidentes, d'autres, plus subtiles. Ce livre se charge de vous les identifier toutes.

Dit autrement, les auteurs de *L'Annuel* doivent leur métier à ces constructeurs qui ne se couchent jamais aussi heureux que quand ils savent que nous testons, décrivons et achetons leurs véhicules.

Voilà en quelques mots la genèse de *L'Annuel de l'automobile 2013.5*. Et celle de celui avant lui et celle de ceux qui le suivront. Même plateforme, comme pour une automobile, mais avec un contenu distinct à chaque édition.

Votre auto dans votre garage, votre *Annuel* n'importe où dans votre maison. Mais surtout dans vos mains, sous vos yeux, pour être analysé par la raison que distille votre logique et pour être enflammé par la passion qui anime vos décisions.

Bonne lecture et bonne route !

L'équipe de rédaction

1

> MARQUE

La boule de cristal de *L'Annuel de l'automobile 2013,5* a travaillé fort pour prédire ce que nous réserve tous les constructeurs dans un avenir plus ou moins rapproché.

> MODÈLE

Certains modèles reviennent inchangés alors que d'autres se transforment, maintenant ou plus tard.

2

> NOUVEAUTÉ

Il s'agit d'un modèle tout nouveau, tout beau introduit entre août 2012 et mars 2013. Cette édition de *L'Annuel* en a recensé pas moins de 22 durant cette période de huit mois. Comme d'habitude, chaque essai s'est mérité 4 pages pour que nous ayons la chance de vraiment vous en parler en long et en large.

3

> LA COTE VERTE

Une fiche dont nous sommes particulièrement fiers : à partir du moteur le plus économe du modèle, quelles en sont les qualités (ou défauts) écologiques.

Outre des informations utiles comme la quantité d'émissions polluantes (CO_2), vous y apprendrez le coût moyen du carburant par année.

4

> FICHE D'IDENTITÉ

Données qui expliquent a priori à quel genre de véhicule on a affaire.

5

> AU QUOTIDIEN

ASSURANCE : Pour obtenir les primes d'assurance, nous nous sommes basés sur un cas type :

Sexe homme ou femme

Âge 25 ans, 40 ans et 60 ans

Ville Montréal ou sa banlieue immédiate. L'utilisateur prend son véhicule pour aller au travail et parcourt entre 20 et 30 kilomètres par jour. Type de police : Aucun accident dans les 5 dernières années / Franchise de 250 $ / Responsabilité civile de 1 000 000 $ / Aucun avenant ajouté à la prime de base. Les prix donnés dans *L'Annuel* comprennent les taxes.

5

PROCÉDURES POUR LES RAPPELS : Les rappels sont basés sur le registre de Transports Canada et portent sur les six dernières années de production des véhicules (2007 à 2012).

ADRESSE POUR LES RAPPELS : www.apps.tc.gc.ca

DÉPRÉCIATION : Valeur résiduelle d'un véhicule calculée sur trois ans (entre 2009 et 2012). Le chiffre indiqué représente le pourcentage de dépréciation : par exemple, « 43 % » signifie que le véhicule aura perdu 43 % de sa valeur au terme des 3 ans.

FIABILITÉ : L'équipe de *L'Annuel* s'est basée sur des données du CAA, du périodique *Consumer Reports* et du mensuel *Protégez-Vous*, de même que sur le nombre de rappels de véhicules au cours des cinq dernières années.

5/5 Excellente. Pas ou très peu de défauts.

4/5 Bonne. Peu de défauts.

3/5 Moyenne.

2/5 Inférieure à la moyenne. Plusieurs faiblesses, souvent récurrentes.

1/5 Très faible. Nombreux problèmes, véhicule mal assemblé.

NM nouveau modèle

ND non disponible

1

FORD > FUSION www.ford.ca

2

NOUVEAUTÉ $ 24 049 à 35 549 $ t&p 1450 $ FUSION < FORD

3

LA COTE VERTE MOTEUR L4 DE 2,0 L HYBRIDE

> Consommation (100 km) 4,1 L
> Consommation annuelle 820 L, 1189 $
> Indice d'octane 87 > Émissions polluantes CO_2 1886 kg/an

(SOURCE: ÉnerGuide)

4

FICHE D'IDENTITÉ

VERSIONS S, SE 2RM/4RM, Titanium 4RM, Hybride, Energi
TRANSMISSION(S) avant, 4
PORTIÈRES 4 **PLACES** 5
PREMIÈRE GÉNÉRATION 2006
GÉNÉRATION ACTUELLE 2013
CONSTRUCTION Hermosillo, Mexique, Flat Rock, Michigan, É-U
COUSSINS GONFLABLES 8 (frontaux, latéraux avant, genoux, rideaux latéraux)
CONCURRENCE Chevrolet Malibu, Chrysler 200, Dodge Avenger, Honda Accord, Hyundai Sonata, Kia Optima, Mazda6, Nissan Altima, Subaru Legacy, Suzuki Kizashi, Toyota Camry, VW Jetta/Passat

5

AU QUOTIDIEN

PRIME D'ASSURANCE
25 ANS : 2 000 à 2 200 $
40 ANS : 1 000 à 1 200 $
60 ANS : 800 à 1 000 $
COLLISION FRONTALE 5/5
COLLISION LATÉRALE 5/5
VENTES DU MODÈLE DE L'AN DERNIER AU QUÉBEC nd **AU CANADA** 27 936
DÉPRÉCIATION 56,5 (3 ans)
RAPPELS (2007 à 2012) 2
COTE DE FIABILITÉ nm

GARANTIES... ET PLUS

GARANTIE GÉNÉRALE 3 ans/60 000 km
GROUPE MOTOPROPULSEUR 5 ans/100 000 km
COMPOSANTS système hybride 8 ans/160 000 km
PERFORATION 5 ans/kilométrage illimité
ASSISTANCE ROUTIÈRE 5 ans/100 000 km
NOMBRE DE CONCESSIONNAIRES AU QUÉBEC 77 **AU CANADA** 437

NOUVEAUTÉS EN 2013.5

Nouvelle génération

APRÈS LE PLUMAGE, LE RAMAGE

Quand elle s'est pointée le bout du museau au Salon de l'auto de Detroit 2012, la nouvelle Fusion s'est attiré des « oh » et des « ah ». L'exposition n'était pas encore terminée que la jolie berline avait remportée unanimement le titre de reine du show dans le calepin de notes de plusieurs chroniqueurs, dont celui de votre humble serviteur. Mais encore restait-il à voir la conduite avant de pouvoir lui donner le bon Dieu et Céline Dion sans confession. C'est ce que nous avons finalement pu faire. Je veux dire, la conduire.

Michel Crépault

CARROSSERIE > Elle est spacieuse, elle est frugale et elle vient en plusieurs saveurs. Ford a pris le parti de décliner ses produits en quantité de livrées distinctes pour combler les attentes et les goûts du plus grand nombre possible de consommateurs. Voilà pourquoi la Ford Fusion 2013 est livrable avec moteur atmosphérique traditionnel, moteurs turbocompressés EcoBoost, dispositif hybride (essence-électricité) et, même, en configuration hybride enfichable (*plug-in*), désignée sous le nom Energi. Avec pareille gamme, essayez de trouver une Fusion qui ne vous convienne pas ! Et les prix n'effraient pas puisqu'ils démarrent autour de 25 000 $ pour la S et culminent à 34 000 $ ou plus pour la Titanium à transmission intégrale équipée jusqu'aux ouïes. Se glisse entre les deux la SE, le gros des ventes, offerte avec une boîte de vitesses manuelle (1,6 litre seulement) et quatre roues motrices si ça vous chante. La livrée SLE a disparu, tandis que les versions hybride et Energi interpelleront les gens pas fâchés d'envoyer promener les pétrolières de temps en temps.

HABITACLE > Le tableau de bord présente d'élégantes lignes, fluides et épurées, qui ont été éloignées au maximum du conducteur et de son passager avant afin de garantir un heureux dégagement. Ce généreux espace se retrouve également sur la banquette arrière. L'ambiance, toutefois, me laisse songeur. Tout est sombre, une noirceur que vient à peine cisailler des appliques de faux aluminium. On sent que Ford mise sur la modernité et limite les distractions puisque vous pouvez configurer vous-même les cadrans de la manière qui vous plaît : peu d'info ou alors beaucoup, selon vos goûts. Mais pourquoi cet environnement lugubre ? Parce que le système MyFord Touch est déjà assez accaparant comme ça ? Vous savez, cette nouvelle façon de pitonner proposée par Ford et Lincoln. Une façon critiquée. Car si l'idée est de diminuer le nombre de boutons, les utilisateurs trouvent qu'ils passent plus de temps à comprendre comment faire fonctionner le bidule. Cela dit, pour être franc, le système à bord de la Fusion a progressé. Quand vous aboyez une commande vocale et que vous n'êtes pas certain comment la formuler, le robot vous prend par la main en vous énumérant les ordres possibles. C'est déjà ça de gagné.

Le coffre à bagages de l'hybride est handicapé par la batterie qui oblige le compartiment à se scinder en deux paliers. Le bouton-poussoir pour le démarrage sans clef (elle est dans votre poche) n'équipe que la version Titanium, une grossière erreur à mon avis. Une voiture comme la Fusion qui se veut moderne à ce point aurait dû étendre le sans clef à l'échelle de la gamme. Enfin, Ford préfère offrir plusieurs ensembles. Il faut les étudier pour comprendre quelle gâterie n'est offerte qu'en kit (comme l'alerte de franchissement des lignes), alors que d'autres peuvent s'acheter individuellement (comme le régulateur de vitesse adaptatif). Le gadget qui permet d'ouvrir le couvercle du coffre à bagages en mimant un coup de pied sous le pare-chocs n'est pas offert sur la nouvelle Fusion. Pour l'instant, il est limité à l'Escape et au multisegment C-MAX.

MÉCANIQUE > Vous voulez quoi ? Une Fusion SE avec un 4 cylindres de 2,5 litres de 168 chevaux et une boîte automatique à 6 rapports ? Ou le 1,6 litre EcoBoost de 179 chevaux, que vous pourrez associer à une boîte manuelle ou automatique, toutes les deux à 6 rapports, sans oublier la technologie d'arrêt-démarrage réservée à cet engin ? À moins que ça ne soit le 2 litres EcoBoost de 237 chevaux qui vous intéresse, avec une motricité limitée aux deux roues avant ou alors étendue aux quatre (modèles SE). Sur la version Titanium, l'AWD se révèle de série. N'oubliez pas l'hybride « régulière » et la version Energi enfichable. En vertu de son 4 cylindres de 2 litres à cycle Atkinson de 141 chevaux assisté d'un moteur électrique qui

Une gamme extrêmement bien pensée • Une silhouette ravissante
Un intérieur spacieux • Un comportement en général très sain

Pas assez de gaieté sur la planche de bord • Le freinage des hybrides exige un temps d'acclimatation • Coffre à bagages restreint (hybrides)

9

MENTIONS

CLÉ D'OR · CHOIX VERT · COUP DE CŒUR · RECOMMANDÉ

VERDICT

PLAISIR AU VOLANT
QUALITÉ DE FINITION
CONSOMMATION
RAPPORT QUALITÉ / PRIX
VALEUR DE REVENTE
CONFORT

1 5 10

6

FICHE TECHNIQUE

\+ MOTEUR (S)

(HYBRIDE, ENERGI) L4 2,0 L DACT cycle Atkinson + moteur électrique
PUISSANCE 141 ch. à 6 000 tr/min (puissance totale 188 ch.)
COUPLE 129 lb-pi à 4 000 tr/min
BOÎTE(S) DE VITESSES automatique à variation continue, automatique à 6 rapports (option)
PERFORMANCES 0 À 100 KM/H nm
VITESSE MAXIMALE 170 km/h

(S, SE) L4 2,5 L DACT
PUISSANCE 168 ch. à 6 000 tr/min
COUPLE 170 lb-pi à 4 500 tr/min
BOITE(S) DE VITESSES automatique à 6 rapports
PERFORMANCES 0 à 100 KM/H nm
VITESSE MAXIMALE 205 km/h
CONSOMMATION (100 KM) 9,2 L (Octane 87)
ANNUELLE 1540 L
COÛT ANNUEL 2 233 $
ÉMISSIONS DE CO_2 3 542 kg/an

(Option SE 2RM) L4 1,6 L DACT EcoBoost
PUISSANCE 179 ch. à 6 000 tr/min
COUPLE 172 lb-pi à 4 500 tr/min
BOITE(S) DE VITESSES automatique à 6 rapports avec mode manuel, manuelle à 6 rapports
PERFORMANCES 0 à 100 KM/H nm
VITESSE MAXIMALE 205 km/h
CONSOMMATION (100 KM) man. 8,0 L **auto.** 8,7 L, 8,5 L (avec démarrage/arrêt) (Octane 87)
ANNUELLE 1460 L, 1420 L (avec démarrage/arrêt)
COÛT ANNUEL 2 117 $ 2 059 $ (avec démarrage/arrêt)
ÉMISSIONS DE CO_2 3 266 kg/an

(SE 4RM, TITANIUM, OPTION SE 2RM) L4 2,0 L DACT EcoBoost
PUISSANCE 237 ch. à 5 500 tr/min
COUPLE 250 lb-pi à 4 000 tr/min
BOITE(S) DE VITESSES automatique à 6 rapports avec mode manuel et manettes au volant
PERFORMANCES 0 À 100 KM/H nm
VITESSE MAXIMALE 225 km/h
CONSOMMATION (100 KM) 2RM 9,2 L, **4RM** 9,5 L (Octane 87)
ANNUELLE 2RM 1540 L **4RM** 1600 L
COÛT ANNUEL 2RM 2 233 $ **4RM** 2 320 $
ÉMISSIONS DE CO_2 2RM 3 542 kg/an **4RM** 3 680 kg/an

\+ AUTRES COMPOSANTS

SÉCURITÉ ACTIVE Freins ABS, assistance au freinage, répartition électronique de la force de freinage, contrôle électronique de la stabilité, antipatinage
SUSPENSION avant/arrière indépendante
FREINS avant/arrière disques
DIRECTION à crémaillère assistée électriquement
PNEUS S P215/60R16 **SE 2RM** P235/50R17 **SE 4RM, TITANIUM** P235/45R18 **option TITANIUM** P235/40R19 **HYBRIDE, ENERGI** P225/50R17

\+ DIMENSIONS

EMPATTEMENT 2 850 mm
LONGUEUR 4 870 mm **HYBRIDE** 4 873 mm
LARGEUR 1852 mm
HAUTEUR 1476 mm **HYBRIDE** 1473 mm
POIDS 1554 kg **HYBRIDE** 1651 kg
DIAMÈTRE DE BRAQUAGE 10,3 m
RÉSERVOIR DE CARBURANT 2RM 62 L **4RM** 66 L **HYBRIDE** 53 L
COFFRE 453 L **HYBRIDE** 340 L

7

2e OPINION

Je vous parlerai ici de mon expérience au volant de la Fusion à moteur de 1,6 litre EcoBoost, la seule que j'ai conduite, et celle qui sera choisie par la majorité des acheteurs. Voilà une voiture élégante, avec une qualité d'assemblage encore jamais vue chez Ford. L'habitacle est bien ficelé, la présentation intérieure est aussi riche que soignée, et le degré de technologie à bord (parfois déroutante, j'en conviens) permet de placer la voiture dans une classe à part. Confortable, maniable et solide, elle laisse un sentiment de sécurité qui plaira à tous. Hélas, un gros problème demeure : le moteur de 1,6 litre est grognon, il préfère de beaucoup le carburant super et, en prime, il consomme beaucoup trop. De 10,5 à 11 litres aux 100 kilomètres, mi-ville, mi-route. Rappelez-moi déjà le nom de ce moteur ?

Antoine Joubert

94 | L'ANNUEL DE L'AUTOMOBILE 2013,5

L'ANNUEL DE L'AUTOMOBILE 2013,5 | 95

> FICHE TECHNIQUE

6 Données sur à peu près tout ce qui est mesurable dans un véhicule ! La consommation indiquée dans la fiche est basée sur *l'ÉnerGuide 2013*. La puissance des moteurs repose sur une nouvelle charte de la SAE (*Society of Automotive Engineers*) et explique les différences à la baisse quant à la puissance de certains véhicules.

> 2e OPINION

7 À l'aide de quelques mots bien sentis, un second chroniqueur appuie ou contredit ce que son collègue vient tout juste d'exposer.

> HISTORIQUE

8 Dès qu'il s'agit d'une nouveauté 2013,5 (étalée sur quatre pages), l'équipe relate l'historique du véhicule en images ou met en relief un point technique qui caractérise le modèle.

> EN CONCLUSION

NOS MENTIONS

LA CLÉ D'OR DE SA CATÉGORIE :
Les auteurs de *L'Annuel* ont choisi le modèle comme le meilleur de sa catégorie.

LE CHOIX VERT :
Ce modèle se distingue grâce à ses vertus écologiques.

9 **COUP DE COEUR :**
Au diable la raison, c'est l'émotion pure qui nous guide ici !

MODÈLE RECOMMANDÉ :
Sans peut-être décrocher une palme spécifique, ce modèle représente un achat sûr.

NOTRE VERDICT
À l'aide d'un système de gradation éprouvé, nous résumons les aspects importants de n'importe quel véhicule.

FORD > FUSION www.ford.ca **FUSION < FORD**

A

B

C

GALERIE

A Les stylistes se sont amusés avec le nombre de barrettes dans la calandre pour sculpter la nouvelle face que Ford entend donner à tous ses modèles sous-compacts, compacts et intermédiaires dans le monde. C'est le « design global » de l'ovale bleu.

B Le moteur EcoBoost de 1,6 litre est censé livrer la meilleure consommation de carburant pour un 4 cylindres qui n'est pas hybride, à savoir 8 litres aux 100 kilomètres en ville et 5,3 sur l'autoroute. Le 2 litres EcoBoost, lié à des leviers de sélection au volant, sera le choix de l'amateur de performances.

C Les systèmes SYNC et MyFord Touch combinent leurs technologies pour faciliter l'interaction entre le conducteur et son auto. Il peut utiliser des commandes vocales ou tactiles, ou alors s'en remettre aux bons vieux interrupteurs. À lui de choisir. Ford vise à garder les mains sur le volant et les yeux sur la route.

D Le coffre de la Fusion peut normalement avaler 453 litres de bagages, sauf que l'espace de la soute des modèles hybrides doit aussi cohabiter avec la batterie au lithium-ion.

E Le moteur de 2,5 litres n'est livrable qu'avec une boîte automatique à 6 rapports, alors que le 1,6 litre s'entend bien avec la manuelle et l'automatique, toutes les deux à 6 rapports. Le 2 litres offre le choix entre 2 et 4 roues motrices et s'associe à l'automatique SelectShift dont les 6 rapports sont aussi contrôlables à l'aide de leviers de sélection au volant.

D

E

tire son jus d'une batterie lithium-ion, la Fusion verte promet une consommation autour des 4 litres aux 100 kilomètres, que ce soit sur l'autoroute ou en ville. Dans le cas de l'Energi, vous pourrez parcourir une quarantaine de kilomètres grâce à l'électricité seule. La réserve épuisée, la voiture s'en remettra à un système hybride similaire à l'autre Fusion écolo. Est-ce que ces quelques kilomètres « propres » supplémentaires valent les dollars demandés en extra pour cette technologie ? Personnellement, je ne le crois pas mais qui suis-je pour vous dire comment dépenser vos sous chèrement gagnés ? Parlant d'argent, je souligne que le dispositif d'arrêt-démarrage offert en option déjà mentionné revient aux Canadiens à 150 $ (abordable) alors qu'il coûte deux fois plus cher aux États-Unis. Pour une fois que ce n'est pas le contraire ! Si votre Fusion est munie de ce dispositif, vous devriez réaliser une économie supplémentaire de 3 % sur l'essence en ville. Aussi bien dire que le gadget risque de se payer de lui-même assez rapidement. Dans l'ensemble, Ford a décidé que les acheteurs de Fusion sauveraient des dollars à la pompe. D'où l'abandon du V6 et la multiplication des 4 cylindres. Vous n'en trouverez aucun discret quand vous déciderez d'accélérer sans ménagement. C'est semble-t-il le prix à payer pour les fois où vous serez pressés, la consolation étant une consommation de carburant intéressante.

COMPORTEMENT > Justement, la Fusion hybride promet une consommation autour des 4 litres aux 100 kilomètres, que ce soit sur l'autoroute ou en ville. Un meilleur résultat que celui de la Camry hybride, une rivale clairement ciblée. Par contre, le moteur électrique, le bloc de batteries et le système de récupération d'énergie la rendent lourde, et cette lourdeur se transmet à la direction électrique. Une Fusion « moins verte » se comporte d'une manière plus enjouée. Même le freinage à récupération d'énergie communique une sensation inhabituelle. Les étriers agrippent les disques sans délai, au point, les premières fois, de nous faire piquer du nez, mais l'impression d'ensemble rappelle le mastic. De son côté, la Fusion équipée du 1,6 litre EcoBoost et du dispositif écologique d'arrêt-démarrage peut réaliser 8,5 litres aux 100 kilomètres en ville et aussi peu que 5,3 litres sur l'autoroute. À bord de tous les modèles, on se sent réellement au volant d'une voiture spacieuse, une qualité qui a toujours eu l'heur de plaire aux Américains. Pour eux, c'est essentiel.

CONCLUSION > Ford a mis le paquet sur la Fusion parce qu'elle lutte aux États-Unis dans le plus important segment, celui des intermédiaires (alors que chez nous, les compactes dominent). L'an dernier là-bas, la Fusion avait fini au quatrième rang des intermédiaires. Avec la 2013, Ford entend monter sur la plus haute marche du podium. Par ailleurs, comme un plus grand nombre de composants de cette nouvelle Fusion proviennent désormais de Ford, ça permet au constructeur de dire qu'il sera mieux équipé pour répondre à la demande, une lacune qui avait plombé les ventes de l'ancien modèle. En Europe, la Mondeo, l'autre nom de la Fusion, aura droit à des versions familiales et à hayon (*hatchback*). Mais pas chez nous. Les Américains ne sont pas encore suffisamment entichés des breaks et des bicorps. Hélas. ■

HISTORIQUE 8

La première Fusion (Mondeo en Europe et d'autres marchés) a débuté sa production à l'usine mexicaine de Hermosillo au mois d'août 2005 comme modèle 2006. À ses débuts, elle partageait ses entrailles avec la désormais défunte Mercury Milan, mais continue de le faire avec la Lincoln MKZ. Cette première génération aura quand même vécu six ans avant de céder sa place. La deuxième représente la première tentative pour un constructeur d'offrir quatre modèles aussi distincts : moteur atmosphérique, moteur turbocompressé, motorisation hybride et hybride enfichable. Depuis ses débuts, les trophées pleuvent sur la Fusion. *L'Annuel de l'automobile 2011* avait d'ailleurs décerné son prix de la *Voiture verte de l'année* au modèle hybride, et le quatuor 2013 a remporté un prix similaire au dernier Salon de Los Angeles.

FORD FUSION 2006

FORD FUSION 2011

FORD FUSION HYBRID 2012

FORD FUSION HYBRIDE

FORD FUSION ENERGI

FORD FUSION 2013

96 | L'ANNUEL DE L'AUTOMOBILE 2013,5 — L'ANNUEL DE L'AUTOMOBILE 2013,5 | 97

LES **COTES** DE **CONSOMMATION**

SUITE ET FIN (LES DOIGTS CROISÉS)

Michel Crépault

Un an plus tôt, dans *L'Annuel de l'automobile 2012,5*, nous avons posé la question: peut-on se fier aux cotes de consommation de carburant annoncées par les constructeurs et les organismes gouvernementaux? Et la réponse fut : pas vraiment. Ou, si vous préférez: oui mais en les relativisant. Et même pas mal. Or, dans les mois qui suivirent, le sujet occupa l'avant-scène de l'actualité. Le conglomérat Hyundai/Kia dû procéder à un acte de contrition pour avoir publiciser des cotes de consommation erronées. La compagnie Ford fut ensuite prise à parti au sujet de la consommation annoncée de nouveaux modèles. Bref, ces fameuses cotes de consommation n'ont jamais été aussi présentes à l'esprit des consommateurs et, malheureusement, pour les mauvaises raisons. Voilà pourquoi *L'Annuel de l'automobile 2013,5* a décidé d'actualiser le dossier avec, possiblement, une conclusion utile à tous.

LE CAS HYUNDAI/KIA

Les deux compagnies siamoises (mais gérées de manière tout à fait indépendante, voire «ennemie») faisaient grande promotion aux États-Unis d'une demi-douzaine de leurs modèles capables d'afficher 5,9 litres aux 100 kilomètres, la nouvelle marque à atteindre en Amérique du Nord pour le constructeur qui souhaite vraiment impressionner le conducteur.

Chez l'oncle Sam, l'*Environmental Protection Agency* (EPA) a le mandat de mesurer la consommation des véhicules pour valider les prétentions des fabricants (chez nous, ce rôle appartient à Ressources naturelles Canada qui publie chaque année son Guide de consommation de carburant, l'*ÉnerGuide*).

L'organisme fédéral américain s'est justement intéressé aux produits Kia et Hyundai à la suite de plaintes de consommateurs alléguant que leur consommation quotidienne était supérieure à celle annoncée.

L'EPA a donc testé 13 modèles dont 900 000 exemplaires avaient trouvé preneurs aux États-Unis depuis 2010. Et les résultats de l'organisme ne concordèrent pas avec ceux des constructeurs sud-coréens. Un écart qui variait, selon le modèle, d'un petit mille par gallon à tout de même six milles par gallon dans le cas d'un Kia Soul 2012.

La nouvelle a fait scandale. Il en a été question dans les médias spécialisés pendant des semaines. L'état-major nord-américain des deux marques s'est confondu en excuses sincères durant leur présentation au dernier Salon de l'auto de Detroit, avant même de dévoiler le plus petit bout de métal.

Pour être franc, Hyundai et Kia se sont retournées sur un 10 cents. Elles n'ont pas contesté les chiffres de l'EPA, elles ont admis une erreur procédurale qui s'était produite là-bas en Corée du Sud et, surtout, elles ont établi en un temps record un programme de dédommagement à l'intention des propriétaires d'automobiles concernés.

Chacun d'eux est aujourd'hui en droit de recevoir un montant d'argent correspondant à la dépense supplémentaire occasionnée par la consommation plus élevée. En théorie, le conducteur n'a qu'à se présenter chez le concessionnaire qui note le kilométrage parcouru. En pratique, un marchand Kia du grand Montréal nous expliquait que le fabricant est telle-

L'ORGANISME FÉDÉRAL AMÉRICAIN S'EST JUSTEMENT INTÉRESSÉ AUX PRODUITS KIA ET HYUNDAI À LA SUITE DE PLAINTES DE CONSOMMATEURS.
Kia Soul

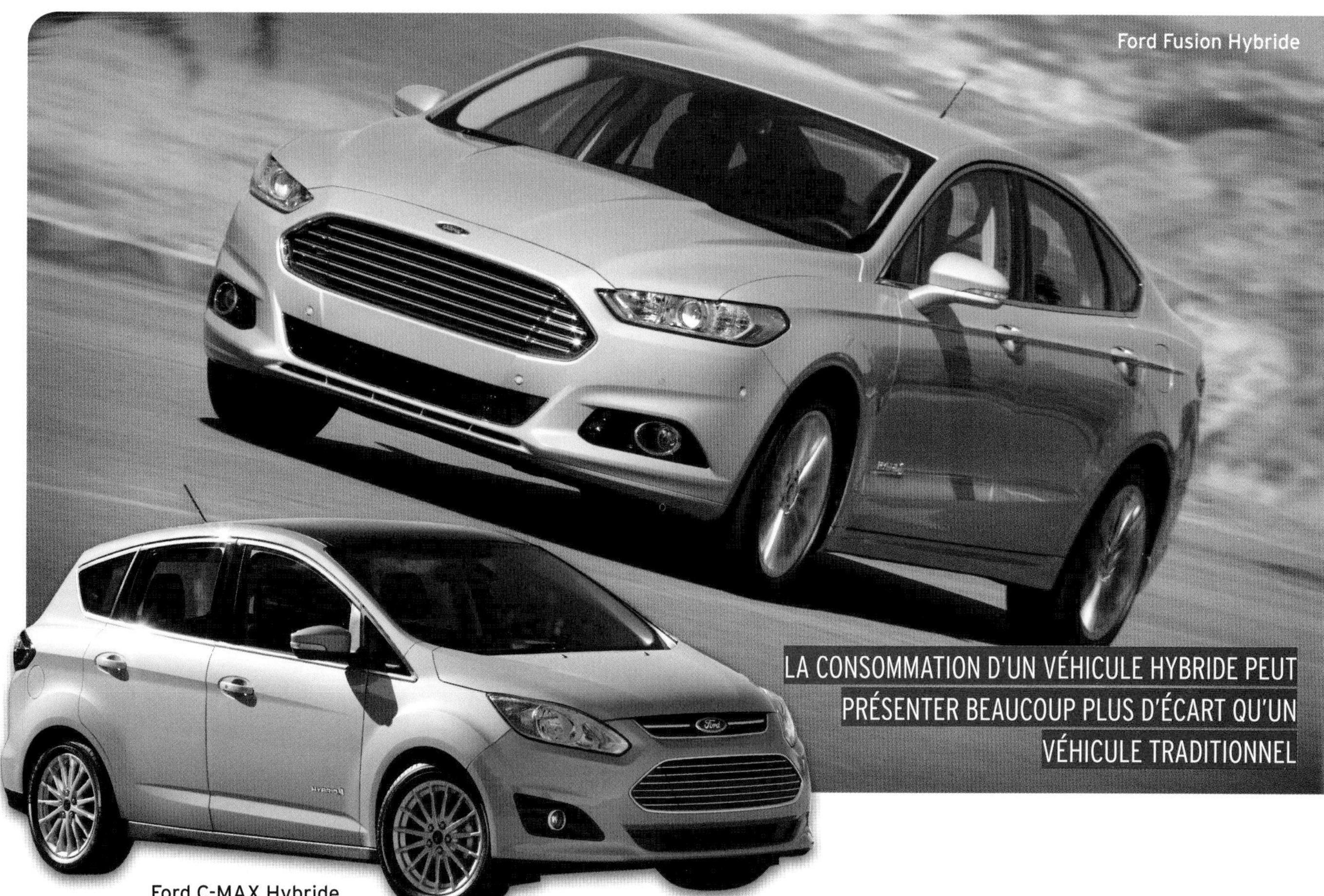
LA CONSOMMATION D'UN VÉHICULE HYBRIDE PEUT PRÉSENTER BEAUCOUP PLUS D'ÉCART QU'UN VÉHICULE TRADITIONNEL

Ford Fusion Hybride

Ford C-MAX Hybride

ment soucieux de se faire pardonner qu'elle s'occupe d'expédier les sous (sous forme d'une carte de débit) même à ceux et celles qui jugent le déplacement vers la concession plus coûteux que le remboursement. Kia et Hyundai ajoutent même 15 % au montant pour compenser le temps perdu à régler la situation.

Quelqu'un qui parcourt, disons, 24 000 kilomètres par année, peut ainsi obtenir jusqu'à 80 $ par année, selon son modèle d'auto, le remboursement se poursuivant aussi longtemps que le véhicule restera en sa possession (on présume que le deuxième propriétaire, s'il y a lieu, sera mis au courant de la situation et achètera l'auto d'occasion en toutes connaissances de cause).

En supposant un dédommagement de 500 $ au fil des ans pour chacun des 900 000 véhicules visés (seulement aux États-Unis), on parle d'une facture totale de 450 millions de dollars.

Moody's Investors Service, pour sa part, estime que l'incident coûtera 100 millions de dollars par année à Hyundai et Kia jusqu'à ce que les modèles affectés par la pénalité financière ne disparaissent de la circulation. Cela dit, cette dépense, si elle se concrétise, ne représente même pas 1 % des profits totaux des deux compagnies.

Des cyniques ajouteraient que toute la « publicité » qui a nimbé la situation, y compris la rapidité et la manière plus qu'honorable avec lesquelles les deux compagnies se sont amendées auprès des consommateurs, eh bien que toute cette attention vaut son pesant d'or !

LE CAS FORD

Peu après l'affaire Hyundai/Kia, en décembre dernier précisément, l'EPA s'est intéressée aux cotes de consommation de deux nouveautés hybrides de Ford Motor Co. : la berline Fusion et le multisegment C-Max.

L'alarme a été sonnée cette fois par le magazine *Consumer Reports*. La consommation de ces deux véhicules telle que calculée par les essayeurs de la revue ne coïncidait pas avec celle clamée par Ford dans ses publicités.

En effet, après avoir parcouru 3 200 kilomètres avec la Fusion et le C-Max, l'équipe du magazine a réalisé une moyenne de 6,7 litres aux 100 kilomètres en conduite urbaine, alors que Ford avance le chiffre de 5 litres. En fait, Ford promet 5 litres en ville, sur l'autoroute et au combiné, alors que *CR* a été incapable d'atteindre ce résultat nulle part.

La réponse de Ford était prévisible : le kilométrage peut varier selon les conducteurs. La preuve, a-t-elle ajouté, certains d'entre eux auraient rapporté des chiffres encore plus avantageux que ceux du fabricant !

Linc Wehrly, directeur des tests de l'EPA à Ann Arbor, au Michigan, a défendu à sa façon Ford en déclarant au quotidien *Detroit News* « que la consommation d'un véhicule hybride peut présenter beaucoup plus d'écart qu'un véhicule traditionnel ».

Je peux en parler en connaissance de cause. J'ai participé à des présentations de presse où le constructeur mettait au défi les journalistes de réaliser la meilleure cote de consommation possible. À la fin de la journée, les résultats variaient énormément. Des collègues avaient même réussi à faire mieux que les chiffres du fabricant en collant leur auto derrière un camion durant tout le trajet. En étant « aspiré » par le pachyderme, les futés avaient ainsi économisé beaucoup de carburant !

Mais, dans la vraie vie, qui d'entre nous veut se farcir Montréal-Québec derrière un 10 roues ?

Sans oublier que n'eût été du défi à relever, je n'aurais jamais passé la journée à conduire de la sorte. Trop soporifique, et très agaçant pour les autres conducteurs. Car chaque fois que j'ai obtenu des chiffres de consommation proches de ceux vantés pour un véhicule hybride, j'ai adopté un mode de conduite qui m'a aussi valu des coups de klaxon et divers autres signes d'impatience de la part des voisins d'autoroute qui n'appréciaient guère mes accélérations engourdies et mon insistance à rouler à la vitesse d'un croquemort.

LE CAS DES TURBOS

Le magazine *Consumer Reports* en a remis une couche en évaluant cette fois les moteurs turbocompressés qui sont censés fournir à la fois de solides performances tout en nous faisant économiser du carburant.

Actuellement, on utilise un turbocompresseur dans 25 % des nouveaux modèles et on prédit que ce pourcentage passera à 80 % d'ici 2017 ! Or, le magazine américain contredit les chiffres non pas des constructeurs mais de l'EPA elle-même. Selon elle, les moteurs turbocompressés se révèlent souvent plus lents et plus énergivores que les plus gros 4 et 6-cylindres atmosphériques qu'ils doivent en théorie déclasser.

Le moteur EcoBoost de la Ford Fusion est particulièrement sur la sellette. Et, par extrapolation, une grande partie de la gamme Ford puisque l'EcoBoost y prend de plus en plus de place, c'est-à-dire jusque sous le capot des camionnettes F-150.

Mais Ford et les autres partisans du turbo - et ils sont nombreux - ne bronchent pas : cette technologie est un atout. Qui a raison, qui a tort ? Ici encore, tout dépend de la manière dont vous utilisez votre moteur turbo.

Si vous passez votre temps le pied sur l'accélérateur, les performances seront au rendez-vous, les lois de la mécanique le garantissent puisqu'un turbo utilise l'énergie de l'échappement pour activer un ventilateur qui force de l'air dans le cylindre. Ajoutez-y une gouttelette supplémentaire de carburant et vous obtenez une accroissance de la puissance, c'est clair et net. En revanche, vous n'obtiendrez sûrement pas d'économie à la pompe.

Par contre, si vous conduisez si sagement que le turbo n'intervient pour ainsi dire jamais, alors là, vous avez des bonnes chances d'atteindre la cote de consommation promise. Mais vous ne battrez pas des records de vitesse au test du 0 à 100 km/h... Autrement dit, avec un turbo, c'est l'un ou l'autre, pas l'un *et* l'autre. Bien entendu, les agences de publicité des constructeurs ne s'embarrassent pas de scrupules et vantent sans distinction l'un *et* l'autre avantages du turbo.

Dans le fond, la mise en garde de *Consumer Reports* nous rappelle que tout est affaire de compromis, comme d'ailleurs, soit dit en passant, la majorité des solutions appliquées dans l'industrie de l'automobile (le meilleur exemple étant le pneu : aussi bon soit-il, il ne pourra jamais exceller dans toutes les conditions routières).

Bref, puisque les services rendus par un turbo peuvent facilement susciter la controverse s'ils sont mal compris, l'exactitude de la consommation moyenne obtenue avec un turbo est elle aussi à prendre avec un grain de sel.

ON FAIT QUOI ?

Ce qui est certain, c'est que ces cas engendrent un gros doute chez le consommateur qui tente de se faire une idée *avant* d'acheter son véhicule.

Au Canada, les autorités recommandent aux constructeurs de vendre leurs véhicules neufs avec une étiquette qui précise sa consommation. Ce n'est pas une obligation mais la majorité des compagnies s'y conforment. Mais, on l'a vu, tous ces chiffres avancés par les constructeurs et, même, par les organismes fédéraux censés vérifier les données des constructeurs diffèrent trop du quotidien du consommateur. Celui-ci risque d'être déçu, pour ne pas dire fâché, avec en prime l'impression qu'on s'est foutu de sa gueule...

Comment éviter cela à l'avenir ?

SUGGESTION 1

Modifier la mise en garde officielle rédigée sur l'étiquette collée sur le véhicule.

Trop vague, elle dirait plutôt quelque chose comme : « Cette cote de consommation ne sera valide que si vous conduisez cette automobile dans des conditions exactement semblables à celles simulées en laboratoire. Voici les conditions en question. Bonne chance ! »

SUGGESTION 2

Augmenter d'emblée tous les chiffres de consommation qui proviennent de Ressources naturelles du Canada de 20 %.

Éric LeFrançois, chroniqueur automobile à *La Presse*, n'a pas hésité récemment à faire cette recommandation à ses lecteurs. Quand RNCan calquera enfin ses tests sur celles de l'EPA (d'ici 2014, a annoncé le ministre Joe Oliver), on pourrait peut-être limiter la bonification des scores à 10 %, et encore, c'est peut-être risqué si l'on se fie aux propos de Jeff Alson, ingénieur à l'EPA, rapportés dans une récente livraison d'*Automotive News* : « Tout le monde veut une étiquette qui te dit exactement ce que ton véhicule consommera mais, de toute évidence, c'est impossible. » Son conseil : « On ne risque pas d'être déçu en se souvenant que la consommation de carburant dans la vie de tous les jours est environ 20 % moins bonne que les chiffres obtenus en laboratoire. »

Même un gars de l'EPA le dit...

SUGGESTION 3

Resserrer l'étau sur les constructeurs.

L'EPA n'a pas l'intention de dormir au gaz à la suite des incidents rapportés. Puisqu'elle a le mandat du Congrès américain de superviser les standards du *Corporate Average Fuel Economy* (mieux connu sous l'acronyme CAFE), et de rassurer le public sur les prétentions énergivores des constructeurs, l'EPA promet de tester davantage de véhicules.

Jusqu'à présent, elle se fiait surtout à la parole des constructeurs. Ces derniers effectuent leurs tests, puis en communiquent les résultats à l'EPA. Puisque la consommation de carburant est devenue l'un des arguments de vente essentiels, sinon le principal élément de séduction, on comprend facilement que les constructeurs fassent leur possible pour décrocher des scores ahurissants.

Y compris mener des tests dans des situations de conduite qui n'ont rien à voir avec la réalité quotidienne du conducteur du Vermont ou du Québec.

Jusqu'à présent, l'EPA ne vérifiait aléatoirement que 15 % des résultats remis par les constructeurs. Ce pourcentage s'apprête à être revu à la hausse.

Chez Ford, Jim Farley, le directeur du Marketing américain, a assuré que sa compagnie n'abusait pas du système, et que des utilisateurs de C-Max et de Fusion hybrides ont bel et bien obtenu des cotes de consommation supérieures aux 5 litres aux 100 kilomètres publicisés.

Ce qui confirme, souligne M. Farley, que le « style de conduite, les conditions routières et d'autres facteurs (entretien de l'auto, type de pneus, etc.) *peuvent* faire varier la consommation. »

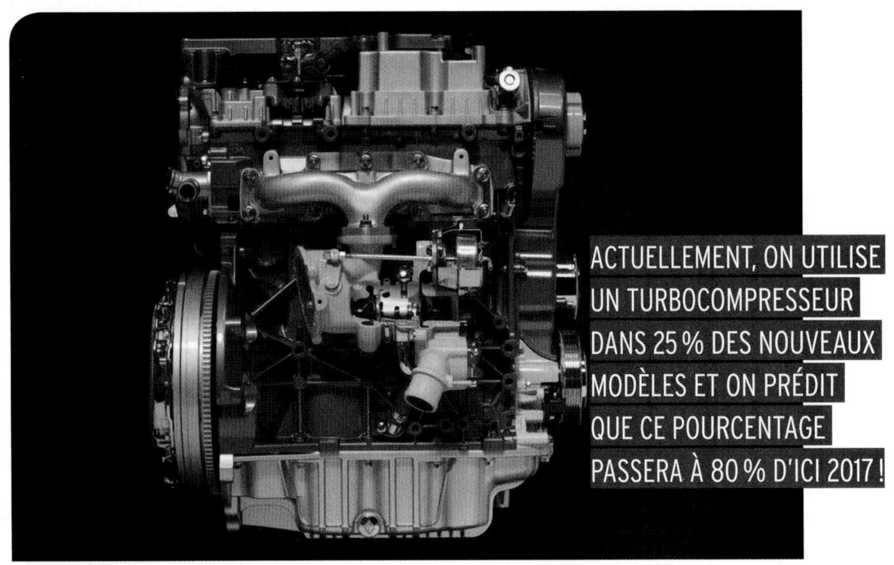

ACTUELLEMENT, ON UTILISE UN TURBOCOMPRESSEUR DANS 25 % DES NOUVEAUX MODÈLES ET ON PRÉDIT QUE CE POURCENTAGE PASSERA À 80 % D'ICI 2017 !

D'autres rappellent que des écarts de 20 % entre les scores sont fréquents, particulièrement pour les véhicules dont la propulsion dépend d'un bloc de batteries. Chez *Consumers Reports*, on a constaté que plus de 80 % des véhicules testés ont un écart d'au plus 2 mpg par rapport aux chiffres de l'EPA.

En 2008, l'EPA a justement revu ses tests pour mieux refléter la réalité des véhicules hybrides et électriques qui commençaient à se répandre de plus en plus dans le marché. Elle travaille actuellement à tester les C-Max et Fusion hybrides pour vérifier qui, de Ford ou de *Consumer Reports*, détient la vérité. De deux choses l'une : ou bien les chiffres différeront un peu de ceux de Ford, mais il sera prouvé que le constructeur a néanmoins testé selon les procédures approuvées par l'EPA et, alors, tout le monde sera satisfait; ou bien on démontrera que Ford n'a pas respecté les procédures et elle s'exposera alors à des amendes et possiblement à des actions publiques similaires à celles que Kia et Hyundai ont dû mettre en place pour calmer la grogne populaire.

Sans parler des recours collectifs qui peuvent s'ensuivre de la part de consommateurs qui estiment mériter plus que ce qu'on leur offre. Les avocats pour endosser ce genre de croisade médiatisée ne manquent habituellement pas à l'appel, surtout aux États-Unis où poursuivre son prochain est un sport national.

SUGGESTION 4

Ne promouvoir qu'une seule et unique donnée : la cote de consommation combinée (autoroute/ville).

Peu importe la méthodologie utilisée, une fois que les constructeurs mettent la main sur les chiffres, ils n'en utilisent qu'un seul dans leurs publicités : le plus bas ! Celui qui est généralement généré par le test simulant un trajet sur autoroute, alors que les chiffres provenant d'un test simulant une conduite en ville sont d'ordinaire plus élevés (bien que cette règle tende à s'inverser en raison de nouvelles technologies comme l'injection directe de carburant et les boîtes CVT).

Le constructeur devrait avoir l'obligation, s'il décide d'aller en campagne publicitaire avec ces chiffres, de n'annoncer que la cote combinée.

SUGGESTION 5

Uniformiser les tests de consommation à l'échelle de la planète.

Si les chronomètres électroniques sont en mesure de nous fournir les millièmes de seconde pour départager des sprinters olympiques, on devrait pouvoir s'entendre sur une méthodologie commune à tous pour mesurer des kilomètres à l'aide d'un litre de carburant. Parce qu'en ce moment, les controverses autour des méthodes propres à tout un chacun nous laissent croire qu'il est moins subjectif et hasardeux de coter du vin !

La méthodologie de l'EPA diffère de celle de Ressources naturelles du Canada, laquelle n'a rien à voir avec les calculs privilégiés en Europe, ni chez les constructeurs asiatiques, ni chez des groupes de consommateurs comme *Consumer Watchdog* aux États-Unis. Il faut uniformiser tout cela. Et émuler un maximum de scénarios possibles en laboratoire. Pour un véhicule vendu au Québec, que les cotes de consommation publiées aient été calculées en fonction de nos hivers, pas seulement comme si le conducteur ne roulait que sur une autoroute bordée de palmiers.

EN SOMME...

La Maison Blanche espère obliger les constructeurs à fixer la consommation moyenne de leur parc d'automobiles respectif à 4,4 litres aux 100 kilomètres d'ici 2025, et le Canada emboîtera assurément le pas, il le fait toujours. Des lobbyistes et une poignée de constructeurs inquiets - la majorité approuve l'objectif - ont obtenu que le gouvernement vérifie, d'ici avril 2018, si cet objectif est effectivement réalisable, ou s'il ne faudrait pas plutôt l'abaisser.

De son côté, l'ingénieur Alson de l'EPA prédit que la « véritable consommation de carburant de tous les jours » en 2025 sera plutôt de l'ordre de 5,9 litres aux 100 kilomètres, alors qu'elle était d'environ 11,8 litres en 2010 et qu'on projette qu'elle sera à 8,7 litres en 2016.

Comme on prédit aussi que 90 % des automobiles de 2025 auront des petites cylindrées mais turbocompressées, et que les véhicules électriques ne représenteront que 2 % du marché nord-américain, toujours en 2025, nous avons intérêt à mieux identifier notre consommation de carburant réelle pour mesurer le progrès qui nous permettra, tous ensemble, de diminuer notre dépendance au pétrole, ainsi que la chape de monoxyde de carbone qui menace nos arbres et nos poumons. ■

SI LES STATIONS-SERVICES AFFICHAIENT PLUS SOUVENT CE GENRE DE PRIX, LES CONSOMMATEURS SE SOUCIERAIENT UN PEU MOINS DE LA CONSOMMATION DE CARBURANT DE LEUR VÉHICULE...

SALON DE L'AUTO DE Paris

JAMAIS ENNUYEUX !

Organisé à tous les deux ans (en alternance avec le Salon de Francfort), le Mondial de l'automobile est un incontournable de l'industrie. La ville lumière y présente toujours plusieurs prototypes qui font beaucoup jaser. Ce rendez-vous bisannuel demeure l'un des shows les plus visités de la planète avec plus d'un million de visiteurs durant la quinzaine de jours que dure cette douce extravagance automobile. Place à l'exotisme et à l'exclusif !

BMW CONCEPT ACTIVE TOURER

Même si ce véhicule a été présenté sous forme de concept à Paris, il semblait tout à fait prêt à prendre la route. Le Tourer se veut la réponse de BMW à la Classe B de Mercedes-Benz. La position de conduite plus élevée et la banquette repliable en trois sections à l'arrière sont des traits de caractère propres à ce style de véhicule. BMW vise aussi la sobriété à la pompe. Voilà pourquoi l'Active Tourer dispose de deux moteurs, soit un 1,5-litre turbo à essence qui entraîne les roues avant, et un moteur électrique à l'essieu arrière. Suivant les conditions d'utilisation, le véhicule pourra donc être une traction à essence, une propulsion électrique... ou une intégrale hybride ! La puissance frise les 200 chevaux et l'Active Tourer peut parcourir 30 kilomètres sur le mode à 100 % électricité.

BENTLEY CONTINENTAL GT3

Bentley a profité du Mondial de l'automobile pour annoncer son retour en course avec la Continental GT3. Dix ans après le lancement du modèle, les ingénieurs de Crewe se sont fait plaisir avec les dollars de Volkswagen. La GT3 est en développement et fera son apparition sur les circuits de course d'ici la fin de l'année 2013. Dans un premier temps, Bentley a laissé savoir qu'elle limiterait la GT3 à la piste, puis elle s'est ravisée. Ainsi, une version de route de la bête à quatre roues motrices pourrait être lancée à l'horizon 2014-2015. La firme de Crewe projetterait d'en produire 300 exemplaires. Le bolide serait équipé d'un moteur W12 de 6 litres bon pour 700 chevaux afin d'être en mesure de rivaliser avec la puissance affichée par la Ferrari F12 Berlinetta.

AUDI S3

Voici une Audi de la famille S qui ne viendra malheureusement pas chez nous. Nous recevrons l'A3, la nouvelle berline de la famille, mais pas la familiale S3. Construite sur la nouvelle plateforme MQB de Volkswagen, cette petite sportive verra son poids diminué de 60 kilos et la puissance de son moteur de 2 litres turbo passer à 300 chevaux. Audi promet à la fois une sonorité plus mélodieuse et une consommation en baisse. Les performances sont évidemment d'un très bon calibre, avec un 0 à 100 km/h expédié en 5,1 secondes, grâce à la conjonction de la transmission intégrale quattro et d'un dispositif de type *Launch Control*. Toujours assez discrète sur le plan du style, l'Audi S3 se distingue essentiellement par son bouclier avant modifié et ses deux sorties doubles d'échappement. De son côté, l'habitacle respire la qualité, même si l'on aurait apprécié quelques efforts supplémentaires en matière de personnalisation.

VOLKSWAGEN GOLF VII GTI

Même si elle ne sera pas des nôtres avant la fin de l'an prochain, et encore, la nouvelle Golf de septième génération nous a honorés de sa présence au dernier Salon de Paris. Normal puisque qu'elle roulera en Europe dès cette année. Le groupe Volkswagen en a donc profité pour exhiber la version GTI. Avec un style plus profilé, qui n'est pas sans rappeler les lignes d'Audi, cette GTI comporte un becquet au sommet de la lunette. Dans l'habitacle, on retrouve avec plaisir le tissu Jacquard des Golf GTI ainsi qu'un volant sport, qui sont les seuls éléments à égayer une atmosphère plutôt assez austère, merci. Nous savons déjà que cette nouvelle Golf profitera d'un châssis allégé de 100 kilos et d'une progression dans la puissance du moteur de 2 litres turbo qui pourrait être porté à 235 chevaux, mais rien d'officiel encore. La nouvelle GTI perfectionnerait sa dotation avec une direction inédite à démultiplication variable et un différentiel autobloquant. Mais je parle, je parle. Allez plutôt lire notre essai complet à la page 214. Même moi je risque d'y apprendre des choses...

PEUGEOT ONYX

Ça, c'est une voiture concept à l'état pur ! Tout sur cette voiture demeure dans la lignée de l'improbable et de l'hypothétique. Des matériaux utilisés au dessin de l'intérieur en passant par le style mais, bon, rêver fait toujours plaisir. La carrosserie combine ainsi la classique fibre de carbone au... cuivre ! Un matériau loin d'être inaltérable, qui sera même amené à se patiner avec le temps. Oui, c'est voulu ! Le profil très sculpté et les phares en filigrane donnent beaucoup de charme à la voiture. L'Onyx installe son moteur en position centrale, en l'occurrence un V8 hybride Diesel de 600 chevaux hérité de l'expérience de Peugeot aux 24 heures du Mans.

EXAGON FURTIVE E-GT

Voici sans doute l'un des modèles les plus technologiquement avancés du Salon, et il ne s'agit même pas d'un concept, mais bien d'un modèle de production créé par une petite firme française au nom prédestiné d'Exagon. La Furtive est une sportive 100 % électrique. Elle embarque 480 kilos de batteries sur son plancher, lesquelles alimentent deux moteurs électriques Siemens développant 402 chevaux au total. Pour compenser le poids des batteries, la Furtive e-GT bénéficie d'une coque en carbone, pour une masse totale de 1640 kilos à vide. Grâce à l'énorme couple du moteur électrique, le 0 à 100 km/h se règle en 3,5 secondes. La vitesse maxi est quant à elle limitée à 250 km/h afin d'éviter de trop faire mal à l'autonomie qu'on annonce à 310 kilomètres en cycle mixte. Un moteur thermique faisant office de prolongateur d'autonomie (comme la Volt) sera offert ultérieurement. Vous songez sans doute que toute cette technologie a un prix. Vous avez raison. Il faudra un peu plus de 400 000 euros (537 000 $) pour se procurer l'une des 100 Furtive qu'Exagon compte produire chaque année.

NISSAN TERRA

Encore un concept un peu « flyé » de la part de Nissan qui est devenue maître dans l'art abstrait sur quatre roues. Mais le constructeur sait où il s'en va avec ses élucubrations. Ainsi, il faut imaginer dans ce Terra le prochain Murano et même d'autres multisegments à venir au-delà de 2015-2016. Sous le capot, c'est de l'expérimental. Il s'agit d'une pile à combustible alimentée par de l'hydrogène. Une manière plus efficace que les batteries pour obtenir une meilleure autonomie sans rejeter de pollution dans l'atmosphère. L'autonomie annoncée est de 500 kilomètres, et un ordinateur portable amovible se veut le centre nerveux du véhicule.

MCLAREN P1

Cette super voiture n'est pas un prototype mais elle exigera un portefeuille excessivement bien garni pour en devenir le propriétaire. La McLaren P1 est la plus aboutie des voitures de la marque anglaise. Elle ne vise pas la ligne droite la plus rapide, comme une Bugatti Veyron Super Sport, mais elle veut dominer une piste de course, là ou McLaren a grandi. Sa poupe abrite un aileron rétractable capable de générer pas moins de 600 kilos d'appui aérodynamique, une valeur encore inédite sur une voiture de route. Même les portières sont profilées afin de faciliter l'écoulement de l'air. La McLaren P1 emploie une coque en carbone dérivée de celle de la MP4, et reprend le V8 de 3,8 litres biturbo de cette dernière. Le moteur est cependant profondément retravaillé et couplé à un système hybride inspiré du dispositif Kers (*Kinetic Energy Recovery System*) utilisé en Formule 1. Les ingénieurs de McLaren promettent déjà un rapport poids-puissance hors du commun, soit plus de 600 chevaux par tonne ! Ah oui, le prix : 1,5 million de dollars.

JAGUAR TYPE F

Bon, d'accord, je dois l'avouer, je n'ai pas eu un coup de foudre au Mondial mais bien deux. Comment voulez-vous ne pas succomber aux charmes de la nouvelle F-Type de Jaguar ? Je suis resté planté devant elle à rêver pendant dix bonnes minutes... Cette version plus courte de la XKR se dote d'atouts très modernes qui complètent une silhouette très sensuelle. Une coque en aluminium et un toit souple pour contenir le poids qui s'approche tout de même des 1600 kilos. Sous le capot, un moteur V6 turbo de 340 chevaux, ou alors l'un des deux V8. Un premier atmosphérique de 5 litres de 385 chevaux, et l'autre à compresseur pour vous garantir 495 chevaux capable de vous boucler le 0 à 100 km/h en 4,3 secondes. Les trois moteurs sont tous associés à une boîte automatique à 8 rapports avec leviers de sélection au volant, et certains disposent même d'une fonction *Launch Control* ou d'une ligne d'échappement active (pour permettre à la suralimentation de s'activer plus tôt et plus fort). Cette superbe Type F se retrouvera chez les concessionnaires Jaguar dès cet été à un prix de base qui devrait friser les 100 000 $.

VOLVO V40 CROSS COUNTRY

Sera-t-elle (enfin) la prochaine Volvo à débarquer chez nous ? Nous disons « peut-être » car rien n'a été confirmé. Lors de la présentation officielle à Paris, cette voiture devait rester en Europe et ne pas traverser l'Atlantique. Depuis, les choses auraient changé. Son concepteur, le Québécois Simon Lamarre, aimerait bien évidemment voir sa nouvelle création sur les routes du Québec, maintenant que sa première voiture, la C30, en a été retirée. Cette V40 ferait la lutte au BMW X1 et au futur Audi Q3. Visuellement, elle reprend des éléments propres à la XC70, notamment au chapitre des protections de bas de pare-chocs qui sont du style inox. En Europe, le modèle comptera rien de moins que six moteurs, dont trois diesels, avec une puissance variant entre 115 et 254 chevaux. En fait, le modèle est déjà en vente sur le vieux continent. Il ne nous reste plus qu'à se croiser les doigts et espérer.

PORSCHE PANAMERA SPORT TURISMO

La Porsche Panamera Sport Turismo s'est révélée mon coup de cœur du Salon de l'auto de Paris ! Autant la Panamera berline manque encore de finesse dans ses formes légèrement pataudes, autant cette version familiale est fluide et harmonieuse. Les phares s'inspirent de ceux de la future 918. On y discerne aussi un soupçon de Boxster et les feux arrière de la plus récente 911. Vraiment, chapeau aux stylistes ! À l'intérieur, Porsche a repris les éléments de la Panamera. Sous le capot, on repère les organes d'une motorisation hybride rechargeable, capable de parcourir 30 kilomètres sur le mode à 100 % électricité. La Sport Tourismo se contente modestement d'un V6 à compresseur de 333 chevaux couplé à un moteur électrique en comptant 95. Cette Panamera familiale a été présentée sous l'étiquette d'un prototype, mais Porsche a bien voulu nous laisser savoir que sa commercialisation devrait intervenir peu après le lancement de la prochaine génération de Panamera, en 2015 ou en 2016.

KIA RONDO

Baptisé Kia Carens en Europe, elle deviendra la Rondo chez nous. La plus vieille Kia a fait peau neuve en l'honneur du Salon de Paris. Le modèle 2013 se distingue par ses formes plus fluides, un habitacle qui s'étend davantage vers l'avant et l'empattement plus long de son châssis. Cette troisième génération de la petite familiale conserve ses aménagements à 5 et à 7 places. Elle mesure 4,5 mètres, soit 20 millimètres de moins que le modèle 2012. Elle est aussi plus étroite (15 millimètres) et plus basse (40 millimètres). Parmi les nouveautés, les sièges de la troisième rangée se rabattent dans le plancher, alors que la banquette médiane se divise en trois sections. Le dilemme au moment de choisir le nombre de cylindres disparaît puisque seul un 4 cylindres de 2 litres de 164 chevaux sera offert. Vous aurez cependant le choix d'une boîte manuelle ou automatique à 6 rapports. Attendons-nous à ce que le prix débute autour de 20 000 $.

Voici la vedette de Citroën au dernier Salon de Paris avec un nom on ne peut plus romantique. Non, ce n'est pas le numéro du plus récent parfum de Chanel, mais bel et bien une étude de style qui démontre dans quelle direction se dirigent les lignes des voitures haut de gamme de la marque aux chevrons. La marque française veut se démarquer des berlines allemandes qui dominent outrageusement le marché partout dans le monde. Pour ce faire, on veut d'abord plaire à la Chine, le Klondike de tous les marchands de luxe avec 825 000 millionnaires qui rêvent de voitures opulentes. C'est d'ailleurs au Salon de l'auto de Pékin que la 9 a fait sa première apparition à vie. Elle mesure 4,93 mètres de longueur et 1,94 mètre de largeur. Elle se distingue également par sa faible hauteur sous toise : seulement 1,27 mètre. Sous le capot, c'est l'hybride qui règne, soit un moteur à 4 cylindres de 1,6 litre de 225 chevaux jumelé à un moteur électrique de 70 chevaux pour permettre des performances décentes, mais aussi des émissions de CO_2 très réduites (seulement 39 grammes par kilomètre parcouru).

CITROËN NUMÉRO 9

SALON DE L'AUTO DE LOS ANGELES

SMOG... OU GRISAILLE ?

Los Angeles est la Mecque de l'automobile aux États-Unis. Il se vend chaque année en Californie autant de véhicules que dans l'ensemble du Canada. Il y a dans la région de Los Angeles plus de voitures exotiques que presque partout dans le monde. Nous serions donc en droit de nous attendre chaque année au déploiement de produits motorisés qui auraient le chic de séduire les gens riches et célèbres. Or, grosse déception en novembre dernier. La cuvée était plus qu'ordinaire. Et comble de l'absurde, dans une ville où la flamboyance tire son jus des extravagances d'Hollywood (ou est-ce le contraire ?), des marques prestigieuses comme Ferrari, Lamborghini et Rolls-Royce brillaient par leur absence. Peu de grandes premières, pas de vedettes, pas de clinquant. La Californie semble vivre cette année à l'heure du minimalisme. Peut-être que la situation financière précaire de l'État indispose certains constructeurs. Enfin, voici quand même quelques souvenirs de L.A. ramenés dans nos bagages. À vous d'en tirer vos propres conclusions.

KIA FORTE

Si des gens de Honda et de Toyota lisent cet article, sachez qu'un nouveau joueur s'en vient pour compliquer la vie à vos Civic et vos Corolla. La Forte ne gagnera pas le titre de voiture la plus vendue cette année, mais elle arrive avec la ferme intention de se tailler une place de choix dans ce créneau. En fait, les dirigeants de Kia Canada visent rien de moins que l'une des cinq premières positions au cours des prochains mois. Comme toutes les Kia, la nouvelle Forte offre beaucoup d'équipement pour le prix, une conduite inspirée et deux choix de moteurs, soit des 1,8 et 2 litres de respectivement 148 et 173 chevaux. Une belle et inspirante voiture compacte... que nous avons conduite pour vous (à la page 122) !

BMW i8

Cette voiture exotique est aussi un exemple de sobriété. L'i8 Spyder propose une motorisation hybride rechargeable composée d'un moteur à 3 cylindres turbocompressé de 1,5 litre d'une puissance de 220 chevaux et d'un couple de 221 livres-pieds. Il est logé derrière les occupants et accouplé à une boîte de vitesses à double embrayage qui envoie la puissance aux roues arrière. À l'avant, c'est plutôt un petit moteur électrique d'une puissance de 129 chevaux qui s'occupe de mouvoir les deux roues. Vous obtenez donc un modèle à 4 roues motrices qui combine le muscle de 354 chevaux à la consommation d'une microvoiture. Les deux premiers modèles de la filière électrique de BMW – l'i3 et l'i8 – sont attendus sur nos routes en version berline pour la première et en coupé pour la seconde d'ici la fin de l'année 2013.

ACURA RLX

Aussi terne que la température pluvieuse qui a perduré durant les trois jours du Salon. Même si cette nouvelle RLX démontre un certain dynamisme, dans l'ensemble ses lignes sont fades. Sous le capot, le moteur V6 de 3,5 litres nous revient en version améliorée et profite enfin de l'injection directe de carburant qui porte la puissance à 310 chevaux. Acura entend également intégrer la première application d'un système de roues directionnelles. Grosso modo, le bidule agit sur la géométrie des roues arrière lors des changements de voie et en situation de virage de façon à faciliter ces manœuvres et, en même temps, augmenter l'impression chez le conducteur de vivre une expérience plus vivante que ce que le segment propose d'ordinaire.

FORD TRANSIT CONNECT WAGON

L'invasion européenne des produits Ford se poursuit sur le continent nord-américain. Un camion de livraison à la Transit Connect nous proposera une nouvelle variante pour 2014 : le Transit Connect Wagon (ou TCW pour les intimes). Il sera assemblé sur le même châssis que la Focus et l'Escape et il s'adressera aux familles qui cherchent une alternative aux Mazda5, Chevrolet Orlando et Kia Rondo (renouvelé), un segment qui gagne en popularité chez nous. Mécaniquement, vous aurez le choix entre un 4-cylindres de 2,5 litres qui équipera les versions de base, alors que l'EcoBoost à 4 cylindres de 1,6 litre offert en option se rendra sous le capot des modèles haut de gamme. Pas de versions Diesel au menu, pourtant si populaires en Europe.

BMW i3

BMW, qui a longtemps poussé la voiture à hydrogène, se range maintenant derrière la voiture électrique et l'hybride rechargeable. Présentée d'abord comme une berline 100 % électrique, l'i3 en version coupé est propulsée par un petit moteur électrique alimenté par une batterie au lithium-ion d'une puissance de 170 chevaux et dont le couple est de 184 livres-pieds, ce qui la rend très respectable pour une petite voiture urbaine. Son autonomie sur le mode électricité serait de l'ordre de 160 kilomètres (l'équivalent de la Nissan Leaf). La cellule de survie et l'habitacle sont constitués de CFRP, un plastique renforcé de fibre de carbone. L'instrumentation se veut à la fine pointe du progrès avec un large écran multimédia de 22,4 centimètres qui affiche à la fois la navigation, les services *iConnectedDrive* et l'autonomie résiduelle du modèle.

CHEVROLET SPARK EV

Voilà un naturel, comme on se plaît souvent à le dire. En effet, une puce de la route en format 100 % électrique, quoi de plus naturel ? La Spark EV (pour *Electric Vehicle*) devient ainsi le premier véhicule entièrement électrique de GM. Mais sa commercialisation se fera lentement et prudemment. Aux États-Unis, elle sera produite en très petite quantité ; chez nous, GM Canada a décidé de d'abord servir les demandes venant des parcs gouvernementaux. Après, on verra. Les batteries au lithium-fer-phosphate, fournies par A123 Systems, totalisent 254 kilos et sont situées sous les passagers arrière, à la place du réservoir de carburant. Leur capacité de 20 kilowattheures devrait autoriser une autonomie réelle supérieure à 100 kilomètres. Elles acceptent une recharge rapide sur courant continu, ce qui permet de les ravitailler à 80 % de leur capacité en 20 minutes environ. Les 130 chevaux du moteur électrique autoriseront des accélérations de 0 à 100 km/h en 8,5 secondes.

AUDI DIESEL AU PLURIEL

Audi a profité du Salon de l'auto de Los Angeles pour amorcer une offensive Diesel en Amérique du Nord. La firme d'Ingolstadt nous prépare en fait à vivre une prolifération de modèles TDi au cours de l'année 2013. Le moteur V6 de 3 litres Diesel, qui se trouvait déjà sous le capot de l'utilitaire Q7, fera son nid dans les entrailles des berlines A6, A7 et A8 que vous avez pu admirer au Salon de Montréal. Grâce à une nouvelle configuration mécanique, une puissance portée à 240 chevaux et son énorme couple (406 livres-pieds), ce moteur promet de nous faire profiter sans remords du gabarit de la voiture tout en jouissant de la consommation d'une voiture compacte. À titre d'exemple, Audi annonce pour l'A8 TDi une consommation combinée de 8,4 litres aux 100 kilomètres.

MITSUBISHI OUTLANDER

Disons simplement que ce n'est pas le véhicule qui a fait tourner le plus de têtes au Salon. Si les lignes sont nouvelles, le style est assez commun, et personne ne s'arrêtera sur la rue pour le prendre en photo. Sous le capot, la version de base sera équipée d'un moteur à 4 cylindres de 2,4 litres avec boîte CVT et 166 chevaux. Pour ceux qui profitent d'un budget mieux garni, la version GT (notre photo) offrira un V6 de 3 litres avec une boîte automatique à 6 rapports et 224 chevaux. Le nouveau Mitsubishi Outlander sera chez les concessionnaires cet été.

PORSCHE CAYMAN

Après la Boxster en 2012, c'est la Cayman en 2013 qui passe chez le styliste. Visuellement, elle est plus large, plus agressive et le pare-brise plonge davantage que l'ancienne génération. Des changements subtils mais bien présents si vous la regarder attentivement. La Cayman se distingue également de la Boxster par le dessin plus rond de ses antibrouillards. Quant au truc pour distinguer rapidement une Cayman de base d'une S, c'est facile : vérifier l'échappement à l'arrière; s'il est double, vous avez affaire à une S. Pour le reste, la Cayman reprend les éléments mécaniques de la Boxster, i.e. un moteur H6 de base de 2,7 litres et 275 chevaux et un autre H6, mais cette fois de 3,4 litres et 325 chevaux, pour la version S. Vous avez toujours le choix entre une boîte manuelle à six rapports ou une PDK à sept rapports. Une merveille d'équilibre sur la route... que nous avons d'ailleurs essayée pour vous à la page 180 !

MERCEDES BENZ ENER-G FORCE

Il ne faut pas se fier à ses airs de matamore pour conclure que cet utilitaire est un ami intime du Hummer H2. En effet, sous des allures de véhicule de fin du monde, le Ener-G Force est un tendre qui veut sauver la planète. C'est la Classe G du futur. Ses quatre moteurs électriques, alimentés par une pile à combustible fonctionnant à l'hydrogène, entraînent les roues. Ce système autorise une autonomie de 800 kilomètres. Il peut même recueillir l'eau de pluie pour alimenter ses piles. C'est donc dire que les habitants de Vancouver ne tomberont jamais en panne...

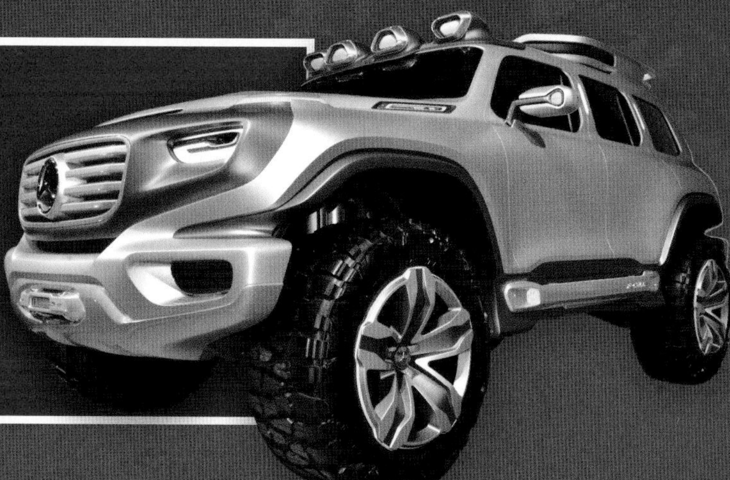

NISSAN HI-CROSS

Voici un concept qui met en lumière les tendances stylistiques des futurs produits de Nissan. Si vous y discernez le Rogue de demain ou le prochain Murano, vous avez sans doute raison. Les roues de 21 pouces sont là pour épater la galerie, et le système hybride, accouplé à un moteur à 4 cylindres de 2 litres ne fera pas nécessairement partie de l'offre sur un utilitaire de cet acabit. Malgré son format compact, le Hi-Cross Concept peut recevoir jusqu'à sept occupants, principalement en raison du positionnement de ses roues aux extrémités. Souhaitons aussi que Nissan oubliera d'installer une boîte CVT dans ses utilitaires du futur mais, pour le moment, elle fait partie intégrante du Hi-Cross...

VOLKSWAGEN BEETLE CABRIOLET

Arrivée chez les concessionnaires depuis la mi-février, la Beetle décapotable est offerte avec le moteur à 5 cylindres de 2,5 litres de 170 chevaux et une boîte automatique à 6 rapports. La clientèle canadienne aura le choix entre deux versions : Comfortline et Highline. Les prix de base s'élèvent à 28 775 $ (Comfortline) et à 31 740 $ (Highline). Pour 2014, une livrée 2.0 turbo s'ajoutera à l'offre. Nos voisins Américains, eux, ont droit en plus à une TDi de 2 litres, le moteur qu'on retrouve déjà ici dans la Jetta, la Passat et la Golf. Aucune décision n'a encore été prise quant à la présence ou pas d'une version Diesel au Canada. Nous savons déjà que le moteur de 2,5 litres disparaîtra l'an prochain alors, si nous nous armons de patience (et prions un peu), notre vœu d'accueillir le 2-litres, beaucoup plus intéressant, pourrait être exaucé.

TOYOTA RAV4

Cela faisait longtemps que nous l'attendions, et c'est finalement à Los Angeles que Toyota nous l'a montré pour la première fois, ce RAV4 2013. Le très populaire utilitaire est fabriqué à Woodstock, en Ontario, et, bien que nouveau, il ne bouscule pas les conventions. On peut noter un brin d'audace dans le style, mais on reconnaît d'emblée le modèle. L'intérieur a été complètement revu avec une présentation plus moderne. Le moteur V6 a pris la poudre d'escampette et un seul 4-cylindres de 2,5 litres a été mis en scène au moment du lancement. Sans l'avouer tout à fait, Toyota a également laissé entendre qu'un modèle hybride pourrait joindre les rangs de la famille dès l'an prochain. Bien sûr, on ne sait pas encore quelle combinaison de moteurs à essence et électrique se glissera sous le capot. Ce qu'on suppose toutefois avec assez d'exactitude, c'est que Toyota nous a préparé une autre valeur sûre qui devrait combler plusieurs amateurs. Allez d'ailleurs le vérifier à la page 208.

SALON DE L'AUTO DE DÉTROIT

UN RETOUR EN FORCE

Au-delà de la simple vitrine commerciale, les salons de l'auto représentent aussi un regard sur ce que nous offrira l'année automobile qui s'en vient. Detroit, qui a traversé un passage à vide en 2008-2009 et en 2010, retrouve lentement ses lettres de noblesse. L'édition 2013 nous montre que la capitale de l'automobile américaine n'a pas dit son dernier mot, et que la bonne performance des ventes de voitures aux États-Unis se reflète dans l'optimisme qui régnait au salon cette année.

ACURA NSX CONCEPT

Après un premier concept l'an dernier, Acura récidive avec une deuxième version du concept NSX. Après l'avoir présentée sous forme de coquille dans sa première version, Acura a ajouté au Salon de l'auto de Detroit un intérieur aussi spectaculaire que l'extérieur. La voiture est également plus longue que le concept original pour accommoder le futur moteur V6 et trois moteurs électriques (deux aux roues avant et un à l'arrière). Toute cette puissance passera par une boîte de vitesses à double embrayage (DCT). Mais Acura nous fera patienter jusqu'en 2015 avant de nous offrir ce cadeau qu'il nous tarde d'essayer.

BENTLEY CONTINENTAL SPEED DÉCAPOTABLE

Ce pachyderme britannique, maintenant sous contrôle de Volkswagen, n'est pas une pure sportive. Son poids de 2,5 tonnes est, de prime abord, un sérieux frein à la performance. Mais cette nouvelle version Speed arrivera avec un moteur W12 turbo de 625 chevaux. Bien épaulé par une boîte de vitesses automatique à 8 rapports, cette décapotable à quatre places la plus rapide de la planète pourra sans problème atteindre les 325 km/h en vitesse de pointe avec une agilité surprenante enrobée d'un luxe décadent. Qui a dit que les éléphants ne pouvaient pas voler ?

ACURA MDX CONCEPT

L'actuelle génération de MDX, arrivée en 2007, changera de style pour 2014. Même si Honda a présenté ce modèle comme étant un prototype au Salon de l'auto de Detroit, nous pouvons vous affirmer que le modèle de production, qui sera en vente l'été prochain, sera le même à 99 %. Des exemples récents, comme la Civic ou l'Accord de Honda, prouvent que les prototypes sont en réalité des modèles de production à peine déguisés. Dans la plus pure tradition de la marque japonaise, nous parlons ici d'une évolution dans le style et non d'une révolution. Les lignes sont un peu plus aérodynamiques, mais la signature est assez proche de l'actuelle génération. Le moteur V6 de 3,5 litres demeure pratiquement le même avec l'injection directe de carburant en prime.

AUDI SQ5 ET RS7

Audi fait flèche de tout bois cette année. En plus de fournir aux modèles A6, A7 et Q5 un moteur Diesel de 3 litres de 240 chevaux, la firme d'Ingolstadt a aussi pensé à ses maniaques de performances. Pour 2013, nous retrouverons des modèles S6, S7 et S8 à moteur V8 de 4 litres turbo de 420 chevaux pour les S6 et S7 et de 520 chevaux pour la S8. Une berline qui sait tout faire avec une consommation qui ne sera pas aussi contenue que les versions Diesel, mais grâce à un système de désactivation des cylindres, les abus seront réprimés. Enfin, à l'autre bout du spectre des performances, on retrouve les modèles RS. Audi en présentait deux à Detroit. D'abord, la SQ5, qui est un Q5 auquel les ingénieurs ont greffé un moteur V6 de 3 litres suralimenté générant 354 chevaux et produisant un couple de 346 livres-pieds. Son accélération de 0 à 100 km/h s'effectue en 5,3 secondes. Le simple fait de l'équiper d'un bloc plus puissant ne suffisait pas, puisque les ingénieurs d'Audi ont prévu d'abaisser le véhicule de 30 millimètres et proposent également une direction plus précise. Et ce modèle sera commercialisé au Canada tout comme le RS7. Alors que la future S7 offre un V8 turbo de 420 chevaux, la RS7 reprend le même V8, mais en porte la puissance à 560 chevaux grâce à des turbos qui aspirent beaucoup d'oxygène. Un 0 à 100 km/h en 4 secondes et une vitesse de pointe fixée à 305 km/h. Le mot exceptionnel n'est pas trop fort.

BMW Z4

La Z4 a choisi d'élargir un peu son offre pour plaire à un plus large public. Il n'y a pas de grands changements physiques sur le nouveau modèle à l'exception des phares à diodes électroluminescentes qui s'inscrivent dans une tendance presque généralisée des plus récentes voitures allemandes. La grande nouveauté est l'offre d'un modèle plus abordable avec une cylindrée moins gourmande. BMW ajoute une version sDrive 1,8i mue par un moteur à 4 cylindres turbo de 2 litres de 156 chevaux. Associée à une boîte de vitesses manuelle à 6 rapports et même, à une boîte automatique à 8 rapports en option, cette nouvelle variante ira chercher une nouvelle clientèle. Malgré sa cavalerie assez modeste, cette Z4 sDrive18i offrira le 0 à 100 km/h en 7,9 secondes et une vitesse de pointe de 221 km/h. BMW annonce une consommation combinée autour des 7 litres aux 100 kilomètres.

BMW SÉRIE 4 CONCEPT

Une première mondiale au Salon de l'auto de Detroit où BMW présentait le nouveau coupé Série 4 Concept. Cette nouvelle désignation de modèle est en fait une Série 3 qui portera le numéro 4 en version à deux portes. Le coupé Série 4 Concept est plus long et plus large que l'actuelle berline de la Série 3. Comme il s'agit d'un concept, aucune information sur les mécaniques, mais BMW annonce que ce modèle sera sur la route dans la prochaine année et est annonciateur d'une nouvelle vague à venir. Il faudra sans doute s'attendre à voir des coupés Série 6 prendre l'appellation Série 8 comme dans les années 90.

HONDA URBAN CONCEPT

Beaucoup plus réussi que le concept MDX, ce petit concept de Honda préfigure une nouvelle génération de petits utilitaires qui viendront faire la lutte aux Chevrolet Trax, Buick Encore et Nissan Juke de ce monde. Construit sur la plateforme qui servira de base à la prochaine génération de Fit, ce concept sera lancé au Japon en 2013 et aux États-Unis en 2014. Sans préciser encore ce qu'il y aura sous le capot, Honda a spécifié que ce concept conservera les « sièges magiques » qui se trouvent actuellement dans la Fit, et que la mécanique découlera du *Earth Dreams Technology*.

BMW M6 GRAN COUPÉ

BMW ajoute encore une berline à la famille en 2013. La Série 6, offerte uniquement en coupé, s'offre cette année un modèle Gran Coupé qui sera habillé par la division M. Un V8 de 4,4 litres biturbo de 560 chevaux, un profil gracieux et effilé, quatre portes et quatre sièges baquets. Une berline d'exception qui ira chercher un prix à la hauteur des performances. La M6 Gran Coupé partage le V8 biturbo qui anime le coupé et le cabriolet M6. Cette voiture, qui se veut la réponse de BMW aux Mercedes-Benz CLS et Audi A7, sera dans les concessions BMW à l'été 2013.

CADILLAC ELR

Son style est tout simplement spectaculaire. Les stylistes responsables de cette superbe silhouette ont gardé avec eux dans le studio de design un dessin du concept Converj présenté à Detroit en 2009 en respectant au millimètre près les proportions. Cette ELR de production est l'une des plus belles voitures présentées à Detroit cette année. Là où l'ELR se démarque, c'est sous le capot qui accueille le même groupe motopropulseur que la Chevrolet Volt dont la puissance et le couple ont été bonifiés. En effet, la puissance est désormais de 207 chevaux (contre 159 pour la Volt), tandis que le couple maximal est de 295 livres-pieds, ce qui garantira des départs plus énergiques. Une mention spéciale pour l'intérieur qui est composé de cuir cousu main, de véritable appliques de fibre de carbone et de bois avec nombre de matériaux haut de gamme qui confèrent à ce coupé 2+2 une allure unique. La production débute à la fin de 2013, et les premiers modèles arriveront au début de 2014 en concession. Cadillac produira aussi l'ELR pour les marchés chinois et européen.

CHEVROLET SILVERADO ET GMC SIERRA

La camionnette est aux Américains ce que le cheval était au cow-boy, une nécessité. Le renouvellement de l'un de ces véhicules est d'une grande importance. Pourtant, Chevrolet, qui introduisait pour la première fois ses nouvelles Silverado et Sierra 2014 à Detroit, n'a même pas fait de conférence de presse. Pire, son allure ressemble à s'y méprendre à l'actuelle version. On annonce un châssis plus robuste, une caisse plus rigide, une qualité des matériaux à la hausse, mais Ford et Ram ont aussi tout cela avec, en plus, une allure d'enfer. Sous le capot, le consommateur aura le choix entre un V6 de 4,3 litres et deux V8 de 5,3 litres et de 6,2 litres, tous munis de l'injection directe de carburant et tous livrables avec une boîte de vitesses automatique à 6 rapports. C'est un bel effort, mais cela ne sera pas suffisant pour réellement effrayer la concurrence.

CHEVROLET CORVETTE STINGRAY 2014

Voici la voiture qui a provoqué la plus grande commotion au Salon de l'auto de Detroit. La célèbre icône américaine, qui célèbre en 2014 son 60e anniversaire de naissance, a fait les choses en grand. GM, qui nourrissait au compte-gouttes depuis des mois les sites Internet, les forums et les revues spécialisées, a aussi fait l'objet de très nombreuses spéculations et rumeurs les plus folles. Au final, la voiture conserve sa configuration à moteur avant et la mécanique V8 de 6,2 litres de la C6. Toutefois, Chevrolet souligne que la C7 offre une puissance de 450 chevaux et un couple de 450 livres-pieds (au lieu de 400 et 400 pour la C6). Ce surplus de performances est redevable à l'injection directe de carburant, à un système de désactivation des cylindres et à un bloc plus léger pour une meilleure consommation de carburant. Le châssis en aluminium est 57 % plus rigide que celui de la C6. Le style général de la voiture est aussi plus moderne avec des feux arrière évocateurs de la Camaro, quatre énormes échappements et une calandre qui s'offre même des airs de Ferrari. On se doit aussi de souligner l'habitacle qui est enfin à la hauteur des performances et du statut de la voiture. La planche de bord est ergonomique, plus jolie, et les matériaux, de belle facture. Chevrolet offrira même deux styles de sièges à l'avant. Un plus confortable et un autre plus sport et moulant pour ceux qui voudraient se lancer sur les circuits routiers. Enfin, vous aurez le choix entre une boîte manuelle à 7 rapports ou une automatique à 6 rapports. Vous pourrez aussi choisir votre style de conduite et, même, moduler le bruit du moteur.

KIA CADENZA

Kia a présenté la grande sœur de l'Optima, la Cadenza. La firme sud-coréenne, qui accumule les mois record de ventes depuis trois ans, souhaite élargir sa clientèle avec la Cadenza. Plus longue de 13,2 centimètres que l'Optima avec ses 4,98 mètres et reposant sur un empattement plus long de 5 centimètres, cette spacieuse berline trouvera notamment sur sa route les Toyota Avalon et Buick LaCrosse. Son style est assez neutre, et son moteur sera un V6 de 3,3 litres de 293 chevaux couplé à une boîte de vitesses automatique à 6 rapports. C'est un gros risque que prend Kia car Hyundai, qui présente pourtant d'excellents véhicules avec la Genesis et l'Equus, n'a pas réussi à convaincre les acheteurs, et Kia se lance dans la même aventure avec la Cadenza.

LEXUS IS

Comme elle l'a fait récemment avec les modèles ES et GS, Lexus poursuit dans la métamorphose de ses modèles avec la nouvelle IS présentée à Detroit. L'offre de cette petite berline plus racée demeurera la même avec un modèle 250 à propulsion et intégral et un modèle 350 à propulsion. Les deux modèles sont aussi offerts en modèle F Sport. Les mécaniques demeurent les mêmes, et l'Europe et le Japon profiteront en plus d'une version hybride que ne sera pas au catalogue des modèles pour le Canada. Outre les lignes extérieures, l'intérieur profite d'une refonte majeure. La voiture, plus longue de 70 millimètres, ajoute de l'espace supplémentaire aux passagers arrière. La nouvelle IS arrive chez les concessionnaires Lexus en juin.

FORD TRANSIT

Le règne de l'indémodable Ford E, mieux connue sous le nom d'Econoline, tire à sa fin. Ce n'est pas trop tôt, diront certains, mais Ford va finalement se mettre au diapason avec le nouveau Transit. Un fourgon pleine grandeur qui nous arrive directement d'Europe. Deux fois plus grand que l'actuelle Série E, le Transit promet aussi 30 % d'économie de carburant supplémentaire. Deux moteurs seront offerts sous le capot : un V6 à essence de 3,7 litres qui se retrouve déjà dans la F-150 ainsi que le V6 EcoBoost de 3,5 litres. Ford offrira également un V6 de 3,2 litres Diesel qui sera sans doute le moteur le plus intéressant et le moins gourmand.

JEEP GRAND CHEROKEE DIESEL

Même si Jeep nous annonce un tout nouveau Grand Cherokee pour 2014, disons que le mot rafraîchissement est plus approprié. Malgré une retouche à la calandre et quelques coups de crayon ici et là, on reconnaît tout de suite la silhouette emblématique du modèle-phare de Jeep. Ce qu'il y a de nouveau, par contre, c'est le retour d'une mécanique Diesel dans la famille. Il faut remonter à 2008 pour retrouver l'ancienne version de l'agricole moteur Diesel qui avait été rapidement retiré de la route, faute de se soustraire aux normes environnementales devenues trop sévères. Ce nouveau moteur V6 de 3 litres, d'origine italienne, provient de VM Motori et est déjà sur le marché en Europe. Selon les sources de Chrysler, le modèle sera mis en vente dès le printemps et des rumeurs indiquent que ce moteur pourrait éventuellement faire son nid sous le capot du Wrangler d'ici un an. Jeep annonce une puissance de 240 chevaux et un couple de 420 livres-pieds pour ce moteur turbodiesel. Avec toute cette puissance, une petite consommation de 7,1 litres aux 100 kilomètres sur l'autoroute. Vous pourrez aussi remorquer 3 268 kilos, une marque à battre dans cette catégorie.

INFINITI Q50

À partir de 2014, les modèles de la marque japonaise porteront le préfixe Q ou QX : Q pour les berlines et les cabriolets et QX pour les multisegments et les VUS. Le premier modèle à passer sous cette nouvelle appellation est l'actuel G37 qui deviendra le Q50 au cours de l'été prochain. La gamme des berlines et des cabriolets sera ainsi nommée Q50, Q60 et Q70 selon la taille des véhicules. Idem pour les utilitaires (QX50, QX60, QX70 et QX80). La nouvelle Q50 offre des lignes beaucoup plus dynamiques que l'actuelle G37. On retrouve certaines courbes du Concept LE, présenté l'an dernier. Sous le capot, le même V6 de 3,7 litres de 328 chevaux que la G37 couplée à une boîte de vitesses automatique à 7 rapports, alors que la transmission intégrale est proposée en option. Une version hybride fait également son entrée, reprenant essentiellement la motorisation offerte dans l'actuelle M35h. Toutefois, cette dernière pourra bénéficier de la transmission intégrale. Les premières Q50 feront leur entrée en concession à l'été, et le coupé G37, rebaptisé Q60, suivra quelques mois plus tard.

LINCOLN MKC CONCEPT

La division Lincoln de Ford commence à ressembler au chantier naval de la Davies; il semble qu'elle obtienne un nombre record de deuxième chance et trouve le moyen de se planter à chaque fois. C'est vrai qu'il n'est pas facile de s'imposer devant les ténors allemands qui règnent en roi et maître dans cette catégorie. Pourtant, Lincoln fait l'effort de distinguer ses modèles de Ford. Lincoln a rouvert son propre centre de design, fait l'embauche de nombreux ingénieurs et fait la promesse de présenter pas moins de sept nouveaux modèles entre 2012 et 2015. Lors du Salon de Detroit, un concept baptisé MKC est devenu le futur modèle d'entrée de gamme des utilitaires de la famille Lincoln. Sans dire si ce modèle verra le jour, les gens de Lincoln veulent s'éloigner des voitures Ford pour se faire une image propre. Et même si le MKC ressemble étrangement au Ford Escape, Lincoln affirme s'être basée sur un châssis différent sans préciser la mécanique qui se trouve sous le capot. Est-ce que ce MKC passe le test ? À vous d'en juger.

FORD ATLAS CONCEPT

Alors que Chevrolet a lancé sa nouvelle Silverado sans même tenir une conférence de presse, Ford y est allée d'une présentation officielle spectaculaire d'un véhicule que personne n'attendait. Le Concept Atlas est en quelque sorte un avant-goût de ce que pourrait être la prochaine génération de F-150 prévue pour 2015. Beaucoup plus musclée que la F-150 actuelle, l'Atlas épouse le style d'un outil de haute précision. Un nouveau V6 EcoBoost serait inauguré pour l'occasion, et Ford a également fait l'étalage des dernières trouvailles technologiques comme des obturateurs de calandre actifs ainsi qu'une jupe avant rétractable, pour en améliorer l'aérodynamisme. On y intègre même des obturateurs de roues actifs qui se referment à grande vitesse toujours dans le but d'économiser du carburant. Mentionnons aussi les rampes de chargement dissimulées, qui permettent de mettre à bord votre VTT ou tout autre véhicule récréatif.

MERCEDES-BENZ CLASSE E

Mercedes-Benz a voulu briser le mythe de la voiture un peu pataude que véhicule la Classe E en présentant à Detroit la nouvelle E63 AMG. Elle est la première berline AMG équipée d'une transmission intégrale 4MATIC avec un moteur V8 turbo de 5,5 litres de 577 chevaux et, tenez-vous bien, un couple de 590 livres-pieds. La boîte de vitesses 7G Tronic sera responsable de la transmission de toute cette puissance aux quatre roues. Même les modèles d'entrée de gamme se donnent des airs plus sportifs. Comme la plus petite Classe C, elle sera offerte en deux personnalités distinctes. La version Élégance profite d'une calandre classique à trois lamelles surmontée de l'étoile sur le capot, alors que, en finition Avantgarde, l'étoile descend au centre d'une calandre à deux lamelles. Sur cette version, le bouclier se fait nettement plus sportif et intègre un minidéflecteur en forme d'aile, ajoutant encore à son dynamisme. À l'arrière, les feux sont redessinés. L'E250 BlueTEC à moteur à 4 cylindres Diesel de 190 chevaux (couple de 369 livres-pieds) et transmission intégrale servira de modèle d'entrée de gamme. Les berlines et les familiales seront en vente à partir du printemps. Les coupés et les cabriolets suivront au cours de l'été.

MASERATI QUATTROPORTE

Il semble que les têtes pensantes de cette division de Ferrari se soient inspirées du succès de la Gran Turismo pour la création de la nouvelle grande berline de la famille. Mais comme Fiat est le propriétaire de la marque, on utilise des pièces communes pour concevoir le nouveau modèle. La nouvelle Quattroporte reposera sur un châssis de Chrysler 300 modifiée pour l'occasion. Plus longue, plus large et un peu plus anonyme, la nouvelle silhouette ne fait pas l'unanimité. Si cela peut vous consoler, Maserati a ajouté du muscle sous le capot. On retrouve en version de base un V6 de 3 litres biturbo de 410 chevaux avec boîte ZF à 8 rapports. Ce modèle d'entrée de gamme sera offert en version à propulsion ou intégrale (une première pour la Quattroporte). Pour les puristes, le V8 reste disponible. Plus petit en format, le petit V8 de 3,8 litres utilise deux turbos pour amener la puissance à 530 chevaux, 80 de plus que l'ancienne version GTS. Ces nouveaux engins offrent une plus grande puissance et une meilleure consommation de carburant, deux éléments devenus incontournables. Pour les amateurs de statistiques, le V8 pourra franchir les 100 km/h en 4,7 secondes (4,9 pour le V6) et atteindre les 307 km/h (285 pour le V6).

NISSAN RESONANCE CONCEPT

Si la Cadillac ELR a été couronnée le plus beau modèle de production lors du Salon de Detroit, la victoire dans la catégorie des concepts est revenue à Nissan avec son Concept Resonance et au Ford Atlas. Si vous voyez à travers ce véhicule le futur Murano pour 2015, vous avez entièrement raison. Le Resonance se veut le modèle-phare pour les prochaines générations d'utilitaires chez Nissan. Pas de détails sur les motorisations, mais il y aura des moteurs à essence V6 et des motorisations hybrides au menu.

VW CROSS BLUE

Un autre concept présenté à Detroit que Volkswagen a promis de commercialiser au cours des trois prochaines années. Cet utilitaire à sept passagers repose sur une plateforme de la prochaine génération de Passat et sera donc, selon toute vraisemblance, construit à l'usine de Chattanooga, au Tennessee, et destiné a priori, au marché nord-américain et à la Russie, selon ce qu'ont laissé entendre les responsables de Volkswagen. Se voulant un utilitaire à prix populaire, il sera situé dans la hiérarchie Volkswagen juste avant le Touareg qui demeurera le plus luxueux utilitaire de la famille. Cette approche s'explique par le fait que, en raison de son prix et de son aménagement luxueux, le Touareg est beaucoup plus proche de BMW, d'Audi et de Mercedes-Benz que de Ford ou de GM. Ce concept veut aller faire la lutte au Ford Explorer. Le Cross Blue, présenté à Detroit, était un modèle avec motorisation hybride Diesel-électricité. Volkswagen Canada a précisé que ce moteur ne sera pas en production lors de la sortie officielle dans deux ans (ou trois), mais il y aura un modèle à essence, un modèle hybride et un modèle Diesel.

TOYOTA FURIA CONCEPT

Figure emblématique de la fiabilité automobile durant des décennies, la Toyota Corolla est aussi l'une des voitures les plus banales sur la route. La berline idéale pour les gens qui veulent un véhicule sans soucis, mais qui n'aiment pas vraiment conduire. Pour démontrer leur volonté de changer la perception de la Corolla, les gens de Toyota ont présenté la Furia concept. Annonciatrice de la prochaine génération de Corolla qui devrait arriver d'ici la fin de l'année, ce modèle fait un virage à 180 degrés et laisse présager un avenir plus sportif pour la prochaine Corolla.

MERCEDES-BENZ CLA

La nouveauté la plus attendue chez Mercedes-Benz pour l'année 2013 est la CLA. Une nouvelle berline qui rappelle la CLS en format de poche et construite sur le châssis de la nouvelle Classe B. Dévoilée à Detroit, la CLA s'inspire fortement du coupé concept CLA introduit au Salon de l'auto de Pékin, l'an dernier. À l'intérieur, la voiture émule la plus récente technologie iPad pour son écran central et offre des buses de ventilation dans le style de la SLS. Son plus grand atout est sans doute ses lignes uniques et son coefficient de traînée, le plus bas de l'industrie automobile à 0,22. Digne des produits Mercedes-Benz, on retrouve en équipement de série un radar anticollision avec freinage d'urgence qui, à partir de 7 km/h, alerte le conducteur de la présence d'un obstacle et déclenche un freinage ciblé dès lors que la pédale de frein est actionnée. Au Canada, la CLA 250 de base sera équipée d'un moteur à 4 cylindres turbo de 2 litres de 208 chevaux qui se trouve déjà sous le capot de la Classe B avec une boîte automatique à 7 rapports. Une version intégrale suivra par la suite, et des rumeurs parlent d'une version CLA 45 AMG pour 2014. Les premiers modèles arrivent en concession à partir de l'automne 2013. La version à quatre roues motrices au printemps 2014.

PORSCHE CAYMAN

Vous savez, quand une recette est bonne, pourquoi la changer. Porsche semble appliquer pour l'ensemble de ses modèles une recette qui fonctionne bien depuis bientôt 50 ans avec la 911. Après la Boxster en 2012, c'est la Cayman en 2013 qui passera chez le styliste. Visuellement, rien de choquant, la version coupé de la Boxster passe par la même école de pensée. Des changements subtils aux lignes, un certain élargissement de la poupe et de la proue. La Cayman se distingue dans le dessin de feux antibrouillard plus ronds que la Boxster. Toujours facile de reconnaître une Cayman S de l'arrière grâce à son échappement double (simple en version de base). Pour le reste, la Cayman reprend les éléments mécaniques de la Boxster. Un moteur H6 de base de 2,7 litres et 275 chevaux et un autre H6 de 3,4 litres de 325 chevaux pour la version S. Vous avez toujours le choix d'une boîte manuelle à 6 rapports ou PDK à 7 rapports.

L'AUTOMOBILE S'INVITE AU *CONSUMER ELECTRONICS SHOW* DE LAS VEGAS

Le CES, ou *Consumer Electronics Show*, est un salon annuel consacré au monde de la haute technologie et aux diverses innovations dans le domaine. Au fil des ans, le CES est devenu un incontournable, le plus important rassemblement de « nerds » de la planète. Le plus récent s'est déroulé du 7 au 11 janvier dernier, à Las Vegas, et recevait pas moins de 3 000 exposants empressés de présenter leurs dernières trouvailles.

De la télévision OLED, quatre fois plus nette que votre téléviseur à haute définition actuel mais à 20 000 $ pièce, en passant par les plus récentes lentilles photos et les *ultrabook*, le nec plus ultra des ordinateurs portables.

Cela dit, les constructeurs d'automobiles prennent de plus en plus de place à cet évènement très couru. En vertu de toute l'électronique dont sont désormais bardées les voitures, faut-il s'en étonner ? *L'Annuel de l'automobile* était donc sur place, pas tellement loin du temple de Céline, pour découvrir les plus récents systèmes d'infodivertissement et les autres avancées technologiques qui égayeront très bientôt votre prochaine automobile.

L'AUTO AUTOMATE

Imaginez un moment que votre voiture puisse dénicher une place de stationnement mais sans votre aide... Elle serait capable de s'y rendre sans votre intervention, donc sans conducteur, et elle pourrait, en plus, revenir vous chercher à l'entrée du stationnement de l'hôtel grâce à un ordre lancé à partir de votre téléphone intelligent. C'est précisément à cette démonstration que les gens d'Audi se sont livrés au Salon de l'électronique de Vegas. Bon, d'accord, il y a encore loin de la coupe aux lèvres, mais le constructeur allemand tenait néanmoins à nous démontrer que la voiture pilotée serait son prochain grand cheval de bataille (enfin, un parmi tant d'autres défis).

UNE VOITURE PILOTÉE ?

Elle désigne en fait un véhicule dont on a étendu l'utilité des aides à la conduite électroniques qui existent déjà dans la majorité des voitures modernes, et pas nécessairement des autos haut de gamme (regardez la démocratisation de l'ABS et du contrôle de la motricité).

Prenons, par exemple, le système de régulation de vitesse intelligent qui permet à une voiture de conserver un espace précis entre deux véhicules, avec, en prime, des détecteurs qui immobilisent le véhicule au besoin. Ajoutez-y les systèmes de détection de changement de voies, l'antipatinage, l'antidérapage, l'aide au freinage, le système de prévention d'une collision imminente, le stationnement en parallèle intelligent, le système de vision de nuit, le détecteur de limitateur de vitesse et vous vous apercevez que, dans le fond, il ne nous manque déjà que très peu de dispositifs pour permettre à une voiture de se conduire elle-même.

Or, Audi nous promet que la conduite pilotée deviendra une réalité d'ici 2020.

En cas de ralentissement et à une vitesse inférieure à 60 km/h, la conduite pilotée d'Audi aidera le conducteur en intervenant sur la direction, à l'intérieur de certaines limites, tout en prenant en charge l'accélération et le freinage. Grâce à la conduite pilotée, les voitures sauront gérer toutes seules les manœuvres de stationnement dans les rues, les garages et, même, les stationnements couverts. Mais, attention, Audi insiste sur le fait que le conducteur demeure le seul maître à bord. Le système de pilotage automatique s'activera au moyen d'un bouton et pourra être désamorcé en tout temps.

VIVE L'ÉLECTRONIQUE !

Pour aspirer à ces prouesses avant-gardistes, pour ni plus ni moins transformer la relation entre l'homme et la machine, Audi entend s'associer à un fabricant de semi-conducteurs. Avec l'aide d'*Audi Connect*, qui intègre l'Internet à la voiture et la voiture à Internet, on pourra, grâce à la technologie LTE (qui permet un échange plus rapide de gros volumes de données), amener les possibilités de connectivité à un autre niveau.

Une fois son véhicule connecté, le conducteur peut alors tranquillement consulter ses courriels, écrire des SMS et, même, accéder à ses applications mobiles préférées sur son tableau de bord. Plus besoin d'avoir un terminal mobile. La voiture connectée permettra de mieux s'informer sur la météo et la circulation. Il sera aussi possible d'échanger de l'information avec les conducteurs utilisant le même dispositif. Mieux encore, la connexion offre l'accès aux programmes de la télévision en quelques clics, la possibilité de stocker sa musique ou de chercher une boutique, un site historique et, même, un restaurant à proximité. Bref, notre voiture devient le nouveau téléphone intelligent !

Audi travaille sur de nouveaux concepts de commandes et d'affichages. L'un d'entre eux est le tableau de bord à programmation libre. Le conducteur peut, à son gré, passer d'un affichage virtuel à un autre. Ces instruments, conçus avec la même technologie que les tablettes électroniques, offrent beaucoup plus de souplesse.

Qu'il s'agisse de la navigation s'appuyant sur des images de Google Earth et la *Street View* de Google Maps, de l'information routière en ligne ou des réseaux sociaux comme Facebook et Twitter, ces données convergent toutes vers le véhicule.

Dans la nouvelle Audi A3 attendue cette année, le conducteur pourra écouter la machine lire ses courriels et, en retour, lui dicter de courts messages (SMS). Audi compte élargir encore davantage ce genre de possibilités.

En s'associant à un fabricant de semi-conducteurs (dont l'identité reste à confirmer), le constructeur allemand prend les moyens pour pousser plus loin la communion entre le consommateur et son besoin incessant de communications.

En ce moment même, 90 % des innovations dans les voitures proviennent du monde de l'électronique, et, surtout, ce ne sont plus seulement les véhicules haut de gamme qui profitent des avancements technologiques.

Les constructeurs, pour la plupart, ont développé et moussent leur propre système. On peut penser à Ford et son Ford MyTouch, Kia et son UVO, Chrysler et son UConnect (possiblement le plus convivial de l'industrie) ou, encore, Cadillac et son CUE. Voilà autant de systèmes d'infodivertissement tous plus sophistiqués les uns que les autres.

Les percées technologiques, la miniaturisation et les plus grandes capacités de stockage permettront des progrès significatifs pour les prochaines générations de véhicules. Il faut aussi mentionner les prix toujours à la baisse qui faciliteront également la démocratisation de tous ces gadgets. On commence déjà à voir des systèmes de navigation dans des voitures sous-compactes à des prix beaucoup plus abordables.

LA SÉCURITÉ POUR TOUS

Pour ceux et celles qui croient que les systèmes avancés de protection des accidents sont le seul apanage des véhicules haut de gamme, détrompez-vous, il existe une alternative. En effet, la compagnie Mobileye, qui travaille étroitement avec la plupart des fabricants d'automobiles versés dans le luxe, offre un système de détection à prix réaliste qui peut être installé sur n'importe quel véhicule.

Ce système de vision artificielle agit comme une sorte de troisième œil et fournit de l'information sur les dangers potentiels de la route à son utilisateur. Le système comprend une caméra intelligente située dans le pare-brise qui sert à détecter un obstacle (piétons, motos, autos ou autres objets). La caméra mesure la distance entre l'obstacle repéré et la voiture. Il avertit le conducteur en cas de collision imminente. Le système peut également intégrer un système d'alerte de franchissement de voie.

Il en coûte entre 700 et 900 $ pour un tel système, en plus de l'installation par des professionnels dans, je le répète, n'importe quel véhicule.

ACURA

Il y a 27 ans, Acura naissait. Sa raison d'être, on la doit à un désir de Honda d'exploiter des segments plus luxueux, une recette chère aux fabricants américains. Cette stratégie était aussi une bonne manière de casser l'image « bon marché » (mais fiable) que s'étaient forgée les constructeurs japonais pour percer le marché nord-américain. La marque devient la première division de luxe d'un grand constructeur nippon et une magnifique vitrine technologique. Deux voitures aux accents sportifs figuraient au catalogue d'introduction: l'Integra et la Legend. Viendra se greffer ensuite en 1990 la première supervoiture japonaise, la NSX. Aujourd'hui, Acura traverse une crise existentielle. Son positionnement reste approximatif dans plusieurs créneaux, et la marque traîne quelques boulets, des produits qui s'écoulent difficilement, comme les RL et ZDX. Pour rectifier le tir, Acura revient aux sources avec des modèles plus dynamiques. Appuyée par un budget de publicité astronomique (700 millions de dollars US!), l'offensive comprend, entre autres, le retour de l'enfant prodige, la NSX, et l'introduction de motorisations hybrides.

L'ILX est la nouvelle représentante d'Acura du côté des compactes de luxe. Descendante de la défunte EL et, plus directement, de la CSX, elle repose sur le châssis de sa cousine prolétaire, la Honda Civic. Des 4 cylindres de 2 litres (150 chevaux) et de 2,4 litres (201 chevaux) se partagent d'entrée de jeu le carnet d'options. Une livrée hybride, la première de l'histoire de la marque, boucle l'offre avec une motorisation composée d'un 4 cylindres de 1,5 litre appuyé par un moteur électrique (111 chevaux en combiné), comme la Civic hybride. Bien évidemment, l'argument de vente se situe du côté de sa consommation: 4,9 litres aux 100 kilomètres, en moyenne, selon Transport Canada. À l'instar de la Civic 2013, l'ILX pourrait recevoir quelques modifications esthétiques devancées pour l'année modèle 2014. On n'exclut également pas la possibilité d'augmenter la puissance du moteur de base (2 litres).

ILX

MDX

Fait rare, le MDX 2014 a été présenté presque simultanément en première aux Salons de Detroit et de Montréal en janvier dernier. Complètement redessiné pour marquer la transition vers une nouvelle génération, il tend vers un design plus extraverti. C'est réussi sans cependant révolutionner le genre. Ses optiques intégreront, tout comme pour la RLX, une nouvelle signature stylistique avec ses cinq diodes, une caractéristique baptisée *Jewel-Eye*, un élément différenciateur qui arrive à point. On a retravaillé son châssis pour allonger son empattement et ainsi augmenter l'espace réservé aux deux rangées de places arrière. Pour ce qui est de la mécanique, il embarquera le tout nouveau V6 de 3,5 litres à injection directe de carburant qui s'exprime aussi sous le capot de la RLX. Un système de transmission intégrale et de direction aux quatre roues pour diminuer le rayon de braquage complètent le menu.

La NSX est devenue, par la force des choses, une figure emblématique de la voiture sport japonaise. Mise au point par Ayrton Senna et outillée pour combattre la Ferrari 348, elle a laissé une trace indélébile dès ses balbutiements, il y a 23 ans. Elle sera ressuscitée vraisemblablement en 2014 sous le millésime 2015. Entretemps, Acura exploite l'engouement en dévoilant au compte-gouttes l'évolution de son développement. Elle était à Detroit, cette année, pour ouvrir ses portes sur un habitacle où l'ambiance sportive prime avec de magnifiques baquets drapés de cuir et d'alcantara. Rien de nouveau néanmoins sur l'aspect mécanique du produit final. Un V6 central soutenu par un moteur électrique entraînera les roues arrière et un duo de moteurs électriques se chargera des roues avant. La puissance totale pourrait dépasser les 480 chevaux selon les rumeurs qui circulent. Une boîte robotisée à double embrayage à 7 rapports compléterait le tout.

NSX

Légèrement redessinée en 2012, la TL ne devrait pas faire l'objet d'énormes modifications durant la prochaine année. Berline intermédiaire de la marque et deuxième modèle en importance au chapitre des ventes chez Acura au Canada, elle continue à miser sur deux motorisations V6 de 3,5 litres (280 chevaux) pour la livrée à traction et de 3,7 litres (305 chevaux) pour la version à transmission intégrale. Il ne serait par ailleurs pas surprenant de voir apparaître sous son capot pour 2014 le nouveau V6 à injection directe de carburant (3,5 litres, 310 chevaux) qui équipe la RLX. Fait digne de mention, la TL est l'une des rares voitures de sa catégorie encore proposée avec une boîte de vitesses manuelle à 6 rapports.

TL

Retouché pour l'année modèle 2013, le RDX a été un autre des modèles de la marque qui s'est bien comporté l'année dernière au Canada. Qui plus est, il a enregistré une hausse appréciable de ses ventes de 54 %. Il revêt donc une importance prépondérante pour Acura, surtout dans un créneau aussi stratégique que celui des multisegments compacts de luxe. Sa nouvelle cuvée laisse tomber le 4 cylindres turbo qui l'animait depuis ses débuts en 2007 pour intégrer un V6 de 3,5 litres plus puissant (273 chevaux) associé à une boîte de vitesses automatique à 6 rapports. Le couple, quant à lui, est modulé par une transmission intégrale plus légère qui met l'accent sur la frugalité. Sous sa carrosserie redessinée, son volume intérieur a été augmenté, et l'insonorisation a été revue pour rendre les longs trajets plus agréables.

RDX

RLX

On l'attendait depuis longtemps cette RLX. Nouvelle berline porte-étendard d'Acura, elle prend la place de la RL, véritable échec commercial. Dessin plus assumé, nouveau moteur V6 à injection directe de carburant offert aussi en livrée hybride, l'offre semble, de prime abord, se différencier plus nettement du reste de la gamme que sa devancière. Reste à voir si la recette prend. **Lisez notre essai complet à la page 34.**

Dernier tour de piste en 2013 pour ce malaimé basé sur le MDX. La recette n'a clairement pas plu, si l'on en juge par les ventes désastreuses du modèle au Canada. À peine 110 ZDX ont trouvé preneur en 2012, 19 de moins que l'année précédente. Son design controversé et son aspect pratique, qui a fait l'objet de critiques, n'ont certainement pas aidé à en faire un best-seller.

ZDX

Certains l'avaient donnée pour morte avec l'arrivée de l'ILX, mais la TSX survit. Située tout juste en dessous de la TL dans la hiérarchie de la marque, elle s'appuie sur un duo de moteurs (V6 de 3,5 litres et 4 cylindres de 2,4 litres) pour attirer l'œil du client. Reste cependant à voir comment ce modèle réussira à s'écouler, coincé entre l'ILX et la TL.

TSX

FICHE D'IDENTITÉ

VERSIONS Base, Technologie, Elite, Sport Hybride SH-AWD
TRANSMISSION(S) avant, 4
PORTIÈRES 4 **PLACES** 5
PREMIÈRE GÉNÉRATION 1987 (Legend)
GÉNÉRATION ACTUELLE 2014
CONSTRUCTION Sayama, Japon
COUSSINS GONFLABLES 7 (frontaux, latéraux, genoux conducteur, rideaux latéraux)
CONCURRENCE Audi A6, BMW Série 5, Cadillac XTS, Hyundai Equus, Infiniti M, Jaguar XF, Lexus GS, Mercedes-Benz Classe E, Volvo S80

AU QUOTIDIEN

PRIME D'ASSURANCE
25 ANS: 2 800 à 3 000 $
40 ANS: 1400 à 1600 $
60 ANS: 1200 à 1400 $
COLLISION FRONTALE nm
COLLISION LATÉRALE nm
VENTES DU MODÈLE DE L'AN DERNIER
AU QUÉBEC nd **AU CANADA** 29
DÉPRÉCIATION (%) 46,5 (3 ans)
RAPPELS (2007 à 2012) 2
COTE DE FIABILITÉ 4/5

GARANTIES... ET PLUS

GARANTIE GÉNÉRALE 4 ans/80 000 km
GROUPE MOTOPROPULSEUR 5 ans/100 000 km
PERFORATION 5 ans/kilométrage illimité
ASSISTANCE ROUTIÈRE 4 ans/kilométrage illimité
NOMBRE DE CONCESSIONNAIRES
AU QUÉBEC 12 **AU CANADA** 48

NOUVEAUTÉS EN 2013.5

Nouvelle génération

LA COTE VERTE

MOTEUR V6 DE 3,5 L

> Consommation (100km) 9,6 L
> Consommation annuelle 2 040 L, 3024$
> Indice d'octane 91 > Émissions polluantes CO_2 4 784 kg/an

(SOURCE: Honda)

MON ROYAUME POUR UN BRIN DE FOLIE

L'actuelle Acura RL est un peu comme votre meilleure amie que vous voudriez recommander à l'une de vos connaissances du sexe masculin. Elle possède plusieurs qualités, on les lui concède, mais elle manque cruellement de personnalité. Or, la RL recherche désespérément à séduire des clients depuis qu'elle circule sur nos routes. Mais elle est trop flegmatique. Il lui manque ce petit «je ne sais quoi» qui permet aux grandes routières de se démarquer. Acura y va donc d'un énième effort: pour 2014, la RL est rebaptisée RLX et voit son style rajeunir. Un peu. Est-ce que cela sera suffisant pour attirer 500 clients par année d'un océan à l'autre, comme le souhaite Honda Canada? Allons vérifier la chose ensemble.

Benoit Charette

CARROSSERIE > Présentée une première fois au Salon de l'auto de Los Angeles, la nouvelle RLX démontre un certain dynamisme, mais, désolé, ses lignes dans leur ensemble m'apparaissent encore ternes. Celle qui, autrefois, avait l'air d'une grosse Honda Accord, a tout de même évolué visuellement, mais pas suffisamment à mon goût. Avec des adversaires qui se nomment Audi, BMW et Mercedes-Benz, il aurait fallu se faire aller le crayon un peu plus si l'objectif est d'inciter les foules à accourir chez le concessionnaire. Comme c'est maintenant devenu la mode, les concepteurs ont trouvé un nom ésotérique pour baptiser le nouveau carénage de la RLX: le style « aéro-fuselé », oui madame ! Ça décrit l'allure élargie et plus athlétique. Les lignes de carrosserie hautes et ses nouveaux phares à diodes électroluminescentes (DEL) distinctifs (ceux-là, on les appelle

Excellente finition • **Tenue de route sans reproches** • **Fiabilité légendaire**

Manque de charisme • **Lignes trop génériques** • **Problème d'image**

Jewel-Eye) sont sans doute les traits de caractère inédits les plus réussis de cette RLX. Soulignons aussi l'aérodynamisme qui s'offre le plus bas coefficient de traînée de sa catégorie. Parmi les autres caractéristiques, on retrouve des jantes de 19 pouces en alliage d'aluminium, des feux arrière à DEL, des détecteurs de stationnement du véhicule avant et arrière, des rétroviseurs extérieurs chauffants à atténuation automatique ainsi que des essuie-glaces à détecteur de pluie.

HABITACLE > C'est souvent ici qu'on distingue une grande berline d'une simple berline de luxe. Les gens qui font l'achat d'une voiture de ce prix veulent être épatés, être soufflés par ce qu'ils vont voir et toucher dans le véhicule. L'Acura séduit effectivement ces deux sens grâce, entre autres, à la douceur des matériaux dans l'habitacle. Les accents d'aluminium et de bois véritable sont aussi une belle pensée appréciée. Comme il se doit, la console centrale et le volant sont habillés de cuir piqué, de même que les sièges Milano offerts en option qui démontrent une qualité de fabrication et de raffinement à laquelle l'ancienne RL ne nous avait pas encore habitués. Pour se démarquer davantage de la TL, qui était parvenue ces dernières années à atteindre un degré de sophistication similaire à celui de la RL, les ingénieurs ont repensé le tableau de bord de la RLX en lui intégrant des innovations dignes de son rang tout en haut de l'échelle Acura. Notre modèle mis à l'essai comprenait un système de navigation (offert en option) avec écran de 8 pouces et un afficheur multiusage sur demande à écran tactile de 7 pouces. Ce dernier permet un accès direct aux fonctions essentielles, dont les commandes audio, de climatisation, de navigation et les messages SMS qui sont convertis du texte à la parole. L'accoudoir coulissant à garniture en cuir dissimule un compartiment de rangement, la connexion USB étant facilement accessible, une prise accessoire de 12 volts et de l'espace pour caser tous vos gadgets électroniques. Comme toute voiture haut de gamme qui se respecte, l'Acura RLX propose son lot d'aides à la conduite. Ainsi, vous pouvez obtenir un régulateur de vitesse adaptatif avec suivi à basse vitesse (une première chez Acura). Le système d'alerte de collision imminente avant (en option) utilise une caméra installée sur la portion supérieure du pare-brise pour détecter les véhicules qui précèdent et émet un signal sonore et visuel pour alerter le conducteur quand il détermine qu'une collision frontale est possible avec l'auto détectée. L'avertissement de sortie de voie utilise la même caméra pour repérer les lignes de la route et avertir le conducteur s'il les piétine. Enfin, la caméra arrière montre à l'affichage les mouvements du volant pour faciliter vos manœuvres en marche arrière.

MÉCANIQUE > Sous le capot, le moteur V6 de 3,5 litres nous revient mais en version améliorée: l'injection directe de carburant est enfin présente ! Acura y ajoute la gestion variable des cylindres. Coté à 310 chevaux, ce moteur procure une conduite de haut calibre tout en souplesse. La gestion des cylindres, qui en fait fonctionner trois ou six, travaille en harmonie avec les commandes de soupapes VTEC pour une efficacité optimale à vitesse de croisière. Le moteur est déposé dans un berceau en aluminium qui profite d'un système actif de supports pour éliminer les vibrations. L'an prochain, Acura ajoutera une version hybride comportant trois moteurs électriques (deux à l'arrière et un à l'avant) combinés à un V6 atmosphérique pour produire rien de moins que 370 chevaux. Autre innovation de taille, le

MENTIONS

CLÉ D'OR | CHOIX VERT | COUP DE CŒUR | **RECOMMANDÉ**

VERDICT

PLAISIR AU VOLANT
QUALITÉ DE FINITION
CONSOMMATION
RAPPORT QUALITÉ / PRIX
VALEUR DE REVENTE nm
CONFORT

1 5 10

FICHE TECHNIQUE

+ MOTEUR (S)

(SPORT HYBRIDE SH-AWD) V6 3,5 L SACT + 3 moteurs électriques
PUISSANCE 370 ch. à 6 500 tr/min (puissance totale)
COUPLE 272 lb-pi à 4 500 tr/min
BOITE(S) DE VITESSES manuelle robotisée à 7 rapports
PERFORMANCES 0 À 100 KM/H nm
VITESSE MAXIMALE nm

(BASE, TECHNOLOGIE, ELITE) V6 3,5 L SACT, à gestion variable des cylindres
PUISSANCE 310 ch. à 6 500 tr/min
COUPLE 272 lb-pi à 4 500 tr/min
BOITE(S) DE VITESSES automatique à 6 rapports avec manettes au volant
PERFORMANCES 0 À 100 KM/H nm
VITESSE MAXIMALE nm

+ AUTRES COMPOSANTS

SÉCURITÉ ACTIVE Freins ABS, assistance au freinage, répartition électronique de la force de freinage, freinage automatique en cas de détection de collision imminente, aide au démarrage en pente, contrôle électronique de la stabilité, antipatinage, quatre roues directionnelles
SUSPENSION avant/arrière indépendante
FREINS avant/arrière disques
DIRECTION à crémaillère, assistée électriquement
PNEUS Base P245/45R18 **Tech, Elite** P245/40R19

+ DIMENSIONS

EMPATTEMENT 2 850 mm
LONGUEUR 4 982 mm
LARGEUR 1 890 mm
HAUTEUR 1 465 mm
POIDS Base 1 788 kg **Tech** 1 798 kg **Elite** 1 817 kg
DIAMÈTRE DE BRAQUAGE 12,3 m
RÉSERVOIR DE CARBURANT 70 L
COFFRE 423 L **Elite** 417 L

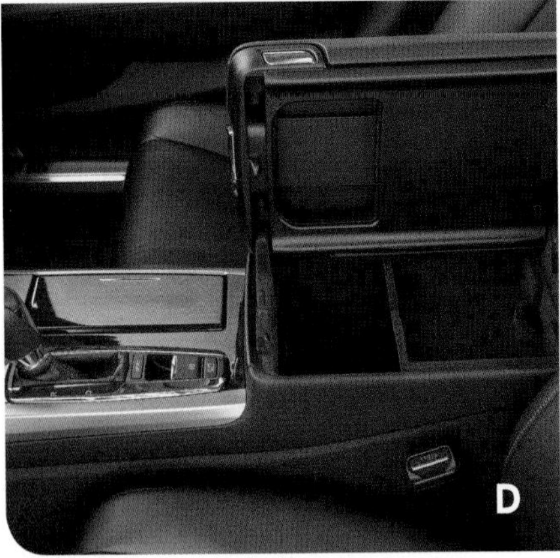

GALERIE

A Pour faire honneur au haut de gamme où elle se complaît, la RLX regorge de matériaux de luxe. Le tableau de bord, la console centrale et la direction en cuir piqué, ainsi que des sièges habillés de cuir ajouré du type Milano offerts en option, placent l'Acura dans les grandes ligues.

B La RLX est équipée du système de connectivité AcuraLinkMC, lequel fournit quantité de services, dont un système de repérage du véhicule volé, le démarrage et le verrouillage à distance, l'alarme de sécurité et des services d'assistance personnalisés offerts 24 heures sur 24 (comme réserver un restaurant).

C La chaîne audio ELS à 10 haut-parleurs de série comprend une radio HD et par satellite, une connexion USB et une prise auxiliaire. Avec l'ensemble Technologie, on passe à 14 haut-parleurs. Et avec l'Elite (notre photo), une sono Krell constitue la première incursion de ce prestigieux fabricant à bord d'une automobile.

D Les accoudoirs garnis de cuir dissimulent un compartiment de rangement qui recèle une connexion USB, une prise de courant de 12 volts de réserve ainsi qu'un espace pour ranger une tablette électronique. La double charnière permet d'ouvrir le bac du côté conducteur ou passager.

E Avec 4 982 millimètres, la RLX est aussi longue que la RL, mais, grâce à un empattement et une largeur qui comptent respectivement 51 et 50 millimètres supplémentaires, l'Acura présente un dégagement pour les jambes plus généreux que la BMW 535i, la Lexus GS350 et l'Audi A6.

système P AWS (pour *Precision All-Wheel Steer*) qui rendra l'adhérence au macadam encore plus pointue. Cette technologie, la première du monde, assure un contrôle indépendant et ininterrompu de l'angle de direction des roues arrière. Sur les routes sinueuses, les virages deviennent plus faciles, les manœuvres, plus naturelles, et vous vivez une expérience de conduite dynamique et unique dans le segment. Vous avez dans les faits un modèle à deux roues motrices qui, sur le sec, peut rivaliser avec un autre à quatre roues motrices.

COMPORTEMENT > Grâce à l'utilisation exhaustive de l'aluminium, Acura a réussi à contenir le poids de la RLX à 1788 kilos, une masse relativement faible pour une berline de cette taille. Combinée à l'application toutes roues directrices et à une boîte de vitesses à 6 rapports très bien calibrée, le plaisir est au rendez-vous. Il n'y a pas les montées lyriques des moteurs allemands, mais en appuyant franchement sur l'accélérateur, les 310 chevaux du V6 sont capables de montrer les dents. Vous préférerez sans doute les routes tranquilles à celles en lacets, mais sachez que la RLX n'aura aucun problème à défier n'importe quelle concurrente, peu importe le trajet choisi. L'insonorisation a également été soignée pour rendre le séjour à bord plus agréable. Au fil des kilomètres, quelques belles trouvailles m'ont charmé. Je pense, par exemple, à l'assistance à la « maniabilité agile » (une autre première chez Acura) qui utilise le freinage actif pour aider le conducteur à garder le cap dans un virage en n'ayant qu'à intervenir légèrement sur le volant. Autrement dit, si vous arrivez dans une courbe un peu trop rapidement, la voiture se charge de vous ralentir. Le maintien automatique des freins (bien sûr, une autre première), comme son nom le suggère, maintient la position du véhicule en relâchant le frein de stationnement ou la pédale de frein jusqu'à ce que le conducteur appuie sur l'accélérateur.

CONCLUSION > Acura a abattu du bon boulot pour améliorer son modèle-phare. Si vous examinez la liste des ingrédients utilisés pour que la pâte lève, ils sont tous là, à l'exception d'un seul : l'âme. La RLX n'a pas de personnalité bien définie. Outre la qualité des matériaux et l'arsenal technologique, on peut être certain que la fiabilité et le rendement à long terme jouent aussi en sa faveur. Mais il manque ce petit brin de folie qui fait qu'une voiture passe de bonne à exceptionnelle. Personnellement, je doute qu'Acura Canada puisse convaincre 500 acheteurs par année. Toutefois, la division luxe de Honda mettra le paquet en offrant une version de base sous la barre des 50 000 $ et à moins de 70 000 $ pour un modèle équipé au complet. Avec ce genre de stratégie, ils y arriveront peut-être. ■

HISTORIQUE

Honda introduit sa première berline de luxe au Japon le 22 octobre 1985. Elle se nomme Legend et elle débarque en Amérique du Nord un an plus tard pour être commercialisée sous la nouvelle bannière Acura. Elle est motorisée alors par un V6 de 2,5 litres qui développe 151 chevaux. Le coupé se pointe en 1987 avec un tout nouveau V6 de 2,7 litres de 161 chevaux. En 1995, le nom Legend disparaît au profit de la 3.5 RL, et Honda cesse la production du modèle coupé. La première génération de RL s'étend de 1995 à 2004, et la seconde, de 2005 à 2012. Malgré une fiabilité et une exécution sans faille, la RL ne connaît pas le succès attendu. La concurrence allemande n'entend pas se faire damer le pion facilement dans le créneau des berlines de luxe.

LEGEND 1986

LEGEND COUPE 1991

LEGEND 1992

RL 1996

RL 2009

RLX 2014

ASTON MARTIN

Sans affirmer que la marque britannique est dans le pétrin, il faut observer ce qui se passe avec l'ancien partenaire de Jaguar pour comprendre qu'une maison de prestige a plus de chances de s'épanouir quand un géant comme Tata Motors, par exemple, soutient les efforts qu'exige une division d'exception. Pourtant, Aston Martin continue de voguer seule sur le vaste et souvent tempétueux océan automobile. Heureusement pour lui, le constructeur est encore un producteur d'émotions, de sensations fortes et d'art sur quatre roues. Une Aston Martin, c'est avant tout un objet d'un rare raffinement qui ne perdra vraisemblablement jamais son charme. Le seul problème, c'est que la réalité économique risque de tout chambouler. Cela dit, avant de maîtriser l'avenir, Aston Martin peut se permettre une pause puisqu'elle célèbre cette année son centenaire. Bonne fête, Aston Martin !

Le billet d'entrée chez Aston Martin s'appelle Vantage. Oubliez la Cygnet, qui n'est qu'une Scion iQ maquillée et qui ne sera pas distribuée chez nous ! Le coupé Vantage a été élaboré pour enlever des ventes à la Porsche 911, même si, dans les faits, l'icône allemande n'a rien à craindre à ce sujet. Toutefois, comme les autres coupés de la marque, la Vantage est incroyablement belle à regarder. Elle est offerte en trois saveurs mécaniques : la version d'entrée de gamme hérite d'un V8 de 420 chevaux; la S, du même V8 poussé à 430 chevaux; tandis que le sommet du trio est occupé par la Vantage V12 qui, comme son nom l'indique, utilise un V12 de 510 chevaux pour catapulter ses élégantes formes. Pour couronner le tout, vous pouvez également opter pour l'une de ces versions avec un toit souple si le cœur vous en dit !

VANTAGE

RAPIDE S

Quelques jours avant de mettre sous presse, Aston Martin a dévoilé des détails supplémentaires au sujet de sa nouvelle Rapide S 2014. Au premier coup d'œil, on remarque la calandre qui recouvre toute la partie avant, signe qu'il s'agit d'une version plus vitaminée de l'ancienne Rapide. Les jantes sont celles qu'on retrouve sur la Vantage S, tandis que le moteur V12 passe de 477 à 558 chevaux, une augmentation de puissance dont personne ne se plaindra. La boîte de vitesses automatique à 6 rapports, quant à elle, répond toujours à l'appel. La Rapide S devient, du même coup, la berline la plus rapide de l'histoire du constructeur avec un 0 à 100 km/h annoncé de 4,9 secondes. Pas si mal pour une berline huppée...

VANQUISH

Au moment de publier L'*Annuel de l'automobile 2013*, Aston Martin n'avait pas encore annoncé que son modèle Virage disparaissait de la gamme, idem pour la plus violente DBS. Rassurez-vous, Aston Martin avait prévu le coup, puisque 2013 marque le retour d'un nom que vous connaissez tous, notamment à cause d'un certain James Bond. La Vanquish revient en effet à l'avant-plan la même année que le constructeur célèbre son centenaire, n'est-ce pas merveilleux ? D'entrée de jeu, cette nouvelle sportive-phare reprend le design intemporel des autres coupés de la marque avec quelques exclusivités, bien entendu, à commencer par le bouclier encore plus dynamique que celui de l'ancienne DBS, les phares amincis, la fenestration différente, tandis que la partie arrière est probablement l'élément de style qui révèle le plus qu'il s'agit d'une nouveauté. Il n'y a pas à dire, cette Vanquish est presque aussi sublime que la très limitée One 77. Sous le capot se niche évidemment un V12 de 6 litres dont la puissance totalise 565 chevaux.

DB9

La Virage n'étant plus, vive la nouvelle DB9 ! Pour 2013, Aston Martin a remanié sa gamme en éliminant la Virage, un modèle qui faisait le pont entre la DB9 et la DBS, pour faire place à une DB9 plus puissante et plus évoluée en termes de style. Par rapport à l'ancienne Virage, ce nouveau bolide est identique à l'extérieur, à l'exception de l'écusson, bien sûr. C'est sous le capot que ça change. En effet, le nouveau moteur V12 développé principalement pour la Vanquish est réutilisé dans cette application, mais développe un peu moins de puissance, hiérarchie oblige. Avec 510 chevaux et 457 livres-pieds, la DB9 n'a rien d'une tortue et peut même s'arrêter en moins de deux grâce à des freins à disque en carbone-céramique. Toutefois, l'amateur de boîte manuelle devra regarder ailleurs puisque la DB9 n'est offerte qu'avec une automatique avec leviers de sélection placés derrière le volant. Légère déception mais, bon, on ne lèvera quand même pas le nez sur cette DB9...

AUDI

Audi ne connaît pas la crise. Avec des ventes en hausse de près de 13 % en 2012 par rapport à 2011, le constructeur d'Ingolstadt fait flèche de tout bois. L'année 2013 est le début d'un processus d'identification de la marque qui verra tous les modèles refaire leur style pour adopter une image plus proche de la prouesse technologique qui est le fer de lance de l'entreprise depuis des années. Autre objectif avoué: celui de distinguer de manière plus claire les différents modèles de la marque qui ont trop tendance, selon plusieurs analystes, à se fondre dans une seule et même masse. Depuis 2012 et d'ici à 2016, Audi déploiera un plan d'investissement de 13 milliards d'euros. Audi dépensera cet argent en créant notamment 1200 nouveaux postes, mais également en agrandissant ses structures et en fabriquant un nouveau modèle.

La guerre entre Audi, BMW et Mercedes-Benz pour l'hégémonie suprême n'est pas prête de s'arrêter. Pour demeurer bien en selle dans tous les segments de la voiture de luxe, Audi s'apprête à revoir complètement l'image de sa petite A3. Alors que Mercedes-Benz dévoilait en catimini à Detroit la CLA, petite sœur de la CLS, Audi répliquera avec non pas un, ni deux, mais possiblement trois interprétations de l'A3. Une version à hayon déjà promise pour l'Europe ne traversera sans doute pas l'Atlantique. Toutefois, une version berline, un peu à l'image de l'A4, viendra chez nous, en plus d'un cabriolet actuellement en développement.

A3

A5

Le développement de la famille RS se poursuit chez Audi. Si vous recherchez l'ultime cabriolet sport pour quatre personnes, Audi vous propose la RS5 décapotable. Un V8 de bonne famille se trouve sous le capot. D'une cylindrée de 4,2 litres, il développe 450 chevaux. Le même moteur est aussi offert dans une configuration coupé. On parle ici de nouveautés à tirage limité pour le Canada qui s'adressent aux amateurs d'adrénaline.

A4

Pas de changements pour la populaire A4 en 2013. C'est l'an prochain que la nouvelle génération arrivera sur les routes. En Europe d'abord, puis en Amérique du Nord. Annoncée sous le nom de code B9, elle sera suivie en 2015 par la variante familiale Avant. D'après certaines sources britanniques comme le magazine *Car*, il s'agira du premier modèle de la marque à recevoir le nouveau système de transmission électrique baptisé e quattro. Il sera composé de deux blocs électriques placés sur l'essieu arrière et capables d'une puissance de 136 chevaux. Audi proposera également un système hybride rechargeable traditionnel avec transmission aux roues avant et prise de charge. Cette future version de l'A4 recevra une motorisation de 2 litres à essence de 226 chevaux associée à un petit bloc électrique de 35 chevaux. On prévoit aussi une A4 allégée de près de 100 kilos et un moteur turbo de 1,8 litre de 170 chevaux sous le capot.

A6

Audi continuera au cours des prochaines années à étendre sa gamme de modèles sur tous les marchés de la planète. Ainsi, la firme annonçait l'arrivée de nouveaux modèles Diesel sur le continent nord-américain lors du dernier Salon de l'auto de Los Angeles. Parmi ceux-ci, le modèle A6 qui arrivera en version Diesel à l'automne 2013. Vous trouverez sous le capot un V6 de 3 litres Diesel qui se trouve déjà dans le Porsche Cayenne et le Volkswagen Touareg. La puissance monte à 240 chevaux avec un généreux couple de 400 livres-pieds. Pour ceux qui préfèrent la puissance brute au couple abondant, il y aura aussi une version S6 en concession à l'été 2013. Audi reprend le moteur de 4 litres turbo qui se trouve dans la S8 mais pour une question de hiérarchie dans l'entreprise, on limite, si je peux me permettre l'expression, la puissance à 450 chevaux. Les Européens qui peuvent profiter de tronçons d'autoroute sans limite aurons la possibilité de faire l'achat d'une Audi RS6 familiale, la parfaite voiture pour ne pas se faire remarquer, puis tout à coup transporter la famille dans une fusée ! Il y aura sous le capot la même mécanique que dans la S6, soit un V8 de 4 litres turbo, mais la puissance sera portée à 560 chevaux, et le couple, à 516 livres-pieds. Le châssis a été refait pour absorber une telle puissance, de même que l'aérodynamisme, et des roues spécifiques de 20 pouces seront de série. Avec une vitesse de pointe de 305 km/h, ce sera la familiale la plus véloce de la planète et, non, elle ne viendra pas chez nous...

A7

La grande A7 est sans doute l'une des plus belles voitures du moment sur le marché. Il s'agit en fait d'une version plus léchée de l'A6. Audi a imité la CLS de Mercedes-Benz qui n'est qu'une Classe E en tenue de soirée. Qu'importe, d'un simple point de vue esthétique, c'est une grande réussite. Pour 2013, le modèle d'entrée de gamme revient sans réel changement. Le moteur V6 de 3 litres suralimenté de 310 chevaux est toujours présent. Tout comme l'A6, l'A7 profitera à l'automne de l'addition d'un moteur Diesel de 240 chevaux. Il y aura également une version S7 qui, elle, présentera un V8 de 4 litres biturbo de 450 chevaux, des roues de 21 pouces et une gueule encore plus racoleuse. Mais l'A7 se distinguera vraiment de l'A6 grâce à sa version extrême. En effet, si la RS6 demeurera une exclusivité européenne, la RS7 viendra de ce côté-ci de l'Atlantique. Inscrit officiellement comme modèle 2014, aucune date officielle de mise en marché n'a été avancée. Mais les 560 chevaux de son moteur V8 biturbo ont de quoi faire saliver. Cette voiture à transmission intégrale offrira également une suspension pneumatique et un groupe dynamique qui permettra d'enlever la bride limitant la vitesse à 255 km/h pour laisser le compteur s'amuser jusqu'à 305 km/h. Un rival de taille pour les BMW M6 Gran Coupe et Mercedes-Benz CLS AMG. Et si la consommation de carburant vous inquiète, le système de désactivation des cylindres annonce une étonnante moyenne de 9,8 litres aux 100 kilomètres.

Vous connaissez déjà l'A8 et la S8. La première est offerte en modèle de base avec moteur V6 turbo de 333 chevaux. Élégante, sportive et toujours présente au moment de remettre les gaz. Il y a aussi la très noble A8 W12, le modèle d'exception qu'on voit rarement sur la route. Son moteur V12 de 6,3 litres distribue les 500 chevaux aux 4 roues, et ses poussées sont aussi puissantes que civilisées. La parfaite voiture du PDG qui ne veut pas trop se faire voir. Il y a ensuite la S8. Arrivée l'an dernier, cette grande berline peut se transformer en voiture sport grâce aux 520 chevaux de son moteur V8 biturbo. Voilà tout simplement l'une des plus intéressantes voitures en ce moment. Au chapitre des nouveautés, Audi ajoutera cette année une version Diesel de l'A8. Elle arrivera cet automne en même temps que l'A7 avec le même moteur V6 de 3 litres de 240 chevaux. Un mot en terminant sur une rumeur qui annonce la venue d'une RS8. Mais attention, Audi doit être prudente pour baptiser cette voiture puisqu'il existe déjà un modèle R, la R8. C'est lui qui devrait logiquement se voir adjoindre une RS8. L'A8, de son côté, a déjà un modèle S mais pas de RS... Il sera intéressant de voir comment Audi résoudra cette énigme.

Q3

Ce n'est pas avant le printemps 2014 que nous verrons sur nos routes le petit Q3. Ce modèle, de la grosseur d'un Volkswagen Tiguan, roule déjà en Europe et ne devait pas se pointer au Canada. Mais étant donné le succès bœuf du BMW X1 et Mercedes-Benz qui planche sur un plus petit GLK, Audi a révisé sa position. Le seul obstacle majeur reste la mécanique. En effet, Audi ne sait pas encore quoi mettre sous le capot pour le marché canadien. En Europe, il existe pas moins de cinq moteurs pour le Q3 en versions essence et diesel. Il semble réaliste de croire que le futur moteur de 1,8 litre turbo de 170 chevaux, qui équipera les prochaines A3 et A4, pourrait aussi se retrouver dans le Q3.

TT

Pas de gros changements pour la TT à court terme. Les versions de base, TT S et TT RS demeurent au catalogue. Audi se prépare à présenter la prochaine génération en revenant aux sources, c'est-à-dire créer un modèle plus épuré et, surtout, plus léger. Wolfgang Durheimer, le patron de la marque se confiant sur le sujet au magazine *Autocar*, a indiqué qu'une version utilisant une multitude de matériaux était en développement à Ingolstadt. Le but est de s'approcher du seuil des 1000 kilos. Cette réduction du poids est envisagée grâce à la nouvelle plateforme MQB du groupe Volkswagen dont bénéficiera la 3e génération de TT, laquelle devrait toujours être offerte avec la transmission intégrale et un 5 cylindres. Audi a aussi confirmé qu'elle continuera à produire des versions performantes. Nous voilà rassurés.

R8

Le modèle 2014 est déjà arrivé chez les concessionnaires. Vous aurez peut-être besoin d'un coup de pouce pour remarquer les subtiles différences visuelles: boucliers retouchés, prises d'air élargies et sorties d'échappement arrondies. N'oublions pas non plus les phares à DEL qui confèrent un air plus méchant. La grande nouveauté est l'abandon de la boîte R tronic à 6 rapports. Elle cède sa place à la S-tronic à 7 rapports qui procure un monde de différences. Les moteurs, eux, restent les mêmes, et la version GT devient la version R8 V10 Plus. Il faudra attendre 2015 pour découvrir une toute nouvelle génération de R8.

Q5

Le Salon de l'auto de Montréal présentait un Q5 partiellement modifié. Si vous avez noté une refonte au chapitre des phares, des feux et des ailes, vous avez l'œil. Mais pour citer St-Exupéry, si l'essentiel est invisible aux yeux, c'est sous le capot du Q5 que ça se passera. Pour l'année qui vient, les amateurs auront le choix entre deux nouvelles mécaniques. D'abord un premier diesel avec V6 de 3 litres, 240 chevaux, 400 livres-pieds de couple et une consommation annoncée de 7 litres aux 100 kilomètres. Le deuxième choix prendra la forme d'une motorisation hybride. Le 4 cylindres de 2 litres turbo bien connu fera équipe avec un groupe électrique, soit la même combinaison qu'on retrouve dans la Jetta hybride de Volkswagen. D'ici l'an prochain, Audi présentera aussi la première version S du Q5, la SQ5, déclinée chez nous avec une motorisation à essence (Diesel en Europe) : V6 de 3 litres TFSI avec compresseur, déjà connu sous le capot de la S4. Le SQ5 produira 354 chevaux et un 0 à 100 km/h en 5,3 secondes au prix d'une consommation normalisée de 8,5 litres aux 100 kilomètres. Sans oublier la caisse abaissée de 30 millimètres, les jantes de 20 pouces de série (21 pouces en option), la double barrette sur la calandre et les logos spécifiques. Bref, grrrrrrr !

Q7

L'éléphant d'Audi se mettra à la diète sévère pour l'an prochain. L'utilitaire de 2 300 kilos ne rencontre pas les normes d'émissions polluantes américaines prévues pour 2016. Audi a donc décidé de faire perdre 350 kilos à la bête. Pour y arriver, on misera sur du composite de plastique et de la fibre de carbone. Audi a même trouvé une méthode pour souder la fibre de carbone à l'aluminium. Il y a fort à parier que ce processus gagnera plusieurs autres modèles dans les années à venir. L'utilisation de l'aluminium se popularisera aussi dans des pièces structurelles comme les suspensions. Il reste à savoir si la firme allemande conservera les moteurs à essence et Diesel que nous connaissons.

BENTLEY

www.bentleymotors.com

Dès sa naissance, en 1919, Bentley a occupé les plus hautes sphères du faste automobile. Sa genèse s'est toutefois dessinée sur la piste. La marque britannique a remporté les 24 heures du Mans à cinq reprises durant les années 20. Cette prouesse ne sera répétée qu'en 2003 avec la majestueuse Speed 8 drapée, tradition oblige, de l'intemporel british racing green. *Son récit s'est aussi construit sur la route, en constante opposition avec son antagoniste de toujours, Rolls-Royce. Les deux marques anglaises eurent d'ailleurs le même propriétaire pendant 28 ans (1980 à 1998). Sous contrôle du groupe Volkswagen depuis 1998, Bentley a aujourd'hui le vent dans les voiles. Misant sur des éléments de différenciation beaucoup plus marqués vis-à-vis Rolls-Royce et sur des créneaux moins onéreux, le fabricant a créé sa propre identité, chose qui lui a été très profitable. Ses ventes ont augmenté de 22 % en 2012 pour passer à 8 501 véhicules d'écoulés dans le monde. L'arrivée imminente d'un VUS de grand luxe ainsi que d'une livrée décapotable de la Mulsanne ne pourront qu'augmenter son attrait.*

CONTINENTAL GT/GTC

Coupé de grand tourisme, la Continental GT est un modèle extrêmement important pour Bentley. Elle symbolise le tournant esthétique et mécanique qu'a emprunté le constructeur au début des années 2000 grâce à l'apport de Volkswagen. Pour l'année modèle 2013, la Continental GT a subi une importante refonte qui implique l'arrivée d'un nouveau V8 biturbo de 4 litres (500 chevaux) proposé de série. Le W12 biturbo persiste et signe sous deux variantes de 567 ou 616 chevaux pour la version Speed. Dans tous les cas, une boîte de vitesses automatique à 8 rapports fait partie de la combinaison. Elle devrait garder la forme actuelle durant encore quelques années, après quoi elle pourrait afficher des traits complètements différents sous le coup de crayon du nouveau directeur du design Luc Donckerwolke.

Bentley ira probablement de l'avant avec le tout premier VUS de son histoire. Présenté à Genève en 2012 comme prototype sous le « séduisant » acronyme EXP 9F, il s'attaquera de front à Maserati et à Lamborghini qui s'aventureront aussi dans ce créneau. Son dessin, qui est loin d'avoir fait l'unanimité, devrait être remis sur la planche avant d'obtenir le sceau d'approbation final. Les moteurs V8 et W12 de la Continental GT devraient faire partie de l'équation. Bentley espère vendre 5 000 Falcon par an.

FALCON

FLYING SPUR

Nouveau millésime, nouvelle génération pour la berline sportive de Bentley. La Flying Spur abandonne l'appellation Continental pour 2014 afin de se différencier de sa proche cousine à deux portières, la Continental GT. Elle en a aussi profité pour se refaire une beauté. Le résultat, à ce qu'il paraît, est très probant. Symbiose de musculature saillante et de sophistication, le dessin respecterait la charge délivrée. Sous le capot, le W12 biturbo de 6 litres est toujours en lice, mais gagne une quantité appréciable de chevaux. Avec 616 d'entre eux et 590 livres-pied de couple canalisés par une boîte automatique à 8 rapports, la Flying Spur devient la berline la plus rapide de l'histoire de Bentley.

Le porte-drapeau de la gamme sera légèrement revu pour l'année modèle 2014. Bentley a essentiellement travaillé sur certains détails de finition, se concentrant sur les places arrière. La mécanique reste la même, soit un V8 biturbo de 6,75 litres (505 chevaux) conjugué à une boîte automatique ZF de 8 rapports. Cette motorisation chargée d'un riche héritage historique pourrait disparaître afin de laisser sa place à un 12 cylindres et à un moteur au gazole. Une livrée coupé-cabriolet pourrait également faire son chemin dans les salles d'exposition des concessions, si l'on se fie à un croquis dévoilé au Concours d'Élégance de Pebble Beach.

MULSANNE

BMW

Le président et chef de la Direction du Groupe BMW Canada, Eduardo Villaverde, était de très bonne humeur quand des représentants de L'Annuel de l'automobile l'ont rencontré la veille du dernier Salon de l'auto de Montréal. Ses chiffres de ventes de 2012, autant chez nous que dans le monde entier, brillaient pour une autre année consécutive, depuis, en fait, que BMW a arraché à Mercedes-Benz en 2005 la couronne du plus important fabricant de voitures de luxe. Pour y arriver, le constructeur offre des gammes complètes dans tous les créneaux où la puissance et la munificence font habituellement bon ménage. Du côté des utilitaires, par exemple, difficile de ne pas en trouver un qui correspond à nos besoins et à notre budget parmi les X1, X3, X5 et X6. Les Séries sont archiconnues et servent même souvent d'étalon aux autres fabricants : 1, 3, 4, 5, 6 et 7, sans oublier les variantes xDrive (transmission intégrale), GT (hayon), Touring (familiale), M (muscle), Gran Coupé (quatre places élancées) et ActiveHybrid (écologie). Par ailleurs, aussi bien s'habituer dès maintenant au changement d'appellations qui se prépare : les coupés et les décapotables de la future Série 2 seront, en fait, des déserteurs de la Série 1, tandis que les véhicules similaires de la Série 3 formeront le bataillon de la nouvelle Série 4. Pour continuer à dominer Audi et Benz, BMW entend faire feu d'un nombre sans cesse croissant de canons !

SÉRIE 3

L'an dernier, BMW a procédé à une refonte de sa très populaire Série 3 (plus du tiers de toutes les ventes du constructeur). Une refonte tout en douceur, évolutive, pour ne pas effrayer personne. Une sixième génération plus légère, plus rigide, un poil plus longue, plus sécuritaire. Une berline régulière, une autre ActiveHybrid, une familiale, un coupé, un cabriolet et deux tonitruantes versions M (coupé et cabriolet), n'en jetez plus, la cour est pleine ! On peut mettre un pied dans la gamme avec la 320i équipée d'un 4cylindres de 2 litres de 181 chevaux (241 dans la 328i). Et tout nouveau pour 2014, une 3 qui fonctionnera au diesel ! Elle devrait se pointer au cours du 3e trimestre de la présente année. Aucune information technique n'a encore coulé, mais on se doute manifestement que cette version au gazole sera érigée sur la nouvelle plateforme de la Série 3, tout en exhibant des caractéristiques spécifiques au plan du design (calandre, jantes, badges, etc.). Cette nouvelle offrande au diesel n'arrivera pas seule puisque BMW nous réserve un autre modèle 2014 pour l'automne, soit la 328i Xdrive Touring (photo) à un prix de détail suggéré de 47 850 $. Cette familiale sera équipée exclusivement du moteur N20 à 4 cylindres de 2 litres turbocompressé de 204 chevaux et de 258 livres-pieds de couple jumelé à une boîte de vitesses automatique à 8 rapports. On nous promet un 0 à 100 km/h en 6,3 secondes. Ce n'est pas tout : une BMW Série 3 Gran Turismo 2014 (photo) se pointera aussi à l'automne (décidément, BMW a décidé de nous équiper pour aller admirer les feuilles rougissantes à la campagne). Au menu, deux variantes, soit la 328i xDrive GT et la 335i xDrive GT, toutes les deux munies de la boîte à 8 rapports. Nous attendons d'autres nouvelles au sujet des caractéristiques techniques et des prix, mais, au moins, nous avons la photo !

X6

Le modèle stylistiquement le plus controversé de BMW depuis que Chris Bangle avait osé triturer la Série 7. On aime ou on déteste. Assez facile de deviner dans quel camp se rangent les passagers de grande taille qui s'installent sur la banquette arrière et qui doivent prendre garde à la chute radicale du pavillon. En version M (eh oui, une autre) chaussée de 20 pouces, il impressionne ! Il sera intéressant de voir ce que le remodelage prévu pour 2015 fera de bon avec l'actuelle silhouette...

On ne se donne plus la peine de la présenter, cette Série, car tout le monde, les amateurs de belle conduite et les autres constructeurs confondus, s'y réfèrent quand vient le temps de pointer l'une des meilleures berlines du monde, aussi offerte en motorisation hybride (ActiveHybrid 5), en déclinaison Gran Turismo à hayon double et sous les traits de la berline M5 qui décoiffe à chaque accélération. Prochaine génération ? Notre boule de cristal hésite : 2016 ou 2017 ?

SÉRIE 5

SÉRIE 1

Un coupé, un cabriolet. Aux États-Unis, un nouvel ensemble *Limited Edition Lifestyle*, y compris notamment des couleurs exclusives, des roues de 18 pouces et, dans le cas du cabrio, une capote brune constellée de pigments argentés qui chatoient sous la lumière. Chez nous ? À voir. On s'attend à ce que certains membres de la Série 1 (ils ne roulent pas tous au Canada) passeront de la propulsion (arrière) à la traction (avant) à compter de 2014. En fait, ces Série 1 utiliseraient une plateforme de MINI (même propriétaire). La Série 2 (à venir) conserverait des véhicules à propulsion et dotés du 6 cylindres de 3 litres turbocompressé. Éventuellement, la Série 1 dénombrera jusqu'à six modèles : d'abord des 3 et des 5 portes, puis deux multisegments et autant de familiales, d'ici 2014. Lesquels traverseront l'Atlantique, ça reste à voir. La Série 1 en soi sera mûre pour une refonte globale autour de 2018.

i3/i8

On se rapproche de plus en plus du début de leur commercialisation ! Dans le cas des deux premiers membres de la famille électrifiée de BMW, attendez-vous à voir d'abord l'i3 tout électrique dans une salle d'exposition, disons d'ici la fin de 2013. En ce qui concerne l'i8 (beaucoup plus chère, autour de 200 000 $ selon nos estimations), qui aura une autonomie prolongée comme la Chevrolet Volt grâce à la présence d'un moteur à essence, visons plutôt quelque part en 2014. Nos sources ajoutent qu'un seul concessionnaire BMW/MINI au Québec aurait mérité le premier d'exhiber les deux i. Et il est situé à Laval. Vous pouvez également pariez un p'tit 2 $ sur la venue en temps et lieu d'une i1, d'une i5, etc.

SÉRIE 6

Tous les modèles 2014 qui composeront la gamme de la Série 6 se pointeront à compter du mois de mars 2013 (aussi bien dire que c'est fait si on considère le moment où vous lisez ces lignes !). Ça inclut le Gran Coupé et les magnifiques M6. Tenez, voici quelques-uns des prix de détail qui viennent de sortir, question de vous inciter à déposer encore plus de pesos dans votre tirelire : 109 900 $ pour le cabriolet 650i xDrive et 98 800 $ pour le coupé. Du côté des deux Gran Coupé, les 640i et 650i, tous deux équipés de la transmission intégrale xDrive, on parle respectivement de 87 900 et de 99 800 $. Ce 640i Xdrive Gran Coupé, nouveau pour 2014, se joint à la famille avec un 6 cylindres de 3 litres turbo de 315 chevaux (couple de 330 livres-pieds) et la boîte à 8 rapports. On lui prédit une consommation moyenne combinée de 9,5 litres aux 100 kilomètres et un chrono de 5,4 secondes au test du 0 à 100 km/h. Pour le reste, les caractéristiques techniques sont celles du 650i.

BMW

Le modèle 2014 se pointera avec un léger rafraîchissement qui touchera essentiellement les phares, les clignotants sur les flancs et des nouvelles roues en alliage léger de 18 pouces. BMW nous offre également quatre nouvelles couleurs de carrosserie, alors que le toit de métal rétractable (20 secondes) est désormais livrable avec des teintes contrastantes. Le fabricant a aussi révisé ses ensembles offerts en option. Pour les moteurs, aucun changement, ni pour les prix qui s'échelonnent encore de 54 300 $ (Z4 28i) à 77 900 $ (35is) en passant par 63 900 $ (35i). Les Américains, toutefois, recevront un nouveau modèle d'entrée de gamme : Z4 sDrive18i doté du 2 litres biturbo de 156 chevaux, livrable de surcroît avec la boîte à 8 rapports. Ah oui : les rumeurs au sujet d'une Z2 refusent de mourir. Elle utiliserait la plateforme de la nouvelle génération de MINI...

Z4

SÉRIE 7

Tout ce que les ingénieurs et les chercheurs du centre de Recherche et Développement du constructeur munichois peuvent dégoter comme nouvelles technologies se retrouvent tout d'abord dans la Série 7, qui devient ainsi un champ d'expérimentation exceptionnel pour les très bien nantis. Offertes en berlines à empattement régulier ou allongé et en configuration ActiveHybrid 7, ces prestigieuses limousines se tournent selon la livrée vers un moteur à 6, à 8 ou à 12 cylindres. La Série 7 sera entièrement repensée en 2016, avec notamment l'aluminium et la fibre de carbone qui chasseront l'acier du châssis.

X3

Même scénario que les X1 en ce qui concerne les X3 2014 : la production démarrera en avril de la prochaine année en reprenant l'intégralité du modèle précédent mais avec des options différentes. Les prix, toutefois, seront (très légèrement) modifiés : 42 600 $ pour le X3 28i (42 450 $ actuellement) et 47 550 $ (contre 47 400 $) pour le X3 35i.

M6

Le cabriolet M6 2014 nous revient pour ainsi dire inchangé (128 900 $), de même que son vis-à-vis, le coupé à toit dur (124 900 $). Des freins en carbone-céramique sont désormais offerts en option pour tous les modèles M6. Il faut toutefois prévoir un déboursé supplémentaire de 6 750 $. Pareillement, une boîte manuelle à 6 rapports est aussi proposée pour toutes les M6 mais, au moins, cette décision n'entraîne aucuns frais additionnels. Pour 2014 (il fallait s'y attendre), un M6 Gran Coupé joindra les rangs à un coût suggéré de 127 900 $. Cette 3e déclinaison d'une M6, une réplique directe à la prochaine CLS63 S AMG 4MATIC de Mercedes-Benz, permettra à des passagers de s'étirer comme un chat à l'arrière pendant que le pilote pourra tirer avantage du V8 biturbo de 560 chevaux harnaché à un boîte M à double embrayage à 7 rapports. Ce conducteur déjà choyé pourra se gâter davantage en cochant le forfait *Executive Package* pour la bagatelle de 10 500 $. Des tests préliminaires indiquent que le 0 à 100 km/h devrait se boucler en 4,6 secondes.

SÉRIE 4

Comme nous le faisions remarquer dans l'introduction, aussi bien s'habituer tout de suite à la nouvelle nomenclature qu'utilisera BMW pour les anciens coupés et cabriolets de la Série 3. Au dernier Salon de l'auto de Detroit, nous avons eu un bel aperçu du prochain coupé intermédiaire quand BMW nous a balancé un superbe Coupé Concept de la Série 4. Cela dit, prototype mon œil... Ses dimensions sont plus généreuses dans toutes les directions (longueur, largeur et empattement) qu'une Série 3, tandis que la ligne de toit a été abaissée. Étant donné que l'objectif des stylistes est de permettre aux membres de la famille 4 de se démarquer des disciples du clan 3, on peut affirmer que c'est bien parti !

Le stade de la rumeur dans le cas du X4 a été dépassé depuis belle lurette même si BMW Canada ne confirme rien encore. Ce nouvel utilitaire, qui se faufilera de toutes évidences entre le X3 et le X5, devrait débarquer chez nous en 2014. Il sera construit à l'usine de Spartanburg, en Caroline du Sud. Codé F26 à l'interne, il utilisera la plateforme du X3. Quant au X7, on dit que BMW serait en train de reconsidérer le projet après l'avoir tabletté en 2008. Pourquoi ? Parce que si Bentley et Maserati s'apprêtent à pénétrer le segment avec leurs propres joujoux, pourquoi est-ce que BMW ne le ferait pas aussi...

X4 / X7

X5

Un utilitaire intermédiaire qui a pavé la voie du succès à tous les autres X, plus petits (X1 et X3) ou, hum, plus dodu (X6). La version M de 555 chevaux n'est pas à mettre entre toutes les mains. La troisième génération devrait apparaître à la fin de 2014 et se rabattrait sur l'architecture d'une Série 5 pour perdre du poids.

X1

Aucun changement en vue en 2014 pour le petit utilitaire présenté en première nord-américaine à Montréal en janvier 2011, si ce n'est que les dirigeants ont un peu jonglé avec les ensembles facultatifs. Pas moins de 36 900 $ pour un X1 28i et 39 900 $ pour un X1 35i.

BUICK

Depuis la dégringolade de GM en 2008, Buick a certainement su se relever les manches et nous prouver qu'elle n'avait pas l'intention de mourir en même temps que ses amateurs de jadis. Selon la firme R.L. Polk, la proportion des acheteurs d'automobiles neuves de moins de 35 ans a diminué entre 2007 et 2012, passant de 17 à 11% l'an dernier. Malgré ce fait, seule Buick a vu la moyenne d'âge de ses clients diminuer: 59 ans. D'accord, ça reste la plus élevée de l'industrie, mais c'est trois ans de moins qu'en 2007. Qui plus est, 41% des acheteurs en sont à leur premier achat d'une Buick, ce qui augure bien pour l'avenir. Mais il ne faudrait pas que GM retombe dans le même piège qu'autrefois: si Buick se dérouille bien, il reste que la majorité de sa gamme repose sur des châssis communs à Chevrolet. Au moins la Regal, basée sur l'Opel Insignia, nous propose-t-elle quelque chose qu'on ne retrouve pas ailleurs en Amérique. Bref, il serait temps de débrancher le poumon artificiel et de laisser Buick respirer par elle-même. Sinon, elle court le risque de devenir superflue, du moins en Amérique (en Chine, où Buick est synonyme de succès, c'est une autre histoire).

LACROSSE

En décembre, janvier et février derniers, GM a volontairement ralenti la production de l'usine de Fairfax, à Kansas City, qui assemble la LaCrosse (aux côtés de la Chevrolet Malibu 2013, elle aussi mal aimée par les temps qui courent). La stratégie: faire en sorte que la demande (lente) rattrape l'offre (trop optimiste). Élégante, luxueuse, confortable et au comportement routier solide, la LaCrosse a pourtant beaucoup à offrir. Même la version hybride eAssist lui permet d'être sobre à la pompe. Mais elle se retrouve dans une fourchette de prix qui la place entre les offres courantes américaines et japonaises et les marques de luxe européennes et encore nippones. Assise entre deux chaises, la vente tombe parfois à l'eau...

ENCLAVE

Le plus luxueux du trio qu'il constitue avec le GMC Acadia et le Chevrolet Traverse, l'Enclave offre 7 ou 8 places dans un confort remarquable. On apprécie son intérieur cossu où les matériaux sont de bon ton. Et l'espace ne manque pas, devant comme derrière, ce qui rend les randonnées en famille fort agréables. À plus de deux tonnes, ne vous attendez pas à un véhicule sportif, mais pour rouler en tout confort tout en ayant la possibilité de remorquer jusqu'à 2 000 kilos, l'Enclave peut fièrement répondre «présent!».

Encore ? Eh oui, encore...L'Encore est le cousin riche du Trax, lui aussi présenté cette année par la division Chevrolet. Il n'y a pas à dire, GM met toute la gomme dans ce créneau des multisegments compacts. **Lisez l'essai complet à la page 52.**

ENCORE

REGAL

Si la Regal a fait son apparition chez nous en 2011, elle a été introduite d'abord en Chine en 2008. On comprend donc pourquoi elle devrait passer au salon de beauté en 2014. Les concessionnaires Buick s'en réjouiront puisque les ventes de la Regal ont fortement chuté l'année dernière. La petite Verano lui aurait-elle fait ombrage ? Des prototypes ont été aperçus en Europe, dont une familiale. Reste à voir si cette version traversera l'océan, puisque nos voisins du sud ne sont pas friands de cette configuration. Possible que seule l'Opel Insignia en hérite.

VERANO

On peut dire qu'avec plus de 5 000 exemplaires écoulés dans sa première année complète sur le marché canadien, la Verano a comblé un réel besoin. Cette compacte offre un agréable mélange de luxe, de vivacité et de silence de roulement à un prix très concurrentiel. Que demander de plus ?

FICHE D'IDENTITÉ

VERSIONS Commodité, Cuir, Haut de gamme
TRANSMISSION(S) avant, 4
PORTIÈRES 5 **PLACES** 5
PREMIÈRE GÉNÉRATION 2013
GÉNÉRATION ACTUELLE 2013
CONSTRUCTION Bupyeong, Corée du Sud
COUSSINS GONFLABLES 10 (frontaux, latéraux avant et arrière, genoux conducteur et passager avant, rideaux latéraux)
CONCURRENCE Chevrolet Trax, Nissan Juke,, MINI Countryman, Subaru XV Crosstrek, Volkswagen Tiguan

AU QUOTIDIEN

PRIME D'ASSURANCE
25 ANS : nm
40 ANS : nmv
60 ANS : nm
COLLISION FRONTALE nm
COLLISION LATÉRALE nm
VENTES DU MODÈLE DE L'AN DERNIER
AU QUÉBEC nm **AU CANADA** nm
DÉPRÉCIATION (%) nm
RAPPELS (2007 à 2012) nm
COTE DE FIABILITÉ nm

GARANTIES... ET PLUS

GARANTIE GÉNÉRALE 4 ans/80 000 km
GROUPE MOTOPROPULSEUR 6 ans/110 000 km
PERFORATION 6 ans/kilométrage illimité
ASSISTANCE ROUTIÈRE 6 ans/110 000 km
NOMBRE DE CONCESSIONNAIRES
AU QUÉBEC 84 **AU CANADA** 450

NOUVEAUTÉS EN 2013.5

Nouveau modèle

LA COTE VERTE

MOTEUR L4 DE 1,4 L TURBO

- **Consommation (100 km) 2RM** 8,2 L **4RM** 8,9 L
- **Consommation annuelle 2RM** 1440 L, 2 088 $ **4RM** 1580 L, 2 291 $
- **Indice d'octane** 87 > **Émissions polluantes CO_2 2RM** 3 312 kg/an **4RM** 3 634 kg/an

(SOURCE : ÉnerGuide)

EN REDEMANDERA-T-ON ?

Un petit nouveau rejoint la famille Buick cette année. Signe des temps, ce dernier emprunte un format très à la mode et met à profit la moitié des cylindres que les habitués de la marque - disons ceux qui ont connu les années de gloire de la bannière - ont toujours eu l'habitude de compter en *zieutant* le contenu sous le capot, soit huit. Les temps changent. Le renouvellement qu'a entrepris Buick il y a quelques années se poursuit. Il n'y a pas si longtemps, l'âge moyen de l'acheteur était d'environ 70 ans. Il serait maintenant de 50 ans. L'Encore est là pour le faire baisser. En attaquant le segment des utilitaires compacts, Buick espère faire école, suffisamment du moins pour lui permettre d'atteindre une clientèle jamais sollicitée auparavant : celle des 35 ans sans enfants. Pour y arriver, elle compte sur un produit tout frais à saveur internationale, apprêté à la sauce nord-américaine. La recette plaira-t-elle ?

Daniel Rufiange

CARROSSERIE > Il faut faire le tour du globe pour retracer les étapes ayant mené le projet de l'Encore de la phase embryonnaire à celle du produit final. Grosso modo, le tout a débuté aux États-Unis où est né le style extérieur de ce micro-VUS. Parallèlement, en Corée du Sud, une équipe d'ingénieurs locaux ainsi qu'une brochette de spécialistes provenant d'Opel, la division européenne de GM, se chargeait de mettre sur pied un châssis pensé uniquement en fonction de l'Encore. Nous y reviendrons. Le style de l'Encore est porteur d'un dynamisme certain. Le petit a fière allure, et son format ramassé plaira, c'est indéniable. Considérant la clientèle ciblée, voilà le genre de produit que Buick devait proposer.

+ **Style réussi** • **Conduite amusante et rassurante** • **Degré d'insonorité impressionnant** • **Confort intéressant**

− **Prix de certaines versions** • **Pas de sièges chauffants dans la version de base : une erreur !** • **Un seul moteur proposé** • **4 cylindres grognon et rugueux à l'accélération**

La signature traditionnelle demeure. La calandre « chute d'eau » est bien intégrée au faciès qui se caractérise aussi par la présence de phares à faisceaux bleutés du plus bel effet. Même les traditionnelles prises d'air ont été reconduites et reposent cette fois-ci sur le capot. On veut séduire les plus jeunes, mais tout d'un coup que les plus vieux le trouvent aussi de leur goût...

Trois versions sont proposées : ensemble commodités (1SB), ensemble cuir (1SL) et ensemble de catégorie supérieure (1SN). Avant de décortiquer ce que chaque ensemble d'options offre ou n'offre pas, mentionnons que chacune des variantes de l'Encore est livrée avec des roues de 18 pouces. Seuls le design et le fini de ces dernières en aluminium chromé se révèlent différents sur la mouture 1SN (option sur 1SL). Enfin, notez que chacune des versions de l'Encore est livrable avec la traction ou la transmission intégrale.

HABITACLE > L'Encore reprend une formule à la mode chez les constructeurs, soit celle d'offrir tout le luxe d'un véhicule pleine grandeur dans une enveloppe plus compacte. C'est ce que l'acheteur recherche de plus en plus, nous dit-on. Ça et l'économie à la pompe qui accompagne cette stratégie. Ne nous leurrons pas; le nerf de la guerre, il est là. Si le prix du carburant était à 69,9 cents le litre, croyez-vous qu'on se soucierait d'utilitaires compacts dans l'industrie ? Aucun compromis, donc, au chapitre des commodités. Ces dernières crient toutes « ici ! » lors de la prise des présences. Bien sûr, pour en bénéficier, il faut opter pour une version bien garnie; plus chère aussi. C'est là qu'on doit poser la question qui tue: les gens sont-ils prêts à payer plus, beaucoup plus dans le cas d'une version bien garnie, pour un petit véhicule ?

La version haut de gamme de l'Encore possède tout, du système d'avertissement de changement de voie aux essuie-glaces à détection de pluie en passant par la chaîne audio de qualité supérieure et caméras de vision avant et arrière. En revanche, les sièges avant chauffants, la navigation, le démarrage à distance et le volant chauffant sont absents de la version de base. Vous aurez deviné que l'offre médiane, celle où la sellerie de cuir devient de série, propose le compromis le plus intéressant. Cette dernière est offerte à compter de 30 190 $ (traction). Voilà qui fait avaler de travers. Disons qu'une version de base à quatre roues motrices un peu plus garnie à 28 845 $ aurait été plus intéressante. Pour le reste, la présentation à bord est correcte et dans le ton. L'espace arrière se veut accueillant, à condition de ne pas avoir d'amis basketteurs. La visibilité aux trois quarts arrière, elle, est atroce. Seule la présence de petites sections convexes dans les rétroviseurs offre une certaine assurance lors des changements de voies.

MÉCANIQUE > Ici, l'offre est simplifiée au point où ça sent l'économie à rabais, une pratique dont GM a su abuser dans le passé. Sous le capot, donc, un 4 cylindres de 1,4 litre turbo, le même qui anime le Chevrolet Trax (le clone de l'Encore, ou est-ce l'inverse ?). Avec une puissance de 138 chevaux et un couple de 148 livres-pieds, le moteur fait le tra-

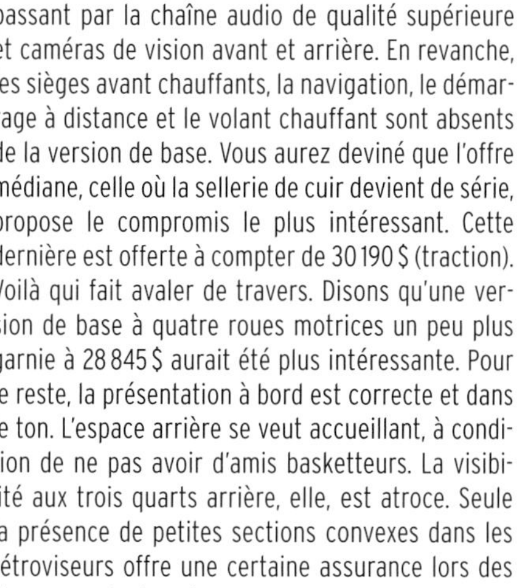

MENTIONS

CLÉ D'OR | CHOIX VERT | COUP DE CŒUR | **RECOMMANDÉ**

VERDICT

PLAISIR AU VOLANT
QUALITÉ DE FINITION
CONSOMMATION
RAPPORT QUALITÉ / PRIX
VALEUR DE REVENTE nm
CONFORT

1 5 10

FICHE TECHNIQUE

+ MOTEUR (S)

(TOUS) L4 1,4 L DACT à turbocompresseur
PUISSANCE 138 ch. à 4 900 tr/min
COUPLE 148 lb-pi à 1 850 tr/min
BOITE(S) DE VITESSES automatique à 6 rapports avec mode manuel
PERFORMANCES 0 à 100 KM/H nm
VITESSE MAXIMALE nm

+ AUTRES COMPOSANTS

SÉCURITÉ ACTIVE Freins ABS, assistance au freinage, répartition électronique de la force de freinage, contrôle électronique de la stabilité, aide au démarrage en pente, antipatinage
SUSPENSION avant/arrière indépendante/poutre de torsion
FREINS avant/arrière disques
DIRECTION à crémaillère, assistée électriquement
PNEUS P215/55R18

+ DIMENSIONS

EMPATTEMENT 2 555 mm
LONGUEUR 4 278 mm
LARGEUR 1 774 mm
HAUTEUR 1 658 mm
POIDS 2RM 1 382 kg **4RM** 1 476 kg
DIAMÈTRE DE BRAQUAGE 2RM 11,2 m
RÉSERVOIR DE CARBURANT 53 L
COFFRE 533 L, 1 371 L (siège abaissés)
CAPACITÉ DE REMORQUAGE Non recommandé

ENCORE BOSE ACTIVE NOISE CANCELLA

Buick's fi t use of Bose Active Noise Cancellation technology is standard on every 2013 Encore. By using the existing audio system achieve Buick's signature cabin quietness while also maximizing interior space and reducing weight, which in turn saves fu

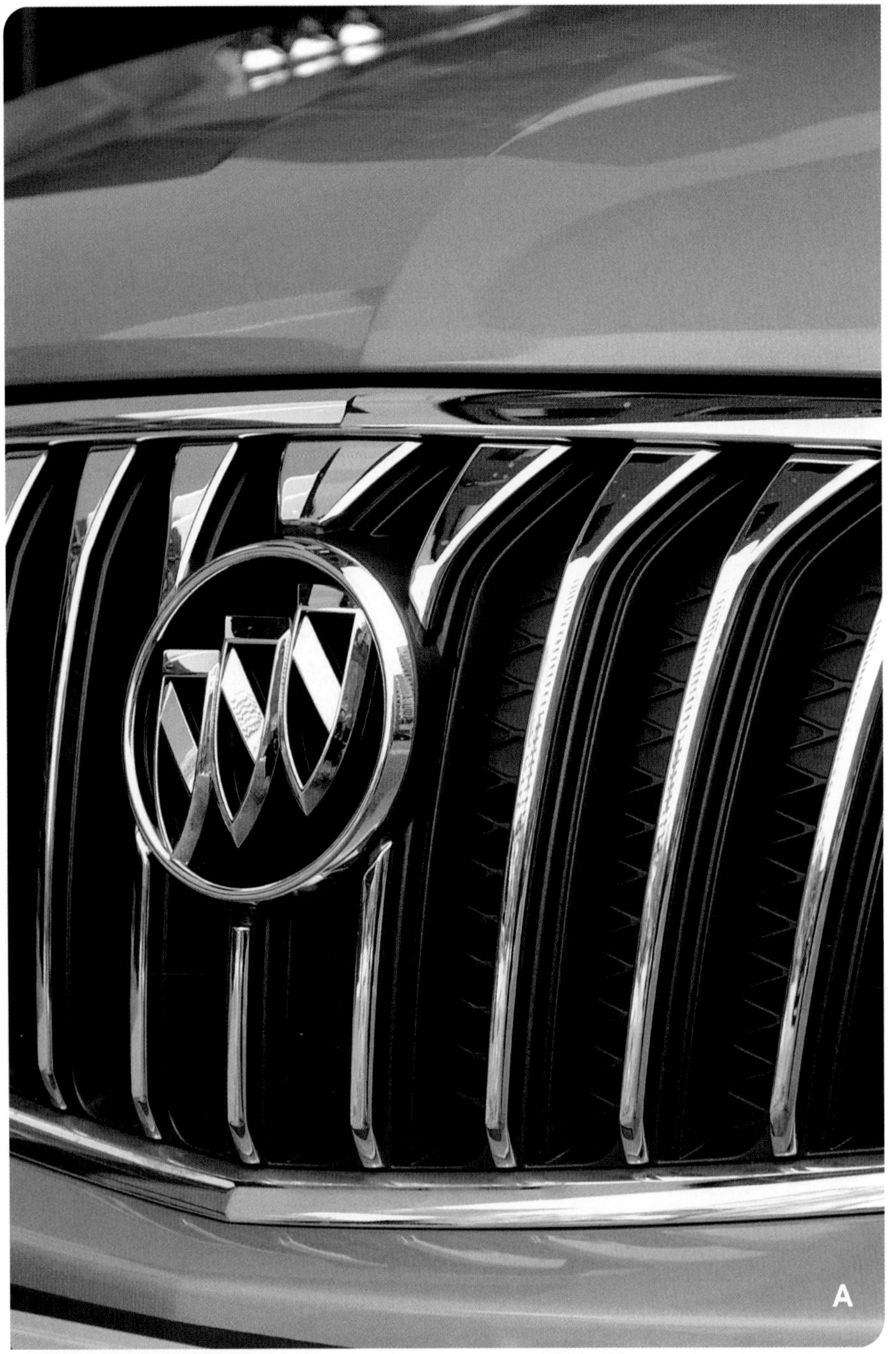

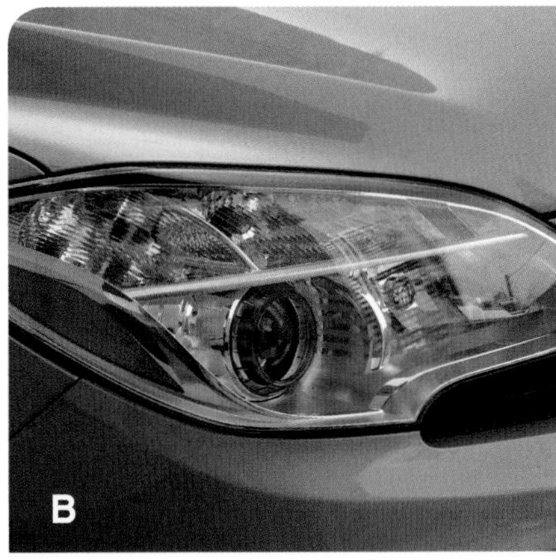

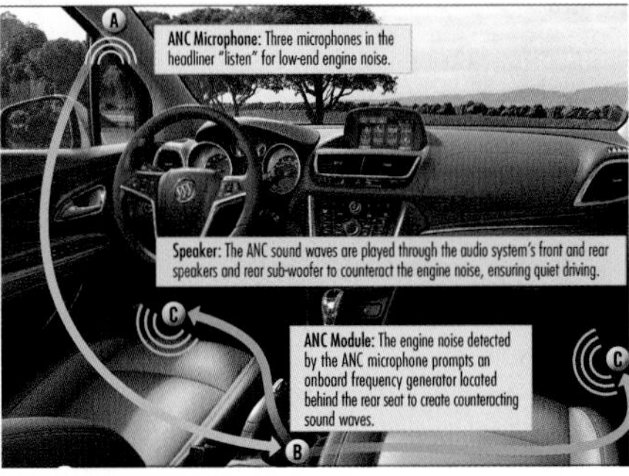

GALERIE

A La calandre de l'Encore respecte la tradition de la marque. Heureusement, l'intégration de cette fidèle « chute d'eau » à la calandre est très réussie.

B Avec leur effet bleuté, les phares donnent la plus belle des impressions quand ils sont illuminés, particulièrement à la tombée du jour.

C L'Encore est équipé de la technologie *Quiet Tuning* chargée de réduire les bruits parasites : trois microphones dans l'habitacle captent les sons extérieurs comme ceux du moteur. Quand ces derniers sont jugés trop élevés, d'autres sons les annulent !

D La transmission intégrale de l'Encore prône l'économie de carburant. Au décollage, toutes les roues sont engagées jusqu'à 5 km/h. Si aucune perte d'adhérence n'est détectée, la motricité est ensuite envoyée aux roues avant uniquement. Si ça glisse, le système peut envoyer 50 % du couple aux roues arrière.

E Malgré ses dimensions réduites, l'habitacle de l'Encore se veut tout de même spacieux. Le siège avant, tout comme les baquets de la deuxième rangée, peut être rabattu à plat pour maximiser l'espace de chargement..

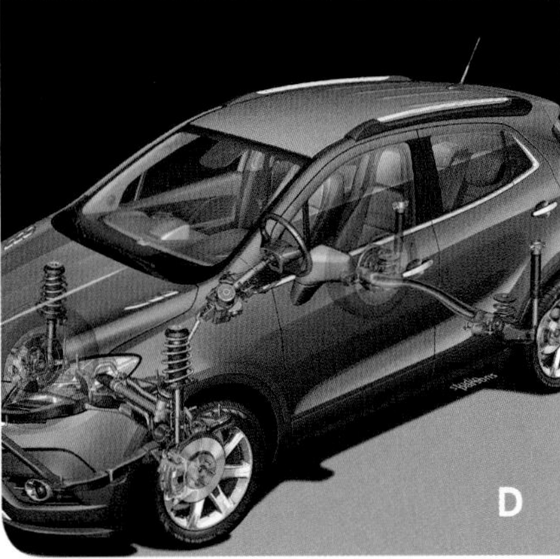

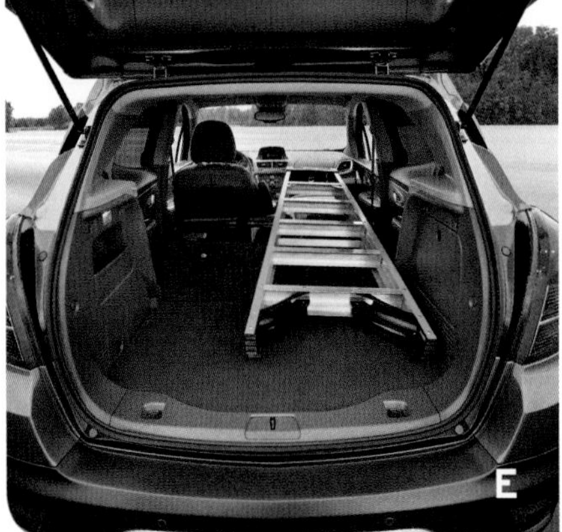

vail, la question n'est pas là. Le hic, à mon avis, c'est qu'on n'offre pas une autre mécanique à l'acheteur Buick. Quand on magasine à cette enseigne plutôt qu'à celle de Chevrolet, on doit aussi pouvoir compter sur un petit peu plus sous le capot. Offrir l'un des deux moteurs de la Verano, par exemple, m'aurait semblé tout désigné. Heureusement, la suspension de l'Encore n'est pas celle du Trax. Là, un travail distinct a été réalisé. Le calibrage « a été pensé en fonction des roues de 18 pouces, les seules jumelées à ce véhicule », explique Harry Ng, responsable de Produits chez GM. « Par exemple, à l'avant loge une large barre stabilisatrice, des coussinets de roulement hydrauliques et des modules à compensation de charge latérale. À l'arrière, des isolants de ressort en uréthane visent à atténuer les bruits de la conduite. Bref, la structure est la même, mais le châssis est foncièrement différent. »

COMPORTEMENT > Tout ça est bien senti sur la route. L'Encore offre une expérience de conduite plus feutrée que celle proposée par le Trax. La direction semble également mieux calibrée et au chapitre de l'insonorité, c'est le jour et la nuit. Cependant, quand on sollicite la mécanique pour effectuer un dépassement, il n'y a pas un matériau insonorisant au monde qui peut filtrer les larmoiements du moteur à 4 cylindres. Pour le reste, en conduite normale, c'est tout à fait acceptable. Pour ce qui est de la boîte de vitesses automatique à 6 rapports, elle effectue un travail correct, tout comme les freins dont on a bien dosé la répartition de la puissance. Le degré de confort est aussi remarquable. En fait, on a l'impression d'être aux commandes d'un véhicule plus gros et non d'un utilitaire compact. En prime, on profite de la manœuvrabilité correspondant à sa taille. Voilà qui promet d'être utile à 33 % des acheteurs d'Encore qui devraient, selon Buick, habiter les trois grands centres que sont Montréal, Toronto et Vancouver.

CONCLUSION > Si l'on s'arrête uniquement au format du véhicule, à son esthétique et à l'expérience de conduite qu'il propose, Buick possède un joyau entre ses mains. Son succès dépendra de deux choses. Primo, les acheteurs sont-ils prêts à débourser une somme considérable pour un véhicule aux dimensions plus compactes ? Secundo, les gens de moins de 40 ans, ceux que Buick souhaite séduire, sont-ils prêts à s'associer à une marque à l'image encore vieillotte ? Si oui, on va parler encore et encore de l'Encore. ■

HISTORIQUE

C'est un produit à saveur internationale que la marque aux boucliers nous propose. L'idée même de l'Encore est née aux États-Unis, mais c'est en Corée qu'une équipe de talents locaux, jumelée à une myriade de spécialistes provenant d'Opel, la division européenne de GM, a mis au point l'ingénierie de ce micro VUS (et de son jumeau chez Chevrolet, le Trax). Malheureusement, nous ne profiterons pas ici de certaines des caractéristiques propres à l'Opel Mokka, l'autre petit frère de l'Encore qui sillonne le Vieux continent. En effet, ce Mokka pourra être livré avec un moteur Diesel à 4 cylindres de 1,7 litre et, comme c'est la coutume en Europe, une version à boîte manuelle est inscrite au catalogue. Ici, *nada*! Le Buick Encore est construit à l'usine coréenne Bupyeong de GM, en banlieue de Séoul.

PRÉSENTATION CHINE 2012

USINE BUPYEONG

USINE BUPYEONG

HOLDEN TRAX (AUSTRALIE)

VAUXHALL MOKKA (ANGLETERRE)

BUICK ENCORE (CANADA)

Cadillac Sedan DeVille 1965

Alors que les nouveautés se succèdent à un rythme presque jamais vu chez Cadillac, arrêtons l'horloge et reculons les aiguilles dans le temps afin de jeter un regard sur un modèle qui a marqué l'histoire de la bannière : la sedan DeVille. Produite entre 1958 et 2005, sa longévité est en soi un témoignage éloquent de l'importance que ce modèle a eu pour la marque. Des générations de fidèles acheteurs en ont fièrement garé un exemplaire devant leur domicile à une époque où posséder une Cadillac était le symbole ultime de sa réussite personnelle.

Puis Cadillac a cessé un temps de représenter le luxe suprême. GM l'a reconnu et s'est mise à faire ce qu'il fallait pour revitaliser la division. En fait, cette dernière a été transformée du tout au tout. D'abord avec la CTS (2003), puis avec la DTS (2006), celle qui a hérité de l'ingrate mission de remplacer la célèbre DeVille.

À son tour, la DTS a pris sa retraite à la fin de 2011 pour céder sa place à la XTS en 2012. La boucle est bouclée, en quelque sorte, puisque la XTS se veut la digne héritière de la DeVille. Respect, s'il vous plaît !

En ce qui concerne la DeVille photographiée sur cette page, il s'agit d'un millésime 1965, une année où la berline affichait une nouvelle gueule et où, pour la première fois depuis des lunes, les ailes arrière n'étaient plus grimpantes.

Porte-étendard du classicisme des années 60, les lignes du modèle 1965 demeurent, encore aujourd'hui, d'une pureté qui a fait l'histoire.

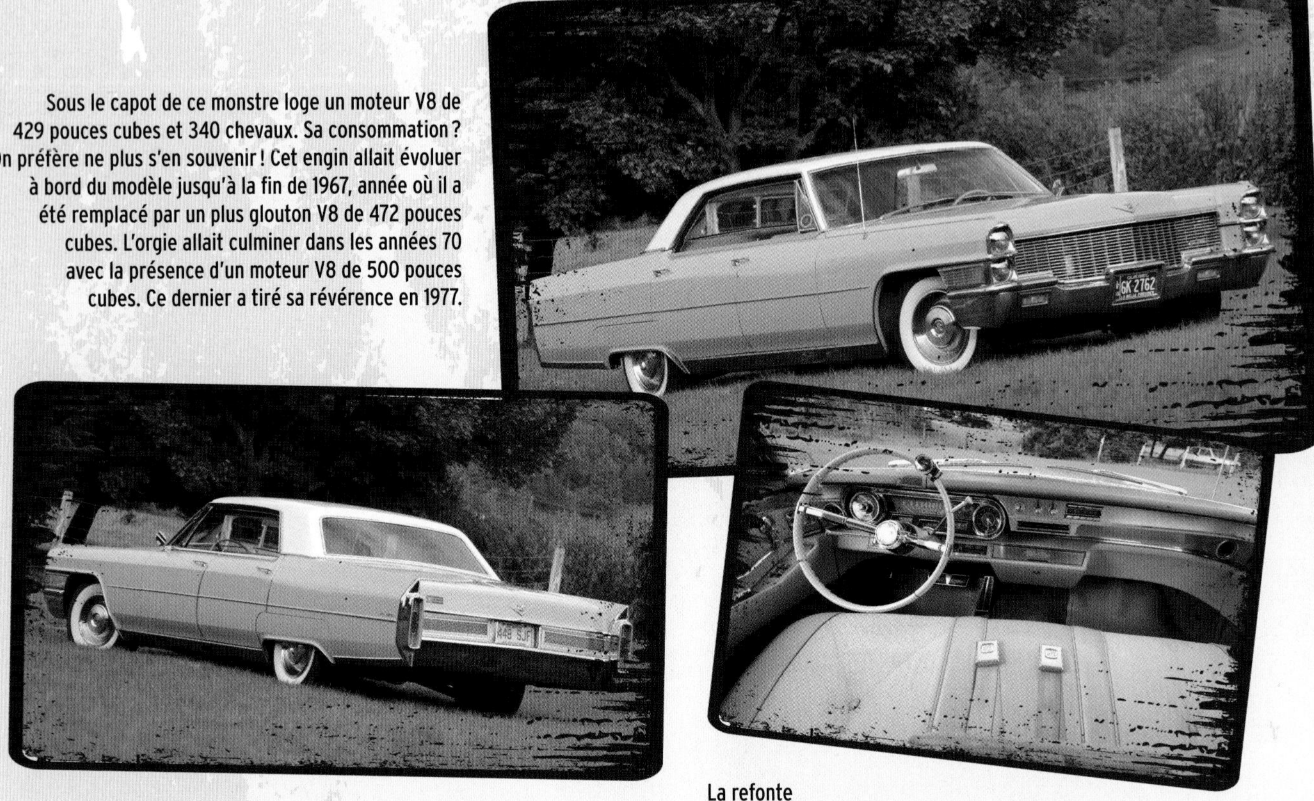

Sous le capot de ce monstre loge un moteur V8 de 429 pouces cubes et 340 chevaux. Sa consommation ? On préfère ne plus s'en souvenir ! Cet engin allait évoluer à bord du modèle jusqu'à la fin de 1967, année où il a été remplacé par un plus glouton V8 de 472 pouces cubes. L'orgie allait culminer dans les années 70 avec la présence d'un moteur V8 de 500 pouces cubes. Ce dernier a tiré sa révérence en 1977.

En 1965, il s'est vendu 123 080 Cadillac DeVille, dont 45 535 modèles identiques à celui qu'on vous présente dans cette page, soit une version à quatre portes sans montants. Le prix de cette automobile en 1965 : 5 666 $ US.

La refonte du modèle en 1965 a permis aux ingénieurs de repositionner le moteur quinze centimètres plus à l'avant, libérant ainsi de l'espace pour l'habitacle qui était déjà passablement spacieux. Quant à la présentation du tableau de bord, elle se veut, toujours en 1965, un heureux mélange du passé de la marque et de l'orientation que cette dernière allait prendre au cours des années suivantes.

L'ART DE FAIRE TOURNER LES TÊTES DANS UNE VILLE OÙ
TOUT EST CONÇU POUR FAIRE TOURNER LES TÊTES.

La royauté déambule dans ses rues dorées. Des diamants de la taille d'une truffe y brillent à chaque intersection. Les yachts les plus fastueux de toute l'Europe en ont même fait leur port d'attache officiel. Et pourtant, au cœur de la Mecque du style et de l'opulence, tous n'ont d'yeux que pour une chose : ses routes.

Depuis 1929, les désormais célèbres rues de Monaco accueillent le plus prestigieux Grand Prix au monde. Et quoi de mieux que cette scène pour présenter la toute nouvelle Cadillac ATS ? Là où chaque courbe devient un séduisant défi. Chaque ligne droite, une chance de laisser le moteur turbo de 2,0 L en option exprimer à la fois toute sa puissance et sa douceur. Et où chaque instant devient l'occasion de laisser ses lignes aux formes uniques s'affirmer face à l'audience la plus exigeante au monde. Voici une ville où le style et la performance se sont depuis longtemps mariés à merveille. Et si vous faites tourner les têtes ici, alors on peut dire que vous avez réellement accompli quelque chose.

La toute nouvelle Cadillac ATS. Définir la norme dans tous les coins de la Terre.

CADILLAC.CA

LA TOUTE NOUVELLE CADILLAC ATS. **LA NOUVELLE NORME MONDIALE**

CADILLAC

La division de luxe de General Motors se trouve à la croisée des chemins, ce qui déterminera si son futur sera encore plus brillant que les dernières années. Cadillac a entrepris un ambitieux programme de revitalisation pour déboucher d'ici quelques années - du moins, c'est l'espoir - vers un portfolio débordant de véhicules vraiment capables de rivaliser avec les concurrents allemands, et ce, à tous les chapitres: opulence, performance, fiabilité et valeur de revente. Une entreprise titanesque pour une marque qui a déjà croupi dans les bas-fonds de l'indifférence. La volonté est là, les finances sont revenues, c'est maintenant ou jamais!

ESCALADE

Le vestige d'une autre époque chez Cadillac fera peau neuve en 2014. L'Escalade, pratiquement inchangé depuis 2007, nécessitait un sérieux coup de balai. Cadillac confirme que le gros utilitaire conservera son nom, mais tout le reste prend le bord. Visuellement, imaginez la XTS et gonflez-la pour lui donner un air de camion. La plateforme sera celle que GM a développée pour le nouveau duo Silverado/Sierra. Aucune information n'a filtré sur les moteurs, mais parions que les nouveaux V8 à injection directe de carburant et la désactivation des cylindres présents dans les camionnettes trouveront leur chemin vers l'Escalade. Il semble aussi que le modèle hybride sera reconduit avec la prochaine génération.

ELR

Si vous vous demandez à quoi ressemblerait la version coupé de luxe d'une Chevrolet Volt, regardez cette Cadillac ELR. Les stylistes responsables de cette superbe silhouette ont gardé près d'eux un dessin du concept Converj présenté à Detroit en 2009 et en ont respecté les proportions au millimètre près. L'ELR arrivera sur nos routes à l'automne 2013. Elle abrite le même groupe motopropulseur que la Chevrolet Volt, mais la puissance et le couple ont été bonifiés, soit désormais 207 chevaux (contre 159 pour la Volt) et un couple maximal de 295 livres-pieds, ce qui garantira des départs plus énergiques. Une mention spéciale pour l'intérieur qui est composé de cuir cousu main ainsi que pour les véritables insertions de fibre de carbone et de bois qui donnent à ce coupé 2+2 une ambiance unique. Cadillac produira aussi l'ELR pour les marchés chinois et européens.

ATS

Voici le modèle qui devrait amener Cadillac plus loin! Dans un monde largement dominé par les petites berlines d'outre-Rhin, Cadillac continue de cogner à la porte, à défaut de ne l'avoir jamais vraiment ouverte. Avec l'ATS, déjà récipiendaire de plusieurs prix internationaux, Cadillac souhaite enfin briser l'hégémonie allemande. Pour 2013, le modèle est tout neuf et propose trois motorisations: un 4-cylindres de 2,5 litres de 202 chevaux (plus abordable), un 4-cylindres de 2 litres turbo de 272 chevaux (puissance sans gourmandise) et un V6 de 3,6 litres de 318 chevaux (pour un parfait équilibre). Mais ce n'est pas tout. Pour 2014, et afin de ne pas être en reste au chapitre de la performance, Cadillac travaille sur une version ATS-V. Il est peu probable que le V8 de 6,2 litres soit capable de se faufiler sous le capot, mais GM planche sur un V6 de 3,6 litres biturbo qui produira entre 400 et 450 chevaux. **Lisez notre essai complet à la page 60.**

Celle qui tenait le rôle de voiture d'entrée de gamme jusqu'à l'an dernier devra en camper un autre dès l'an prochain. L'arrivé de l'ATS, en effet, donne un coup de vieux à la CTS. C'est pourquoi, dès 2014, les concepteurs de Cadillac nous pondront une nouvelle CTS plus grande et plus puissante. Nous savons qu'il y aura trois motorisations, dont un nouveau V6 de 3,6 litres biturbo. Sans dévoiler tous ses secrets, GM accouchera d'un format situé entre l'ATS et la XTS, et des gens proches du dossier laissent entendre que le style se rapprochera de la plus grosse des deux. Le mystère sera levé d'ici la fin de l'année.

CTS

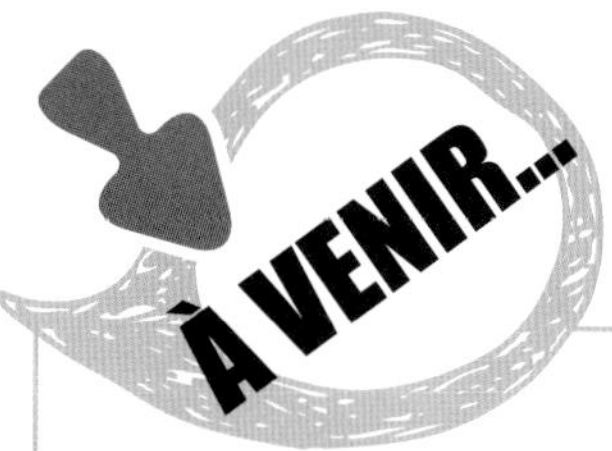

Cadillac, qui rumine l'obsession de lutter pare-chocs à pare-chocs avec les Allemands dans tous les segments de l'industrie, doit développer d'autres modèles pour y arriver. Or, dans les années après 2015, Cadillac mettra en place une berline d'entrée de gamme sous l'ATS pour se mesurer à la Série 1. Dans le même ordre d'idées, Cadillac songe à un troisième essai pour un coupé sport exotique. Après l'Allante et la XLR, le géant américain parviendra-t-il enfin à faire une brèche avec un modèle qui pourrait rivaliser avec une Mercedes-Benz SLS, une Audi R8 ou une BMW Série 6 ?

XTS

Introduite sur le marché à la fin de l'été 2012, la XTS remplace officiellement la défunte DTS. Une seule mécanique V6 de 3,6 litres au menu. Pour 2014, Cadillac développera une série de véhicules à usage professionnel, comme un corbillard XTS et une limousine XTS. La Lincoln Town Car ayant disparu de la scène des voitures de chauffeur, Cadillac veut en profiter. Pour 2015, Cadillac a laissé entendre qu'elle développera une berline encore plus grande avec roues motrices arrière qui ferait la lutte aux BMW Série 7, Audi A8 et Mercedes-Benz Classe S de ce monde. Est-ce une prochaine génération de XTS qui s'en vient ou simplement une nouvelle branche pour une famille en mal de variantes. Une affaire à suivre.

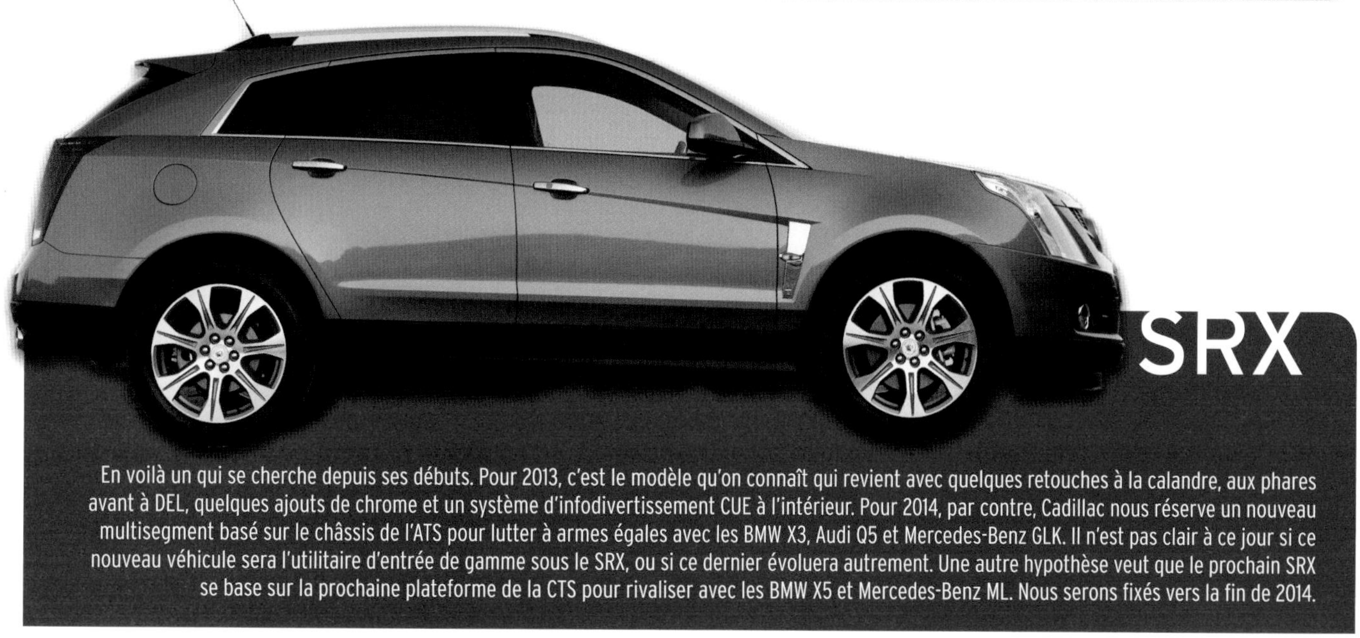

SRX

En voilà un qui se cherche depuis ses débuts. Pour 2013, c'est le modèle qu'on connaît qui revient avec quelques retouches à la calandre, aux phares avant à DEL, quelques ajouts de chrome et un système d'infodivertissement CUE à l'intérieur. Pour 2014, par contre, Cadillac nous réserve un nouveau multisegment basé sur le châssis de l'ATS pour lutter à armes égales avec les BMW X3, Audi Q5 et Mercedes-Benz GLK. Il n'est pas clair à ce jour si ce nouveau véhicule sera l'utilitaire d'entrée de gamme sous le SRX, ou si ce dernier évoluera autrement. Une autre hypothèse veut que le prochain SRX se base sur la prochaine plateforme de la CTS pour rivaliser avec les BMW X5 et Mercedes-Benz ML. Nous serons fixés vers la fin de 2014.

FICHE D'IDENTITÉ

VERSIONS 2,5L 2RM base et luxe, 2,0L turbo 2RM et 4RM base, luxe, performance et haut de gamme, 3,6L 2RM et 4RM luxe, performance et haut de gamme
TRANSMISSION(S) arrière, 4
PORTIÈRES 4 **PLACES** 5
PREMIÈRE GÉNÉRATION 2013
GÉNÉRATION ACTUELLE 2013
CONSTRUCTION Lansing, Michigan, É-U
COUSSINS GONFLABLES 6 (frontaux, latéraux, rideaux latéraux) option 8 (+latéraux arrière)
CONCURRENCE Acura TSX, Audi A4, BMW Série 3, Infiniti G, Lexus IS, Lincoln MKZ, Mercedes Classe C, Volkswagen CC, Volvo S60

AU QUOTIDIEN

PRIME D'ASSURANCE
25 ANS: 2 200 à 2 400 $
40 ANS: 1 500 à 1 700 $
60 ANS: 1 100 à 1 300 $
COLLISION FRONTALE nd
COLLISION LATÉRALE nd
VENTES DU MODÈLE DE L'AN DERNIER
AU QUÉBEC nm **AU CANADA** nm
DÉPRÉCIATION (%) nm
RAPPELS (2007 à 2012) nm
COTE DE FIABILITÉ nm

GARANTIES... ET PLUS

GARANTIE GÉNÉRALE 4 ans/80 000 km
GROUPE MOTOPROPULSEUR 5 ans/160 000 km
PERFORATION 6 ans/kilométrage illimité
ASSISTANCE ROUTIÈRE 5 ans/160 000 km
NOMBRE DE CONCESSIONNAIRES
AU QUÉBEC 84 **AU CANADA** 450

NOUVEAUTÉS EN 2013.5

Nouveau modèle

LA COTE VERTE

MOTEUR L4 DE 2,5 L

> **Consommation (100 km)** 9,2 L
> **Consommation annuelle** 1 560 L, 2 012 $
> **Indice d'octane** 87 > **Émissions polluantes CO_2** 3 588 kg/an

(SOURCE: ÉnerGuide)

CENT FOIS SUR LE MÉTIER

Pendant des décennies, jamais on n'aurait pu croire au succès de Cadillac en dehors des frontières nord-américaines. Les modèles étaient trop gros, trop clinquants, trop américains pour être exportables. Et en ce qui concerne les modèles d'entrée de gamme, c'était encore pire. GM avait endimanché une vulgaire Chevrolet Cavalier pour créer la Cimarron dans les années 80 avec des résultats catastrophiques; elle a retenté le coup dans les années 90 avec une Catera qui n'était rien d'autre qu'une Opel déguisée. Autre désastre. C'est finalement la CTS qui a fait croire que Cadillac pourrait peut-être un jour nous convaincre. L'ATS est l'aboutissement de 30 ans d'essais et d'erreurs et, cette fois-ci, c'est peut être la bonne.

Benoit Charette

CARROSSERIE > GM a des visées mondiales avec l'ATS, et on le voit dans le style. Si la CTS a fait une brève incursion en Europe, on ne peut pas dire qu'elle a connu un grand succès. Ses lignes respirent encore un peu trop l'Amérique dans son format. Mentionnons au passage que la CTS sera, pour 2013, en transition, puisque la nouvelle génération sera dévoilée au cours de l'année comme modèle 2014. Et cette dernière sera plus volumineuse, justement pour mieux rivaliser avec les berlines de luxe intermédiaires les plus réputées. Si les dimensions de l'ATS sont semblables, on réalise de près que la voiture est un peu plus à jour, avec une calandre aussi moderne que magnifique et des traits d'une étonnante fluidité. Et surtout, l'ATS n'a pas l'âme aussi américaine dans son approche, affichant un peu moins de chrome ou d'éléments brillants, histoire de plaire davantage à une clientèle plus internationale. Chose certaine, si la CTS avait su me charmer lors de son dévoilement en janvier 2007, l'ATS réussit le même exploit. Qu'importe l'angle sous lequel on la regarde, elle est superbe.

Lignes splendides • **Finition intérieure surprenante**
Comportement routier exceptionnel • **Performances à la hauteur (V6)**
Bon choix de moteurs • **Technologie de pointe**

Options qui font vite grimper la facture • **Espace intérieur restreint**
Visibilité problématique • **4-cylindres turbocompressé un peu décevant**

HABITACLE > En ouvrant la portière, deux détails frappent au premier coup d'œil. D'abord, la qualité de la finition est désormais à la hauteur des meilleures allemandes, ce qui n'était pas encore le cas avec la CTS. Mais on constate aussi que l'espace intérieur est passablement limité. Ceci dit, le conducteur est choyé par une position de conduite des plus agréables, par des sièges bien sculptés, par une présentation intérieure soignée ainsi que par un équipement très cossu, à condition, bien sûr, de se plier au jeu des options. Il faut d'ailleurs mentionner que l'ATS est offerte en quatre niveaux de finition, soit Standard, Luxury, Performance et Premium, et qu'il n'existe pas moins de six combinaisons de teintes intérieures. Ajoutez à cela un choix de boiseries, d'appliques d'aluminium ou de fibre de carbone, et vous voilà dans une formule typiquement allemande. L'ATS propose également le nouveau système CUE de Cadillac dont l'approche technologique est du tout dernier cri. Ainsi, en plus de bénéficier d'une très grande majorité de commandes tactiles (à l'écran comme dans la console), on propose une multitude de fonctions naturellement très tendancielles, à l'ère des téléphones intelligents. Vous pourrez, par exemple, tracer un itinéraire avec *GoogleMaps* sur votre portable ou votre tablette électronique pour ensuite l'acheminer par courriel à votre voiture qui l'intégrera directement dans votre système de navigation. Et ce n'est là qu'une application parmi tant d'autres. Malheureusement, certaines commandes demeurent inutilement complexes à utiliser. Et mentionnons la sensibilité parfois enrageante des commandes tactiles avec lesquelles on doit souvent se battre pour parvenir à ses fins. Comme on dit, c'est bien beau la technologie mais, pour augmenter le volume de la radio, quoi de mieux qu'une bonne vieille roulette ? En terminant, GM a développé un système appelé *Safety Alert Seat* qui consiste à émettre une vibration d'un côté ou de l'autre du siège du conducteur pour vous indiquer que vous déviez de votre voie. Efficace et certainement moins agaçant qu'un système sonore comme celui d'Infiniti, ce système s'ajoute à une multitude de caractéristiques de sécurité active comme le système de prévention des collisions, le freinage automatique, les détecteurs de voitures dans les angles morts et bien d'autres.

MENTIONS

CLÉ D'OR | CHOIX VERT | **COUP DE CŒUR** | RECOMMANDÉ

VERDICT

PLAISIR AU VOLANT
QUALITÉ DE FINITION
CONSOMMATION
RAPPORT QUALITÉ / PRIX
VALEUR DE REVENTE nm
CONFORT

1 5 10

FICHE TECHNIQUE

+ MOTEUR (S)

(2.5) L4 2,5 L DACT
PUISSANCE 202 ch à 6 300 tr/min
COUPLE 191 lb-pi à 4 400 tr/min
BOITE(S) DE VITESSES automatique à 6 rapports
PERFORMANCES 0 À 100 KM/H nd
VITESSE MAXIMALE 210 km/h

(2.0) L4 2,0 L DACT turbo
PUISSANCE 272 ch à 5 500 tr/min
COUPLE 260 lb-pi de 1 700 à 5 500 tr/min
BOITE(S) DE VITESSES base, luxe automatique à 6 rapports avec mode manuel **perf., haut de gamme (hdg)** automatique à 6 rapports avec mode manuel et manettes au volant, manuelle à 6 rapports (option)
PERFORMANCES 0 À 100 KM/H nd
VITESSE MAXIMALE 230 km/h
CONSOMMATION (100 KM) 2RM man. 10,6 L **auto** 9,9 L **4RM auto** 10,3 L (octane 91)
ANNUELLE 2RM man. 1 760 L, 2 482 $ **auto** 1 660 L, 2 341 $ **4RM auto** 1 720 L, 2 425 $

(3.6) V6 3,6 L DACT
PUISSANCE 321ch à 6 800 tr/min
COUPLE 274 lb-pi à 4 800 tr/min
BOITE(S) DE VITESSES base, luxe automatique à 6 rapports avec mode manuel **perf., hdg** automatique à 6 rapports avec mode manuel et manettes au volant
PERFORMANCES 0 à 100 KM/H 7,0 s
VITESSE MAXIMALE 250 km/h
CONSOMMATION (100 KM) 2RM 11,1 L **4RM** 11,7 L
ANNUELLE 2RM 1 860 L, 2 399 $ **4RM** 1 960 L, 2 528 $

+ AUTRES COMPOSANTS

SÉCURITÉ ACTIVE (certains en option) Pré tension des ceintures de sécurité, régulateur de vitesse adaptatif, détecteur de collision imminente avec freinage automatique, système d'avertissement de changement de voie, d'obstacle transversal arrière et de côté, visualisation tête haute
SUSPENSION avant/arrière indépendante
FREINS avant/arrière disques
DIRECTION à crémaillère, assistée électriquement
PNEUS P225/45R17 **option perf. et hdg** P225/40R18 **option hdg** P225/40R18 av. P255/35R18 arr.

+ DIMENSIONS

EMPATTEMENT 2 775 mm
LONGUEUR 4 643 mm
LARGEUR 1 805 mm
HAUTEUR 1 421 mm
POIDS 2.5 1 503 kg **2.0 2RM man.** 1 543 kg **auto** 1 530 kg **4RM** 1 607 kg **3.6 2RM** 1 570 kg, **4RM** 1 646 kg
DIAMÈTRE DE BRAQUAGE 2RM 11,1 m **4RM** 11,6 m
COFFRE 290 L
RÉSERVOIR DE CARBURANT 61,0 L

2e OPINION

Elle cumule les prix, les mentions d'honneur, au grand bonheur d'un constructeur qui a enfin accouché d'une berline qui n'a pas à rougir face à cette quasi inatteignable concurrence allemande. Mérite-t-elle autant d'attention ? S'agit-il réellement d'une voiture aussi révolutionnaire que cela ? Euh... non. On se calme. Je veux bien admettre que l'ATS est dynamiquement surprenante, bien ficelée et joliment tournée, mais de là à la placer devant les BMW de Série 3 et Mercedes-Benz de Classe C, il y a une marge. En fait, son plus grand mérite est de permettre à Cadillac de faire un autre pas en avant, tant chez nous que sur le marché international. Oh, et aurait-on oublié chez Cadillac le fait que certains acheteurs sont plus corpulents que d'autres ? Parce que dans l'ATS, *y'a pas d'place pantoute !*

Antoine Joubert

GALERIE

A Chaque constructeur possède maintenant sa technologie en matière de système de divertissement. Celui de Cadillac se nomme CUE. Il combine des données provenant d'un maximum de 10 appareils mobiles Bluetooth, de connexions USB, de cartes SD et de lecteurs MP3 à un système d'infodivertissement. Le cœur du système CUE est son écran multitactile à cristaux liquides (ACL) de 8 pouces et une façade motorisée pleine capacité abritant un compartiment de rangement de 1,8 litre.

B Développée sur une toute nouvelle architecture légère de voiture à propulsion, l'ATS est la Cadillac la plus agile et la plus légère avec un des plus faibles poids à vide du segment - 1504 kilos.

C Cadillac, comme tous les constructeurs d'automobiles, a maintenant incorporé le souci de l'économie de carburant dans le style même du véhicule. Ainsi, les volets de calandre se ferment quand le véhicule atteint certaines vitesses sur la route en vue de réduire la traînée aérodynamique et la consommation de carburant.

D En équipement de série, des roues de 17 pouces sont utilisées avec des pneus 225/40, tandis que des roues de 18 pouces et des pneus 255/35 sont proposés en option.

E L'ATS offre un choix de trois moteurs. L'engin d'entrée de gamme est un 4 cylindres de 2,5 litres de 202 chevaux. Le moteur à 4 cylindres de 2 litres turbo est déjà beaucoup plus intéressant. C'est un moulin qui se trouve aussi dans la Buick Regal Turbo. Enfin, le V6 de 3,6 litres qui trône aussi sous le capot de la CTS est livré avec 321 chevaux et une souplesse qui fait honneur au logo Cadillac.

HISTORIQUE

C'est au Salon de l'auto de Detroit, en 2012, que Cadillac a présenté son modèle de luxe d'entrée de gamme. L'ATS viendra faire la lutte aux berlines allemandes et japonaises. Un parcours difficile au fil des générations qui a été parsemé d'embûches. Depuis les années 80, Cadillac essaie en vain de se tailler une place dans ce marché avec des modèles qui faisaient honte à ses débuts comme la Cimarron, une Chevrolet Cavalier à peine déguisée. Et la Catera sous-motorisée et trop lourde. C'est avec la CTS que Cadillac a commencé à attirer l'attention, et l'ATS promet de faire une lutte réelle aux Audi, BMW et Mercedes-Benz de ce monde.

CADILLAC CIMMARON 1982

CADILLAC CATERA 1997

OPEL OMEGA 1998

CADILLAC CTS 2006

CADILLAC CTS-V 2009

CADILLAC ATS 2013

MÉCANIQUE > Cadillac nous propose d'entrée de jeu un 4 cylindres de 2,5 litres de 202 chevaux dont la puissance est correcte, dans la mesure où vous n'êtes pas en quête de sensations fortes. On mise toutefois davantage sur le 4 cylindres turbocompressé de 2 litres produisant 70 chevaux supplémentaires et qui, selon Cadillac, se compare à ce qui se fait de mieux du côté de la concurrence. Personnellement, j'ai des réserves. Son manque de couple à bas régime, sa puissance plus impressionnante sur le papier qu'en réalité et sa sonorité peu envoûtante me laissent sur mon appétit. Qui plus est, il requiert du carburant « super », ce qui n'est pas le cas des autres motorisations. Pouvant être jumelé à la transmission intégrale, il est, ceci dit, le seul à pouvoir recevoir une boîte de vitesses manuelle à 6 rapports. En ce qui me concerne, vivement le troisième moteur. On nous revient avec ce V6 de 3,6 litres à injection directe de carburant qui a fait ses preuves et qui propose toute la puissance et le couple nécessaire pour bénéficier d'un réel plaisir de conduite. C'est vrai qu'il consomme un brin davantage que le 4 cylindres, mais le litre de carburant supplémentaire utilisé à tous les 100 kilomètres en vaut la chandelle.

COMPORTEMENT > Les ingénieurs de Cadillac ne s'en cachent pas. On s'est fortement inspiré de la conduite de la BMW de Série 3 pour développer l'ATS; bien sûr, pour que la voiture soit extrêmement dynamique à conduire. Et cette fois, c'est réussi. Entendons-nous, la Série 3 n'est pas à reléguer aux oubliettes, loin de là. Mais cela prouve que l'ATS se compare sans hésiter à ce qui se fait de mieux en matière de comportement routier. La voiture possède notamment un châssis à haute teneur en aluminium, une suspension géométriquement très efficace (très ferme si vous cochez pour la suspension sport offerte en option) et une direction à assistance électrique dont la précision est du jamais vu chez Cadillac. Notez aussi la répartition du poids quasi parfaite 51/49 ainsi que la grande puissance du freinage, résultat d'un système développé par Brembo. Le petit bémol demeure hélas la visibilité, pas évidente aux trois quarts arrière et agaçante à l'avant, en raison de l'épaisseur des piliers A. Il ne m'a pas non plus été possible de mettre la main sur un modèle à transmission intégrale, qui sera sans doute très populaire chez nous. Ce système saura-t-il se comparer aux technologies quattro, xDrive et 4MATIC? Espérons-le. Cadillac mentionne toutefois que l'effet sur la consommation de carburant n'est que symbolique par rapport à un modèle propulsé, ce qui constitue une bonne chose quand on sait à quel point un modèle CTS a transmission intégrale peut être gourmand.

CONCLUSION > Le repositionnement de Cadillac à l'échelle mondiale semble porter ses fruits. La CTS a bien fait, l'ATS fera encore mieux. La voiture n'est certes pas parfaite, mais possède plusieurs arguments pour créer une inquiétude chez le trio de têtes des berlines allemandes confortablement installées sur leur trône depuis tellement d'années... En espérant que la voiture soit plus fiable que ne l'a été la CTS à ses débuts. ■

CHEVROLET

La bannière Chevrolet a longtemps été celle reconnue pour traîner du bois mort. Il semble que depuis des lunes, au sein de la gamme, des véhicules vieillots et désuets ont fait partie des meubles. L'hécatombe de 2008 a forcé les dirigeants de l'entreprise à faire le ménage. La tâche n'a pas été facile, mais cinq ans plus tard, on commence enfin à voir la lumière au bout du tunnel. Cette lumière, elle prend la forme d'une foule de nouveaux produits qui viennent revitaliser une marque qui justement, jadis, était synonyme de vitalité mais qui, depuis quelques décennies, avait sombré dans la morosité, exception faite de rares modèles encore décents. Avec les arrivées toutes récentes des juvéniles Spark, Sonic, Trax et, bien sûr, de la toute nouvelle Corvette, Chevrolet constitue désormais l'une des divisions les plus fraîches de l'industrie. Et si l'on se fie à ce que l'on peut voir dans les différents salons de l'auto depuis quelques temps, la marque au nœud papillon n'entend pas s'arrêter là. Jetons donc un coup d'œil sur ce qu'elle nous réserve au cours des prochains semestres.

SPARK

La sous-compacte Spark a beau être une toute nouvelle venue dans la gamme, voilà qu'une variante électrique - la Spark EV - est déjà attendue (mais en quantité limitée et pour des parcs d'automobiles spécifiques). Elle a été vue la dernière fois au récent Salon de l'auto de Toronto. Il est bien sûr trop tôt pour parler du renouvellement d'un modèle qui vient de débarquer mais, au rythme où vont aujourd'hui les choses dans l'industrie, la Spark montrera certainement une nouvelle robe d'ici 2016.

CRUZE

Il faudra attendre 2014 pour voir la Cruze changer d'allure. Lorsque cela se fera, la Cruze adoptera, selon les rumeurs, un faciès qui ressemblera à celui de la nouvelle Impala. Les cancans parlent aussi de la superbe version à hayon européenne pour 2014, mais il faudra l'approbation du marché américain pour cela. Une variante enfichable (*Plug-In*), de même qu'une mouture eAssist, sont plus probables d'ici là. Pour l'instant, la grande nouveauté est bien sûr l'arrivée d'une version à moteur Diesel. Cette dernière a été présentée au dernier Salon de l'auto de Chicago et sera livrable durant la deuxième moitié de 2013.

MALIBU

Personne ne peut accuser la division Chevrolet de chômer par les temps qui courent. Avec le renouvellement récent de pas moins de cinq modèles et l'introduction d'un nouveau cette année, vous avez maintenant une gamme digne d'être considérée dans tous les segments. La Malibu ne voulait pas faire bande à part. La voici rajeunie, plus confortable et proposant un trio de motorisations intéressant. **Lisez l'essai complet à la page 72.**

SS

GM a présenté le 19 février dernier sa berline de performance construite en Australie, en même temps que sa version NASCAR qui a fait ses débuts lors du Daytona 500 au cours de ce weekend. La SS profite de la plateforme Zeta qui dessert aussi la Camaro. C'est un retour à la berline à propulsion chez GM, depuis la disparition de la Pontiac G8 en 2010, et la première à moteur V8 depuis 1996. Fort de ses 415 chevaux, le V8 de 6,2 litres, utilisé aussi dans la nouvelle mouture de la Corvette et allié à une boîte automatique à 6 rapports qui peut être commandée par des leviers de sélection au volant, assurera des performances dignes de ce nom avec un 0 à 100 km/h de l'ordre de 5 secondes. Une suspension à quatre roues indépendantes arrimée à un châssis rigide, des roues de 19 pouces et de puissants freins viendront appuyer toute cette puissance. Il nous tarde d'essayer cette berline sportive alors qu'elle arrivera chez les concessionnaires à l'automne.

CORVETTE

Que vous appréciez ou pas ses nouvelles lignes taillées au couteau, vous ne passeriez assurément pas inaperçu au volant de la nouvelle Corvette Stingray. Pour cette septième génération, Chevrolet raffine encore son offre en faisant subir au bolide yankee une cure d'amaigrissement tout en augmentant la puissance disponible. Beau cocktail en perspective pour amateurs de voitures sport. Pour en savoir beaucoup plus sur cette légende qui, comme vous l'aurez sans doute remarqué, honore la couverture de *L'Annuel de l'automobile 2013,5*, **lisez-en la description complète à la page 76.**

EQUINOX

En 2014, une version eAssist pourrait bien s'ajouter au catalogue et, peu de temps après, le modèle sera entièrement redessiné, à temps pour le millésime 2015.

IMPALA

Cette 10e génération de la grande dame de Chevrolet, assemblée au Canada, arbore un style désormais plus confiant qui lui donne tout à coup un air de voiture de luxe. L'impression continue à l'intérieur alors que le tableau de bord, entièrement redessiné, a une allure beaucoup plus moderne et huppée, avec un écran tactile de 8 pouces qui commande le système d'infodivertissement MyLink[MC] en option. Une attention particulière a été portée à l'insonorisation et même à la suppression de son, résultant en une berline agréablement silencieuse. Pour balader ce beau carrosse, un trio de moteurs, tous à injection directe de carburant : un nouveau 4-cylindres de 2,5 litres développant 195 chevaux, un V6 de 3,6 litres de 303 chevaux et, enfin, un hybride léger eAssist avec moteur de 2,4 litres de 182 chevaux. Plusieurs aides à la conduite sont intégrées, dont le régulateur de vitesse adaptatif, le freinage d'atténuation de collision, les alertes d'obstacles avant, arrière ou sur les côtés, bref tout ce qu'il faut pour tenir son conducteur éveillé. Surveillez l'essai à venir complet dans l'édition 2014 de *L'Annuel de l'automobile*.

VOLT

Une légère amélioration a été apportée à la batterie pour 2013, question d'augmenter d'environ 5 kilomètres l'autonomie sur le mode électricité. Un moyen comme un autre de nous faire patienter jusqu'à l'arrivée d'une toute nouvelle génération de piles dont l'autonomie sera beaucoup plus généreuse. On se croise les doigts pour une annonce rapide de ce côté. Un remodelage général des lignes de la Volt est prévu pour 2014.

TRAVERSE

En vertu d'un récent rafraîchissement, autant à l'extérieur qu'à l'intérieur, ce véhicule multisegment, qui a pris la relève là où les fourgonnettes de Chevrolet ont tiré leur révérence, ne subira pas une sérieuse refonte avant quelques années encore. Le Traverse continue en attendant d'offrir un volume utile impressionnant et une motorisation adéquate pour la majorité des utilisations qu'en font les familles à qui s'adresse ce véhicule polyvalent.

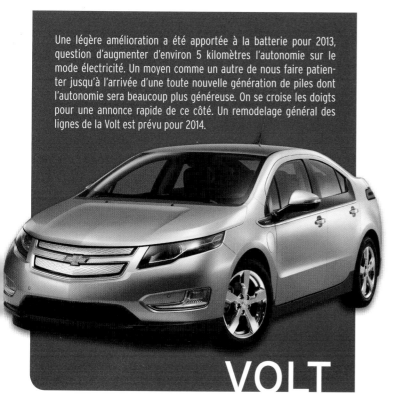

CHEVROLET

ORLANDO

Ce multisegment compact, qui est venu jouer dans les plates-bandes des Mazda*5* et Kia Rondo il y a à peine un an, a été bien accueilli, battant au passage les ventes des deux autres. Avec un prix dans la bonne moyenne du segment et un design moderne qui se démarque tout en offrant une capacité de charge plus qu'intéressante, il a de quoi plaire.

SONIC

Elle aussi est relativement fraîche dans la gamme et on ne s'attend pas à des changements dans un avenir rapproché. Pour le moment, les amateurs peuvent toujours mettre la main sur la version la plus récente proposée, soit la performante RS.

La nouvelle camionnette pleine grandeur Silverado a été dévoilée au salon de Detroit en janvier dernier. De l'extérieur, bien futé celui qui la distinguera de l'ancienne au premier coup d'œil. GM nous annonce tout de même une camionnette plus solide équipée de moteurs plus économes à la pompe. Côté sécurité, le système de contrôle de louvoiement de la remorque sera apprécié des nombreux entrepreneurs qui traînent leur atelier mobile, de même que l'aide au démarrage en pente. À l'intérieur, comme tout bon outil de travail qui se respecte, les commandes ont été pensées en fonction des gars de chantier, mais sans négliger pour autant la technologie embarquée, avec écran tactile, connexions USB et tout le tralala. La concurrence est féroce dans le marché de la camionnette pleine grandeur, et GM n'entend pas se laisser faire. Les amateurs de la marque seront certainement ravis.

SILVERADO / SILVERADO HD

AVALANCHE

Un dernier tour de piste pour ce *Transformer* qui ne fait pas le poids au chapitre des ventes face à la Silverado. Avec le renouvellement de cette dernière, GM a pris la décision de rationaliser la gamme. Bye-bye !

Le grand frère du Tahoe offre encore plus d'espace de chargement que ce dernier. Il poursuit sa carrière inchangé en 2013, mais devrait subir la même cure de rajeunissement que le Tahoe au début de 2014.

SUBURBAN

TRAX

Se donnant des airs d'Equinox miniature, ce nouveau venu élaboré à partir de la plateforme de la Sonic devient un concurrent direct du Juke de Nissan. A-t-il les qualités nécessaires pour s'y frotter? **Lisez l'essai complet à la page 68.**

Toujours aucun changement en vue pour le patriarche de la division Chevrolet. Pourtant, il y a de l'action dans le créneau des fourgons pleine grandeur tant chez Ford que chez Chrysler et même chez Nissan. Mais il reste encore des amateurs de cette architecture traditionnelle, et l'Express est la dernière en lice pour combler leurs besoins.

EXPRESS

COLORADO

La nouvelle camionnette Colorado roule déjà en Asie et son arrivée en sol nord-américain est prévue pour la deuxième moitié de la présente année. Elle sera construite à Wentzville, au Missouri. Au chapitre des moteurs, pariez sur le V6 de 3,6 litres, le 4-cylindres turbo et, peut-être même, le moteur Diesel Duramax qui équipe le véhicule sur le marché asiatique. Enfin, c'est ce que nous ferions si nous étions en charge!

TAHOE

Qui achète un Tahoe s'attend à obtenir un véhicule confortable et spacieux, mais qui peut aussi travailler fort quand vient le temps de tirer de lourdes charges. Bien que Chevrolet nous promette un Tahoe plus léger et moins gourmand à la pompe, celui-ci devra tout de même être robuste. La nouvelle plateforme de la Silverado offre une base tout à fait compétente pour relever le défi. Attendez-vous à un intérieur qui rehaussera le niveau de luxe et l'associera à une panoplie de technologies assurant la connectivité. Le nouveau Tahoe devrait être en vente vers la fin de la présente année ou au début de la prochaine.

CAMARO

La refonte de la Camaro est à l'horizon de 2015-2016. À ce moment-là, il faudra s'attendre à ce qu'un régime minceur lui soit ordonné par le médecin car l'actuel modèle traîne un surplus de poids qui nuit à ses performances et à son appétit à la pompe. La chose sera rendue possible grâce à un changement de plateforme, en l'occurrence la base Alpha qui remplacera la Zeta.

FICHE D'IDENTITÉ

VERSIONS LS 2RM, 1 LT 2RM et 4RM, 2LT 2RM et 4RM, LTZ 2RM et 4RM
TRANSMISSION(S) avant, 4
PORTIÈRES 5 **PLACES** 5
PREMIÈRE GÉNÉRATION 2013
GÉNÉRATION ACTUELLE 2013
CONSTRUCTION San Luis Potosi, Mexique
COUSSINS GONFLABLES 10 (frontaux, latéraux avant intérieur et extérieur, genoux conducteur et passager avant, rideaux latéraux)
CONCURRENCE Buick Encore, Nissan Juke, MINI Countryman, Suzuki SX4

AU QUOTIDIEN

PRIME D'ASSURANCE
25 ANS: nm
40 ANS: nm
60 ANS: nm
COLLISION FRONTALE nm
COLLISION LATÉRALE nm
VENTES DU MODÈLE DE L'AN DERNIER
AU QUÉBEC nm **AU CANADA** nm
DÉPRÉCIATION nm
RAPPELS (2007 à 2012) nm
COTE DE FIABILITÉ nm

GARANTIES... ET PLUS

GARANTIE GÉNÉRALE 3 ans/60 000 km
GROUPE MOTOPROPULSEUR 5 ans/160 000 km
PERFORATION 6 ans/160 000 km
ASSISTANCE ROUTIÈRE 5 ans/160 000 km
NOMBRE DE CONCESSIONNAIRES
AU QUÉBEC 84 **AU CANADA** 450

NOUVEAUTÉS EN 2013.5

Nouveau modèle

LA COTE VERTE

MOTEUR L4 DE 1,4 L TURBO

> **Consommation (100 km) 2RM man.** 7,8 L **auto.** 8,1 L **4RM auto.** 8,7 L
> **Consommation annuelle 2RM man.** 1380 L, 2001$ **auto.** 1420 L, 2059$ **4RM auto.** 1540 L, 2233$
> **Indice d'octane** 87 > **Émissions polluantes CO_2 2RM man.** 3174 kg/an **auto.** 3266 kg/an **4RM auto.** 3542 kg/an

(SOURCE: ÉnerGuide)

BIEN DE SON TEMPS

Elle est révolue l'époque où les trois grands de Detroit possédaient 70% du marché nord-américain. Terminée l'époque où l'on pouvait se concentrer sur les seuls besoins des automobilistes nord-américains pour engranger les profits. La mondialisation est maintenant une réalité qui touche à tous les biens de consommation, y compris l'automobile. Le Trax est l'un des moyens qui permettra à GM de conquérir le monde avec des modèles à orientation planétaire. Petit, pratique, urbain, le Trax et son frère plus haut de gamme, le Buick Encore, feront leurs premiers tours de roues chez nous pour ensuite être commercialisés dans quatre continents et 140 marchés. Bienvenue à l'heure de la voiture mondiale.

Benoit Charette

CARROSSERIE > Le Trax, en deux mots, est une Chevrolet Sonic dont le toit est plus haut et qui comporte plus d'espace. À la base, Chevrolet utilise le même châssis. Il est plus petit que le CR-V ou le RAV4; dans les faits, il n'y a que le Nissan Juke et, dans une moindre mesure, la Suzuki SX4 qui peuvent prétendre appartenir à la même catégorie. Dans sa fiche identitaire, GM affirme que le Trax peut accueillir cinq personnes. En réalité, vous devrez être certain d'avoir un enfant en bas âge dans le groupe. D'une longueur de 4280 millimètres, d'une largeur de 1776 millimètres et d'une hauteur de 1674 millimètres, le Trax est compact, et sa faible largeur est compensée par un ciel de toit qui donne une belle profondeur. Le capot présente une nervure en son centre, des phares à halogène bien définis et une ligne de toit inclinée vers l'arrière qui confèrent à l'ensemble une allure moderne et dynamique. Un style qui reflète bien les plus récentes tendances du marché et qui saura plaire partout.

Style réussi • **Bel aménagement** • **Moteur bien adapté**

Espace limité à l'arrière • **Beaucoup de plastiques**

HABITACLE > Le premier détail qui frappe quand on prend place à bord est le confort des sièges. Ils sont moulants, moelleux et bien complétés par un volant télescopique et une instrumentation provenant de la Sonic, claire et facile à utiliser. En plus d'une quantité industrielle de plastiques, vous avez également tous les gadgets dernier cri comme les commandes audio et de téléphone au volant, la connectivité Bluetooth, les connexions USB et iPhone ainsi que le service OnStar en équipement de série. Une application de navigation appelée *Bringo*, d'Engis, sera offerte en option. Elle projettera l'itinéraire depuis le téléphone intelligent sur l'écran tactile du système. Le groupe d'info-divertissement *MyLink* fait aussi partie de la liste des options avec la radio à écran couleur haute résolution de sept pouces, la radio par satellite et la connexion USB, la reconnaissance vocale et la technologie Bluetooth pour la téléphonie à mains libres et la diffusion audio. En matière de sécurité, il y a dix coussins gonflables à bord et le système électronique de contrôle de la stabilité StabiliTrak. Pour maximiser l'espace intérieur, Chevrolet offre, en plus d'un siège arrière à dossier divisé 60/40, un siège du passager avant pouvant être rabattu à plat, ce qui offre un supplément de souplesse dans la catégorie. Jusqu'à huit configurations des sièges sont possibles.

MÉCANIQUE > Sous le capot, on fait à nouveau appel à la Sonic en utilisant le moteur à 4 cylindres de 1,4 litre turbo dont la puissance fait 138 chevaux, et le couple, 148 livres-pieds. Seule la variante LS (à traction) n'est livrable avec une boîte de vitesses automatique ou manuelle à 6 rapports. Les versions LT et LTZ, à traction ou à transmission intégrale ne sont livrables qu'avec une boîte automatique à 6 rapports. GM annonce des consommations qui, comme c'est le cas chez bien des constructeurs, sont très optimistes. Le modèle à traction avec la boîte manuelle est censé être capable d'afficher une consommation de carburant de 7,8 litres aux 100 kilomètres en ville et de 5,7 litres sur l'autoroute. On annonce la version intégrale à 8,7 litres en ville et à 6,5 litres sur l'autoroute. Lors de notre journée d'essai dans la neige, nous avons réussi, avec un modèle à transmission intégrale, à obtenir 9,6 litres aux 100 kilomètres, ce qui est correct.

MENTIONS

CLÉ D'OR | CHOIX VERT | COUP DE CŒUR | **RECOMMANDÉ**

VERDICT

PLAISIR AU VOLANT
QUALITÉ DE FINITION
CONSOMMATION
RAPPORT QUALITÉ / PRIX
VALEUR DE REVENTE nm
CONFORT

1 5 10

2e OPINION

Conscient de la montée en popularité des petits multisegments, Chevrolet a décidé d'entrer dans la danse en nous présentant le Trax. Sa carrosserie est fort sympathique grâce à ses ailes musclées et à son bouclier avant dynamique. L'habitacle est lui aussi de conception moderne, bien que la qualité de certains plastiques laisse l'observateur perplexe. Évidemment, il s'agit d'un véhicule économique destiné à la masse, mais la concurrence fait mieux à cet égard. Quant au groupe motopropulseur, il est bien adapté au véhicule, mais consomme un peu plus que prévu, tandis que les ensembles d'équipements offerts en option mériteraient une révision dès l'an prochain. Ce Chevrolet Trax est un bon petit véhicule, plaisant à conduire, mais GM aurait dû mieux évaluer les rivaux qui ne sont pas à prendre à la légère.

 **Vincent Aubé**

FICHE TECHNIQUE

+ MOTEUR (S)

(LS, LT, LTZ) L4 1,4 L DACT à turbocompresseur
PUISSANCE 138 ch. à 4 900 tr/min
COUPLE 148 lb-pi à 1 850 tr/min
BOITE(S) DE VITESSES LS manuelle à 6 rapports, automatique à 6 rapports avec mode manuel (option)
LT, LTZ automatique à 6 rapports avec mode manuel
PERFORMANCES 0 À 100 KM/H nm
VITESSE MAXIMALE nm

+ AUTRES COMPOSANTS

SÉCURITÉ ACTIVE Freins ABS, assistance au freinage, répartition électronique de la force de freinage, contrôle électronique de la stabilité, antipatinage
SUSPENSION avant/arrière indépendante/poutre de torsion
FREINS avant/arrière disques
DIRECTION à crémaillère, assistée électriquement
PNEUS LS, LT P205/70R16 **LTZ** P215/55R18

+ DIMENSIONS

EMPATTEMENT 2 555 mm
LONGUEUR 4 280 mm
LARGEUR 1 776 mm
HAUTEUR 1 674 mm
POIDS 2RM 1 363 kg **4RM** 1 476 kg
DIAMÈTRE DE BRAQUAGE 11,2 m
COFFRE 532 L, 1 371 L (siège abaissés)
RÉSERVOIR DE CARBURANT 53 L

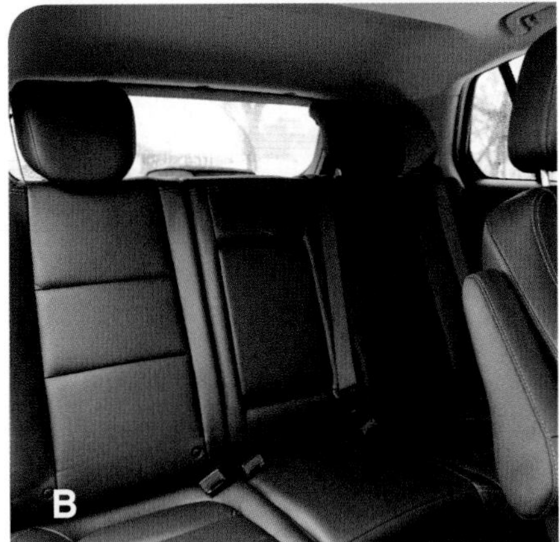

GALERIE

A Les versions supérieures du Trax de Chevrolet offriront de série le système MyLink de Chevrolet. Ce système d'infodivertissement regroupe le contenu des téléphones intelligents sur l'écran couleur tactile haute résolution de sept pouces. Une application de navigation appelée Bringo d'Engis sera disponible au début de l'an prochain. Elle projettera l'itinéraire depuis le téléphone intelligent sur l'écran tactile du système.

B En plus d'un siège arrière à dossier divisé 60/40, le Trax comporte un siège du passager avant pouvant être rabattu à plat, qui offre un supplément de flexibilité dans la catégorie. Jusqu'à huit configurations des sièges sont possibles.

C L'éclairage de nuit bleutée ajoute au style moderne de ce petit utilitaire

D Étant donné le prix demandé, les plastiques abondent dans l'habitacle du Trax. Si vous désirez un intérieur un peu plus fini , il faut regarder du côté de l'édition LT ou le haut de gamme LTZ qui propose un équipement plus complet et un décor plus haut de gamme.

E Parmi les options intéressantes, le toit ouvrant en verre ajoute une belle lumière dans l'habitacle.

COMPORTEMENT > Dans les méandres des petites routes qui avoisinent le parc de la Gatineau, notre Trax s'est montré agile, et, même chaussée de pneus toutes-saisons en pleine averse de neige, notre version intégrale n'a pas perdu pied (les véhicules étaient immatriculés en Ontario et n'avaient donc pas l'obligation de chausser des pneus d'hiver, même si nous étions au Québec). Dans les petites routes vallonneuses et les petits chemins de campagne, notre vitesse moyenne s'est maintenue bien en-dessous des 100 km/h. Son confort et le silence de roulement incite à prendre la vie plus au ralenti, ou était-ce le magnifique panorama de boisés de l'Outaouais, je ne saurais dire. Mais une chose est certaine, son format passe-partout, compact, facile à garer, le rend particulièrement à l'aise en zone urbaine où il fera facilement son nid. Le confort est très bon et rendra les plus longs trajets fort agréables.

CONCLUSION > Avec le Trax, Chevrolet a enfin un petit utilitaire digne de ce nom sur le marché. Pratique, confortable, bien construit et pas trop gourmand, il a les ingrédients pour plaire à la jeune famille ou le couple urbain qui recherche un plus petit format d'utilitaire pour la ville. Je vous conseille d'aller vers la version à transmission intégrale qui est à prise temporaire, mais assez rapide à réagir quand on la sollicite. Chevrolet annonce un modèle d'entrée de gamme à 18 495 $ en version manuelle à deux roues motrices. Je doute que ce modèle soit très populaire. Le modèle le plus intéressant et qui constituera sans doute le plus gros pourcentage des ventes est la version LT intégrale qui vous soulagera de 25 155 $. La version LTZ avec la liste complète des options frisera les 30 000 $ avant taxes. Le plus gros défi de Chevrolet sera de convaincre les jeunes couples qui se lancent habituellement chez les constructeurs allemands et japonais de faire un détour chez Chevrolet. ■

HISTORIQUE

Le Trax est né sous forme de prototype au salon de l'auto de New York en 2007. Le modèle de production a été présenté cinq ans plus tard au Salon de l'auto de Paris. Le Canada, le Mexique et l'Europe vont tous avoir leur version du Chevrolet Trax qui ne traversera pas la frontière aux Etats-Unis. Les américains devront se contenter du frère du Trax, le Buick Encore. Chevrolet va cependant se rendre en Australie avec le Holden Trax, en Russie et au Brésil où il portera le nom de Chevrolet Tracker.

SALON DE L'AUTO DE NEW YORK 2007

CHEVROLET TRAX 2007

CHEVROLET TRAX 2007

OPEL MOKKA

BUICK ENCORE

CHEVROLET TRAX

FICHE D'IDENTITÉ

VERSIONS LS, 1 LT, 2LT, ECO 1LT, ECO 2LT, LTZ
TRANSMISSION(S) avant
PORTIÈRES 4 **PLACES** 5
PREMIÈRE GÉNÉRATION 1997
GÉNÉRATION ACTUELLE 2013
CONSTRUCTION Fairfax, Kansas, Detroit-Hamtramck, Michigan, É-U
COUSSINS GONFLABLES 10 (frontaux, latéraux avant et arrière, genoux conducteur et passager, rideaux latéraux)
CONCURRENCE Buick Regal, Chrysler 200, Dodge Avenger, Ford Fusion, Honda Accord, Hyundai Sonata, Kia Optima, Mazda6, Nissan Altima, Subaru Legacy, Suzuki Kizashi,Toyota Camry, Volkswagen Jetta/Passat

AU QUOTIDIEN

PRIME D'ASSURANCE
25 ANS: nm
40 ANS: nm
60 ANS: nm
COLLISION FRONTALE 5/5
COLLISION LATÉRALE 5/5
VENTES DU MODÈLE DE L'AN DERNIER
AU QUÉBEC nd **AU CANADA** 5 697
DÉPRÉCIATION 58,1 (3 ans)
RAPPELS (2007 à 2012) 2
COTE DE FIABILITÉ 3,5/5

GARANTIES... ET PLUS

GARANTIE GÉNÉRALE 3 ans/60 000 km
GROUPE MOTOPROPULSEUR 5 ans/160 000 km
PERFORATION 6 ans/160 000 km
ASSISTANCE ROUTIÈRE 5 ans/160 000 km
NOMBRE DE CONCESSIONNAIRES
AU QUÉBEC 84 **AU CANADA** 450

NOUVEAUTÉS EN 2013.5

Nouvelle génération

LA COTE VERTE  MOTEUR L4 DE 2,4 L HYBRIDE EASSIST

> **Consommation (100 km)** 8,1 L
> **Consommation annuelle** 1380 L, 2 001 $
> **Indice d'octane** 87 > **Émissions polluantes CO_2** 3 174 kg/an

(SOURCE: ÉnerGuide)

DOUBLE DÉFI

Pendant des décennies, Detroit a laissé le champ libre aux constructeurs japonais dans la catégorie des berlines intermédiaires. Face à des pointures comme l'Accord et la Camry, ils offraient des sous-produits - General Motors, surtout, avec une longue liste de modèles qui passeront à l'histoire pour leur médiocrité. Des noms? Corsica, Tempest, Grand Am, Achieva, Skylark, Malibu... Seule survivante du lot, cette dernière a cependant réussi à redorer son blason lors de son avant-dernière refonte, il y a cinq ans. Pour la première fois, GM avait réussi à concevoir une berline capable de rivaliser avec les japonaises mais aussi avec les sud-coréennes qui jouent maintenant dans la cour des grands. À défaut de battre des records de ventes, la Malibu a gagné en respectabilité. Il lui faut maintenant devenir un des leaders de son segment. En fait, GM met la barre encore plus haut: Chevrolet est sa marque « mondiale », présente sur tous les marchés, et la Malibu de neuvième génération doit maintenant conquérir le monde. Rien que ça.

Philippe Laguë

CARROSSERIE > Depuis la résurrection du nom Malibu, en 1997, ce modèle ne se décline qu'en une seule configuration, soit une berline à quatre portes. C'est désormais ainsi dans ce segment où les familiales ont disparu, et les coupés se font rares. Les cinq versions offertes se différencient par leur degré d'équipement et leur motorisation. Sur le plan esthétique, on a délaissé les formes plus classiques du modèle précédent pour se tourner vers un design plus moderne, soit, mais plus générique. Chez GM, on dit avoir intégré des éléments de style de la Camaro et de la Corvette. Vraiment? Outre les phares carrés, à l'arrière, empruntés à la Camaro

Bon trio de moteurs • **Une intermédiaire qui consomme comme une compacte**
Plus confortable, finition soignée et mieux insonorisée • **Système MyLink convivial**

Allure générique • **Commandes au volant d'usage peu intuitif**
Habitabilité restreinte à l'arrière • **Pertinence de la version hybride**

et qui se retrouveront sur la future Corvette, je ne vois rien d'autre. N'allez surtout pas croire que vous achèterez une Camaro à quatre portes ! La Malibu cuvée 2013 n'a pas l'élégance de sa devancière et encore moins l'éclat de la nouvelle Ford Fusion. Disons qu'elle se situe entre les fades japonaises (pléonasme ?) et les sud-coréennes (Sonata et Optima), célébrées pour leur beauté.

HABITACLE > Les chroniqueurs automobiles conduisent entre 50 et 100 voitures par année. Dans le lot, il y en a où l'on se sent à l'aise tout de suite et, pour l'auteur de ces lignes, la Malibu est l'une d'elles. J'aime la présentation intérieure, du type double cockpit, et son tableau de bord avec deux gros cadrans carrés au centre (un autre clin d'œil à la Camaro) ; la limpidité de sa console centrale, avec ses commandes accessibles et faciles à utiliser ; et la qualité des matériaux, nettement supérieure à celle qu'on peut percevoir dans d'autres Chevrolet. Aucune trace de l'horrible plastique dur qui a si longtemps sévi chez GM ; du plastique, il y en a d'ailleurs très peu dans la Malibu.

Accueillant et décoré avec goût, l'habitacle ne montre pas de lacunes ergonomiques, si ce n'est les commandes au volant, d'utilisation peu intuitive. La petite roulette pour changer les postes de la radio m'a fait pester, tout comme le levier qui intègre les fonctions de l'ordinateur de bord. À revoir. En revanche, l'interface multimédia *MyLink* mérite des compliments pour sa convivialité. C'est un techno-nul qui vous le dit : si je le comprends, tout le monde peut le comprendre.

On trouve rapidement la bonne position de conduite, mais le rembourrage assez ferme des sièges ne plaira pas à tous. Ces mêmes sièges offrent aussi un maintien latéral minimal. À l'arrière, on constate un recul au chapitre de l'habitabilité : le dégagement pour les jambes est correct, sans plus, et pour la tête, c'est un peu juste. Les grands gabarits auront la tête collée au plafond. Le coffre arrière, lui, est toujours vaste ; même si la batterie de la version Eco gruge de l'espace de chargement, il en reste plus qu'il n'en faut. Et une partie du dossier de la

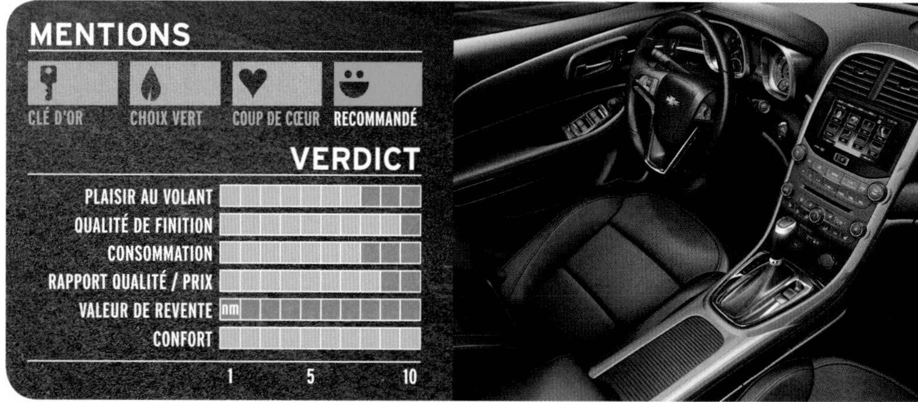

FICHE TECHNIQUE

+ MOTEUR (S)

(ECO) L4 2,4 L DACT eAssist
PUISSANCE 182 ch. à 6 200 tr/min (plus 15 ch. max. de 1 000 à 2 200 tr/min du moteur électrique)
COUPLE 172 lb-pi à 4 900 tr/min (plus 79 lb-pi à 1 000 tr/min du moteur électrique)
BOÎTE(S) DE VITESSES automatique à 6 rapports avec mode manuel
PERFORMANCES 0 À100 KM/H nm
VITESSE MAXIMALE nm

(LS, LT) L4 2,5 L DACT
PUISSANCE 197 ch. à 6 300 tr/min
COUPLE 191 lb-pi à 4 400 tr/min
BOÎTE(S) DE VITESSES automatique à 6 rapports avec mode manuel
PERFORMANCES 0 À100 KM/H nm
VITESSE MAXIMALE nm
CONSOMMATION (100 KM) 9,2 L (Octane 87)
ANNUELLE 1 520 L
COÛT ANNUEL 2 204 $
ÉMISSIONS DE CO_2 3 496 kg/an

(LTZ, OPTION 2LT) L4 2,0 L DACT à turbocompresseur
PUISSANCE 259 ch. à 5 500 tr/min
COUPLE 260 lb-pi à 5 500 tr/min
BOÎTE(S) DE VITESSES automatique à 6 rapports avec mode manuel
PERFORMANCES 0-100 KM/H nm
VITESSE MAXIMALE nm
CONSOMMATION (100 KM) 10,1 L (Octane 91)
ANNUELLE 1 700 L
COÛT ANNUEL 2 635 $
ÉMISSIONS DE CO_2 3 910 kg/an

+ AUTRES COMPOSANTS

SÉCURITÉ ACTIVE freins ABS, assistance au freinage, répartition électronique de la force de freinage, contrôle électronique de la stabilité, antipatinage, avertisseur de collision imminente et de sortie de voie (options)
SUSPENSION avant/arrière indépendante
FREINS avant/arrière disques
DIRECTION à crémaillère, assistée électriquement
PNEUS LS, 1LT P215/60R16 **ECO** P225/55R17
2LT, LTZ 2.5 P235/50R18 **LTZ 2.0T** P245/40R19

+ DIMENSIONS

EMPATTEMENT 2 737 mm
LONGUEUR 4 865 mm
LARGEUR 1 854 mm
HAUTEUR 1 463 mm
POIDS LS 1 539 kg **1LT** 1 560 kg **1LT ECO** 1 628 kg
2LT 1 602 kg **2LT 2.0T** 1 649 kg **2LT ECO** 1 634 kg
LTZ 1 609 kg **LTZ 2.0T** 1 656 kg
DIAMÈTRE DE BRAQUAGE 11,4 m
COFFRE 462 L **ECO** 374 L
RÉSERVOIR DE CARBURANT 70 L **ECO** 59 L
CAPACITÉ DE REMORQUAGE 454 kg

2e OPINION

Je n'ai pas de médaille à décerner aux stylistes de la nouvelle Malibu. Comme dirait l'autre, c'est comme si l'avant et l'arrière n'avaient pas rapport. Mais c'est mon seul bémol et, encore, il est subjectif. Pour le reste, cette berline intermédiaire m'impressionne, tant par l'impression de raffinement qui se dégage de son intérieur que par son comportement posé sur la route. Ça commence à être une exclamation redondante, mais je la pousse quand même : « Ça, une GM ? » J'aime la stratégie qui consiste à combler des clients aux visées bien différentes : la version Eco pour la personne soucieuse d'espacer ses visites à la pompe et la livrée Turbo pour qui se préoccupe davantage d'accélérations franches. Et, à défaut de s'exciter derrière le volant, je salue le travail d'insonorisation réussi par les ingénieurs.

Michel Crépault

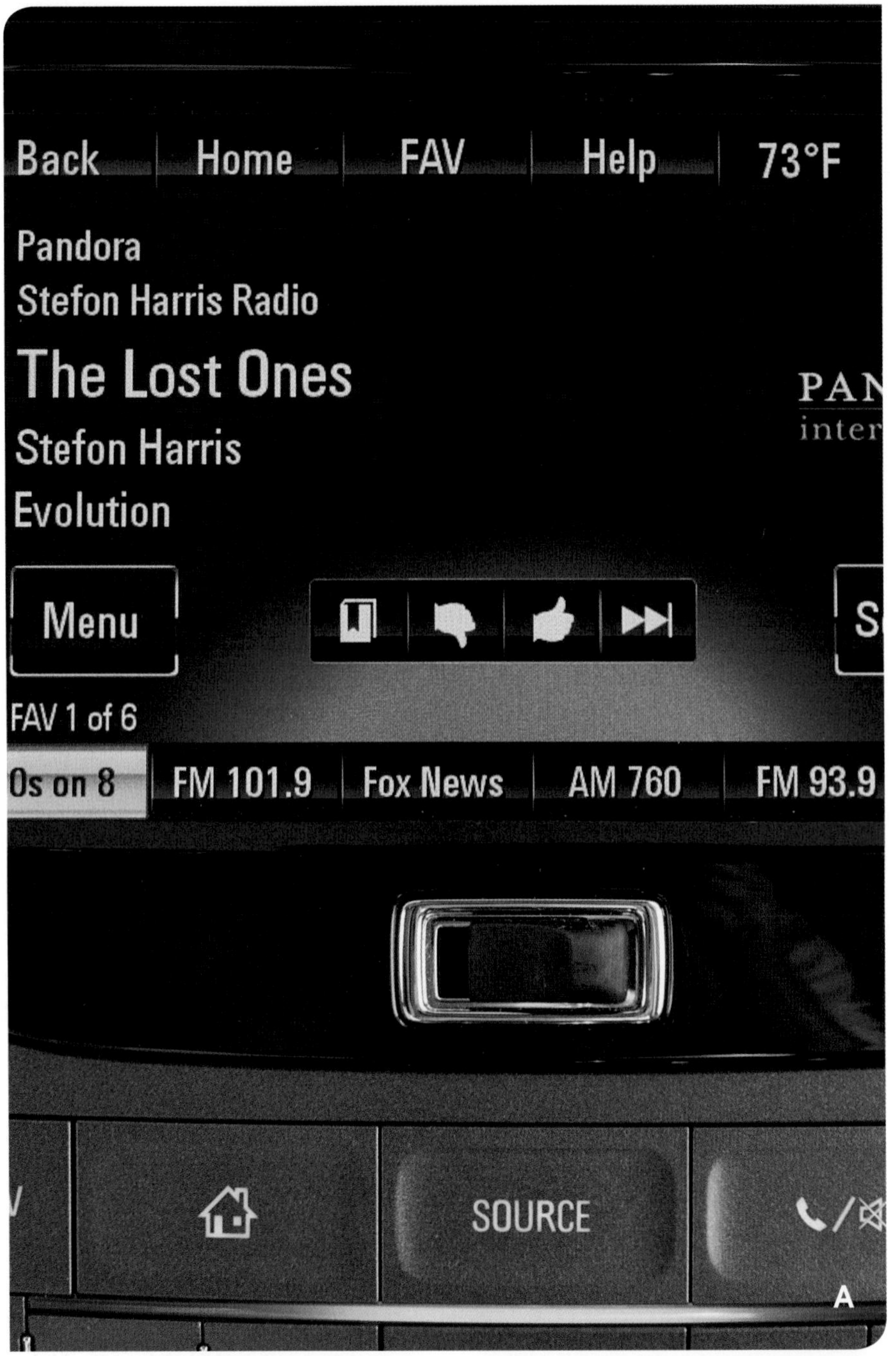

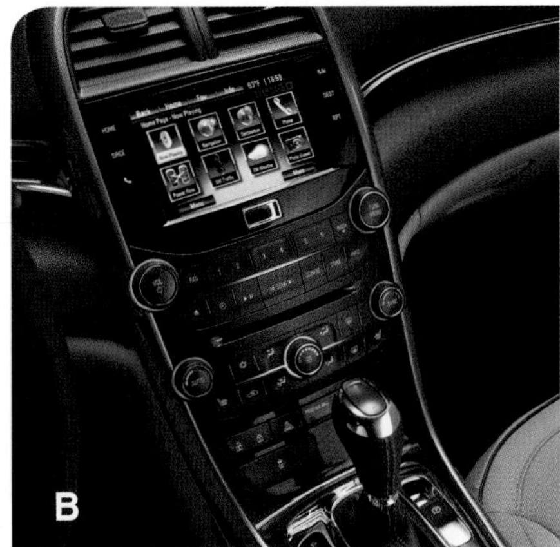
B

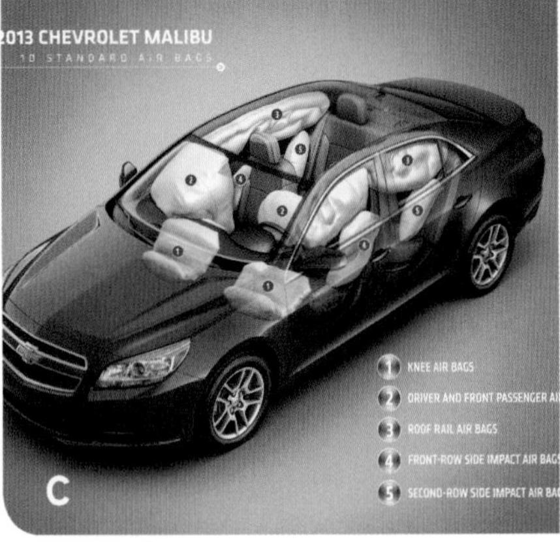

C

A

D

E

GALERIE

A La Malibu offre le nouveau système MyLink qui intègre des services en ligne comme Stitcher, Smart Radio et Pandora. Grâce aux commandes vocales à mains libres et aux commandes tactiles à l'écran par l'entremise de téléphones compatibles Bluetooth, le système MyLink permet la lecture audio stéréo en continu du contenu des téléphones intelligents.

B L'habitacle de la Malibu propose un choix de garnitures métalliques ou chromées, ou encore de boiseries. L'éclairage bleu glacier dans les cadrans, les surpiqûres contrastantes, les surfaces texturées et douces au toucher ajoutent au raffinement de la Chevrolet.

C Toutes les Malibu comportent 10 coussins gonflables de série. Vous avez des coussins à déploiement adapté pour le conducteur et le passager avant, des coussins latéraux pour la protection du bassin et du torse, d'autres pour les genoux, en plus des rideaux gonflables et des coussins pour protéger les occupants de la banquette.

D La Malibu est truffée de compartiments de rangement, entre autres, derrière la façade de la radio qui, pivotante, permet d'accéder à un compartiment de 150 millimètres de profondeur, une première en Amérique du Nord dans le segment des voitures intermédiaires.

E Une voie plus large, des ailes imposantes et un aileron arrière intégré, sans oublier des phares à la Camaro, prodiguent un caractère plus athlétique et une allure plus dynamique à la Malibu.

HISTORIQUE

L'appellation Malibu est apparue pour la première fois en 1964 sur une version plus luxueuse de la Chevrolet Chevelle pour ainsi donner... la Chevelle Malibu ! La première refonte du modèle a lieu en 1973, et la Chevelle se décline alors en trois livrées : Deluxe, Malibu et Laguna. C'est en 1978 que l'appellation Malibu remplace carrément celle de la Chevelle. Cette 3e génération sera produite jusqu'en 1983 avant de disparaître puis de revenir en 1997 à titre de voiture de location la plus répandue sur le marché. Ce qui a fait perdre à peu près tout son lustre au modèle... Il faudra attendre 2004 avant de revoir un modèle intéressant sur la route. La toute dernière incarnation de la Malibu exhibe plus de charisme et propose plusieurs versions, dont une eAssist et une turbo.

CHEVROLET CHEVELLE MALIBU 1966

CHEVROLET CHEVELLE MALIBU 1973

CHEVROLET MALIBU 1980

CHEVROLET MALIBU 2000

CHEVROLET MALIBU SS 2007

CHEVROLET MALIBU 2011

banquette peut quand même s'incliner, contrairement aux autres voitures hybrides. Bien vu.

MÉCANIQUE > La réduction de la consommation de carburant étant désormais la priorité, le V6 tire sa révérence. En entrée de gamme, un tout nouveau 4 cylindres de 2,5 litres à injection directe de carburant et calage variable des soupapes remplace celui de 2,4 litres. La puissance augmente (20 chevaux de plus), le couple aussi, mais la consommation, elle, devrait diminuer, gracieuseté de l'injection directe. Un cran plus haut, un 4 cylindres de 2 litres suralimenté remplace le V6. L'ajout d'un turbocompresseur permet d'aller chercher 259 chevaux.

Pour ce premier contact avec la Malibu, GM avait mis à notre disposition une version hybride (Eco) mue par un 4 cylindres de 2,4 litres jumelé à une batterie lithium-ion qui génère une puissance combinée de 184 chevaux. Le système eAssist éteint aussi le moteur à essence quand le véhicule est à l'arrêt et récupère l'énergie au freinage. Les chiffres de consommation de GM sont prometteurs : 8,1 litres aux 100 kilomètres en ville et 5,3 sur l'autoroute, pour une moyenne de 6,7 litres aux 100 kilomètres.

Comme c'est souvent le cas, ces chiffres sont optimistes : sur l'autoroute, par exemple, l'ordinateur de bord indiquait 7,5 litres aux 100 kilomètres, avec le régulateur de vitesse à 120 km/h. À 100 km/h, la consommation oscillait entre 6 et 6,5 litres. Toujours selon l'ordinateur de bord, ma consommation moyenne se situait à 9,2 litres aux 100 kilomètres. Il convient cependant de préciser que l'essai s'est déroulé dans des conditions hivernales, avec des températures assez froides de surcroît. Et la voiture était évidemment chaussée de pneus d'hiver, ce qui peut aussi affecter (légèrement) la consommation.

Ce que je retiens plutôt de ce moteur, c'est sa souplesse et son silence de roulement. À ce chapitre, la Malibu Eco n'a rien à envier à ses rivales hybrides (Fusion et Camry). Maintenant, la question qui tue : en vaut-il la peine de payer plus cher pour la version hybride ? Sur le plan financier, la réponse est non. Le 4 cylindres de 2,4 litres offert de série brillait par sa frugalité, et son remplaçant fera sans doute encore mieux grâce à l'injection directe de carburant. S'il y a une justification à l'achat d'une Malibu Eco, elle est plutôt d'ordre environnemental. Ce qui est tout à fait louable, au demeurant.

COMPORTEMENT > Les pneus d'hiver, on le sait, affectent le comportement d'une voiture. La tenue de route est altérée, le confort aussi ; et pourtant, on remarque tout de suite la douceur de roulement de la Malibu, ce qui la place dans le peloton de tête de sa catégorie. De plus, cette voiture n'a jamais été aussi bien insonorisée. C'est ce qu'affirme GM, et force est d'admettre que le résultat est impressionnant, comparable à une berline de luxe.

Cette paisible berline n'anesthésie pas son conducteur pour autant. Les réglages du châssis sont les mêmes que ceux de l'Opel Insignia, version allemande de la Buick Regal, et le dosage de la direction est parfait pour ce type de voiture : ni trop mou, ni trop ferme. Le juste milieu.

CONCLUSION > De cette semaine au volant de la nouvelle Malibu, je retiens deux choses. Premièrement, elle est encore meilleure que sa devancière, de sorte que le géant américain n'a jamais été aussi bien outillé pour évoluer dans ce créneau ultraconcurrentiel où les mauvaises voitures n'existent plus. Deuxièmement, la version hybride, malgré ses qualités, justifie mal le déboursé supplémentaire, à moins que ce ne soit une question de principe. Cela dit, si je devais magasiner une berline intermédiaire, la Malibu serait sur ma liste, et ça, je n'aurais jamais cru l'écrire un jour. Il faut tout de même être prudent : contrairement à ses rivales asiatiques, sa fiabilité (celle de ses nouveaux moteurs, surtout) demeure une inconnue. Pour un achat à long terme, n'écartez pas l'achat d'une garantie prolongée. ■

FICHE D'IDENTITÉ

VERSIONS Stingray, Z51
TRANSMISSION(S) arrière
PORTIÈRES 2 **PLACES** 2
PREMIÈRE GÉNÉRATION 1953
GÉNÉRATION ACTUELLE 2014
CONSTRUCTION Bowling, Green, Kentucky, É.-U.
COUSSINS GONFLABLES 4 (frontaux, latéraux)
CONCURRENCE BMW Série 6, Ford Mustang Shelby GT 500, Jaguar XK, Porsche 911, SRT Viper

AU QUOTIDIEN

PRIME D'ASSURANCE
25 ANS: 4 000 à 4 200 $
40 ANS: 2 300 à 2 500 $
60 ANS: 1 800 à 2 000 $
COLLISION FRONTALE nd
COLLISION LATÉRALE nd
VENTES DU MODÈLE DE L'AN DERNIER AU QUÉBEC nd **AU CANADA** 250
DÉPRÉCIATION 36,2 (3 ans)
RAPPELS (2007 à 2012) 4
COTE DE FIABILITÉ nm

GARANTIES… ET PLUS

GARANTIE GÉNÉRALE 3 ans/60 000 km
GROUPE MOTOPROPULSEUR 5 ans/160 000 km
PERFORATION 6 ans/160 000 km
ASSISTANCE ROUTIÈRE 3 ans/60 000 km
NOMBRE DE CONCESSIONNAIRES AU QUÉBEC 84 **AU CANADA** 450

NOUVEAUTÉS EN 2013.5

Nouvelle génération

LA COTE VERTE

MOTEUR V8 DE 6,2 L

> **Consommation (100 km)** nd
> **Consommation annuelle** nd
> **Indice d'octane** 91 > **Émissions polluantes CO_2** nd

(SOURCE: ÉnerGuide)

JALOPNIK AVAIT RAISON…

S'il y a une voiture qui était attendue par les amateurs cette année, c'est bien la nouvelle Corvette. Dévoilée en grande pompe au dernier Salon de Detroit, elle a volé la vedette de l'événement en plus de générer des millions de réactions sur le Web. Commentaires positifs ou négatifs, on pouvait tout lire sur cette septième génération de la plus mythique des voitures sport américaines. Pourtant, plus d'un an avant son dévoilement, le site américain Jalopnik dévoilait un sketch de cette future Corvette, dessiné de main de maître par un styliste qui se serait fait «décrire» les lignes de la voiture par un journaliste espion. L'image publiée le 14 novembre 2011 sur le Web a, bien sûr, fait jaser, mais il a fallu près de 14 mois pour qu'on réalise à quel point ce dessin était d'une incroyable exactitude…

Antoine Joubert

CARROSSERIE > La tâche accomplie par l'équipe de *Jalopnik* est donc, à mon avis, aussi surprenante que colossale, mais certainement pas autant que celle de redessiner la légendaire Corvette à partir d'une feuille blanche (ou d'un écran blanc!). Et puisque que la C7 (nom de code signifiant Corvette de septième génération) ramène du coup la non moins célèbre nomenclature Stingray, il fallait incontestablement accoucher d'un bolide aussi dynamique que spectaculaire, histoire d'en mettre plein la vue. Vous l'aurez donc constaté, la voiture est plus longue de 60 centimètres et plus large que sa devancière, mais aussi plus basse. Ses lignes, qu'importe l'angle sous lequel on l'observe, sont plus costaudes, ce qui n'en fait pas nécessairement un modèle de grande fluidité. Toutefois, les nombreux traits de la carrosserie œuvrent de pair pour donner un résultat éblouissant. Viennent ensuite s'ajouter des éléments stylistiques qui renforcent son caractère comme les phares à DEL, le panneau

Plusieurs innovations technologiques sur le plan mécanique • Hautes performances en ligne droite et sur une piste • Habitacle magnifique • Lignes racées

Plus volumineuse que par le passé • Boîte automatique à 6 rapports vieillissante Partie arrière esthétique chargée (au goût de l'auteur) • Arrivée tardive du cabriolet

de toit en fibre de carbone, le pot d'échappement quadruple ou, encore, ces feux arrière qui n'ont désormais plus une forme circulaire, ce qui engendre d'ailleurs son lot de critiques. Il faut aussi mentionner que la Corvette reçoit pour la première fois des glaces de custode, ainsi que des prises d'air logées au-dessus des ailes arrière, servant notamment au refroidissement de l'huile de la boîte de vitesses automatique.

Personnellement, j'avoue qu'une Corvette moins massive et plus fluide m'aurait plu davantage. Bien sûr, la voiture est spectaculaire et continuera de susciter des passions (dont la mienne). Mais une réduction de ses dimensions ne lui aurait pas fait de tort. Et j'ajouterais que si la partie avant me plaît énormément, la partie arrière me laisse sur mon appétit. Un peu trop chargée à mon goût…

HABITACLE > Alors là, c'est du grand art! Il faut dire qu'on partait de loin, avec ce volant issu en droite ligne de la Chevrolet Cobalt et ces sièges sans maintien latéral qui vous balançaient directement dans le panneau de porte ou sur la console centrale. Dans la C7, les matériaux ont été choisis avec soin, le volant est exclusif (et plus petit) et les deux choix de baquets se situent à des années-lumière de ce qu'on proposait auparavant. La planche de bord, qui enrobe efficacement le conducteur et qui offre au passager plus d'espace ainsi que des poignées de maintien, se veut elle aussi beaucoup plus inspirée. Bref, on a enfin droit à un poste de conduite digne d'une voiture de ce prix (qu'on ne connaît, hélas, pas encore).

Naturellement, l'habitacle de la Corvette reçoit aussi les toutes dernières technologies en matière de connectivité et de fonctionnalité. Dieu merci, les commandes à fonctions tactiles, qu'on retrouve notamment dans la dernière Cadillac ATS, ont été mises de côté, histoire d'éviter de faire rager les puristes quand ils souhaitent simplement baisser le volume de la radio pour écouter la symphonie mécanique de leur engin. En revanche, on propose un bloc d'instruments programmables qui permet d'obtenir un odomètre numérique ceinturé d'un compte-tours traditionnel ou encore d'un compte-tours numérique central, un peu à la façon de la Corvette C4. L'affichage peut aussi varier en fonction du mode de conduite sélectionné. Autrement dit, l'évolution est, ici aussi, plutôt radicale.

MÉCANIQUE > La Corvette Stingray se veut pour l'instant la Corvette «de base». Il est entendu que des versions Z06, Grand Sport, ZR 1, et peut-être même «autre chose», suivront très bientôt. Sans oublier la décapotable, qui sera dévoilée d'ici un an comme modèle 2015. Mais, pour l'heure, le seul modèle qui sera offert vers le mois d'août prochain sera ce coupé Stingray, alimenté par un V8 de 6,2 litres de 450 chevaux. Utilisant le calage variable des soupapes et l'injection directe de carburant, ce moteur proposera également la

FICHE TECHNIQUE

+ MOTEUR (S)

(STINGRAY) V8 6,2 L ACC
PUISSANCE 450 ch
COUPLE 450 lb-pi
BOÎTE(S) DE VITESSES manuelle à 7 rapports, automatique à 6 rapports avec mode manuel
PERFORMANCES 0 À100 KM/H 4,1 s (est)
VITESSE MAXIMALE 305 km/h

+ AUTRES COMPOSANTS

SÉCURITÉ ACTIVE freins ABS, assistance au freinage, répartition électronique de la force de freinage, contrôle électronique de la stabilité, antipatinage
SUSPENSION avant/arrière indépendante
FREINS avant/arrière disques ventilés
DIRECTION à crémaillère, assistée électriquement
PNEUS P245/40ZR18 (av.) P285/35R19 (arr.)
Z51 P245/35ZR19 (av.) P285/30ZR20 (arr.)

+ DIMENSIONS

EMPATTEMENT 2 710 mm
LONGUEUR 4 495 mm
LARGEUR 1 877 mm
HAUTEUR 1 235 mm
POIDS nd
DIAMÈTRE DE BRAQUAGE 12,0 m
COFFRE nd
RÉSERVOIR DE CARBURANT nd

A

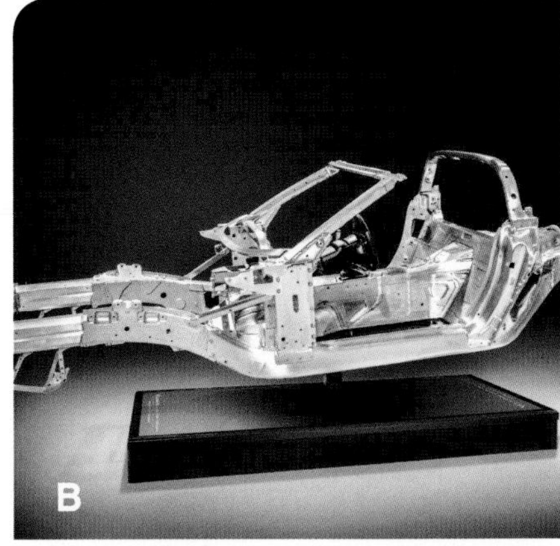

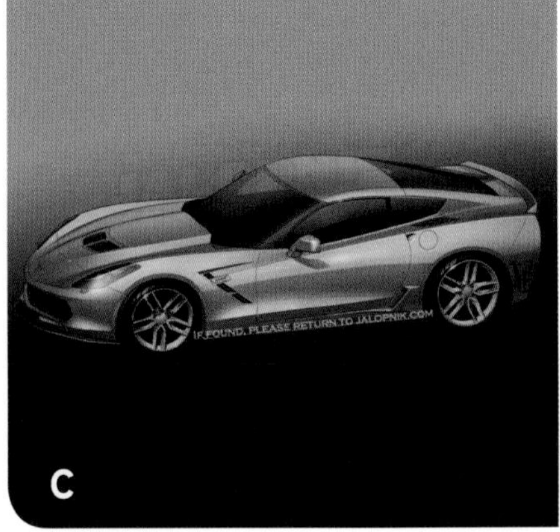

GALERIE

A La nouvelle Corvette reçoit pour la première fois une boîte manuelle à 7 rapports, utilisant un double disque d'embrayage pour des changements de rapports plus efficaces. Cette boîte accepte également un dispositif appelé *Active Rev Matching* qui effectue automatiquement la double rétrogradation en faisant grimper le régime moteur.

B Le châssis tout en aluminium de la Corvette se veut plus rigide et plus léger. On y a attaché des éléments comme une suspension *Magnetic Ride* de troisième génération, une direction à assistance électrique et un différentiel à glissement limité électronique.

C Ce que vous voyez là, c'est le dessin de la nouvelle Corvette Stingray 2014. Rien d'extraordinaire, dites-vous. Détrompez-vous! Il a été réalisé plusieurs mois avant le dévoilement officiel de la C7 par un artiste du site Internet Jalopnik à partir des informations qu'un « espion » lui a communiquées. Or, maintenant qu'on peut voir la version officielle, on peut constater à quel point l'informateur et l'artiste ont fait du bon boulot !

D De série, la nouvelle Corvette chausse des roues de 18 pouces à l'avant et de 19 pouces à l'arrière. En optant pour l'ensemble de performance Z51, les roues passent à 19 pouces à l'avant et à 20 pouces à l'arrière.

E Révisé en l'honneur de la C7, le V8 de 6,2 litres intègre désormais le calage variable des soupapes, l'injection directe de carburant et la désactivation des cylindres. Il développe 450 chevaux, soit 20 de plus que le moteur de la version de base de 2013.

HISTORIQUE

Vous retrouvez dans l'édition 2013 de *L'Annuel de l'automobile* un dossier de sept pages relatant les 60 ans de la Corvette. Je vous invite à le consulter parce que ce n'est pas avec une centaine de mots qu'on peut résumer la longue épopée de cette voiture mythique. Essayons quand même ceci: née en 1953, la Corvette a célébré une nouvelle ère dans le monde de l'automobile. La seconde - la Stingray - amorçait une nouvelle approche axée sur la performance. La troisième a traversé des heures de gloire et moins faciles comme la crise pétrolière pour achever sa carrière dans une période sombre de l'industrie. Quant aux modèles C4, C5 et C6, ils ont tous été sculptés selon la même philosophie: l'ultime sportive à l'américaine.

CORVETTE 1954

CORVETTE STINGRAY 1966

CORVETTE 1972

CORVETTE 1987

CORVETTE 2001

CORVETTE 2013

désactivation des cylindres, pour une meilleure consommation de carburant (oui, à bord d'une Corvette !). Cet engin fait équipe avec une boîte de vitesses automatique à 6 rapports avec leviers de sélection au volant (rien de bien impressionnant jusqu'ici), ou encore avec une toute nouvelle boîte manuelle à 7 rapports (là, c'est mieux), utilisant un double disque d'embrayage pour des changements de rapports plus efficaces. En optant pour l'ensemble de performance Z51 (qui comprend notamment un différentiel à glissement limité et un circuit d'huile à carter sec), les rapports sont toutefois plus courts pour une conduite plus dynamique. Cette boîte reçoit également un dispositif appelé *Active Rev Matching*, qui effectue automatiquement la double rétrogradation en faisant grimper le régime moteur. Soyez toutefois sans crainte, ceux qui souhaitent effectuer euxmêmes cet amusant exercice pourront le faire en désactivant la fonction.

COMPORTEMENT > Personne de l'équipe de *L'Annuel de l'automobile* n'a évidemment pu mettre la voiture à l'essai au moment d'écrire ces lignes puisque le modèle de production ne sera offert qu'au cours de l'été. D'ailleurs, hormis les ingénieurs qui ont veillé à la conception de la C7, je ne connais pas âme qui l'ait déjà conduite. Personne en tout cas qui s'en serait vanté en publiant quelque chose, sous peine sans doute d'être poursuivi par GM, le FBI et le nouveau pape. Toutefois, on peut très certainement comprendre par la longue liste d'innovations techniques que Chevrolet n'a pas fait les choses à moitié. Châssis tout en aluminium, capot et panneau de toit en fibre de carbone, suspension entièrement révisée avec composants en aluminium, système *Magnetic Ride* de troisième génération, direction à assistance électrique et différentiel à glissement limité électronique sont au nombre des caractéristiques qui laissent présager des performances routières véritablement incroyables. Il faut aussi mentionner que la Corvette propose des freins Brembo à disques ventilés et rainurés, accompagnés d'un étrier fixe à 4 pistons. Chevrolet affirme avoir amélioré les distances de freinage de 5 %, alors que les distances précédentes étaient déjà époustouflantes.

La Corvette, c'est aussi une voiture se voulant plus confortable et plus équilibrée que par le passé. Les gens de GM ne vous le diront pas, mais la clientèle visée est en grande partie composée de jeunes retraités qui ont toujours rêvé d'une Corvette et qui peuvent enfin se l'offrir. Naturellement, cette clientèle a soif de performances mais aussi d'agilité, de maniabilité et de confort. On ne veut pas d'une voiture trop capricieuse ou trop pointue. Et mon petit doigt me dit que la C7, dont la répartition du poids est, soit dit en passant, parfaite (50/50), sera drôlement plus facile à manœuvrer que sa devancière.

CONCLUSION > La nouvelle Corvette arrive à grand pas, et qu'importe la qualité du produit, il est certain que les amateurs se battront aux portes des concessionnaires (si ce n'est déjà fait) pour mettre la main sur l'un des tout premiers exemplaires. Ceci dit, pour avoir contemplé la voiture avec attention lors de sa présentation à Detroit, je peux vous affirmer que l'acheteur ne pourra pas être déçu. Peut-être que le prix sera plus salé, et qu'elle se sera un brin embourgeoisée. Mais les performances seront au rendez-vous, tout comme la qualité. Et si vous en doutez, pourquoi alors ne pas mettre la main sur l'une des dernières Corvette 2013 en inventaire. Vous pourriez, par exemple, obtenir un modèle Grand Sport à prix d'aubaine, et vous seriez assuré de la qualité sans craindre de découvrir des vices cachés de conception. Parce qu'on ne peut se le cacher, un nouveau produit GM qui arrive sur le marché est rarement privé de quelques petites tares de jeunesse. Mais, là aussi, le constructeur pourrait nous surprendre, l'importance de la nouvelle Corvette ayant sans doute commandé qu'on refasse dix fois ses devoirs avant de le montrer à l'examinateur final : nous, les consommateurs ! ■

CHRYSLER

Depuis la faillite de 2008, on ne peut pas dire que le groupe Chrysler soit resté inactif. La division Jeep est à nouveau rentable, Dodge a reçu un peu d'aide de la part de modèles renouvelés, Ram est devenue une nouvelle division orientée vers le travail, tandis que, dans le cas de Fiat, il est encore trop tôt pour se prononcer même si l'injection prochaine de nouveaux véhicules devrait grandement aider. Mais qu'en est-il de Chrysler ? Oui, il est vrai que la berline 200 a subi une refonte de mi-parcours – l'ancienne s'appelait Sebring – et que la fourgonnette Town&Country a subi le même sort. Quant à la 300, elle a été revue de fond en comble tout en conservant sa silhouette unique. Mais, dans le fond, on ne peut pas parler d'une revitalisation complète de la marque. Heureusement, Chrysler annonce qu'elle présentera enfin de nouveaux modèles au cours des prochaines années.

200

S'il est vrai que la 200 constitue une grande (et bonne) amélioration par rapport à l'ancienne Sebring, force est d'admettre qu'elle accuse un certain retard face à la concurrence. La refonte prévue pour l'année modèle 2015 (commercialisation en 2014) lui fera le plus grand bien. Personne ne sait à quoi s'attendre pour le moment, même si le styliste en chef de Chrysler, Ralph Gilles, a affirmé que cette future berline ne dictera rien de moins que le nouveau langage visuel de la marque pour les années à venir. Chose certaine, la 200 2015 aura intérêt à être concurrentielle puisque sa cousine de plateforme, la Dodge Avenger, sera abandonnée après cette génération. Vivement 2014 !

À VENIR...

La dernière fois que Chrysler a utilisé cette appellation, c'était dans les années 80, alors que Mitsubishi était partenaire du constructeur américain. En effet, vous souvenez-vous de la Colt 100 ? Consciente de son absence dans le segment des véhicules compacts de luxe, Chrysler introduira vraisemblablement la nouvelle 100 cette année comme modèle 2014. Chrysler ne cherchera pas à réinventer la roue puisque la plateforme utilisée pour cette version à 5 portes sera la même que celle de la Dodge Dart. En fait, les photos espionnes qui circulent sur le Web montrent une Alfa Romeo Giulietta avec un museau remodelé. Il sera intéressant de voir si Chrysler se sentira obligé de présenter une version berline de cette voiture, cette configuration étant plutôt populaire en Amérique du Nord. Il faut s'attendre à revoir au moins l'une des mécaniques utilisées dans la Dart, tandis que l'habitacle devrait être plus cossu que celui de la petite Dodge.

100

Heureusement pour Chrysler, la 300 est encore une voiture désirable. Son design de voiture de gangster lui vaut une notoriété méritée et constitue le principal argument d'achat. Impossible de rouler incognito au volant d'une pareille berline ! La refonte de 2011 a peaufiné la carrosserie, qu'il s'agisse d'un modèle de base ou de la très méchante version SRT8, tandis que l'habitacle n'est plus la risée du segment comme c'était le cas avec l'ancienne génération. À long terme, il ne serait pas surprenant que le constructeur installe sa boîte de vitesses automatique à 8 rapports sur tous ses modèles, cette dernière n'étant offerte que sur la version à moteur V6 pour l'instant. De plus, 2014 sera un moment propice pour introduire plus d'équipement à bord de cette berline-phare, comme la deuxième génération du système UConnect, des sièges plus confortables et, même, un volant plus agréable à prendre en main.

300

Les mauvaises langues pestent contre les fourgonnettes à cause de leur comportement moins inspirant sur la route, mais également à cause de leur allure trop effacée. Pourtant, il n'existe pas de véhicule avec un meilleur rapport prix/utilité. Avec tout l'espace et les solutions de rangement que ces véhicules proposent, il est tout à fait normal que les familles nombreuses s'y intéressent. C'est donc en leur honneur que la Town&Country poursuit son bonhomme de chemin en 2013, contrairement aux rumeurs qui l'expédiaient à la retraite pas plus tard que cette année. Ce qui est certain, en revanche, c'est que la Dodge Grand Caravan poursuivra sa carrière au Canada, tandis que la Town&Country, elle, demeurera aux États-Unis.

TOWN & COUNTRY

DODGE

Depuis 2010, alors que Chrysler remaniait ses filiales à la suite de la prise en main par Fiat, la division Dodge a perdu ses camionnettes RAM, qui se sont vu attribuer leur propre équipe, histoire de mieux souligner leur vocation commerciale - quoique, de nos jours, avec les finitions luxueuses dont on peut désormais équiper ces camionnettes, la frontière entre le commercial et le royal en prend pour son rhume ! Bref, Dodge s'est vu confier les multisegments, de même que les fourgonnettes et les voitures à saveur plus sportive ou d'entrée de gamme de Chrysler. Nonobstant la toute récente Dart, Dodge devrait donc profiter des prochaines années pour actualiser sa gamme.

CHALLENGER

Les ventes de la rétro-moderne Challenger ont souffert au cours des deux dernières années. À cause de la montée du prix à la pompe, le *muscle car* attire moins les *bébé-boumeurs* nostalgiques, malgré le fait, selon plusieurs, que la Challenger soit la plus réussie des réincarnations de l'auto des années soixante-dix. On nous promet un rajeunissement de l'habitacle dès l'an prochain.

AVENGER

Apparue en 2007, l'Avenger a reçu un rafraîchissement à la fois de sa robe et de sa mécanique en 2011. Un modèle d'entrée de gamme à moins de 17 000 $ avait alors été introduit, ce qui a fait grimper les ventes de presque 34 %. Avec la venue imminente d'une nouvelle Chrysler 200, qui serait élaborée à partir de la plateforme CUSW de la nouvelle Alfa Romeo Giulia, on annonce la fin de l'Avenger. Cela laisserait la 200 fin seule parmi les intermédiaires du groupe américain. D'ici là, l'Avenger continuera d'être appréciée des entreprises de location et de ceux qui recherchent une berline de format médian à prix abordable.

La Charger, cette propulsion pleine grandeur, a eu droit, elle aussi, à un dépoussiérage en 2011. Avec son V6 de 300 chevaux ou ses tonitruants V8 de 370 et de 465 chevaux, les performances sont au rendez-vous. Difficile de trouver meilleur rapport prix/performance/confort/volume utile. Le prix à payer ? Les visites fréquentes chez votre pompiste préféré...

CHARGER

JOURNEY

La présence de Chrysler dans le segment des VUS compacts s'est grandement améliorée en 2011 et n'a plus à souffrir de complexes d'infériorité face aux impressionnants concurrents que sont les Honda CR-V et Toyota RAV4. Si son 4-cylindres n'a pas le raffinement de la concurrence, le Journey permet en revanche le choix d'un V6 qui vient satisfaire les plus exigeants. Sa gamme en couvre assez large pour affecter aussi les ambitions de Hyundai et de Kia. Avec la disparition de presque tous les modèles de familiales du marché, le Journey offre un format pratique pour les petites familles. On n'attend pas de remplaçant avant 2015 et il serait alors développé sur la plateforme qui servira aussi à la Chrysler 200 et au Jeep Patriot.

DURANGO

Le Durango est l'offre de Dodge dans le créneau des gros multisegments. Avec ses trois motorisations au catalogue, soit un V6 et deux V8 respectivement de 295 et de 360 chevaux, il faut s'attendre à une consommation plutôt élevée, mais ce camion saura vous transporter en douceur tout en vous permettant de tracter des charges de 3200 kilos, ce qui n'est pas rien. On s'attend à des retouches esthétiques pour 2014.

DART

La petite nouvelle du quartier qui prend la place de la Caliber, dont on ne s'ennuiera d'ailleurs pas, nous est arrivée fraîchement conçue à partir de la plateforme de l'Alfa Romeo Giulietta empruntée à l'empire Fiat. Cette compacte semble bien née. Elle est encore trop nouvelle sur le marché pour évaluer l'accueil que le public lui a réservé et qu'il continuera à lui décerner. Dodge n'offre plus de variante à hayon mais ça, c'est le marché étatsunien qui le dicte. Plutôt spacieuse pour le segment des compactes, la Dart en séduit certainement plus d'un grâce à son équipement complet et à sa tenue route qui a su tirer les leçons qui s'imposaient de sa cousine européenne. Chrysler développerait une version SRT4 de la Dart pour 2014 qui glisserait 300 chevaux sous le pied droit. La chasse aux Subaru WRX et Focus ST est ouverte !

GRAND CARAVAN

L'Autobeaucoup de jadis (les gens, hum, matures comprendront...) a non seulement gagné en volume depuis sa naissance en 1984, mais aussi en sophistication. L'ensemble des fourgonnettes de Chrysler a représenté le quatrième plus fort contingent de ventes au Canada en 2012, derrière la Série F de Ford, les camionnettes RAM et la Honda Civic. Malgré tout, le secteur des multisegments gagne du terrain sur les fourgonnettes. Une situation que GM et Ford avaient sans doute prévue puisqu'ils ont abandonné le créneau pour se concentrer sur ses croisements entre familiales et fourgonnettes que sont les multisegments. Côté espace habitable et polyvalence, par contre, il ne se fait rien de mieux que cette Grand Caravan, surtout à un prix bien en deçà de celui de ses rivales chez Honda et Toyota. Lors de la prise de contrôle par Fiat, Chrysler a parlé d'abandonner la Grand Caravan et de ne conserver que son pendant plus luxueux, la Chrysler Town&Country mais, cette année encore, les deux modèles ont pignon sur rue. En fait, on jase même maintenant de la stratégie inverse, soit retirer la T&C et préparer une nouvelle génération de Grand Caravan à temps pour 2015.

FERRARI

www.ferrari.com

Beaucoup d'action chez Ferrari, qui est une filiale du groupe italien Fiat, lequel est aussi propriétaire de Chrysler, de Maserati et d'Alfa Romeo. Comme tous les grands constructeurs de ce monde, les cerveaux de chacune des divisions doivent mettre l'épaule à la roue pour développer des idées qui serviront les intérêts de tous les membres de la famille. Ainsi Ferrari développe, depuis un certain temps déjà, des moteurs biturbo avec l'aide de Maserati. Un V6 turbo de 410 chevaux a déjà été présenté dans la prochaine génération de Maserati Quattroporte, et Ferrari aura, elle aussi, dès l'an prochain, des bolides desservis par des V8 biturbo.

F150

C'est encore le nom qu'on donne à la remplaçante de l'Enzo, ou l'Enzo II comme certains l'ont baptisée, mais Ford n'est pas d'accord, bien entendu, étant donné la popularité de sa camionnette que tout le monde connaît. Des vidéos d'un modèle camouflé sur le circuit de Fiorano ont donné un avant-goût de la bête. On sait que le châssis sera en fibre de carbone, fabriqué à la main comme en F1. Il y aura un V12 avec système KERS en position centrale. Les rumeurs vont de 800 à 900 chevaux pour un poids total d'environ 1 100 kilos, ce qui établirait un nouveau record de rapport poids-puissance pour la catégorie avec 1,2 kilo par unité de puissance. Ce modèle est attendu l'an prochain.

F12

La plus récente berlinette de la famille détient pour le moment le record de puissance de la marque avec son V12 de 6,3 litres de 740 chevaux. Si la version coupé toute neuve ne change pas pour 2013, les rumeurs amènent une version décapotable dès 2014 pour profiter de cette symphonie mécanique à ciel ouvert.

CALIFORNIA

Même si cette voiture n'a que trois ans, elle est, dans les faits, la plus vieille Ferrari sur nos routes... La célèbre maison a ajouté cette année 30 chevaux au V8 pour porter la puissance totale à 460 chevaux, et en a profité au passage pour lui retrancher 30 kilos. C'est plus que suffisant, mais pas encore assez quand on compare avec les 570 chevaux qui honorent la 458, les 660 de la FF ou les 740 de la F12. Ferrari a donc l'intention de changer le moteur pour 2014 en faveur d'un V8 de 3,8 litres biturbo (celui développé en collaboration avec Maserati dont nous parlions dans l'introduction), ce qui porterait la puissance à environ 550 chevaux. C'est sûr, vous vous décoifferez encore plus rapidement. Il ne faudrait pas s'étonner non plus de voir un V6 biturbo dans un avenir à moyen terme.

458

Fidèle à sa tradition sur les circuits de course, la firme de Maranello compte ajouter pour 2014 une 458 Scuderia aux modèles Coupé et Spyder. En plus de se distinguer par des lignes plus dynamiques, elle traînera 100 kilos de moins que le coupé grâce à un intérieur plus dépouillé. Aucune confirmation précise n'a encore filtré sur la mécanique. Les rumeurs hésitent entre un V10 et un V12, mais, une chose est certaine, il y aura plus de 570 chevaux, question de respecter la tradition.

www.fiatcanada.com

Il faut croire que le mot commence à circuler : la marque Fiat est bel et bien de retour en Amérique. Si l'on se fie aux ventes canadiennes de 2012, la division italienne a connu un regain de popularité l'an dernier. Toutefois, la marque au scorpion (du moins dans une coquine pub) n'est pas encore au bout de ses peines, sa présence en sol nord-américain étant trop récente. D'ailleurs, Fiat mise beaucoup sur le marché des États-Unis pour petit à petit triompher. Notre propre marché regorge d'amateurs de ces produits exotiques à l'italienne, mais ce n'est pas avec 8 000 ventes annuelles qu'un constructeur remplit dignement ses coffres…

500

La plus petite voiture distribuée par le tandem Chrysler-Fiat en Amérique est la lilliputienne 500. Plus minuscule qu'une sous-compacte et à peine plus logeable qu'une microvoiture, la 500 se vend surtout à cause de son allure typiquement italienne. La position de conduite est médiocre (même au volant de l'Abarth plus musclée), tandis que l'espace à bord n'est acceptable qu'aux places avant. Quant à l'édition Abarth, qui se veut d'apparence plus dynamique à l'extérieur, oui, elle est adorable à regarder, mais elle ne livre pas tout à fait la marchandise au chapitre de performances. Il y a aussi la Fiat 500 Turbo, une version de compromis, qui risque d'être plus intéressante que la 500 de base, tandis que le consommateur peut également opter pour une 500c, le « c » signifiant ici cabriolet.

500X

En ce qui concerne cet autre multisegment, montré par erreur pendant une présentation de la 500L, il est encore trop tôt pour savoir s'il s'agit d'un projet qui verra le jour ou pas. Si cette image qui circule sur le Web est authentique, Fiat serait en train de préparer un rival direct au Nissan Juke, le « X » dans le patronyme signifiant que le véhicule aurait droit à une transmission intégrale. Le 500X sera-t-il destiné à une commercialisation nord-américaine ? Là, notre boule de cristal s'embrouille. La patience est donc de mise.

500L

Fiat a enfin un deuxième modèle à offrir à ses amateurs, une familiale. Elle ne dégage peut-être pas le charme urbain de la petite 500, mais la version L promène néanmoins une plaisante silhouette. Ce compact multisegment est basé sur la plateforme de la Fiat Panda, un petit véhicule qui connaît passablement de succès en Europe. L'autre bonne nouvelle concernant la 500L se trouve sous le capot. En effet, c'est le 4 cylindres MultiAir déjà utilisé dans la 500 Abarth qui reprend du service dans ce cas-ci. Avec 160 chevaux, un couple de 184 livres-pieds et le choix de deux boîtes de vitesses à 6 rapports (une manuelle et une automatique à double embrayage), le consommateur dispose quand même d'un attirail mécanique attrayant.

FORD

Ford poursuit son offensive sur tous les fronts et récolte les fruits qu'elle sème, comme le prouve son titre de meilleur vendeur au Canada en 2012. Les produits importés d'Europe connaissent beaucoup de succès, et la firme de Dearborn entend continuer dans ce sens au cours des prochaines années. Ford semble avoir mis derrière elle les craintes reliées à l'économie mondiale et va de l'avant en tentant d'imposer sa vision d'une nouvelle mode automobile, à l'image des nouveaux C-MAX, Transit et Fusion, pour ne nommer que ceux-là. Les données d'un rapport de Ford sur les tendances mondiales suggèrent que l'année 2013 sera marquée par l'ouverture d'esprit et l'optimisme plutôt que par la méfiance et les déceptions. En conséquence, par ici les nouveaux modèles !

FUSION

La star du Salon de Detroit 2012 s'annonce comme le fer de lance des nouvelles technologies que Ford compte implanter dans ses véhicules. Au-delà du modèle à essence et de la version hybride et hybride rechargeable, Ford développe une série de nouvelles aides à la conduite qui verront le jour dans la Fusion avant de se répandre dans d'autres modèles de la marque à l'ovale bleu. Le constructeur souhaite ainsi accroître le statut de certaines automobiles pour combler le vide créé par le départ de Mercury. Ford a aussi annoncé qu'elle prépare pour la Fusion une future génération de moteurs V6 EcoBoost de plus petite cylindrée. Ainsi, pour l'année modèle 2014 ou 2015, il y aurait un V6 de 2,5 litres sous le capot de la Ford et une variante de 2,7 litres chez sa jumelle, la MKZ de Lincoln. **Lisez notre essai complet à la page 94.**

C-MAX

L'arrivée du C-MAX en 2013 marque une première chez Ford en Amérique du Nord, soit la commercialisation d'un modèle qui n'est offert qu'en configuration hybride. En fait, vous avez le choix entre une version hybride qui est déjà en concession, et un C-MAX hybride enfichable (Energi) qui arrivera au troisième trimestre de cette année chez les concessionnaires. Sous le capot réside un moteur à 4 cylindres de 2 litres à cycle Atkinson qui anime en partie les modèles C-MAX. La version Energi permettra une autonomie à 100 % électrique de 32 kilomètres et plus de 900 kilomètres en conduite combinée électricité/essence. **Lisez notre essai complet à la page 90.**

SÉRIE F

Il semble que Ford nous amène quelque chose de nouveau pour la F-150 à chaque année. Bon, d'accord, les changements seront minimes en 2013, mais Ford planche fort sur un tout nouveau modèle 2015, lequel sera sans doute dévoilé au Salon de Detroit en janvier 2014. Ceux qui ont admiré le concept Atlas à ce même salon en début d'année ont déjà une bonne idée des lignes de la camionnette F-150 de prochaine génération. Un faciès encore plus provocant, des volets qui se referment sur la calandre pour économiser plus de carburant, des marchepieds rétractables et un moteur EcoBoost encore plus économique figurent au programme. Ford fera tout en son pouvoir pour conserver le haut du pavé dans ce marché qu'elle domine depuis plus de 45 ans.

Pour l'année à venir, l'Explorer recevra uniquement de légères retouches à la carrosserie. Ford lance également l'idée d'amener une version plus musclée avec un V6 biturbo de 3,5 litres offert en option. Les autres moteurs proposés feront l'objet de quelques mises à jour qui leur feront gagner des chevaux supplémentaires. Ford a reçu plusieurs commentaires à propos du manque de punch des V6. Ce qui a fait naître les rumeurs du moteur biturbo. Une mécanique qui pourrait servir aux corps policiers qui auront accès à un Explorer construit spécialement pour eux d'ici la fin de l'année. L'intérieur de l'utilitaire, lui, demeurera identique.

EXPLORER

FLEX

L'avenir du Flex est incertain. Ce drôle de véhicule familial n'a pas connu le succès que Ford souhaitait et, pour cette raison, il a été un peu négligé au profit d'autres produits qui ont mieux performé. En fait, Ford fait face à deux choix quant à l'avenir du Flex. Soit elle choisit de le conserver comme modèle à faible diffusion, quitte à en ralentir le rythme de production, soit elle gratifie le Flex d'une refonte complète pour lui donner une véritable seconde chance. Aucune décision n'a encore été prise. D'ici là, chose certaine, le statu quo prévaudra cette année.

Plusieurs se demandent si l'Expedition n'est pas voué au même sort que l'Excursion. Sauf que si les ventes sont au ralenti chez nous, elles continuent d'aligner des chiffres intéressants aux États-Unis, ce qui serait une raison suffisante pour le maintenir en vie. Naturellement, avec des V8 comme seules motorisations, il est difficile pour l'Expedition de se montrer sous un jour vert. C'est pourquoi Ford a annoncé pour l'année modèle 2014 l'arrivée du moteur V6 EcoBoost qui s'échine déjà sous le capot de la camionnette F-150.

EXPEDITION

FIESTA

Depuis peu, la Fiesta armée d'un 3 cylindres EcoBoost a fait son entrée chez les concessionnaires. Avec 123 chevaux et une consommation exemplaire, il s'agit de la plus intéressante offre à ce jour pour ce modèle. Mais il y aura plus. Ford, en effet, prépare quelques retouches esthétiques pour la Fiesta en 2014, notamment en l'affublant d'une calandre similaire à celle de la Fusion. Le 3 cylindres prendra la place du 4 cylindres moins puissant et plus gourmand, alors qu'une version ST de la Fiesta avec un 4 cylindres turbo de 1,6 litre et 180 chevaux viendra compléter la gamme.

FOCUS

Après l'arrivée de la récente Focus EV à 100 % électrique, Ford positionnera d'ici l'été une Focus à l'autre extrémité du spectre, c'est-à-dire une ST dotée d'un moteur de 2 litres EcoBoost de 250 chevaux. Plusieurs la surnomment déjà la GTI américaine. Rapide, puissante et coulée dans un format passe-partout, ce bolide est populaire avant même ses premiers tours de roues. Pour les autres membres de la famille, pas de gros changements au menu d'ici 2015, si ce n'est quelques gouttes de carburant en moins dans les chiffres de consommation annoncés.

TRANSIT CONNECT

Le modèle qui nous tient compagnie depuis quelques années fera peau neuve d'ici la fin de l'année 2013. Le Transit Connect que nous conduisons actuellement (depuis 2002 en Europe) est fabriqué en Turquie. La prochaine génération promet d'effectuer un prodigieux bond en avant, tant au chapitre du style que de la finition intérieure, qui est plutôt minimaliste en ce moment. Il y aura toujours une version fourgon proposée avec deux longueurs d'empattement et deux déclinaisons, soit XL et XLT. Il en ira de même pour la version à passagers, le Transit Connect Wagon, à cinq ou à sept places. Mécaniquement, il proposera un duo de 4 cylindres, l'un de 2,5 litres, l'autre de 1,6 litre EcoBoost. Une boîte de vitesses automatique à 6 rapports sera la seule offerte. D'allure moderne, doté de tous les dispositifs de connectivités propres à Ford, tels Sync et MyFord Touch, le futur TC continuera d'être une alternative intéressante aux fourgonnettes pleine grandeur.

MUSTANG

L'année 2014 sera celle des 50 ans de la Mustang, et les rumeurs les plus folles circulent sur Internet et dans toutes les publications automobiles de l'Amérique du Nord. Certaines évoquent un modèle d'entrée de gamme muni d'un 4 cylindres EcoBoost (le même que la Focus ST); d'autres encore parlent de V6 et de V8 turbocompressés. Une chose est sûre, le modèle 2014 sera tout neuf, tout beau et risque de ressembler beaucoup au concept Evos présenté au Salon de Detroit. Ils sont aussi nombreux, les clairvoyants, à prédire que Ford se décidera enfin à gratifier l'étalon d'une suspension à roues indépendantes à l'arrière pour en faire une sportive réellement moderne. J'ai personnellement encore mes doutes là-dessus, mais il faut avouer que le moment serait bien choisi. Nous en saurons davantage dans quelques mois.

ESCAPE

Pas de gros changements à l'horizon pour ce modèle récemment renouvelé qui tient toujours la vedette dans les salles d'exposition, bien que le constructeur de Dearborn travaille très fort à régler les problèmes chroniques du moteur de 1,6 litre EcoBoost qui ont plombé une partie des ventes depuis le fin de l'année 2012.

Ce camion de transport commercial tant attendu depuis des années se pointera finalement sur nos routes en 2014. Déjà bien implanté en Europe depuis des années, le Transit s'en vient donner du fil à retordre au champion des fourgons modernes, j'ai nommé le Sprinter de Mercedes-Benz. Fidèle à la façon de faire de Ford, le Transit offrira un choix de trois moteurs : deux V6 à essence et un V6 Diesel de 3,2 litres. Sans oublier les nombreuses longueurs et configurations offertes. Bref, on parle ici d'une alternative à la vénérable Série E qui sera au goût du jour et, souhaitons-le, pas trop chère.

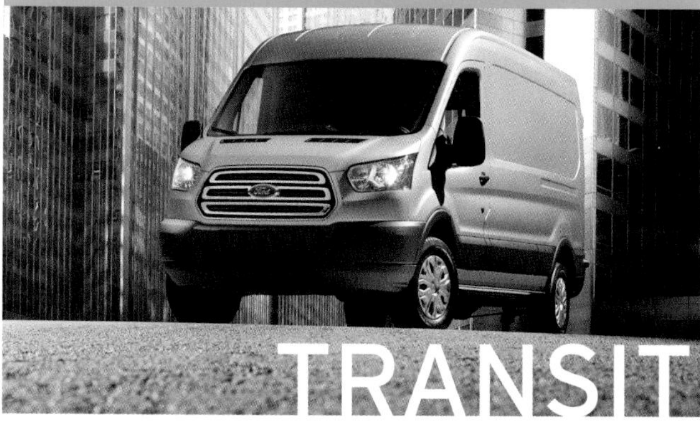

TRANSIT

EDGE

Ce multisegment s'est fait voler les feux de la rampe par les nouveaux venus de la famille au cours des dernières années. Les Fiesta, Focus, Fusion, C-MAX et autres F-150 ont laissé peu de place à l'Edge qui, néanmoins, continue à bien se défendre au point de vue des ventes. En plus, Ford lui réserve de beaux projets pour 2015. L'Edge sera alors complètement transformé. Il empruntera pour sa prochaine génération la plateforme de la Fusion ainsi qu'une sélection de ses moteurs. Le fabricant n'a pas encore précisé lesquels, mais on devine déjà que le 2 litres EcoBoost de la présente génération de l'Edge continuera à rendre ses précieux services.

TAURUS

Voici la version automobile de l'homme invisible! La Taurus est victime de son insuccès et des projecteurs qui sont en ce moment braqués sur la Fusion. Son intérieur trop petit pour le format qu'elle balade a déçu plusieurs acheteurs potentiels, qui se sont alors tournés vers la Fusion. Pour 2013, ce modèle fraîchement renouvelé ne subira aucun changement notable, ni même pour 2014. Puisque Ford prévoit mettre sur le marché une version allongée de la plateforme de la Fusion, elle l'utiliserait pour amener sur la route une Taurus plus longue et plus spacieuse en 2015. Un peu comme Toyota vient de faire avec l'Avalon qui repose sur un châssis allongé de la Camry.

FICHE D'IDENTITÉ

VERSIONS Hybride SE, Hybride SEL, Energi
TRANSMISSION(S) avant
PORTIÈRES 5 **PLACES** 5
PREMIÈRE GÉNÉRATION 2013
GÉNÉRATION ACTUELLE 2013
CONSTRUCTION Wayne, Michigan, É-U
COUSSINS GONFLABLES 7 (frontaux, latéraux avant, rideaux latéraux, genoux conducteur)
CONCURRENCE Chevrolet Orlando, Kia Rondo, Mazda5, Subaru Forester, Toyota Prius v

AU QUOTIDIEN

PRIME D'ASSURANCE
25 ANS : nm
40 ANS : nm
60 ANS : nm
COLLISION FRONTALE nm
COLLISION LATÉRALE nm
VENTES DU MODÈLE DE L'AN DERNIER
AU QUÉBEC nd **AU CANADA** nm
DÉPRÉCIATION (%) nm
RAPPELS (2007 à 2012) nm
COTE DE FIABILITÉ nm

GARANTIES... ET PLUS

GARANTIE GÉNÉRALE 3 ans/60 000 km
GROUPE MOTOPROPULSEUR 5 ans/100 000 km
PERFORATION 5 ans/kilométrage illimité
COMPOSANTS Système hybride 8 ans/160 000 km
ASSISTANCE ROUTIÈRE 5 ans/100 000 km
NOMBRE DE CONCESSIONNAIRES
AU QUÉBEC 77 **AU CANADA** 437

NOUVEAUTÉS EN 2013.5

Nouveau modèle

LA COTE VERTE  MOTEUR L4 DE 2,0 L HYBRIDE, HYBRIDE ENFICHABLE

> **Consommation (100 km)** 4,1 L, 1,9 L (enfichable, cycle urbain)
> **Consommation annuelle** 820 L, 1189 $
> **Indice d'octane** 87 > **Émissions polluantes CO_2** 1886 kg/an
(SOURCE : ÉnerGuide, Ford (enfichable))

EN PLEIN DANS LE MILLE

Les familiales sont *out*, les fourgonnettes aussi. Le nouveau truc, c'est de proposer quelque chose à mi-chemin entre les deux, mais qui n'est ni un, ni l'autre. Il y a même un nom pour cela : véhicule multisegment. C'est la catégorie fourre-tout par excellence. Ford a choisi cette voie avec son nouveau C-MAX. Fraîchement débarqué chez nous, ce n'est pas une nouveauté à proprement parler puisqu'il est commercialisé sur le continent européen depuis dix ans. Il en est même à sa deuxième génération, le modèle actuel ayant fait ses débuts au troisième trimestre de 2010.

Philippe Laguë

CARROSSERIE > Sur le vieux continent, les choses sont plus claires : le C-MAX est clairement étiqueté comme un « monospace », c'est-à-dire une fourgonnette, au sens véritable du terme; chez nous, les fourgonnettes ont pris du volume au point où le préfixe « mini » ne s'applique plus. Le C-MAX ne vient donc pas jouer dans la cour des Dodge Grand Caravan, Honda Odyssey et Toyota Sienna; il se pose plutôt en rival de la Mazda5, mais aussi des Kia Rondo et Chevrolet Orlando.

Ajoutons à cette liste la Toyota Prius v, une autre familiale qui ne s'assume pas et préfère s'appeler multisegment. Le C-MAX est, en réalité, une version familiale de la Focus - à l'origine, il s'appelait même Focus C-MAX. La Mazda5 reprend elle aussi le même procédé : c'est une Mazda3 familiale, ou presque. Les dimensions du C-MAX se rapprochent d'ailleurs davantage de celles de la Mazda5 et de la Prius v. Le C-MAX est le plus compact des trois, mais paradoxalement, c'est aussi le plus lourd.

Juste le bon format • Habitacle spacieux, aéré, bonne visibilité
Finition, ergonomie et faible consommation
Consommation de sous-compacte • Conduite à l'européenne

Fermeté des sièges (SE) • Une seule motorisation
Grand rayon de braquage • Sera-t-il fiable ?

Continuons de comparer des pommes avec des pommes : la capacité de chargement du C-MAX est inférieure à celle de la Prius v mais supérieure à celle de la Mazda5. Côté prix, la Toyota et le Ford s'équivalent presque. Ils sont plus chers que la Mazda5 - une différence d'environ 5 000 $ - mais cette dernière n'a pas de motorisation hybride.

HABITACLE > L'habitabilité est l'une des principales qualités de ces monospaces compacts. Plus haut que la Focus, le C-MAX propose un environnement aéré, avec amplement de dégagement pour la tête et les jambes. Vos deux grands ados prendront place à l'arrière sans rechigner; ils seront même contents que vous ayez troqué la berline pour ce genre de véhicule.

Comme c'est la norme chez ce constructeur, la présentation intérieure est flatteuse, et l'assemblage, rigoureux. Les matériaux respirent la qualité, et l'inévitable plastique sait se faire discret. J'aime l'univers convivial des Ford et s'il m'a fallu du temps pour apprivoiser le système My FordTouch, il n'en demeure pas moins qu'il est beaucoup plus facile à utiliser que bien d'autres. J'aime aussi le tableau de bord avec un seul cadran analogique et des écrans d'information de chaque côté : limpide. L'ergonomie est d'ailleurs l'un des points forts de ce véhicule : tout est à la bonne place, facile à comprendre et à utiliser.

Le côté pratique étant au sommet de la liste des priorités des concepteurs de ce type de véhicule, on ne se surprend pas d'y trouver de nombreux espaces de rangement. Un bon mot aussi pour la boîte à gants à deux paliers. Logée dans le plancher, la batterie ne gruge pas trop d'espace dans le compartiment à bagages et, surtout, elle n'empêche pas le dossier des sièges arrière de se replier. Bon point. La capacité de chargement du C-MAX (694 litres) se situe entre celle de la Mazda5 (426 litres) et de la Prius v (971 litres). On retrouve aussi des espaces de rangement sous le plancher.

On achète ce type de véhicule pour son côté pratique mais aussi pour son confort. L'habitacle du C-MAX est spacieux et bien insonorisé, mais la relative fermeté des sièges ne plaira pas à tous. En revanche, beaucoup apprécieront l'assise haute qui contribue à l'excellente visibilité sous tous les angles.

MÉCANIQUE > À ce chapitre, le C-MAX propose un menu minceur : une seule motorisation, une seule boîte de vitesses, une seule transmission. Pas de version intégrale, donc, mais aucun de ses rivaux ne

MENTIONS

CLÉ D'OR — CHOIX VERT — COUP DE CŒUR — **RECOMMANDÉ**

VERDICT

PLAISIR AU VOLANT
QUALITÉ DE FINITION
CONSOMMATION
RAPPORT QUALITÉ / PRIX
VALEUR DE REVENTE nm
CONFORT

1 5 10

FICHE TECHNIQUE

+ MOTEUR (S)

(HYBRID, ENERGI) L4 2,0 L DACT cycle Atkinson + moteur électrique
PUISSANCE 141 ch. à 6 000 tr/min (puissance totale 188 ch.)
COUPLE 129 lb-pi à 4 000 tr/min
BOÎTE(S) DE VITESSES automatique à variation continue
PERFORMANCES 0 À 100 KM/H nm
VITESSE MAXIMALE 160 km/h

+ AUTRES COMPOSANTS

SÉCURITÉ ACTIVE Freins ABS, assistance au freinage, répartition électronique de la force de freinage, contrôle dynamique de la stabilité et antiretournement, antipatinage
SUSPENSION avant/arrière indépendante/semi indépendante
FREINS avant/arrière disques
DIRECTION à crémaillère assistée électriquement
PNEUS P225/50R17

+ DIMENSIONS

EMPATTEMENT 2 649 mm
LONGUEUR 4 409 mm
LARGEUR 1 920 mm, 2 085 mm incl. rétro.
HAUTEUR 1 623 mm
POIDS 1 670 kg
DIAMÈTRE DE BRAQUAGE 11,9 m
RÉSERVOIR DE CARBURANT 51 L **Energi** 53 L
COFFRE 694 L **ENERGI** 544 L

2e OPINION

Un peu plus spacieuse qu'une compacte, avec une ligne plus impersonnelle, intéressante au point de vue environnemental et par le fait même, peu coûteuse en carburant. Voilà en tous points une voiture dont la philosophie est similaire à celle de la Toyota Prius v. Aussi frugale (environ 4,5 à 5 litres aux 100 km), elle est également aussi peu inspirante, mais ô combien rationnelle dans son exécution. Et si l'on se fie au succès de la Prius, tout porte à croire que la C-MAX pourrait attirer une clientèle relativement nombreuse. Bien sûr, elle ne possède pas la notoriété de sa rivale japonaise, mais elle se veut en revanche légèrement plus agréable à conduire. Et contrairement à la Prius v, elle existe déjà en version enfichable!

Antoine Joubert

A

B

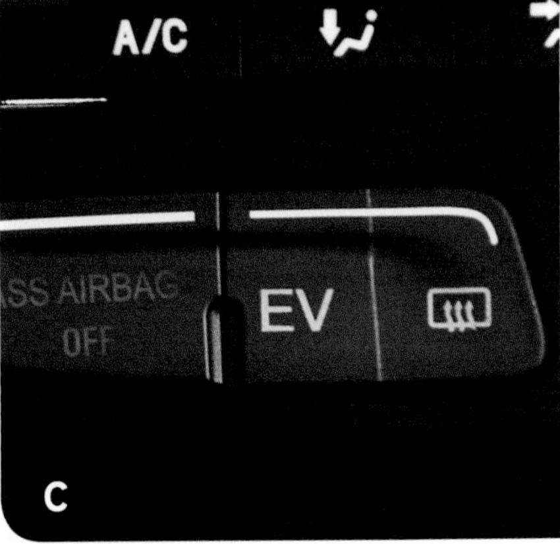

C

D

E

GALERIE

A Le C-MAX hybride offre des sièges en tissu de série et des sièges garnis de cuir en option, alors que le C-MAX Energi s'accompagne de série de baquets haut de gamme habillés de peaux.

B Le dessin de la calandre possède cette particularité d'avoir des volets actifs qui, fermés, améliorent l'aérodynamisme et permettent de faire monter en température plus rapidement tout en économisant du carburant.

C À l'aide d'un commutateur, le conducteur du C-MAX peut choisir entre trois modes. En *EV Auto*, l'ordinateur de bord choisit lui-même la source d'énergie (électrique, thermique ou les deux). En *EV Now*, le véhicule est propulsé uniquement par le moteur électrique. Enfin, en *EV Later (« plus tard »)*, le moteur à essence fonctionne pendant que l'auto garde en réserve la charge électrique.

D Le tableau de bord intelligent *SmartGauge* avec ÉcoGuide possède la fonction *MyView* qui permet de personnaliser les écrans. La jauge peut indiquer l'économie instantanée de carburant et son historique, l'odomètre, la température du système de refroidissement et plusieurs données sur le trajet. Conduisez écolo et voyez des feuilles pousser sur l'écran !

E Le C-MAX Énergi revendique une autonomie de 997 kilomètres quand essence et électricité coopèrent, dont 32 kilomètres sur le mode à 100 % électrique quand la batterie est complètement rechargée.

l'offrant, on ne lui en tiendra pas rigueur. Le châssis et le moteur sont ceux de la Focus, mais sa boîte à variation continue est une exclusivité. Permettez-moi de vous dire tout le bien que j'en pense, moi qui suis pourtant allergique : c'est une réussite du genre. Contrairement à la plupart des boîtes CVT, elle ne fait pas grogner (voire hurler) le moteur quand il faut accélérer avec un peu de vigueur ; en conduite normale, la différence avec une boîte automatique traditionnelle est à peine perceptible. Alors là, chapeau !

Menu minceur rime aussi avec menu santé. Le C-MAX est l'une des rares hybrides de ce segment, l'autre étant la Prius v. Son 4 cylindres de 2 litres fait équipe avec une batterie à lithium-ion, et cette combinaison génère 188 chevaux. Si vous êtes plutôt vert foncé, la version Energi vous comblera puisqu'il s'agit d'une hybride rechargeable, donc capable de rouler en mode à 100 % électrique. Vous pourrez ainsi rouler une quarantaine de kilomètres chaque jour sans consommer une goutte d'essence. Temps de recharge : 7 heures. Et comme c'est un hybride, vous ne tomberez pas en panne de courant non plus, le moteur thermique prenant le relais quand la batterie est vide.

On a fait tout un plat, l'hiver dernier, des cotes de consommation erronées de deux constructeurs (Hyundai et Ford). D'abord, précisons une chose : des données de constructeur conformes à la réalité, c'est aussi peu fréquent qu'un pape qui démissionne. Cela étant dit, Ford promettait une consommation moyenne de 6 litres aux 100 kilomètres; les essayeurs du réputé magazine *Consumer Reports* ont plutôt obtenu 7,2 litres, soit exactement le même résultat obtenu par l'auteur de ces lignes. Dans la catégorie des compactes, seule la Prius v fait mieux. Et n'oublions pas que le C-MAX est plus lourd.

COMPORTEMENT > Le C-MAX trahit ses origines européennes et, à mon avis, c'est très bien ainsi. Ceux qui croient que monospace rime avec ennui devront revoir leur perception : le C-MAX fait preuve d'un bel aplomb. Seule la Mazda5 peut rivaliser avec lui à ce chapitre. Par ailleurs, la Mazda5 a plus de nerf, son moteur est plus vif, tant à l'accélération que lors des reprises. En revanche, le C-MAX consomme moins. Il faudra y aller selon vos priorités. Attention, le C-MAX n'est pas un veau pour autant : ses performances sont tout à fait correctes.

Sa conduite dynamique est rehaussée par une direction précise et bien dosée; on lui reprochera cependant son grand rayon de braquage. Rien d'étonnant : la Focus a le même vice. Le C-MAX brille aussi par sa douceur de roulement, même chaussé de pneus d'hiver.

CONCLUSION > Disons-le sans détour : le C-MAX est une réussite sur toute la ligne. Moins encombrant (et moins énergivore) que les Grand Caravan, Odyssey et Sienna, il est aussi pratique et ressemble davantage à une automobile, ce qui plaira à ceux et à celles qui ne peuvent s'imaginer au volant d'une fourgonnette. Malgré sa vocation familiale, l'agrément de conduite n'a pas été sacrifié, et le degré de confort se compare à celui d'une berline intermédiaire. Par ailleurs, sa motorisation hybride est à la fine pointe de la technologie et devance même Toyota. Reste la grande question de la fiabilité : la Focus actuelle a connu quelques pépins à ce chapitre, et le C-MAX en est directement issu. Seul le temps répondra à cette question. ■

HISTORIQUE

Avant de de présenter comme modèle de production au Salon de Genève, en mars 2003, Ford avait exhibé un prototype en 2002, le C-MAX Concept. Le multisegment a été le premier à utiliser la plateforme C1 qui servira aussi de base à la Focus. D'ailleurs, au départ, le C-MAX portait le nom de Focus C-MAX étant donné qu'il partageait de si nombreuses pièces avec la Focus. En mars 2007, en même temps que sa refonte, le véhicule est devenu le C-MAX, flanqué d'un nouveau prototype baptisé Iosis C-MAX. La 2e génération a été présentée au Salon de Francfort de 2009 et commercialisée au 3e trimestre de 2010. C'est cette 2e génération qui arrive chez nous sous les traits d'une hybride et d'une hybride rechargeable. Les Européens profitent en plus de versions à essence et Diesel.

FORD C-MAX CONCEPT 2002

FORD FOCUS C-MAX 2003

FORD IOSIS C-MAX CONCEPT 2007

FORD IOSIS CONCEPT 2007

FORD C-MAX 2010

FORD C-MAX 2013

LA COTE VERTE

MOTEUR L4 DE 2,0 L HYBRIDE

- **Consommation (100 km)** 4,1 L
- **Consommation annuelle** 820 L, 1189 $
- **Indice d'octane** 87 > **Émissions polluantes CO_2** 1886 kg/an

(SOURCE: ÉnerGuide)

FICHE D'IDENTITÉ

VERSIONS S, SE 2RM/4RM, Titanium 4RM, Hybride, Energi
TRANSMISSION(S) avant, 4
PORTIÈRES 4 **PLACES** 5
PREMIÈRE GÉNÉRATION 2006
GÉNÉRATION ACTUELLE 2013
CONSTRUCTION Hermosillo, Mexique, Flat Rock, Michigan, É-U
COUSSINS GONFLABLES 8 (frontaux, latéraux avant, genoux, rideaux latéraux)
CONCURRENCE Chevrolet Malibu, Chrysler 200, Dodge Avenger, Honda Accord, Hyundai Sonata, Kia Optima, Mazda6, Nissan Altima, Subaru Legacy, Suzuki Kizashi, Toyota Camry, VW Jetta/Passat

AU QUOTIDIEN

PRIME D'ASSURANCE
25 ANS : 2 000 à 2 200 $
40 ANS : 1000 à 1200 $
60 ANS : 800 à 1000 $
COLLISION FRONTALE 5/5
COLLISION LATÉRALE 5/5
VENTES DU MODÈLE DE L'AN DERNIER
AU QUÉBEC nd **AU CANADA** 27 936
DÉPRÉCIATION 56,5 (3 ans)
RAPPELS (2007 à 2012) 2
COTE DE FIABILITÉ nm

GARANTIES... ET PLUS

GARANTIE GÉNÉRALE 3 ans/60 000 km
GROUPE MOTOPROPULSEUR 5 ans/100 000 km
COMPOSANTS système hybride 8 ans/160 000 km
PERFORATION 5 ans/kilométrage illimité
ASSISTANCE ROUTIÈRE 5 ans/100 000 km
NOMBRE DE CONCESSIONNAIRES
AU QUÉBEC 77 **AU CANADA** 437

NOUVEAUTÉS EN 2013.5

Nouvelle génération

APRÈS LE PLUMAGE, LE RAMAGE

Quand elle s'est pointée le bout du museau au Salon de l'auto de Detroit 2012, la nouvelle Fusion s'est attiré des « oh » et des « ah ». L'exposition n'était pas encore terminée que la jolie berline avait remportée unanimement le titre de reine du show dans le calepin de notes de plusieurs chroniqueurs, dont celui de votre humble serviteur. Mais encore restait-il à voir la conduite avant de pouvoir lui donner le bon Dieu et Céline Dion sans confession. C'est ce que nous avons finalement pu faire. Je veux dire, la conduire.

Michel Crépault

CARROSSERIE > Elle est spacieuse, elle est frugale et elle vient en plusieurs saveurs. Ford a pris le parti de décliner ses produits en quantité de livrées distinctes pour combler les attentes et les goûts du plus grand nombre possible de consommateurs. Voilà pourquoi la Ford Fusion 2013 est livrable avec moteur atmosphérique traditionnel, moteurs turbocompressés EcoBoost, dispositif hybride (essence-électricité) et, même, en configuration hybride enfichable (*plug-in*), désignée sous le nom Energi. Avec pareille gamme, essayez de trouver une Fusion qui ne vous convienne pas ! Et les prix n'effraient pas puisqu'ils démarrent autour de 25 000 $ pour la S et culminent à 34 000 $ ou plus pour la Titanium à transmission intégrale équipée jusqu'aux ouïes. Se glisse entre les deux la SE, le gros des ventes, offerte avec une boîte de vitesses manuelle (1,6 litre seulement) et quatre roues motrices si ça vous chante. La livrée SLE a disparu, tandis que les versions hybride et Energi interpelleront les gens pas fâchés d'envoyer promener les pétrolières de temps en temps.

HABITACLE > Le tableau de bord présente d'élégantes lignes, fluides et épurées, qui ont été éloignées au maximum du conducteur et de son passager avant afin de garantir un heureux dégagement. Ce généreux

+ **Une gamme extrêmement bien pensée • Une silhouette ravissante Un intérieur spacieux • Un comportement en général très sain**

− **Pas assez de gaieté sur la planche de bord • Le freinage des hybrides exige un temps d'acclimatation • Coffre à bagages restreint (hybrides)**

espace se retrouve également sur la banquette arrière. L'ambiance, toutefois, me laisse songeur. Tout est sombre, une noirceur que vient à peine cisailler des appliques de faux aluminium. On sent que Ford mise sur la modernité et limite les distractions puisque vous pouvez configurer vous-même les cadrans de la manière qui vous plaît: peu d'info ou alors beaucoup, selon vos goûts. Mais pourquoi cet environnement lugubre? Parce que le système MyFord Touch est déjà assez accaparant comme ça? Vous savez, cette nouvelle façon de pitonner proposée par Ford et Lincoln. Une façon critiquée. Car si l'idée est de diminuer le nombre de boutons, les utilisateurs trouvent qu'ils passent plus de temps à comprendre comment faire fonctionner le bidule. Cela dit, pour être franc, le système à bord de la Fusion a progressé. Quand vous aboyez une commande vocale et que vous n'êtes pas certain comment la formuler, le robot vous prend par la main en vous énumérant les ordres possibles. C'est déjà ça de gagné.

Le coffre à bagages de l'hybride est handicapé par la batterie qui oblige le compartiment à se scinder en deux paliers. Le bouton-poussoir pour le démarrage sans clef (elle est dans votre poche) n'équipe que la version Titanium, une grossière erreur à mon avis. Une voiture comme la Fusion qui se veut moderne à ce point aurait dû étendre le sans clef à l'échelle de la gamme. Enfin, Ford préfère offrir plusieurs ensembles. Il faut les étudier pour comprendre quelle gâterie n'est offerte qu'en kit (comme l'alerte de franchissement des lignes), alors que d'autres peuvent s'acheter individuellement (comme le régulateur de vitesse adaptatif). Le gadget qui permet d'ouvrir le couvercle du coffre à bagages en mimant un coup de pied sous le pare-chocs n'est pas offert sur la nouvelle Fusion. Pour l'instant, il est limité à l'Escape et au multisegment C-MAX.

MÉCANIQUE › Vous voulez quoi? Une Fusion SE avec un 4 cylindres de 2,5 litres de 168 chevaux et une boîte automatique à 6 rapports? Ou le 1,6 litre EcoBoost de 179 chevaux, que vous pourrez associer à une boîte manuelle ou automatique, toutes les deux à 6 rapports, sans oublier la technologie d'arrêt-démarrage réservée à cet engin? À moins que ça ne soit le 2 litres EcoBoost de 237 chevaux qui vous intéresse, avec une motricité limitée aux deux roues avant ou alors étendue aux quatre (modèles SE). Sur la version Titanium, l'AWD se révèle de série. N'oubliez pas l'hybride «régulière» et la version Energi enfichable. En vertu de son 4 cylindres de 2 litres à cycle Atkinson de 141 chevaux assisté d'un moteur électrique qui

MENTIONS

CLÉ D'OR · CHOIX VERT · COUP DE CŒUR · RECOMMANDÉ

VERDICT

PLAISIR AU VOLANT
QUALITÉ DE FINITION
CONSOMMATION
RAPPORT QUALITÉ / PRIX
VALEUR DE REVENTE nm
CONFORT

1 5 10

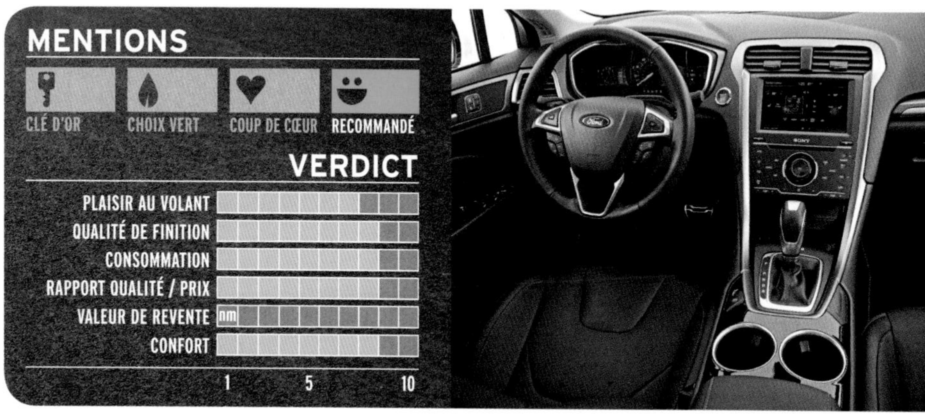

FICHE TECHNIQUE

+ MOTEUR (S)

(HYBRIDE, ENERGI) L4 2,0 L DACT cycle Atkinson + moteur électrique
PUISSANCE 141 ch. à 6 000 tr/min (puissance totale 188 ch.)
COUPLE 129 lb-pi à 4 000 tr/min
BOÎTE(S) DE VITESSES automatique à variation continue, automatique à 6 rapports (option)
PERFORMANCES 0 À 100 KM/H nm
VITESSE MAXIMALE 170 km/h

(S, SE) L4 2,5 L DACT
PUISSANCE 168 ch. à 6 000 tr/min
COUPLE 170 lb-pi à 4 500 tr/min
BOITE(S) DE VITESSES automatique à 6 rapports
PERFORMANCES 0 à 100 KM/H nm
VITESSE MAXIMALE 205 km/h
CONSOMMATION (100 KM) 9,2 L (Octane 87)
ANNUELLE 1 540 L
COÛT ANNUEL 2 233 $
ÉMISSIONS DE CO_2 3 542 kg/an

(Option SE 2RM) L4 1,6 L DACT EcoBoost
PUISSANCE 179 ch. à 6 000 tr/min
COUPLE 172 lb-pi à 4 500 tr/min
BOITE(S) DE VITESSES automatique à 6 rapports avec mode manuel, manuelle à 6 rapports
PERFORMANCES 0 à 100 KM/H nm
VITESSE MAXIMALE 205 km/h
CONSOMMATION (100 KM) man. 8,0 L **auto.** 8,7 L, 8,5 L (avec démarrage/arrêt) (Octane 87)
ANNUELLE 1 460 L, 1 420 L (avec démarrage/arrêt)
COÛT ANNUEL 2 117 $ 2 059 $ (avec démarrage/arrêt)
ÉMISSIONS DE CO_2 3 266 kg/an

(SE 4RM, TITANIUM, OPTION SE 2RM) L4 2,0 L DACT EcoBoost
PUISSANCE 237 ch. à 5 500 tr/min
COUPLE 250 lb-pi à 4 000 tr/min
BOITE(S) DE VITESSES automatique à 6 rapports avec mode manuel et manettes au volant
PERFORMANCES 0 À 100 KM/H nm
VITESSE MAXIMALE 225 km/h
CONSOMMATION (100 KM) 2RM 9,2 L, **4RM** 9,5 L (Octane 87)
ANNUELLE 2RM 1 540 L **4RM** 1 600 L
COÛT ANNUEL 2RM 2 233 $ **4RM** 2 320 $
ÉMISSIONS DE CO_2 2RM 3 542 kg/an **4RM** 3 680 kg/an

+ AUTRES COMPOSANTS

SÉCURITÉ ACTIVE Freins ABS, assistance au freinage, répartition électronique de la force de freinage, contrôle électronique de la stabilité, antipatinage
SUSPENSION avant/arrière indépendante
FREINS avant/arrière disques
DIRECTION à crémaillère assistée électriquement
PNEUS S P215/60R16 **SE 2RM** P235/50R17 **SE 4RM, TITANIUM** P235/45R18 **option TITANIUM** P235/40R19 **HYBRIDE, ENERGI** P225/50R17

+ DIMENSIONS

EMPATTEMENT 2 850 mm
LONGUEUR 4 870 mm **HYBRIDE** 4 873 mm
LARGEUR 1 852 mm
HAUTEUR 1 476 mm **HYBRIDE** 1 473 mm
POIDS 1 554 kg **HYBRIDE** 1 651 kg
DIAMÈTRE DE BRAQUAGE 10,3 m
RÉSERVOIR DE CARBURANT 2RM 62 L **4RM** 66 L **HYBRIDE** 53 L
COFFRE 453 L **HYBRIDE** 340 L

2e OPINION

Je vous parlerai ici de mon expérience au volant de la Fusion à moteur de 1,6 litre EcoBoost, la seule que j'ai conduite, et celle qui sera choisie par la majorité des acheteurs. Voilà une voiture élégante, avec une qualité d'assemblage encore jamais vue chez Ford. L'habitacle est bien ficelé, la présentation intérieure est aussi riche que soignée, et le degré de technologie à bord (parfois déroutante, j'en conviens) permet de placer la voiture dans une classe à part. Confortable, maniable et solide, elle laisse un sentiment de sécurité qui plaira à tous. Hélas, un gros problème demeure: le moteur de 1,6 litre est grognon, il préfère de beaucoup le carburant super et, en prime, il consomme beaucoup trop. De 10,5 à 11 litres aux 100 kilomètres, mi-ville, mi-route. Rappelez-moi déjà le nom de ce moteur?

Antoine Joubert

GALERIE

A Les stylistes se sont amusés avec le nombre de barrettes dans la calandre pour sculpter la nouvelle face que Ford entend donner à tous ses modèles sous-compacts, compacts et intermédiaires dans le monde. C'est le « design global » de l'ovale bleu.

B Le moteur EcoBoost de 1,6 litre est censé livrer la meilleure consommation de carburant pour un 4 cylindres qui n'est pas hybride, à savoir 8 litres aux 100 kilomètres en ville et 5,3 sur l'autoroute. Le 2 litres EcoBoost, lié à des leviers de sélection au volant, sera le choix de l'amateur de performances.

C Les systèmes SYNC et MyFord Touch combinent leurs technologies pour faciliter l'interaction entre le conducteur et son auto. Il peut utiliser des commandes vocales ou tactiles, ou alors s'en remettre aux bons vieux interrupteurs. À lui de choisir. Ford vise à garder les mains sur le volant et les yeux sur la route.

D Le coffre de la Fusion peut normalement avaler 453 litres de bagages, sauf que l'espace de la soute des modèles hybrides doit aussi cohabiter avec la batterie au lithium-ion.

E Le moteur de 2,5 litres n'est livrable qu'avec une boîte automatique à 6 rapports, alors que le 1,6 litre s'entend bien avec la manuelle et l'automatique, toutes les deux à 6 rapports. Le 2 litres offre le choix entre 2 et 4 roues motrices et s'associe à l'automatique SelectShift dont les 6 rapports sont aussi contrôlables à l'aide de leviers de sélection au volant.

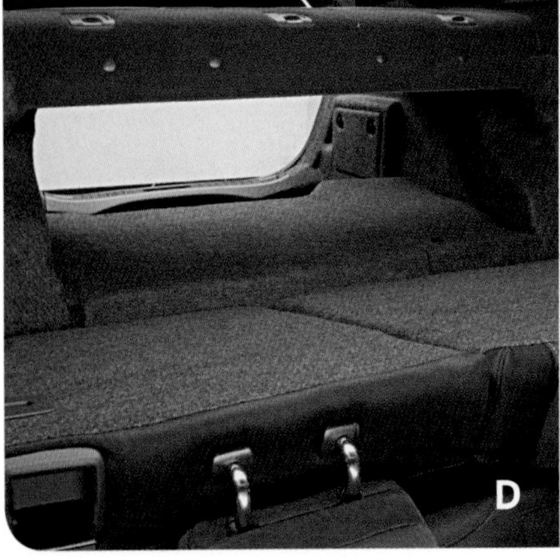

tire son jus d'une batterie lithium-ion, la Fusion verte promet une consommation autour des 4 litres aux 100 kilomètres, que ce soit sur l'autoroute ou en ville. Dans le cas de l'Energi, vous pourrez parcourir une quarantaine de kilomètres grâce à l'électricité seule. La réserve épuisée, la voiture s'en remettra à un système hybride similaire à l'autre Fusion écolo. Est-ce que ces quelques kilomètres «propres» supplémentaires valent les dollars demandés en extra pour cette technologie? Personnellement, je ne le crois pas mais qui suis-je pour vous dire comment dépenser vos sous chèrement gagnés? Parlant d'argent, je souligne que le dispositif d'arrêt-démarrage offert en option déjà mentionné revient aux Canadiens à 150 $ (abordable) alors qu'il coûte deux fois plus cher aux États-Unis. Pour une fois que ce n'est pas le contraire ! Si votre Fusion est munie de ce dispositif, vous devriez réaliser une économie supplémentaire de 3 % sur l'essence en ville. Aussi bien dire que le gadget risque de se payer de lui-même assez rapidement. Dans l'ensemble, Ford a décidé que les acheteurs de Fusion sauveraient des dollars à la pompe. D'où l'abandon du V6 et la multiplication des 4 cylindres. Vous n'en trouverez aucun discret quand vous déciderez d'accélérer sans ménagement. C'est semble-t-il le prix à payer pour les fois où vous serez pressés, la consolation étant une consommation de carburant intéressante.

COMPORTEMENT > Justement, la Fusion hybride promet une consommation autour des 4 litres aux 100 kilomètres, que ce soit sur l'autoroute ou en ville. Un meilleur résultat que celui de la Camry hybride, une rivale clairement ciblée. Par contre, le moteur électrique, le bloc de batteries et le système de récupération d'énergie la rendent lourde, et cette lourdeur se transmet à la direction électrique. Une Fusion «moins verte» se comporte d'une manière plus enjouée. Même le freinage à récupération d'énergie communique une sensation inhabituelle. Les étriers agrippent les disques sans délai, au point, les premières fois, de nous faire piquer du nez, mais l'impression d'ensemble rappelle le mastic. De son côté, la Fusion équipée du 1,6 litre EcoBoost et du dispositif écologique d'arrêt-démarrage peut réaliser 8,5 litres aux 100 kilomètres en ville et aussi peu que 5,3 litres sur l'autoroute. À bord de tous les modèles, on se sent réellement au volant d'une voiture spacieuse, une qualité qui a toujours eu l'heur de plaire aux Américains. Pour eux, c'est essentiel.

CONCLUSION > Ford a mis le paquet sur la Fusion parce qu'elle lutte aux États-Unis dans le plus important segment, celui des intermédiaires (alors que chez nous, les compactes dominent). L'an dernier là-bas, la Fusion avait fini au quatrième rang des intermédiaires. Avec la 2013, Ford entend monter sur la plus haute marche du podium. Par ailleurs, comme un plus grand nombre de composants de cette nouvelle Fusion proviennent désormais de Ford, ça permet au constructeur de dire qu'il sera mieux équipé pour répondre à la demande, une lacune qui avait plombé les ventes de l'ancien modèle. En Europe, la Mondeo, l'autre nom de la Fusion, aura droit à des versions familiales et à hayon (*hatchback*). Mais pas chez nous. Les Américains ne sont pas encore suffisamment entichés des breaks et des bicorps. Hélas. ■

HISTORIQUE

La première Fusion (Mondeo en Europe et d'autres marchés) a débuté sa production à l'usine mexicaine de Hermosillo au mois d'août 2005 comme modèle 2006. À ses débuts, elle partageait ses entrailles avec la désormais défunte Mercury Milan, mais continue de le faire avec la Lincoln MKZ. Cette première génération aura quand même vécu six ans avant de céder sa place. La deuxième représente la première tentative pour un constructeur d'offrir quatre modèles aussi distincts : moteur atmosphérique, moteur turbocompressé, motorisation hybride et hybride enfichable. Depuis ses débuts, les trophées pleuvent sur la Fusion. *L'Annuel de l'automobile 2011* avait d'ailleurs décerné son prix de la *Voiture verte de l'année* au modèle hybride, et le quatuor 2013 a remporté un prix similaire au dernier Salon de Los Angeles.

FORD FUSION 2006

FORD FUSION 2011

FORD FUSION HYBRID 2012

FORD FUSION HYBRIDE

FORD FUSION ENERGI

FORD FUSION 2013

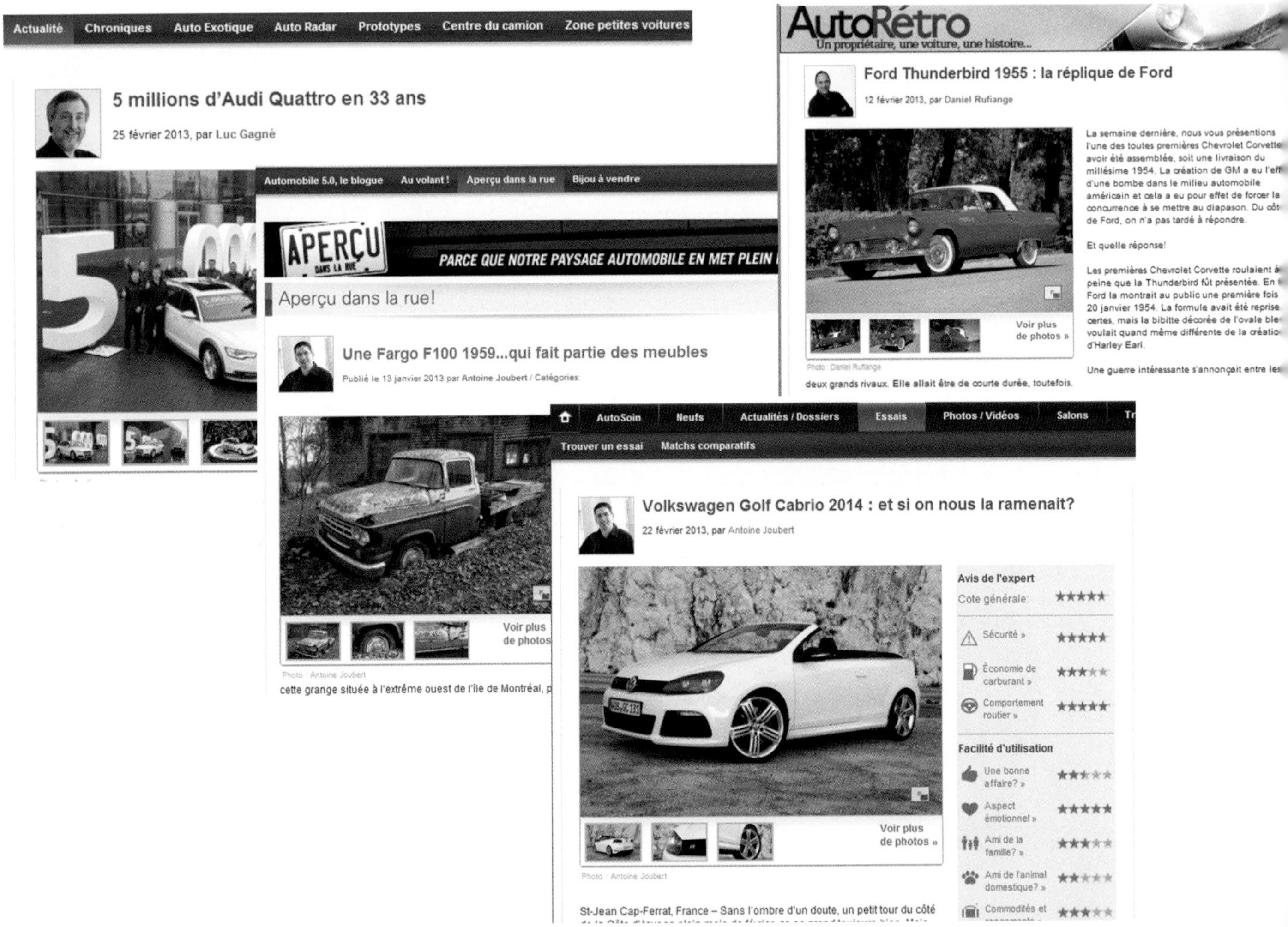

GMC

www.gm.ca

Lors du remaniement de 2008 chez GM, plusieurs ont été surpris de voir la bannière GMC survivre alors que les fanions Pontiac, Hummer, Saturn et SAAB pliaient bagages. Chez nous, l'écusson GMC n'a pas la portée qu'il a chez nos voisins du sud. Là-bas, la marque est synonyme de durs labeurs; un vrai camion, c'est un GMC. Chez nous, les produits GMC nous apparaissent davantage comme des vulgaires clones des véhicules signés Chevrolet. Cette perception n'est malheureusement pas prête à changer de sitôt, même si les promesses d'un modèle unique à la marque ont alimenté les rumeurs au cours des derniers mois. Ce ne serait pas dans les plans à court terme. Plutôt, une différenciation plus nette au chapitre du design servirait à caractériser davantage les produits GMC. Pour l'instant, seules les variantes Denali permettent une singularisation quelconque. Elles demeurent aussi le pain et le beurre de la marque.

YUKON

C'est au cours de la deuxième moitié de la présente année que la prochaine génération des modèles Yukon et Yukon XL fera ses débuts. Si les gros VUS n'ont pas la cote auprès des environnementalistes, ils demeurent importants pour GM qui détient environ 70 % des ventes dans ce segment si l'on inclut tous les modèles commercialisés par le groupe. En conséquence, il faut s'attendre à des monstres un peu moins gourmands, et la nouvelle boîte de vitesses automatique à 8 rapports du fabricant n'y sera pas étrangère. Une boîte à 6 rapports serait toutefois la seule offerte lors du lancement du modèle. On dit aussi que la nouvelle plateforme, empruntée aux plus récentes camionnettes Sierra et Silverado, permettrait de retrancher 227 kilos au poids du véhicule. Un nouveau V8, fait d'aluminium et moins gourmand, viendrait aussi faire ombrage aux versions hybrides qui seraient laissées de côté. Ces dernières pourraient revenir plus tard durant le cycle de vie du véhicule. Bref, ça brasse !

ACADIA

Le cousin des Buick Enclave et Chevrolet Traverse a vu son style retapé pour 2013. En conséquence, il ne faut pas s'attendre à de grands bouleversements avant quelques années en ce qui le concerne. On parle d'une refonte complète du véhicule et de ses « petits » jumeaux pour le millésime 2015.

TERRAIN

Outre l'arrivée d'un nouveau moteur pour 2013, peu de changements sont à noter concernant le Terrain. La version Denali, promise l'an dernier, fait désormais partie du catalogue. L'an prochain, c'est une variante eAssist qui sera ajoutée à la nomenclature. En 2015, un nouveau Terrain verrait le jour.

SIERRA

La Sierra arrive chez les concessionnaires ce printemps, et, même si son style demeure sensiblement le même, elle propose une foule de changements qui méritent mention. En rafale, on retrouve trois nouveaux moteurs, dont deux V8 qui profitent d'un système d'injection directe de carburant, d'un système de calage variable et aussi de la cylindrée variable. Le tout doit contribuer à réduire sensiblement la consommation de carburant. Une boîte de vitesses automatique à 8 rapports pourrait éventuellement être proposée, mais les premiers véhicules livrés le seront avec une boîte à 6 rapports. Malgré d'excellentes ventes, GM a perdu des plumes dans le segment des camionnettes, et, si les nouvelles venues tardent à reprendre leur place, d'autres changements pourraient alimenter les discussions l'an prochain. Les versions ultrarobustes de la Sierra seraient revues pour 2015.

CANYON

Alors qu'on savait que Chevrolet préparait le retour de sa camionnette intermédiaire Colorado, l'avenir de son clone, la GMC Canyon, demeurait incertain. La dernière information obtenue tend à confirmer qu'elle sera de retour. Il faut s'attendre à l'arrivée d'un tout nouveau moteur V6 plus économique, et vous pouvez parier que le moteur à 4 cylindres Diesel d'Opel, qui fera ses débuts dans la Cruze, pourrait bien, tôt ou tard, faire partie de l'offre.

HONDA

En 2012, Honda a revu plusieurs modèles afin de consolider sa position concurrentielle vis-à-vis de féroces adversaires. On a vu défiler les nouvelles Civic, CR-V et Accord, des produits majeurs pour le fabricant japonais. Mais le processus ne s'est pas fait sans heurts. Les critiques acerbes dirigées à l'endroit de la Civic ont conduit Honda à présenter un rafraîchissement hâtif à peine quelques mois après son lancement. Une sorte de **mea culpa** ***qui a réussi à désamorcer la crise. En 2013, cap sur l'économie de carburant avec la technologie*** **Earth Dream*****: similaire au*** **SKYACTIV** ***de Mazda, elle vise à abaisser la consommation moyenne des véhicules sans négliger les performances grâce, entre autres, à des pièces internes fluides, à l'injection directe de carburant, aux boîtes CVT et aux systèmes hybrides.***

ACCORD

Cela faisait cinq ans que Honda n'avait pas retouché l'Accord. Malgré ses qualités intrinsèques, un cycle de vie trop long a creusé de nombreuses rides sur son visage. L'intermédiaire est de retour en 2013 dans sa 9e génération. Un 4 cylindres à injection directe de carburant, un V6 révisé et une livrée hybride enfichable font dorénavant partie du calepin d'options. **Lisez notre essai complet à la page 102.**

CR-V

Honda a choisi l'année modèle 2013 pour renouveler son deuxième véhicule le plus écoulé chez nous en 2012, le CR-V. Le multisegment compact gagne en sophistication avec un léger coup de plumeau. Son aspect pratique n'a pas été occulté outre mesure, et l'agrément de conduite demeure. Malgré les tendances du moment qui penchent vers la suralimentation et la diminution des cylindrées, le fabricant a renouvelé sa confiance envers le 4 cylindres de 2,4 litres (185 chevaux). Il ne serait par ailleurs pas étonnant de voir bientôt apparaître sous son capot le nouveau 4 cylindres à injection directe de carburant (aussi de 2,4 litres) qui équipe la dernière Accord.

CIVIC

La Civic a dû essuyer les tirs nourris de la presse spécialisée au cours des derniers mois. Même l'influente revue américaine *Consumer Reports* l'a biffée de sa liste de modèles recommandés. La refonte, trop timide, et la qualité des plastiques de l'habitacle étaient au cœur des récriminations. Honda en a pris acte et a accouché en un temps quasi record d'une interprétation beaucoup moins bâclée de sa compacte, en échange d'une facture qui grimpe de 200 à 450 $ selon la livrée choisie. La Civic 2013 propose un design plus intéressant et des matériaux de meilleure qualité. Les mêmes motorisations sont au menu, soit le 4 cylindres de 1,8 litre (140 chevaux) en entrée de gamme, l'hybride composée d'un 4 cylindres de 1,5 litre et d'un moteur électrique (110 chevaux) et le 4 cylindres de 2,4 litres de la Si (201 chevaux). Il est intéressant de noter que cette crise n'a pas découragé les consommateurs canadiens qui en ont fait, en 2012, la voiture la plus vendue, toutes catégories confondues, pour une 15e année de suite.

CROSSTOUR

La Crosstour restera encore et toujours une bizarrerie sur quatre roues, une espèce d'hybride entre une familiale et un multisegment. Qu'importe sa silhouette qui attise son lot de détracteurs, Honda persiste et signe pour 2013. En plus des lignes légèrement plus harmonieuses, l'acheteur a désormais droit à un 4 cylindres de série (2,4 litres de 192 chevaux), ce qui abaisse le prix d'entrée à 28 990 $. En option: le V6 de 3,5 litres (278 chevaux) révisé de l'Accord.

ODYSSEY

Cette fourgonnette couverte de louanges pourrait voir son V6 de 3,5 litres de 248 chevaux remplacé dès l'année modèle 2014 par une motorisation à injection directe de carburant intégrant la technologie *Earth Dream.*

Mariage réussi entre le plaisir de conduire et l'écoresponsabilité, la joueuse CR-Z mise sur une motorisation hybride pour se délier les jambes. Son 4-cylindres de 1,5 litre soutenu par un moteur électrique gagne 8 chevaux et 12 livres-pieds de couple (130 chevaux et 140 livres-pieds) pour 2013 grâce à une assistance électrique révisée. Sa consommation diminue, et quelques éléments esthétiques, dont des diodes sur les phares avant, font leur apparition. Les boîtes de vitesses manuelles à 6 rapports et à variation continue sont présentes. Malgré tout, la CR-Z reste un produit de niche en raison de sa configuration biplace.

CR-Z

FIT

Membre du segment des sous-compactes, la Fit ne reçoit que des changements mineurs en 2013. Maintenant assemblée sur la chaîne de montage de l'usine de Guangzhou, en Chine, elle est toujours mue par son petit 4 cylindres de 1,5 litre (117 chevaux). Honda serait en train de préparer une livrée berline. Une variante électrique, actuellement offerte en Californie et en Oregon, pourrait aussi tenter Honda Canada. Un nouveau moteur à injection directe de carburant est aussi planifié, tout comme une version hybride.

L'Insight a été, en 1999, la première voiture de série hybride à fouler le sol canadien, devançant de quelques mois la Toyota Prius. Quatorze années plus tard, elle survit sous une forme bien différente de compacte à cinq portières. Écoulée à 168 exemplaires au pays en 2012, elle ne fait carrément pas le poids devant sa rivale nippone (3 371 exemplaires) en matière de popularité. Elle reste cependant une championne de la consommation avec une moyenne de 4,6 litres aux 100 kilomètres selon Énerguide.

INSIGHT

PILOT

Le grand multisegment vit 2013 sans changement. Le seul moteur proposé, le très compétent V6 de 3,5 litres (250 chevaux), se commande uniquement avec une boîte automatique à 5 rapports. Sa refonte est programmée pour 2014. Celle-ci devrait inclure l'arrivée d'un nouveau V6 à injection directe de carburant.

Dans l'univers des camionnettes, la Ridgeline se distingue énormément du troupeau. Basée sur un châssis monocoque, elle partage quelques-uns de ses composants avec le Pilot, dont sa mécanique, ce qui la rend plus civilisée que ses concurrentes. Aucune modification majeure en 2013, mais une nouvelle génération pourrait débarquer en 2014.

RIDGELINE

À VENIR...

Dévoilé à Detroit en janvier, l'Urban SUV Concept préfigure l'arrivée d'un nouvel utilitaire sous-compact basé sur le châssis de la Fit. Ce concurrent direct du Chevrolet Trax sera animé par un 4 cylindres de 1,5 litre vraisemblablement alimenté par un système à injection directe de carburant. Une boîte CVT fait aussi partie du menu. Son design est prometteur.

FICHE D'IDENTITÉ

VERSIONS Berline LX, Sport, EX-L, Touring, EX-L V6, Touring V6 **Coupé** EX, EX-L Navi, EX-L V6 Navi
TRANSMISSION(S) avant
PORTIÈRES 2,4 **PLACES** 5
PREMIÈRE GÉNÉRATION 1976
GÉNÉRATION ACTUELLE 2013
CONSTRUCTION Marysville, Ohio, É-U
COUSSINS GONFLABLES 6 (frontaux, latéraux avant, rideaux latéraux)
CONCURRENCE Chevrolet Malibu, Chrysler 200, Dodge Avenger, Ford Fusion, Hyundai Sonata, Kia Optima, Mazda6, Nissan Altima, Subaru Legacy, Suzuki Kizashi, Toyota Camry, VW Jetta/Passat

AU QUOTIDIEN

PRIME D'ASSURANCE
25 ANS: 1600 à 1800$
40 ANS: 1000 à 1200$
60 ANS: 900 à 1100$
COLLISION FRONTALE nm
COLLISION LATÉRALE nm
VENTES DU MODÈLE DE L'AN DERNIER AU QUÉBEC nd **AU CANADA** 9930
DÉPRÉCIATION 45,5 (3 ans)
RAPPELS (2007 à 2012) 2
COTE DE FIABILITÉ 4/5

GARANTIES... ET PLUS

GARANTIE GÉNÉRALE 3 ans/60 000 km
GROUPE MOTOPROPULSEUR 5 ans/100 000 km
PERFORATION 5 ans/kilométrage illimité
ASSISTANCE ROUTIÈRE 3 ans/ kilométrage illimité
NOMBRE DE CONCESSIONNAIRES AU QUÉBEC 60 **AU CANADA** 229

NOUVEAUTÉS EN 2013.5

Nouvelle génération

LA COTE VERTE

MOTEUR L4 DE 2,4 L

> **Consommation (100 km) man.** 8,7 L **auto.** 7,8 L
> **Consommation annuelle man.** 1480 L **auto.** 1340 L
> **Indice d'octane** 87 > **Émissions polluantes CO_2 man.** 3404 kg/an **auto.** 3082 kg/an

(SOURCE: ÉnerGuide)

COMME UN VIEIL AMI

L'Accord fait partie des meubles, diraient certains. J'ai appris à conduire une voiture à boîte de vitesses manuelle en prenant le volant d'une Honda Accord 1978; et chaque fois que je me retrouve aux commandes d'une Accord, j'ai l'impression de renouer avec un vieil ami. Fiable, solide, affichant une excellente valeur de revente, l'Accord est une valeur sûre. On pourrait reprocher à Honda son manque d'audace dans l'évolution de ses modèles. Certes, ce relatif conservatisme lui a coûté des parts de marché face à des adversaires plus agressifs comme les Sud-Coréens avec un style plus avant-gardiste. Les gens de Honda vous diront qu'il s'agit d'un feu de paille. À long terme, c'est le style évolutif de la firme japonaise qui aura raison. Seul l'avenir nous le dira. Disons simplement que cette nouvelle Accord ne bousculera pas l'ordre établi et poursuivra dans la veine de l'évolution par petits pas.

Benoit Charette

CARROSSERIE > Il faut mettre côte à côte une Honda Accord 2012 et une 2013 pour réellement voir la différence. On note des changements dans le style des phares, les contours de l'avant et un arrière repensé. Mais tout est fait avec une telle discrétion qu'il est difficile de noter les changements au premier coup d'œil. Le responsable du style, Shoji Matsui, expliquait que, chez Honda, on recherche d'abord des styles qui survivront à l'épreuve du temps. Ceci expliquant cela, vous savez maintenant pourquoi la révolution du style ne viendra pas de Honda. Il faut tout de même admettre que la berline se présente bien, et que la version coupé est toujours là car elle représente 25% des ventes de l'Accord; et Honda entend bien conserver ces chiffres. On note aussi que la nouvelle Accord est plus courte de 68 millimètres que la précédente génération, mais offre presque 50 litres supplémentaires

Confort des sièges sans faille • Meilleur silence de roulement
Excellente consommation de carburant
Tableau de bord et commandes simplifiés • Système « Lane Watch »

Boîte CVT • Banquette rabattable pleine à l'arrière
Lignes qui manquent encore trop d'audace

en espace habitable. La firme a atteint son but; ce style résistera à l'épreuve du temps, même si un peu de piquant aurait été apprécié.

HABITACLE > S'il existe un moment où il vous sera possible de constater immédiatement un changement d'approche, c'est lorsque vous prendrez place au volant. Là où il y avait confusion dans les commandes et une disposition du tableau de bord, Honda a fait un sérieux ménage. Les concepteurs ont trouvé une meilleure harmonie dans l'emplacement des commandes qui sont d'utilisation plus intuitive. Ces caractéristiques incluent le système d'affichage multi-info «intelligent» (i-MID) avec écran couleur lumineux d'une diagonale de 8 pouces qui regroupe une foule de commandes et libère de ce fait la console centrale. Il y a même une nouvelle chaîne audio avec écran tactile offerte en option. Le système de navigation Honda relié par satellite avec reconnaissance vocale est également offert en option. L'Accord 2013 est également le premier véhicule Honda à offrir, en option, la technologie *HondaLink* qui, par l'intermédiaire d'un téléphone intelligent compatible, permet l'utilisation de diverses ressources musicales et médiatiques comme *Aha*[MC] de Harman, des applications Internet, l'assistance routière et plus encore. Les matériaux sont de qualité, et les sièges en tissu, remarquablement confortables. Parmi les rares irritants, il nous faut souligner le siège rabattable plein à l'arrière. Toutes les berlines de cette catégorie ont des sièges 60/40 ou 40/20/40. Chez Honda, on abaisse en un seul bloc ou on laisse tout cela en place. Une erreur de conception impardonnable et difficile à comprendre.

MÉCANIQUE > L'offre se résume toujours à un moteur à 4 cylindres et à un V6. Pour le 4 cylindres, tout a été repensé. Le moteur de 2,4 litres est le premier chez Honda à offrir l'injection directe de carburant et il est associé à une boîte CVT qui remplace la boîte de vitesses automatique pour une meilleure consommation de carburant. La boîte manuelle à 6 rapports est toujours offerte et plus agréable à utiliser. Ce moteur développe une puissance de 185 chevaux (189 sur la version Sport). En option, vous avez le choix d'un moteur V6 de 3,5 litres qui est,

MENTIONS

CLÉ D'OR | CHOIX VERT | COUP DE CŒUR | **RECOMMANDÉ**

VERDICT

PLAISIR AU VOLANT
QUALITÉ DE FINITION
CONSOMMATION
RAPPORT QUALITÉ / PRIX
VALEUR DE REVENTE nm
CONFORT

1 5 10

FICHE TECHNIQUE

+ MOTEUR (S)

(2.4) : L4 2,4 L DACT
PUISSANCE 185 ch. à 6 400 tr/min
COUPLE 181 lb-pi à 3 900 tr/min
BOITE(S) DE VITESSES Berline LX, Sport, Touring manuelle à 6 rapports, automatique à variation continue (option)
EX-L automatique à variation continue
Coupé manuelle à 6 rapports, automatique à variation continue **(option EX, EX-L)**
PERFORMANCES 0 À 100 KM/H 7,5 s
VITESSE MAXIMALE 210 km/h

(V6) : V6 3,5 L SACT
PUISSANCE 278 ch. à 6 200 tr/min
COUPLE 252 lb-pi à 4 900 tr/min
BOITE(S) DE VITESSES Berline automatique à 6 rapports **Coupé** manuelle à 6 rapports, automatique à 6 rapports (option)
PERFORMANCES 0 À 100 KM/H 6,0 s
VITESSE MAXIMALE 230 km/h
CONSOMMATION (100 KM)
man. 11,5 L **auto.** 9,7 L (Octane 87)
ANNUELLE man. 1 900 L **auto.** 1 580 L
COÛT ANNUEL man. 2 755 $ **auto.** 2 291 $
ÉMISSIONS DE CO_2 man. 4 370 kg/an **auto.** 3 634 kg/an

+ AUTRES COMPOSANTS

SÉCURITÉ ACTIVE freins ABS, assistance au freinage, répartition électronique de la force de freinage, contrôle électronique de la stabilité, assistance au départ en pente, antipatinage
SUSPENSION avant/arrière indépendante
FREINS avant/arrière disques
DIRECTION à crémaillère assistée électriquement
PNEUS Berline LX, EX-L, EX-L V6 P215/55R17
Sport, Touring, Touring V6 P235/45R18
Coupé EX, EX-L P215/55R17 **EX-L V6** P235/45R18

+ DIMENSIONS

EMPATTEMENT Berline 2 775 mm **Coupé** 2 725 mm
LONGUEUR Berline 4 862 mm **Coupé** 4 805 mm
LARGEUR Berline 1 849 mm **Coupé** 1 850 mm
HAUTEUR Berline 1 465 mm **Coupé** 1 436 mm
POIDS Berline man. 1 466 à 1 521 kg
auto. 1 496 à 1 538 kg **Berline V6** 1 615 à 1 631 kg
Coupé man. 1 480 à 1 552 kg **auto.** 1 509 à 1 603 kg
DIAMÈTRE DE BRAQUAGE Berline
pneus 17 po. 11,4 m **18 po.** 11,8 m
Coupé pneus 17 po. 11,2 m **18 po.** 11,6 m
RÉSERVOIR DE CARBURANT 65 L
COFFRE Berline 439 L **LX, Sport** 447 L **Coupé** 379 L

2e OPINION

Avec la précédente Accord, Honda a connu une descente aux enfers. Battue par les Sonata, Altima, Fusion, Optima, Camry et, même, la Chrysler 200, elle ne possédait comme argument que sa réputation. Heureusement, c'est maintenant chose du passé. Certes, les lignes demeurent traditionnelles et peu aguichantes (un jour, on engagera un vrai styliste chez Honda...) mais, sinon, l'Accord s'est améliorée à tous les chapitres. Plus légère, plus agréable à conduire, plus silencieuse, encore mieux motorisée et plus à jour en matière d'équipements de série, elle peut aussi se vanter d'être parmi les berlines intermédiaires les moins gourmandes du marché. Et pas juste sur papier mais dans la vraie vie! Ajoutez à cela la fiabilité, la valeur de revente et un bel équilibre raison/passion.

Antoine Joubert

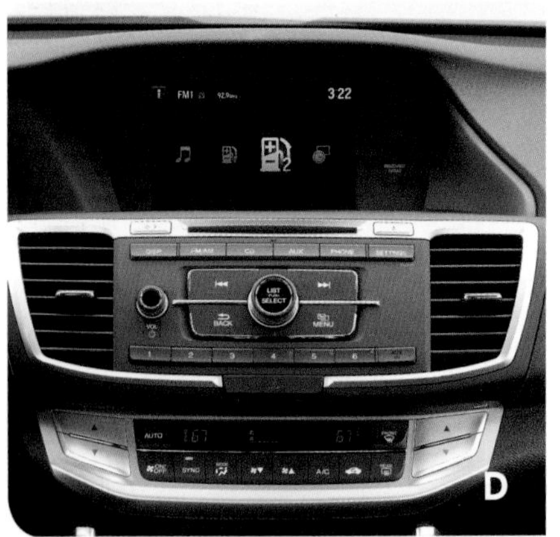

GALERIE

A Au cours de l'année, l'Accord hybride rechargeable 2014 fera son entrée avec le tout nouveau système hybride rechargeable à deux moteurs, un électrique de 124 kw, l'autre à 4 cylindres de 2 litres. Offert uniquement sur la version berline, ce système navigue continuellement entre trois modes - entièrement électrique, essence-électricité et alimentation directe du moteur à essence - afin de maximiser l'économie de carburant.

B Comme dans les générations précédentes de la Honda Accord, deux moteurs à essence sont offerts sur la berline et le coupé 2013. Il s'agit du tout nouveau moteur *Earth Dreams* à 4 cylindres de 2,4 litres qui constitue la première utilisation de l'injection directe de carburant par Honda en Amérique du Nord.

C Malgré une réduction de plus de 68 millimètres de sa longueur et de près de 25 millimètres de l'empattement, l'espace à l'arrière pour les jambes a progressé de plus de 33 millimètres, la largeur aux épaules a augmenté à l'avant et à l'arrière, alors que le coffre offre 50 litres de plus d'espace de rangement. La version sport offre aussi des sièges plus sculptés et une boîte de vitesses manuelle à 6 rapports.

D Le nouveau tableau de bord est moins confus. Notons le système d'affichage multi-info « intelligent » (i-MID) avec écran couleur de 8 pouces, la nouvelle chaîne audio avec écran tactile offerte en option, la fonctionnalité de messagerie texte et l'interface téléphonique à mains libres Bluetooth. Le système de navigation Honda relié par satellite avec reconnaissance de la voix est également offert.

E Tous les modèles Accord sont dotés de série du bouton ECON avec la technologie Eco Assist pour sauver quelques précieux dollars en pétrole.

à peu de choses près, le même V6 que la version 2012. Honda a extirpé quelques chevaux de plus pour porter la puissance à 278 chevaux. Vous profitez d'une boîte automatique à 6 rapports sur les berlines et d'une boîte manuelle à 6 rapports sur le coupé. Plus tard cette année, l'Accord hybride rechargeable 2014 fera son entrée avec le tout nouveau système hybride rechargeable à deux moteurs électriques jumelés à une mécanique à 4 cylindres de 2 litres. Honda parle d'une autonomie entièrement électrique d'environ 20 kilomètres (comme la Prius), et les ingénieurs ont même ajouté qu'une version hybride traditionnelle est aussi en préparation.

COMPORTEMENT > La seule chose qui n'a pas vraiment changé dans la nouvelle Accord est la suspension arrière. Tout le reste est neuf. De la carrosserie plus rigide composée à 55,8 % d'acier à ultra haute résistance en passant par la nouvelle configuration de suspension avant et une meilleure insonorisation, on note une conduite plus dynamique, même avec une direction à assistance électrique (une autre nouveauté). Outre le confort accru des sièges, un silence de roulement grandement amélioré et une direction électrique très correcte, il faut ajouter que même la boîte CVT obtient mon approbation. Je ne suis pas encore convaincu de leur pertinence sur le marché, mais celle de Honda ne m'agace pas vraiment. Je lui préfère encore la boîte manuelle à 6 rapports qui est toujours une merveille de précision chez Honda. Donc, si, à première vue, on ne voit pas immédiatement les changements, vous serez d'un autre avis après quelques kilomètres au volant. Honda démontre son savoir-faire en matière de conduite et de tenue de route. Le 4 cylindres répondra aux besoins les plus stricts en matière de consommation de carburant, alors que le V6 continue d'offrir une puissance généreuse mais souple. Pour ce qui est du coupé, il a juste ce qu'il faut de sport pour être intéressant. Honda ne s'est pas encore totalement débarrassée de l'effet de couple avec le moteur V6, mais il est plus discret que sur l'ancienne génération. Le confort et la conduite font toujours un excellent tandem. Pour ceux qui veulent une pointe de plaisir sans payer le prix en confort, le coupé Accord demeure un excellent candidat. Un mot en terminant sur une petite trouvaille qui m'a plu, et j'ai nommé : le dispositif de visualisation de l'angle mort *LaneWatch* qui permet, grâce à une caméra placée dans le rétroviseur extérieur, de voir à l'écran central ce qui se trouve dans l'angle mort à chaque fois que vous activez les clignotants, une belle trouvaille et, surtout, très pratique.

CONCLUSION > Un style plus abouti, une conduite plus inspirée, un savoir-faire automobile qui demeure très élevé, cette nouvelle Accord ne déçoit pas. Il y a pourtant quelques bémols qu'on doit souligner. Honda est encore à la traîne au chapitre de la silhouette qui demeure encore trop timide et certains équipements qui n'apparaissent même pas dans la liste d'options comme un toit ouvrant panoramique ou des banquettes rabattables. La boîte CVT est, à mon avis, une erreur, même si elle fait un travail honnête. Les boîtes automatiques à 6 ou à 7 rapports sont beaucoup plus agréables à utiliser. Finalement, Honda devrait réfléchir à la possibilité de munir son Accord d'une transmission intégrale; elle en a déjà une chez Acura. Cela la démarquerait de la concurrence. ■

HISTORIQUE

La première génération de la Honda Accord fut commercialisée en 1976 avec un moteur de 1,6 litre et 68 chevaux. À peine plus grande que la Civic, l'Accord ne pesait que 910 kilos. C'est à compter de la 2e génération en 1982 que l'Accord a été fabriquée aux États-Unis à l'usine de Marysville, en Ohio. À compter de 1993, l'Accord destinée à l'Amérique et celle assemblée pour l'Europe diffèrent. La berline pour l'Europe est assemblée en Grande-Bretagne dans l'usine de Swindon et ne repose pas sur le même châssis que le modèle nord-américain. L'Accord européenne est aujourd'hui notre Acura TSX. Trente ans plus tard et avec 8 générations de véhicules, l'Accord est toujours fabriquée à Marysville et demeure une référence de fiabilité dans le monde des berlines intermédiaires.

HONDA ACCORD 1976

HONDA ACCORD 1983

HONDA ACCORD HATCKBACK 1989

HONDA ACCORD LX COUPE 1991

HONDA ACCORD 1998

HONDA ACCORD 2008

Hyundai Pony, la pionnière

Ceux qui se souviennent des premiers pas du constructeur Hyundai au Québec se rappelleront de la Pony, une voiture qui a démarré la relation de fidélité entre la marque et les Québécois et qui a, paradoxalement, donné à l'expression problème mécanique une nouvelle signification...

Bien que la Pony 1984 soit débarquée une première fois au Canada en 1983, il faut savoir que le modèle existait déjà en Corée du Sud depuis 1975. Même que, au risque d'en surprendre plusieurs, une version camionnette de la Pony était commercialisée.

En 1982, la Pony II est introduite. C'est elle qui débarquera finalement chez nous. En raison de son prix très alléchant, c'est-à-dire sous la barre des 6 000 $, elle devient rapidement populaire. Très. À sa première année de commercialisation, on dépasse les 25 000 ventes au pays. De ce nombre, 10 156 sont vendues au Québec. Clairement, le premier chapitre de l'histoire d'amour entre Hyundai et les Québécois vient de s'écrire.

En 1985, la Pony devient la voiture la plus vendue au pays alors que quelque 50 000 exemplaires élisent domicile dans nos entrées de garage. À titre comparatif, Honda a écoulé en 2012 quelque 60 000 exemplaires de sa Civic. Les chiffres de la Pony, qui datent tout de même de presque 30 ans, étaient donc très impressionnants pour l'époque.

En 1985, la Pony a été rejointe par la berline Stellar, puis, en 1986, par sa remplaçante, la Hyundai Excel.

En 1984, la Pony mettait à profit un moteur à 4 cylindres de 1,4 litre qui puisait son origine chez Mitsubishi. Sa puissance était de 70 chevaux, et son couple, de 82 livres-pieds. Dès l'année suivante, un moteur de 1,6 litre sera offert; il développera quatre chevaux supplémentaires.

Trois boîtes de vitesses étaient proposées, soit deux du type mécanique, à 4 ou à 5 rapports, ainsi qu'une automatique comptant 3 rapports. Cette dernière n'était livrable qu'en option.

Trois variantes constituaient la famille de la Pony : le modèle de base L, la version GL où le « luxe » s'immisçait et, enfin, la déclinaison suprême, la GLS. Le « G », en passant, faisait référence à *Glorious* !

HYUNDAI

Hyundai a appris à la dure en 2012 les responsabilités de transparence qui incombent à un géant en croissance. La marque sud-coréenne a dû fournir, à la fin de l'année, des explications concernant des chiffres de consommation trop optimistes touchant divers modèles des années 2011 à 2013. Un processus de compensation (https://hyundaifuelconsumption.ca/fr) a été mis en place pour indemniser les acheteurs de ces modèles. Il s'agit du deuxième écueil de taille qui se présente sur sa route depuis nombre d'années. On se souviendra que, en 2002, la puissance nominale de certains véhicules était inexacte dans l'information marketing du fabricant sud-coréen. La perception de la marque et la loyauté des acheteurs seront mises à l'épreuve au cours des prochains mois. Cet épisode, jumelé à celui de 2002 ainsi qu'à la faiblesse du yen japonais et à la morosité économique mondiale, explique en partie la croissance modérée de la marque, la plus faible depuis 2007. Hyundai reste néanmoins très concurrentielle sur notre marché dans plusieurs segments (2012 a été une année record en termes de ventes).

L'Accent défend les couleurs de Hyundai dans le très concurrentiel segment des sous-compactes. La dernière mouture, qui date de 2012, s'est vu attribuer un 4 cylindres de 1,6 litre (138 chevaux) à injection directe de carburant, une caractéristique inédite dans cette tranche de prix. Deux carrosseries à 4 et à 5 portières et deux boîtes de vitesses à 6 rapports (manuelle et automatique) complètent le portrait de ce véhicule digne d'intérêt.

Voici le modèle le plus populaire dans l'étable du constructeur, et de loin. Il est donc fort logique que Hyundai complète son portfolio avec de nouvelles configurations. Deux livrées de 2 portes (coupé) et 5 portes (GT) débarquent dans l'arène avec la berline pour le millésime 2013. Le coupé Elantra est essentiellement un choix de nature esthétique, tant les différences avec sa sœur à 4 portières sont minimes. Elle vise de front la Civic coupé. L'Elantra GT se différencie plus nettement des deux autres versions avec son design et une approche plus européens. Agile, elle mise sur des éléments suspenseurs plus fermes et sur une direction à assistance variable selon le goût du conducteur. Les trois modèles sont offerts avec un seul et même moteur, un 4 cylindres de 1,8 litre (148 chevaux) qu'on peut commander avec une boîte de vitesses manuelle ou automatique à 6 rapports.

La grande intermédiaire de Hyundai n'a reçu que de légers changements pour 2013. On retrouve toujours sous son capot le duo de moteurs à injection directe de carburant introduits pour l'année 2012, à savoir un V6 de 3,8 litres (333 chevaux) et un V8 de 5 litres (429 chevaux) pour la version R Spec. Ses ventes en forte progression (47,8 %) traduisent les bienfaits du rafraîchissement. Selon les rumeurs, une nouvelle génération serait en développement et pourrait débuter en 2014 avec de nouveaux traits et d'importantes modifications au châssis.

GENESIS

EQUUS

L'Equus est le pari risqué de l'opulence que Hyundai a pris il y a deux ans. Elle soulève l'importante et brûlante question de la perception de marque dans le choix d'une voiture de haut de gamme en opposition à ses caractéristiques. Sa fourchette de prix (64 500 à 72 000 $) la met en corps-à-corps avec des concurrentes bien établies, axées uniquement sur le luxe. Avec seulement 116 exemplaires écoulés en 2012 au Canada, l'aventure semble loin d'être concluante. On ne peut néanmoins reprocher à Hyundai de mal l'outiller. Son V8 de 5 litres à injection directe de carburant déploie 429 chevaux et est couplé à une boîte automatique à 8 rapports. Une suspension pneumatique dorlote les passagers, et une chaîne audio Lexicon enveloppe l'habitacle d'une acoustique impeccable. Hyundai devra sans doute réajuster le tir pour la rendre véritablement concurrentielle. Une nouvelle division serait peut-être la solution.

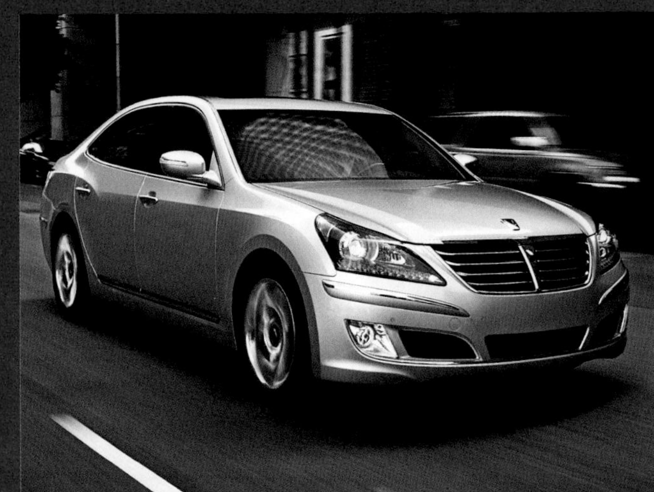

Révisée pour 2013, le coupé Genesis détient maintenant les moyens de ses ambitions. Son design plus dynamique traduit encore mieux son mandat de sportive. Ses moteurs, un 4 cylindres turbo (2 litres - 274 chevaux) et un V6 à injection directe de carburant (3,8 litres - 348 chevaux), gagnent en aplomb. Un duo de boîtes se charge de transmettre le couple à l'arrière : une manuelle à 6 rapports et une automatique à 8 rapports.

GENESIS COUPÉ

SANTA FE

Le grand multisegment de la gamme Hyundai attaque le marché avec de tout nouveaux traits et un habitacle complètement redessiné. Le résultat le situe plus en adéquation avec le courant stylistique du constructeur. Côté mécanique, le V6 est abandonné pour la variante courte afin de laisser place à un 4 cylindres turbo (2 litres - 264 chevaux). Un 4 cylindres de 2,4 litres à injection directe de carburant est proposé en entrée (190 chevaux). Ces deux motorisations sont arrimées à une boîte automatique à 6 rapports. Le Santa Fe XL, quant à lui, comble la place laissée vacante par le Veracruz. Il peut embarquer de 6 à 7 occupants, selon la configuration choisie, et il retient les services d'un V6 à injection directe de carburant de 3,3 litres (290 chevaux) pouvant tracter jusqu'à 2 268 kilos. La transmission intégrale est servie en option, autant pour le Santa Fe que le Santa Fe XL. **Voir l'essai complet page 110.**

La Sonata voit l'équipement de ses déclinaisons modifiées cette année. Les trois mêmes motorisations à 4 cylindres prennent place à l'avant : un 2,4 litres à injection directe de carburant (198 chevaux ou 200 chevaux pour la SE), une motorisation hybride utilisant un 2,4 litres (206 chevaux) et un 2 litres turbocompressé (274 chevaux). En outre, *Consumer Reports* questionne la fiabilité des versions turbo et hybride. À surveiller.

SONATA

Avec son unique portière arrière à droite, la Veloster insuffle un vent de fraîcheur dans l'univers des compactes sportives. Pour 2013, elle intègre dans son arsenal un nouveau 4 cylindres turbocompressé de 1,6 litre (201 chevaux) enrobé d'un habit plus exubérant. Le moteur de base reste toujours le 4 cylindres de 1,6 litre (138 chevaux) partagé avec l'Accent. En plus d'une boîte manuelle à 6 rapports de série, l'acheteur peut choisir, en option, une boîte robotisée à double embrayage dans les deux cas.

VELOSTER

Celui qui garde le fort chez les multisegments compacts pour Hyundai n'a pas reçu de véritables modifications à son offre pour 2013. Deux moteurs à 4 cylindres sont toujours en lice : un 2 litres de 165 chevaux et un 2,4 litres de 176 chevaux. Ouvrez les yeux durant les prochains mois, sa carrosserie devrait logiquement être remodelée afin de préserver son attrait.

TUCSON

FICHE D'IDENTITÉ

VERSIONS 2RM Base 2.4, Premium 2.4, Premium 2.0T, Luxe 2.4, SE 2.0T, Limited 2.0T, XL **4RM** Premium 2.4, Premium 2.0T, XL
TRANSMISSION(S) avant, 4
PORTIÈRES 5 **PLACES** 5, 6, 7
PREMIÈRE GÉNÉRATION 2001
GÉNÉRATION ACTUELLE 2013, 2014 (XL)
CONSTRUCTION Montgomery, Alabama, É-U
COUSSINS GONFLABLES 7 (frontaux, latéraux avant, genoux conducteur, rideaux latéraux)
CONCURRENCE Chevrolet Equinox, GMC Terrain, Ford Edge/Explorer, Honda Pilot, Jeep Grand Cherokee, Kia Sorento, Mitsubishi Outlander, Nissan Murano, Subaru Tribeca, Toyota RAV4/Highlander

AU QUOTIDIEN

PRIME D'ASSURANCE
25 ANS: nd
40 ANS: nd
60 ANS: nd
COLLISION FRONTALE nd
COLLISION LATÉRALE nd
VENTES DU MODÈLE DE L'AN DERNIER AU QUÉBEC nd **AU CANADA** 23 394
DÉPRÉCIATION % 49,4 (3 ans)
RAPPELS (2007 à 2012) 7
COTE DE FIABILITÉ nd

GARANTIES... ET PLUS

GARANTIE GÉNÉRALE 5 ans/100 000 km
GROUPE MOTOPROPULSEUR 5 ans/100 000 km
PERFORATION 5 ans/kilométrage illimité
ASSISTANCE ROUTIÈRE 3 ans/kilométrage illimité
NOMBRE DE CONCESSIONNAIRES AU QUÉBEC 60 **AU CANADA** 200

NOUVEAUTÉS EN 2013.5

Nouvelle génération

LA COTE VERTE

MOTEUR L4 DE 2,4 L

> **Consommation (100 km)** 2RM 10,1 L 4RM 10,5 L
> **Consommation annuelle** 2RM 1 720 L, 2 494 $ 4RM 1 860 L, 2 697 $
> **Indice d'octane** 87 > **Émissions polluantes CO_2** 2RM 3 956 kg/an 4RM 4 278 kg/an

(SOURCE: ÉnerGuide)

LA POMME NE TOMBE JAMAIS LOIN DE L'ARBRE

De 2008 à 2010, Hyundai a offert un Santa Fe à 7 places. Sauf que les deux places du fond étaient si exiguës et si difficiles d'accès que c'en était presqu'une insulte à la science de l'ergonomie. Hyundai en a été quitte pour retirer cette version vu les ventes décevantes. Trois ans plus tard, le constructeur récidive mais en utilisant une autre stratégie. En effet, en septembre dernier, le constructeur a procédé au lancement du Santa Fe Sport de troisième génération. Ce nouvel utilitaire 2013 se contente de transporter un maximum de cinq personnes. Première partie de la nouvelle stratégie. La seconde sera mise en place d'ici quelques semaines quand nous pourrons nous procurer le Santa Fe XL qui, lui, accueillera jusqu'à 7 passagers. Cet essai routier concerne donc le plus «petit» du duo, alors que *L'Annuel de l'automobile 2014* se penchera sur le plus gros.

Michel Crépault

CARROSSERIE > Outre l'empattement allongé, les distinctions extérieures entre le Santa Fe Sport et le Santa Fe XL se regroupent essentiellement à la façade et à l'arrière qui bénéficient d'un traitement différent. Le design est une nième variante du thème *Fluidic Sculpture* déjà adopté par d'autres membres de la famille. La calandre hexagonale privilégie deux tons de chrome. Les roues de 19 pouces, le double échappement et l'aileron justifient l'appellation Santa Fe Sport 2.0T que Hyundai donne à son bébé le plus véloce. L'empattement du Sport est le même que le modèle 2012, mais la longueur

Deux bons moteurs généreux en couple • Insonorisation remarquable de l'habitacle • Équipements de série et facultatifs fort complets

Programmation superflue pour la direction • Visibilité compromise aux trois quarts arrière • Absence de hayon motorisé

a gagné 14 millimètres tandis que la hauteur en a perdu 35. Je vous l'accorde, il faut une loupe, mais le résultat final est quand même un véhicule fort plaisant à regarder. Le coefficient de traînée est passé de 0,38 à 0,34, et le Santa Fe Sport 2013 a perdu 120 kilos par rapport à son prédécesseur (de 1 689 à 1 569 kilos). Le mérite principal en revient au design du châssis et au métal utilisé qui, à lui seul, représente 97 des kilos écrémés. Hyundai (et Kia, le frère siamois) contrôle sa propre aciérie, une situation unique dans l'industrie. Pour vous donner une idée, le Santa Fe Sport est en fait plus gros qu'un Chevrolet Equinox et, dans sa catégorie, seul le Toyota RAV4 se montre plus spacieux à l'intérieur.

HABITACLE > Hyundai a tenu à améliorer l'insonorisation à bord du Santa Fe en émulant des méthodes préconisées notamment sur le Ford Edge. Plus coûteux mais aussi plus zen pour les occupants. L'intérieur est truffé de sept coussins gonflables. La deuxième rangée coulisse de 130 millimètres pour permettre aux passagers de moduler le dégagement aux jambes. Les sièges sont chauffants en avant et en arrière si vous déboursez suffisamment. La division du dossier de la banquette arrière suit la formule 40/20/40, ce qui est bien pratique pour y enfourner des paires de ski sans sacrifier nos quatre places assises. Le plancher de la soute à bagages recèle des cachettes. Le toit vitré est carrément panoramique, les glaces arrière sont pourvues de stores, et le démarrage du véhicule se fait du bout du doigt en cochant la bonne option. Pour votre sono, vous devrez trancher entre trois systèmes, les deux meilleurs utilisant un écran d'affichage de 4,3 pouces. Le système de navigation offert en option, pour sa part, se rabat sur un écran tactile deux fois plus grand. Enfin, vous connaissez les Sud-Coréens : ils aiment ça maltraiter la concurrence en concoctant des ensembles qui en donnent plus aux consommateurs pour leur argent. Dans ce sens, la version dite de base ne peut pas être considérée comme nue et sans attraits puisqu'elle inclut, par exemple, les sièges avant chauffants, le régulateur de vitesse et la connectivité Bluetooth. La version 2.4 Premium devrait constituer le gros des ventes. La 2.4 Luxury intègre la transmission intégrale (aussi une option à 2 000 $), le toit panoramique et la deuxième rangée qui coulisse. Avec la livrée 2.0T Premium, on ajoute le moteur turbo, le bouton-pous-

MENTIONS

CLÉ D'OR · CHOIX VERT · COUP DE CŒUR · **RECOMMANDÉ**

VERDICT

- PLAISIR AU VOLANT
- QUALITÉ DE FINITION
- CONSOMMATION
- RAPPORT QUALITÉ / PRIX
- VALEUR DE REVENTE nm
- CONFORT

1 5 10

FICHE TECHNIQUE

+ MOTEUR (S)

(2.4) L4 2,4 L DACT
PUISSANCE 190 ch. à 6 300 tr/min
COUPLE 181 lb-pi à 4 250 tr/min
BOÎTE(S) DE VITESSES automatique à 6 rapports avec mode manuel
PERFORMANCES 0 À 100 KM/H 10,0 s
VITESSE MAXIMALE 190 km/h

(2.0T) L4 2,0 L DACT
PUISSANCE 264 ch. à 6 000 tr/min
COUPLE 269 lb-pi de 1 750 à 3 000 tr/min
BOITE(S) DE VITESSES automatique à 6 rapports avec mode manuel
PERFORMANCES 0 à 100 KM/H nd
VITESSE MAXIMALE nd
CONSOMMATION (100 KM) 2RM 10,4 L **4RM** 11,0 L (Octane 87)
ANNUELLE 2RM 1 800 L **4RM** 1 960 L
COÛT ANNUEL 2RM 2 610 $ **4RM** 2 842 $
ÉMISSIONS DE CO_2 2RM 4 140 kg/an **4RM** 4 508 kg/an

(XL) V6 3,3 L DACT
PUISSANCE 290 ch. à 6 400 tr/min
COUPLE 252 lb-pi à 5 200 tr/min
BOITE(S) DE VITESSES automatique à 6 rapports avec mode manuel
PERFORMANCES 0 à 100 KM/H nd
VITESSE MAXIMALE nd
CONSOMMATION (100 KM) 2RM 11,6 L **4RM** 11,7 L (Octane 87)

+ AUTRES COMPOSANTS

SÉCURITÉ ACTIVE Freins ABS, assistance au freinage, répartition électronique de la force de freinage, contrôle électronique de la stabilité, antipatinage, assistance au départ en pente et contôle de vitesse en descente
SUSPENSION avant/arrière indépendante
FREINS avant/arrière disques
DIRECTION à crémaillère à assistance ajustable
PNEUS P235/65R17 **SE, Limited** P235/55R19 **XL** P235/60R18, P235/55R19 (option)

+ DIMENSIONS

EMPATTEMENT 2 700 mm **XL** 2 800 mm
LONGUEUR 4 690 mm **XL** 4 905 mm
LARGEUR 1 880 mm **XL** 1 885 mm
HAUTEUR 1 679 mm **XL** 1 700 mm(avec galerie)
POIDS 2RM 2.4 1 569 kg **2.0T** 1 619 kg **XL** 1 790 kg **4RM 2.4** 1 640 kg **2.0T** 1 681 kg **XL** 1 858 kg
DIAMÈTRE DE BRAQUAGE 10,9 m **XL** 11,2 m
COFFRE 1 002 L, 2 025 L (sièges abaissés)
RÉSERVOIR DE CARBURANT 66 L **XL** 71 L
CAPACITÉ DE REMORQUAGE (avec freins de remorque) 2.4 907 kg **2.0T** 1 590 kg **XL** 2 268 kg

2e OPINION

Hyundai a fait ses devoirs concernant la refonte de son Santa Fe. Dès le premier contact, on décèle un degré de sophistication tangible. Comme nous y a habitués le constructeur avec les dernières générations de ses modèles, l'habitacle est pensé et assemblé avec soin. Les commandes sont d'utilisation intuitive et placées de manière homogène. La qualité des matériaux n'est également pas en reste, tout comme l'habitabilité. Le moteur turbo n'est toutefois pas un modèle de raffinement. Plutôt creux à bas régime et un peu rugueux il se révèle néanmoins d'une puissance très acceptable à plus haut régime. La direction du Santa Fe, plutôt imprécise, déçoit légèrement et montre que Hyundai n'a pas encore maîtrisé l'art de la servodirection électronique. Malgré cela, le Santa Fe reste très concurrentiel.

Charles René

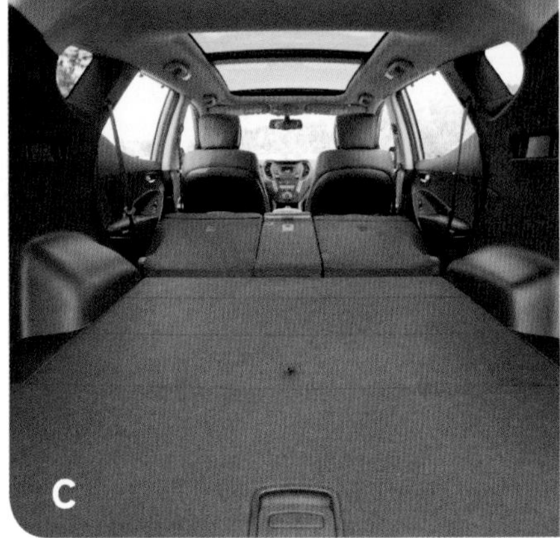

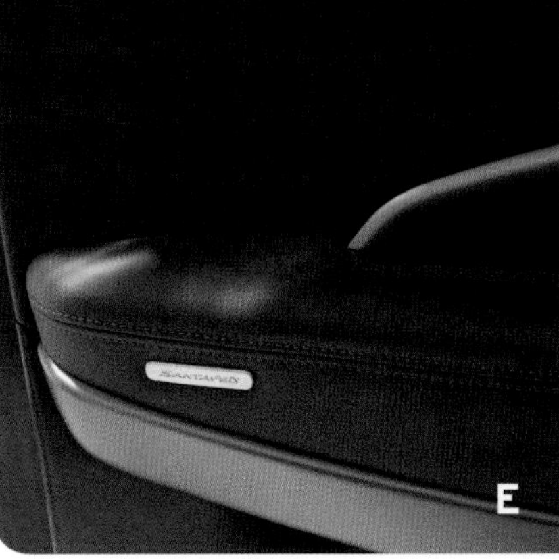

GALERIE

A De nos jours, la majorité des fonctions d'un véhicule passe par un écran d'affichage en couleurs. Quand vous équipez le Santa Fe Sport des meilleurs systèmes de son offerts, vous obtenez un écran de 4,3 pouces. Cochez le système de navigation et vos doigts peuvent pianoter un écran tactile de 8 pouces.

B Le toit panoramique n'est pas la seule gâterie qui équipe de manière standard le Santa Fe 2.0T Limited. Dans la longue liste des accessoires, on remarque des réglages lombaires électriques dans les baquets avant, un volant chauffant et une climatisation bizone.

C En jouant avec les dossiers rabattables des sièges arrière, on peut faire passer le volume de chargement de 1 002 à 2 025 litres. On peut aussi s'amuser à ne plier qu'une section de la banquette puisqu'elle est divisée 40/20/40.

D Deux 4-cylindres sont au menu : un 2,4-litres de 190 chevaux et de 181 livres-pieds de couple, plus puissant que l'ancien 2,4-litres qu'il remplace, et un 2-litres turbocompressé de 264 chevaux et de 269 livres-pieds de couple, soit avec un peu moins de chevaux mais un peu plus de couple que le V6 de 3,5 litres qui a été écarté.

E Bien entendu, plus vous montez en gamme, plus la livrée choisie est garnie de cuir jusque dans le moindre recoin de l'habitacle. Mais la garniture de tissu pour 2013 présente l'avantage d'avoir été traité au procédé *YES Essential* qui en prolonge la longévité.

soir au démarrage et la capacité de tirer une charge maximale de 1590 kilos. Viennent ensuite les modèles 2,0T SE et 2,0T Limited. Étrangement, un hayon automatisé n'est offert sur aucune version.

MÉCANIQUE > Comme la consommation de carburant est de plus en plus un critère crucial pour les consommateurs, Hyundai a pris la décision d'écarter le V6 du petit Santa Fe en faveur plutôt d'une paire de 4-cylindres intégrant l'injection directe de carburant. D'abord un Theta II 2,4 litres de 190 chevaux et de 181 livres-pieds de couple, soit 15 chevaux et 12 livres-pieds de couple supplémentaires que le 2,4-litres qu'il remplace. Puis un Theta II de 2 litres turbocompressé de 264 chevaux et de 269 livres-pieds de couple, soit une légère baisse d'étalons (4 %) par rapport à l'ancien V6 de 3,5 litres (et 10 chevaux de moins par rapport au même 2-litres sous le capot de la Sonata), mais un gain (8 %) en couple. Surtout, les deux 4-cylindres garantissent une meilleure cote de consommation de carburant, soit de 12 % pour le moteur atmosphérique et de 8 % dans le cas du turbo. Des pourcentages qui varient un brin selon que le consommateur se laisse tenter par la transmission intégrale. Peu importe la motricité choisie, les moteurs se contentent d'essence ordinaire. La boîte de vitesses automatique à 6 rapports avec Shiftronic (mode manuel) et le système ActiveECO (accélérateur « endormi ») font aussi leur part pour espacer les visites à la pompe. Les amateurs de V6 pourront toujours se tourner vers le 3,3 litres qui équipera le XL.

COMPORTEMENT > La région de Muskoka, au nord de Toronto (l'équivalent de nos Laurentides), convenait parfaitement au lancement du Santa Fe Sport 2013. Le nouvel utilitaire était alors dans son élément. Quelque 60 % des produits Hyundai trouvent preneur auprès des *bébé-boumeurs*, et celui-ci ne fera pas mentir la statistique. L'utilitaire offre un comportement très sain, sans surprises et rassurant. Son propriétaire n'aura pas besoin d'être rendu à son chalet pour commencer à relaxer puisque le trajet pour s'y rendre sera en soi reposant. Avec sa capacité de remorquage très décente, le Santa Fe Sport permet d'amener facilement avec soi son bateau ou sa paire de motoneiges. Pour nous en convaincre, l'équipe de Huyndai avait justement attaché ce genre de joujou derrière l'utilitaire en nous demandant d'aller faire un petit tour ainsi harnaché. Zéro problème. Même en m'immobilisant volontairement dans une bonne pente, le couple suffisant du moteur a permis au véhicule de reprendre sa promenade comme si c'était monnaie courante de traîner un hors-bord. Les versions à transmission intégrale sont également enrichies d'un dispositif *Active Cornering Control* (similaire au *Torque Vector* de Porsche) qui garantit une prise de virage plus sécuritaire. Un interrupteur permet de modifier les réactions de la direction : Normal, Sport et Confort. Mon humble avis : bof ! Le Santa Fe Sport est le deuxième véhicule de Hyundai à offrir ce gadget après l'Elantra GT. L'action des quatre roues motrices n'est pas permanente. Au départ, le véhicule se comporte comme une traction ; quand le dispositif AWD détecte un patinage, une partie du couple est alors dirigée vers les roues arrière.

CONCLUSION > Hyundai considère maintenant qu'elle offre aux Canadiens une gamme complète d'utilitaires : le compact Tucson, le Santa Fe Sport dans le segment des intermédiaires et le prochain Santa Fe XL dans la catégorie pleine grandeur. Belle surprise : les prix du Santa Fe Sport 2013 ne diffèrent pas de ceux de 2012 (de 26 499 à 38 499 $) même si l'équipement embarqué a été enrichi. Dans l'ensemble, ajoutez-le sans crainte à votre liste de magasinage qui, de toute façon, n'est pas évidente avec des grosses pointures comme le CR-V et le RAV4. ■

HISTORIQUE

Le Hyundai Santa Fe, baptisé ainsi (on se demande bien pourquoi) en l'honneur de la ville du même nom dans l'État du Nouveau-Mexique, a tenu en 2001 le rôle du premier utilitaire nord-américain du constructeur sud-coréen. Le VUS remporta un vif succès, particulièrement auprès des Américains, au point où il fut difficile un temps de répondre à la demande. Chose certaine, Hyundai y trouva là un formidable encouragement à produire d'autres utilitaires, de telle sorte que le Santa Fe Sport 2013 est aujourd'hui flanqué du compact Tucson et du futur Sante Fe XL à 7 places qui s'en vient remplacer le défunt Veracruz. La 2e génération du Santa Fe (2008) a eu l'honneur de figurer dans la liste des meilleurs choix de la revue *Consumer Reports*.

CONCEPT SANTA FE 1999

SANTA FE 2001

SANTA FE 2006

CONCEPT NEOS 3 2006

HYUNDAI NUVUS CONCEPT 2011

HYUNDAI SANTA FE XL 2013

INFINITI

La marque Infiniti est ambitieuse, très ambitieuse. La branche de luxe de Nissan est avide de nouvelles parts de marché aux États-Unis où elle n'occupe que le 7e rang parmi les constructeurs haut de gamme. Elle vise aussi la Chine, son deuxième marché le plus important. À l'aube d'une nouvelle étape de son histoire, qui soufflera sa 24e chandelle cette année, Infiniti met en place une nomenclature complètement refondue pour ses modèles 2014 afin d'appuyer sa stratégie de diversification. Celle-ci, qui pourrait se confondre avec celle d'Audi, séparera dorénavant la gamme en deux groupes, soit les VUS/multisegments (QX) et les berlines/coupés (Q). Les chiffres qui suivent les deux préfixes positionnent le modèle dans la hiérarchie de la famille. Cet effort d'expansion est soutenu par une imposante machine de marketing dont le centre d'attraction est nul autre que l'écurie de formule 1 Red Bull.

Q50

La Q50 est la nouvelle génération de la berline G qui foule actuellement nos routes. Dévoilée au Salon de Detroit en janvier 2013, elle embrasse les nouvelles bases stylistiques qui seront désormais légion du côté des berlines et des coupés Infiniti. L'œil attentif reconnaîtra l'influence d'un sublime prototype dévoilé à Genève en 2009, l'Essence. Le V6 de 3,7 litres (328 chevaux) fait toujours partie des plans tout comme la boîte de vitesses automatique à 7 rapports. La motorisation hybride de la M35h sera également proposée en option. Ce système est composé d'un V6 de 3,5 litres couplé à un moteur électrique par l'entremise d'un embrayage. La puissance totale se situe à 354 chevaux et est canalisée par une boîte automatique également à 7 rapports. Un 4 cylindres turbo fourni par Mercedes-Benz pourrait faire son apparition un an après sa mise en marché afin de favoriser son incursion européenne. Infiniti considérerait également une déclinaison de hautes performances, question de chauffer les fesses des ténors bavarois du genre.

Q60

La Q60 est tout simplement l'ancien coupé G *rebadgé*. Le modèle préservera sa forme actuelle au moins jusqu'en 2015 selon l'information qui circule. Par la suite, l'auto subira une refonte complète qui la rapprochera de la Q50, autant sur le plan technique qu'esthétique. Entretemps, elle reste mue par le V6 de 3,7 litres (325 ou 330 chevaux) qui peut autant se greffer à une boîte manuelle à 6 rapports qu'à un pendant automatique à 7 rapports.

Q70

L'appellation Q70 sera maintenant apposée au porte-étendard d'Infiniti du côté des berlines, la M. Ce modèle ne devrait pas recevoir d'importantes modifications à court terme. L'acheteur pourra donc piger dans la même banque de trois motorisations qu'on trouve actuellement au catalogue (V6 de 3,7 litres, V8 de 5,6 litres et hybride avec V6 de 3,5 litres). Une version épicée de la Q70 serait par ailleurs en développement. Elle miserait sur un V6 d'un cylindrée de 3 litres turbocompressé (probablement biturbo) développant pas de moins de 550 chevaux ! Une telle puissance la mettrait en concurrence directe avec les BMW M5, Mercedes-Benz E63 AMG et Jaguar XKR-S. Ces dernières sont toutes proposées avec des V8 suralimentés.

QX50

Pour 2014, l'Infiniti EX devient le QX50. Malgré son âge de plus en plus palpable, Infiniti ne devrait pas modifier sa forme avant un certain temps. Il accueille un V6 de 3,7 litres (325 chevaux) depuis 2013, qu'on peut exclusivement commander avec une boîte de vitesses automatique à 7 rapports.

Le grand multisegment d'Infiniti, le JX35, change aussi de nom : QX60. Compte tenu du fait qu'il s'agit d'un tout nouveau modèle pour 2013, aucun changement majeur n'est en vue, du moins pas d'ici quelques années. Il est basé sur la même plateforme que la dernière cuvée du Pathfinder et retient les services d'un V6 de 3,5 litres (265 chevaux) employé à toutes les sauces chez Nissan depuis plus d'une décennie. Il ne peut, hélas, faire équipe qu'avec une boîte à variation continue, ce qui gomme l'agrément de conduite.

QX60

QX80

Mastodonte anachronique, le QX56 est maintenant désigné par le vocable QX80. Deuxième véhicule le moins vendu du constructeur derrière la berline Q70 (la M), il continue à survivre malgré sa pertinence qui prête à questionnement. Pas d'importante évolution en vue de son côté.

Le modèle FX devient, quant à lui, le QX70. Sa mouture actuelle date déjà de 2009, et aucune information au sujet d'une importante mise à jour ne circule. Il faut néanmoins garder l'œil ouvert, car il y a un important remue-ménage chez Infiniti par les temps qui courent. On devrait logiquement voir un QX70 rafraîchi d'ici deux ans, si l'on tient compte de son cycle de vie, déjà étiré. L'état-major de la marque a déclaré vouloir se détacher progressivement de ses moteurs V8, ce qui porte à croire que son 5 litres de 390 chevaux offert en option pourrait laisser place à un V6 turbocompressé.

QX70

ETHEREA

Infiniti fera un retour en 2015 dans le segment des compactes de luxe avec un tout nouveau modèle qui sera inspiré du prototype Etherea, une hybride rechargeable. Ce dernier a été présenté en première mondiale à Genève en mars 2011. On se rappellera que la marque avait abandonné le segment en 2002 après l'échec qu'a été la G20, une berline qui partageait beaucoup de ses composants avec la Sentra. Assemblé en Angleterre, ce nouveau modèle sera le premier de l'histoire de la marque à être usiné en Europe. Sa carrosserie bicorps la mettra en concurrence directe avec l'Audi A3.

L'Infiniti LE célébrera l'arrivée du constructeur de luxe dans le marché des voitures entièrement électriques. Exposé sous forme de prototype au Salon de l'auto de New York en avril 2012, elle devrait débarquer sur le marché durant l'année 2014. Cette berline compacte sera en quelque sorte la cousine cossue de la Nissan Leaf. Son moteur électrique devrait délivrer 134 chevaux et produire un couple de 240 livres-pieds. Sa batterie au lithium-ion de 24 kilowattheures permettra une autonomie identique à la Leaf, soit 161 kilomètres. Si l'on se fie à sa livrée concept, un système de recharge sans cordon pourrait également être offert.

LE

JAGUAR

Le conglomérat indien Tata a acheté Jaguar et Land Rover des mains de Ford en mars 2008, 61 ans après l'indépendance de l'Inde britannique. Un tel fait historique fait sourire, surtout si l'on tient compte du statut d'institution nationale que possèdent ces deux marques en sol anglais. La transaction, évaluée à l'époque à 2,3 G$ US, donnait le plein contrôle à Rajan Tata, le président nouvellement retraité de l'entreprise familiale vieille de 140 ans. Malgré l'optimisme qui gravitait autour de cette vente, il flottait aussi un scepticisme concernant le style de gestion qu'allait préconiser le magnat indien. On peut aujourd'hui dresser un bilan positif des premières années du règne. Le groupe indo-anglais a préservé les racines britanniques de la marque tout en affichant une performance financière plus qu'acceptable avec un recouvrement de l'investissement de 26 % pour les actionnaires américains lors des trois derniers exercices financiers. Après des années d'immobilisme, le dynamisme impressionne chez Jaguar. De nouveaux moteurs font leur apparition, tout comme la transmission intégrale. La magnifique Type F arrive, succédant à l'intemporelle Type E. On prépare également l'assaut de nouveaux segments, plus abordables.

XF

L'année 2013 revêt une grande importance pour la XF. Restylée pour 2012 avec un heureux coup de crayon qui neutralise sa banalité souvent reprochée, elle reçoit trois nouvelles armes sous son capot. Un 4 cylindres turbocompressé (2 litres 240 chevaux) s'invite et fait baisser la facture de départ à 53 500 $. Le V8 de 5 litres atmosphérique, auparavant de série, quitte pour laisser place à un tout nouveau V6 de 3 litres suralimenté par compresseur volumétrique (340 chevaux). Il s'agit de l'unique motorisation à laquelle on peut coupler le nouveau système de transmission intégrale offert en option. La livrée XFR garde pour sa part son V8 gavé par compresseur (510 chevaux) et une déclinaison de hautes performances coiffera la gamme dès l'été 2013, la XFR-S. Cette dernière deviendra la berline de la marque la plus rapide de son histoire grâce à sa mécanique empruntée au coupé XKR-S. Son V8 suralimenté par compresseur (5 litres 550 chevaux) achemine le couple de 502 livres-pieds au train arrière par l'entremise d'une boîte automatique ZF à 8 rapports. Un rafraîchissement de la robe de la XF serait programmé d'ici deux ans.

XK

Pendant que les projecteurs sont braqués sur la Type F, la XK poursuit son chemin et consolide sa position de coupé de grand tourisme. Aucune modification n'est prévue cette année pour cette voiture empreinte d'une rare grâce. Conséquemment, les trois mêmes V8 de 5 litres, dont deux sont suralimentés, se partagent le compartiment-moteur en livrant respectivement 375, 510 et 550 chevaux, selon la variante choisie. Sa prochaine mouture, prévue pour 2014, pourrait être légèrement plus imposante dans le but d'augmenter le volume de l'habitacle. Sa puissance sera inévitablement revue à la hausse pour masquer la prise de poids.

Modèle-phare du constructeur, la XJ propose certains changements à ses attributs pour l'année modèle 2013. En plus d'un système d'arrêt-démarrage qui coupe automatiquement l'alimentation en carburant du moteur à l'arrêt, elle récolte le nouveau V6 suralimenté par un compresseur (3 litres 340 chevaux) qui occupe les bases de sa gamme autant pour les empattements courts que longs. Un nouveau système de transmission intégrale figure par ailleurs sur la fiche d'options, afin d'augmenter ses parts de marché dans les pays nordiques. Les deux V8, également suralimentés par compresseur, des versions Supercharged (470 chevaux) et Supersport (510 chevaux) restent inchangés, mais reçoivent, à l'instar du V6, l'apport d'une boîte de vitesses automatique à 8 rapports. En outre, une motorisation hybride enfichable employant le 4 cylindres turbo de la XF est actuellement en phase expérimentale et pourrait éventuellement se frayer un chemin sous le capot de la grande anglaise.

XJ

Douze secondes. C'est le court laps de temps nécessaire pour recouvrir de son toit souple l'habitacle de la Type F. Détail futile, vous direz. Il s'agit plutôt d'une caractéristique qui traduit à quel point cette voiture a été conçue pour les longues randonnées d'été. Né pour être piloté, ce roadster est le descendant direct du coupé Type E, celui-là même qui a attisé l'envie d'Enzo Ferrari tant son dessin côtoyait la perfection. Côté motorisation, Jaguar a choisi d'étaler son offre sur trois volets. En entrée, un V6 suralimenté par compresseur de 3 litres (340 chevaux) est proposé, le même qui dessert les berlines XF et XJ. La version S extirpe 40 chevaux de plus à ce V6. Enfin, la V8 S s'aligne avec un V8 suralimenté par compresseur dont le V6 est dérivé. Il libère 495 chevaux. Seule une boîte automatique à 8 rapports est au menu. En raison du mandat purement sportif de la Type F, elle pourrait, à brève échéance, bénéficier de l'ajout d'une boîte manuelle.

TYPE F

Deux autres modèles pourraient se joindre à la famille d'ici quelques années. On s'affairerait au développement d'une berline compacte de luxe qui tenterait de réussir là où a échoué la Type X. Pigeant dans la nouvelle banque de moteurs, elle bénéficierait d'une plateforme en aluminium pour abaisser son poids. Une transmission intégrale serait considérée. Parallèlement, un multisegment de grand luxe est, dit-on, aussi à l'étude...

JEEP

Voilà déjà trois ans que Fiat et Chrysler ont uni leurs destinées et, jusqu'ici, comme le disent les Anglais, c'est « so far, so good ». Même que le meilleur reste à venir. C'est notamment le cas à l'enseigne Jeep. Les années de vaches maigres de la fin de la décennie 2000 semblent désormais faire partie du passé de la marque.

L'année 2013 sera déterminante au sein de la famille Jeep alors qu'une série d'annonces importantes marqueront le millésime. Plus que jamais, nous serons en mesure de réaliser que le partage de technologie entre Fiat et Chrysler porte ses fruits. Au menu, un tout nouveau modèle qui fera ses débuts au Salon de l'auto New York, un moteur Diesel très attendu, des variantes SRT qui feront saliver et une possible surprise dans la famille Wrangler.

L'annonce a été officialisée au Salon de Detroit en janvier ; le Grand Cherokee reçoit de nouveau un moteur turbodiesel. Cette fois, la mécanique en question, un V6 de 3 litres, est signée Fiat. Sa puissance est évaluée à 240 chevaux, et son couple, à 420 livres-pieds. Voilà qui permet à Jeep d'offrir le 4 x 4 à moteur Diesel le plus abordable en Amérique. L'un des plus économiques à la pompe aussi puisqu'on promet une consommation moyenne de 7,1 litres aux 100 kilomètres sur l'autoroute. L'année 2013 marque aussi le retour de la version SRT8 du Grand Cherokee. Enfin, vous remarquerez que toutes les versions du Grand Cherokee ont vu leur esthétique retouchée, mais nous sommes encore loin du modèle de prochaine génération qui devrait voir le jour à l'horizon 2016.

GRAND CHEROKEE

COMPASS

Le Compass reçoit cette année une boîte de vitesses automatique à 6 rapports qui vient remplacer la CVT. Voilà qui lui fera le plus grand bien. Cependant, l'avenir de ce modèle et de son clone, le Patriot, demeure incertain. Survivront-ils si le nouveau VUS sans nom de Jeep connaît du succès ? Si oui, conservera-t-on le Compass et le Patriot ? Autant de questions qui demeurent sans réponses pour l'instant. Pariez sur la survie du Compass mais pas du Patriot, qui tirerait sa révérence en 2014.

Quand on parle du Grand Wagoneer à un dirigeant de Jeep, on a droit à un sourire en coin. Peut-être parce qu'il nous voit nous énerver à propos d'un produit qui ne verrait jamais le jour. Peut-être, au contraire, parce qu'il a de la difficulté à se contenir tellement ils a envie de tout nous dévoiler à propos d'une nouvelle mouture. Toujours est-il que les rumeurs courent toujours quant à la venue d'un remplaçant. Il comblerait l'espace laissé vacant par le départ du Commander, mais aurait aussi comme mandat de remplacer le Durango qui quitterait le marché lors de la refonte du Grand Cherokee, prévue pour 2016.

GRAND WAGONEER

À l'instar du Compass, l'avenir du Patriot dépend de plusieurs facteurs, dont le succès du nouveau Jeep qui fera son apparition au cours des prochains mois. Lors de la présentation des nouveautés Jeep, en décembre dernier, aux quartiers généraux de Chrysler, le Patriot n'était pas sous les projecteurs. Tirez-en vos propres conclusions.

PATRIOT

Celui-là demeure le pur et dur au sein de la gamme; c'est très bien ainsi. Sa popularité ne s'amenuise pas, et, l'an prochain, une variante pas piquée des vers serait ajoutée au catalogue. Selon un porte-parole de Jeep, cette dernière permettait aux consommateurs « de faire des choses qu'ils n'ont jamais été capables de faire auparavant avec leur Wrangler ». Parions sur un ensemble de conversion à la JK-8 et peut-être même quelque chose qui s'approcherait du concept Mighty FC. Pourquoi pas ? La prochaine refonte importante du Wrangler aurait lieu en 2017.

WRANGLER

À VENIR...

Au prochain Salon de l'auto de New York, Jeep dévoilera un tout nouveau produit qui aura pour mission de remplacer le défunt Liberty. Nous avons vu ce dernier lors d'une présentation en décembre dernier, mais on doit se la boucler jusqu'à son dévoilement, sous peine de mort. Ce qu'on peut vous dire, c'est qu'il y aura deux versions au menu, dont une Trailrated. En termes de dimensions, imaginez un Subaru Forester. Stylistiquement, vous aurez droit à une surprise de taille, notamment en ce qui a trait à la typique signature Jeep. L'armature est dérivée de celle de la Dodge Dart. Des modèles à traction et à quatre roues motrices seront proposés.

Par ailleurs, même si rien n'a encore été annoncé, on parle de plus en plus de la possibilité de retrouver une camionnette dans la gamme Jeep, et ce, dès 2015. En 2005, la marque avait présenté le concept Gladiator au Salon de l'auto de Detroit, mais la situation financière précaire de l'entreprise avait mis un frein au développement de ce projet.

KIA

L'élan irrésistible de Kia s'est poursuivi en 2012 alors que le constructeur sud-coréen a encore une fois battu son record de ventes au Canada en écoulant 77 800 véhicules, soit 12 577 de plus que l'an dernier pour une hausse de 19,5 %. On doit s'attendre à un rendement similaire en 2013 alors que Kia aura dans ses rangs un tout nouveau modèle et, surtout, comptera sur la refonte de l'un de ses véhicules les plus populaires, la Forte, pour pulvériser son propre record. Profitant d'une planification au poil, la prochaine année sera aussi le théâtre d'annonces importantes en ce qui a trait au futur de produits déjà existants. Ainsi, le millésime 2014 s'annonce déjà fertile en rebondissements. De quoi garder la flamme des « Kiaistes » allumée !

La Cadenza a été présentée au dernier Salon de l'auto de Detroit. Cousine de l'Azera de Hyundai, elle sera offerte chez nous, contrairement à l'autre qui a été retirée de notre marché à la fin de 2008. Son arrivée, prévue pour l'été, fera d'elle la plus grosse berline offerte par Kia. La plus puissante aussi : la Cadenza met à profit un moteur V6 de 3,3 litres à injection directe de carburant qui livre une puissance de 293 chevaux. Son prix n'a pas encore été annoncé, mais il se situera vraisemblablement entre 35 000 et 40 000 $.

CADENZA

FORTE

C'est au dernier Salon de l'auto de Los Angeles que la Forte a été présentée au public et elle est certainement l'une des voitures qui assureront à Kia une croissance en 2013. Le premier modèle de la gamme qui se fraiera un chemin dans les concessions sera la berline, alors que les versions à hayon (Forte5) et coupé (Forte Koup) seront attendues plus tard au cours de l'année. La Forte profitera du moteur à 4 cylindres de 1,8 litre qui anime actuellement l'Elantra de Hyundai, mais une nouvelle mécanique un peu plus puissante, un 4 cylindres de 2 litres, sera aussi proposée. **Lisez notre essai complet à la page 122.**

Kia jongle toujours avec l'idée de transformer ce concept en véhicule de production, mais n'a pas encore été convaincue par son plus grand défenseur, Peter Shreyer, maintenant président du Design de Hyundai et de Kia. La GT a été présentée une première fois en 2011 au Salon de l'auto de Francfort. Elle profiterait, une fois sur la route, d'un moteur V6 turbo de 3,3 litres de 395 chevaux. La totalité de la puissance serait retransmise aux roues arrière. Si sa production se concrétise, misons sur l'un des deux millésimes suivants : 2015 ou 2016.

GT

La magnifique Optima entreprend déjà sa troisième année sur le marché, et, selon nos sources, un léger rafraîchissement est prévu pour le millésime 2014. De plus, dès l'été prochain, de petites modifications seraient apportées à sa robe. Nous devrions en savoir plus en ce qui la concerne au cours des prochains mois.

OPTIMA

Dans les pages de *L'Annuel de l'automobile 2012,5*, nous vous présentions la toute nouvelle Kia Rio, une voiture étonnante et sans complexe. Les Québécois ont été nombreux à faire d'elle leur choix de première ronde l'an dernier, et tout indique que cette tendance se poursuivra en 2013.

RIO

La refonte du Sportage demeure récente, mais Kia prévoit déjà de petits changements pour son populaire utilitaire. Cette année, un ajustement du côté des suspensions devrait feutrer davantage l'expérience de conduite, et, pour 2014, nous aurons droit à des modifications de mi-parcours, notamment au chapitre du faciès et de la calandre. La prochaine refonte complète du véhicule est prévue pour 2015-2016, mais aucun calendrier précis n'a été concrètement arrêté du côté du constructeur sud-coréen.

SPORTAGE

SORENTO

Le Sorento 2014 vient d'être présenté à Los Angeles, et les changements qui le caractérisent sont majeurs. Nouvelle plateforme, nouvelle mécanique, habitacle revu, bref, il a été sérieusement mis au goût du jour. Il faut savoir que, même s'il n'est pas le plus populaire chez nous, il demeure un produit fort important pour Kia aux États-Unis. L'été dernier, on croyait que le Sorento serait seulement rafraîchi pour 2014 et ne serait complètement revu que pour 2016. Force est d'admettre que les choses changent parfois rapidement dans cette industrie. **Lisez notre essai complet à la page 126.**

Ceux qui se sont rendus au Salon de l'auto de Montréal, en janvier dernier, ont pu voir de près le concept Track'ster, un véhicule qui représente de toute évidence l'avenir du Kia Soul. Il est certain que c'est au cours de la présente année que nous aurons droit à la présentation de la très attendue deuxième génération du Soul. Kia promet que les dimensions de ce dernier respecteront celles du modèle de première génération. À notre humble avis, le Soul se doit de protéger son originalité.

SOUL

Les informations concernant la K9/Quoris, la berline de grand luxe de Kia, filtrent au compte-gouttes, mais le fait que la voiture ait été vue sur les routes dans la région de Toronto nous donne une bonne idée qu'elle est sur le point de faire sa grande entrée sur le marché canadien. Cette limousine, qui partage une armature avec celle de l'Equus, de Hyundai, profiterait d'un moteur V6 de 3,8 litres de 330 chevaux, en plus de proposer une kyrielle d'avancées technologiques et de babioles pour satisfaire une clientèle à la recherche du nec plus ultra. Une ombre au tableau, cependant : le prix. Jusqu'à quel point les amateurs du genre sont-ils prêts à ouvrir leur portefeuille pour mettre la main sur une automobile opulente signée Kia ?

K9

À VENIR...

En septembre dernier, au Mondial de l'automobile de Paris, Kia dévoilait la Carens 2013, notre Rondo à nous. Il faut s'attendre à ce que ce modèle nous arrive quelque part au cours de l'année 2013. Bien sûr, il pourra toujours être configuré pour recevoir sept passagers.

RONDO

FICHE D'IDENTITÉ

VERSIONS Forte LX, LX+, EX, SX
Forte5 LX, SX
TRANSMISSION(S) avant
PORTIÈRES 4 **PLACES** 5
PREMIÈRE GÉNÉRATION 2010
GÉNÉRATION ACTUELLE 2014
CONSTRUCTION Hwasung, Corée du Sud
COUSSINS GONFLABLES 6 (frontaux, latéraux avant, rideaux latéraux)
CONCURRENCE Chevrolet Cruze, Ford Focus, Honda Civic, Hyundai Elantra, Mazda3, Mitsubishi Lancer, Nissan Sentra, Subaru Impreza, Suzuki SX4, Toyota Corolla, Volkswagen Jetta

AU QUOTIDIEN

PRIME D'ASSURANCE
25 ANS: 1600 à 1800 $
40 ANS: 900 à 1100 $
60 ANS: 800 à 1000 $
COLLISION FRONTALE nm
COLLISION LATÉRALE nm
VENTES DU MODÈLE DE L'AN DERNIER
AU QUÉBEC nd **AU CANADA** 14 856 (incl. Forte5 et Koup)
DÉPRÉCIATION (%) 40,4 (3 ans)
RAPPELS (2007 à 2012) aucun à ce jour
COTE DE FIABILITÉ 4/5

GARANTIES... ET PLUS

GARANTIE GÉNÉRALE 5 ans/100 000 km
GROUPE MOTOPROPULSEUR 5 ans/100 000 km
PERFORATION 5 ans/kilométrage illimité
ASSISTANCE ROUTIÈRE 5 ans/100 000 km
NOMBRE DE CONCESSIONNAIRES
AU QUÉBEC 56 **AU CANADA** 167

NOUVEAUTÉS EN 2013.5

Nouvelle génération

LA COTE VERTE

MOTEUR L4 DE 2,4 L

> **Consommation (100 km) Man.** 8,0 L **Auto** 8,1 L
> **Consommation annuelle** nm
> **Indice d'octane** 87 > **Émissions polluantes** CO_2 nm

(SOURCE: Kia)

SUPERBE... ET AUTOMATIQUE !

C'est avec une berline compacte (la Sephia) que le constructeur sud-coréen a, pour la première fois, mis le pied au Canada. Cette voiture, déclassée dès son arrivée et faisant appel à une vieille mécanique d'origine Mazda, était à ce point désuète que, peu de temps après, on lui apportait des retouches en la renommant Spectra. Hélas, ce ne fut guère mieux. En fait, ce n'est véritablement qu'à partir de l'acquisition de Kia par Hyundai que les choses se sont améliorées. À ce moment-là, une nouvelle Spectra plus convaincante (mais toujours dans l'ombre des ténors de la catégorie) a vu le jour. Puis, en 2009, Kia a introduit la Forte 2010, une voiture aujourd'hui très appréciée, et avec raison. Voilà pour la petite histoire.

Antoine Joubert

CARROSSERIE > Aujourd'hui, l'heure est à la refonte, et ce, même si la présente Forte n'est vieille que d'à peine quatre ans. La preuve que les choses bougent plus vite à Séoul qu'à Tokyo. Cela dit, la nouvelle Forte souhaite se positionner rapidement dans le peloton de tête, à l'endroit précis où la Hyundai Elantra (de laquelle elle dérive) se situe. Pour ce faire, il était donc primordial d'arriver avec des lignes séduisantes, une formule qui a visiblement porté ses fruits avec les Kia Soul, Sportage et Optima. L'équipe du désormais célèbre styliste Peter Schreyer accouche donc d'une berline aux lignes très élégantes, aguichantes même. On ne peut évidemment passer sous silence le fait qu'on se soit inspiré de la berline Civic pour sculpter les formes de cette voiture, en prenant évidemment soin d'apporter la touche nécessaire pour un résultat encore plus convaincant. Et si certains d'entre vous ne voient pas de liens entre ces deux voitures, amusez-vous à comparer leurs proportions. Les phares, la fenestration, la ligne de toit, la ceinture de caisse et, même, ce petit crochet au bas des por-

Lignes splendides • Degré de luxe surprenant • Confort grandement amélioré Garantie rassurante • Moteur de 2 litres intéressant

Absence de boîte manuelle (sauf LX / LX+) • Présentation intérieure austère (tout noir) • Direction qui manque de précision

tières, sont visiblement tous inspirés de la Civic. Et c'est normal puisque l'objectif ultime est clairement de battre la petite Honda (la voiture la plus vendue au pays) à son propre jeu.

Plus récemment, Kia a aussi procédé au dévoilement, à Chicago, de la version à cinq portes de la Forte 2014, une voiture à saveur très européenne. Les différences esthétiques sont d'ailleurs nombreuses par rapport à la berline qui n'hérite ni du même museau, ni des mêmes roues. Et le résultat est tout aussi heureux.

HABITACLE > Gâché par l'omniprésence d'un noir évidemment lugubre (et c'est dommage), l'habitacle de la Forte demeure pourtant un modèle en matière de design et d'ergonomie. Les plus perfectionnistes remarqueront sans aucun doute cet effet de halo retrouvé sur la partie supérieure droite de la planche de bord, ainsi que la richesse des matériaux utilisés, qui sont même habituellement supérieurs à ce qu'on retrouve à bord d'une Hyundai Elantra. Spacieux, l'intérieur propose des sièges confortables et une position de conduite irréprochable, et il regorge d'une multitude de caractéristiques normalement réservées aux voitures de catégorie supérieure: sièges chauffants et ventilés, volant chauffant, systèmes de navigation et à commandes vocales UVO, siège du conducteur réglable électriquement en 10 directions, etc. La bonne nouvelle c'est qu'il n'est pas nécessaire de débourser des sommes faramineuses pour obtenir la totale. Voilà donc un joli pied de nez à des voitures comme la Ford Focus ou la Dodge Dart, dont les prix peuvent aisément dépasser les 30000$ quand on se laisse séduire par la majorité des options.

MÉCANIQUE > Assurément, la plus grande surprise avec la Forte (la berline) n'est pas de savoir qu'elle hérite de deux moteurs (1,8 litre emprunté à l'Elantra et 2 litres à injection directe de carburant de 173 chevaux), mais plutôt de constater l'abandon quasiment total d'une boîte manuelle au profit d'une automatique à 6 rapports. En effet, les stratèges de la marque ont initialement choisi de n'offrir la boîte manuelle à 6 rapports que sur le modèle LX de base, lequel n'est même pas doté de la climatisation. Toutes les autres versions, y compris les modèles EX et SX à moteur plus performant, ne peuvent pas recevoir le sélecteur à mitaines. L'irréductible des boîtes manuelles que je suis était, bien sûr, indigné par cette décision. Tellement que j'ai fait valoir mon point de vue auprès des gens de l'entreprise

MENTIONS

CLÉ D'OR · CHOIX VERT · COUP DE CŒUR · **RECOMMANDÉ**

VERDICT

- PLAISIR AU VOLANT
- QUALITÉ DE FINITION
- CONSOMMATION
- RAPPORT QUALITÉ / PRIX
- VALEUR DE REVENTE (nm)
- CONFORT

1 5 10

2e OPINION

Peu importe le modèle que vous choisirez, Kia a fait du bon travail avec la Forte. La boîte automatique à 6 rapports travaille en harmonie avec les moteurs, les reprises sont toniques mais aussi fluides. Je souligne l'excellente insonorisation de l'habitacle et la grande rigidité. Si les gens de Honda et Toyota lisent cet article, sachez qu'un nouveau joueur débarque et narguera la Civic et la Corolla. La Forte ne gagnera pas le titre de voiture la plus vendue cette année, mais elle arrive avec la ferme intention de revendiquer sa part de marché. La direction de Kia Canada vise l'une des cinq premières positions du segment, et rapidement. Avec un prix de départ sous la barre des 16000$, c'est fort possible.

Benoit Charette

FICHE TECHNIQUE

+ MOTEUR (S)

(FORTE LX) L4 1,8 L DACT
PUISSANCE 148 ch. à 6500 tr/min
COUPLE 131 lb-pi à 4700 tr/min
BOÎTE(S) DE VITESSES manuelle à 6 rapports, automatique à 6 rapports (option)
PERFORMANCES 0 À 100 KM/H 10,2 S
VITESSE MAXIMALE nm

(FORTE EX, SX, FORTE5 LX) L4 2,0 L DACT
PUISSANCE 173 ch. à 6500 tr/min
COUPLE 154 lb-pi à 4700 tr/min
BOITE(S) DE VITESSES automatique à 6 rapports avec manettes au volant
PERFORMANCES 0 à 100 KM/H 9,0 s
VITESSE MAXIMALE nm
CONSOMMATION (100 KM) 9,0 L (Octane 87)

(FORTE5 SX) L4 1,6 litre turbo
PUISSANCE 201 ch. à 6000 tr/min
COUPLE 195 lb-pi de 1750 à 4500 tr/min
BOÎTE DE VITESSES manuelle à 6 rapports, automatique à 6 rapports avec manettes au volant (option)

+ AUTRES COMPOSANTS

SÉCURITÉ ACTIVE Freins ABS, assistance au freinage, répartition électronique de la force de freinage, contrôle électronique de la stabilité, antipatinage
SUSPENSION avant/arrière indépendante/semi indépendante
FREINS avant/arrière disques
DIRECTION à crémaillère assistée électriquement
PNEUS LX P195/65R15, P205/55R16 (option)
EX, SX P205/55R16, P215/45R17 (option)

+ DIMENSIONS

EMPATTEMENT 2700 mm
LONGUEUR 4560 mm
LARGEUR 1780 mm
HAUTEUR 1440 mm
POIDS MAN. 1242 kg **AUTO.** 1263 kg
DIAMÈTRE DE BRAQUAGE 10,3 m
RÉSERVOIR DE CARBURANT 60 L
COFFRE 421 L

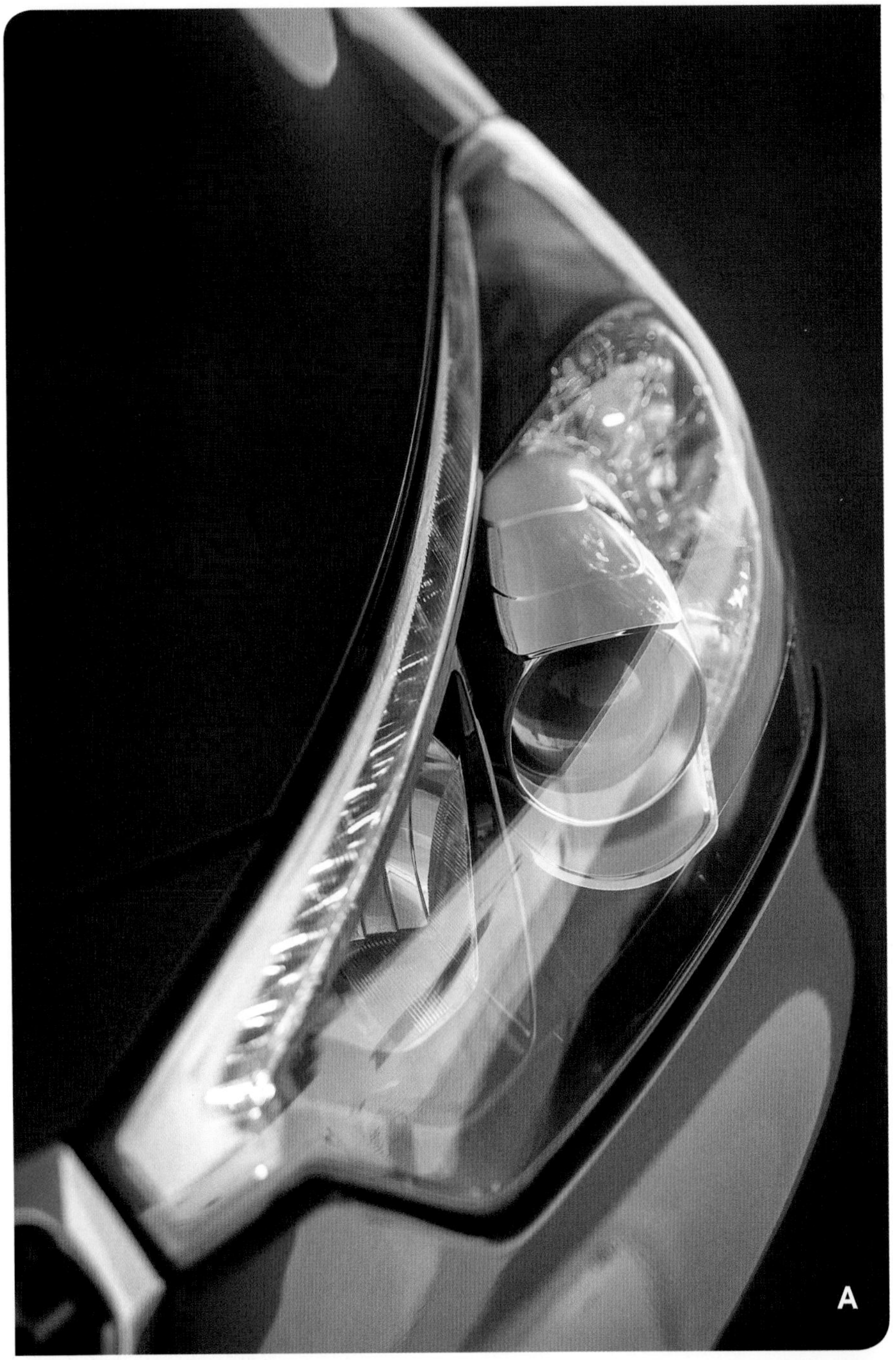

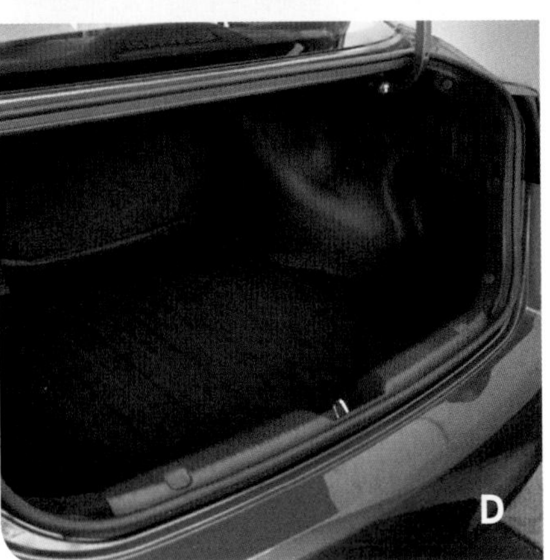

GALERIE

A La Forte 2014 est la seule voiture de sa catégorie, avec la Volkswagen Jetta, à offrir des feux de position composés de diodes électroluminescentes (DEL). Sur la berline, ils accompagnent les versions EX et SX.

B La Forte propose un habitacle bien dessiné et très ergonomique. L'équipement y est également très généreux, puisqu'on y retrouve des éléments souvent absents de certaines voitures de catégorie supérieure. Toutefois, l'omniprésence du noir rend l'ambiance à bord plutôt morbide.

C Le moteur de base de la Forte consiste en un 4 cylindres de 1,8 litre, aussi utilisé dans la Hyundai Elantra. Les versions EX et SX de la berline reçoivent toutefois un 2 litres plus puissant, alors que la version SX à hayon hérite d'un moteur de 1,6 litre turbocompressé de 201 chevaux.

D Le coffre de la berline Forte est l'un des plus volumineux de sa catégorie en vertu d'une capacité de 421 litres. Il faut aussi lui accorder une bonne note pour sa grande ouverture, ce qui facilite l'accès, ainsi que pour l'embrasure généreuse qui se crée à l'abaissement de la banquette.

E Toutes les versions de la Forte, à l'exception du modèle LX de base, reçoivent des sièges chauffants à l'avant. La version SX reçoit également des sièges chauffants à l'arrière, ainsi que des sièges avant ventilés.

durant la présentation aux médias. Et, savez-vous quoi, mon message a passé puisqu'on est venu me voir quelques heures plus tard pour m'annoncer que les planificateurs de produits avaient changé leurs plans ! Ils ont décidé de produire une berline Forte LX+ (toujours à moteur de 1,8 litre) mieux équipée, et donc plus apte à rejoindre un plus grand bassin d'acheteurs. Comme quoi, parfois, notre opinion est prise au sérieux. Et une autre preuve que, chez Kia, on peut bouger très rapidement.

Du côté de la version à hayon, les choses sont toutefois différentes. Le moteur de base consiste ici en ce 2 litres de 173 chevaux qui propose de meilleures performances que le moteur de base de la berline, le tout pour une consommation de carburant à peine supérieure (prévoyez réellement 8 litres aux 100 kilomètres). Hélas, toujours pas de manuelle, à moins que vous n'optiez pour la version SX, la seule à offrir le moteur de 1,6 litre turbocompressé de 201 chevaux, aussi installé dans le coupé Hyundai Veloster. Et gageons qu'on le repérera aussi dans la nouvelle Forte Koup prévue pour cet été...

COMPORTEMENT > Tant le moteur que la boîte automatique effectuent un boulot sans grand reproche. Comme toute voiture sud-coréenne, la puissance annoncée nous semble un brin optimiste, mais le résultat sur route demeure plus que correct. La voiture gagne toutefois énormément de points en matière de confort, d'abord en raison d'une suspension très bien calibrée, mais aussi grâce à une insonorisation beaucoup plus poussée que par le passé, à faire rougir de honte les Civic et Corolla de ce monde. Équilibrée en matière de comportement routier, la Forte ne pèche que par une direction à assistance électrique qui, en dépit d'une possibilité de réglage de sa fermeté sur le modèle SX, manque de précision. Il faut donc malheureusement corriger souvent sa trajectoire, ce qui résulte en un agrément de conduite qui n'est pas aussi relevé qu'à bord de certaines rivales, comme la Mazda3 ou la Volkswagen Jetta. En fait, je vous mentirais si je vous disais que la conduite de cette berline est emballante. La Forte est certes stable, bien ancrée au sol, plus raffinée que bien des rivales et d'un confort franchement étonnant, mais l'agrément de conduite ne constitue pas son plus grand atout. Et si les lignes de la Forte laissent présager une conduite extrêmement dynamique, laissez-moi me répéter en soulignant qu'une Mazda3 et une VW Jetta vous en donneront davantage à ce chapitre. Mais, somme toute, malgré quelques petits irritants, la Forte se révèle une routière intéressante qui n'a certainement pas à rougir face à la concurrence.

CONCLUSION > Avec la Forte de précédente génération, Kia avait réussi à gagner beaucoup de crédibilité auprès des acheteurs, sans toutefois les surprendre avec un produit coup de cœur. Cette fois-ci, l'effet risque de ressembler à celui généré par la récente Optima, c'est-à-dire attirer une clientèle de masse qui n'aurait jamais considéré un produit Kia par le passé. Sans hésitation aucune, il s'agit d'une voiture qui mérite absolument de se retrouver dans le peloton de tête, constituant même une offre plus sérieuse et complète que celle de Hyundai avec son Elantra (avec un seul choix mécanique). Avis donc aux stratèges de Honda, l'heure est maintenant venue de faire des heures supplémentaires... ■

HISTORIQUE

La Sephia est arrivée sur le marché américain en 1994, mais ce n'est que cinq ans plus tard qu'elle traversait la frontière pour arriver au Canada. Deux ans après, on profitait d'une légère refonte de la voiture pour la renommer Spectra, introduisant du coup une version à hayon appelée Spectra GSX. Ensuite, l'entreprise passait sous le giron de Hyundai, si bien que la Spectra 2005 allait être dérivée de la Hyundai Elantra. Offerte en berline et en modèle à 5 portes, elle est renouvelée en 2010 pour être encore une fois rebaptisée, cette fois du nom de Forte. Dès lors, la voiture a connu plus de succès, étant offerte en berline, en coupé et en modèle à hayon. Pour 2014 se pointe une 5e génération qui se déclinera aussi en trois carrosseries.

SEPHIA 1994

SEPHIA 2001

SPECTRA 2005

KOUP CONCEPT 2008

FORTE 2010

5 PORTES 2011

FICHE D'IDENTITÉ

VERSIONS LX, EX, SX
TRANSMISSION(S) avant, 4
PORTIÈRES 5 **PLACES** 5, 7
PREMIÈRE GÉNÉRATION 2003
GÉNÉRATION ACTUELLE 2014
CONSTRUCTION West Point, Géorgie, É-U
COUSSINS GONFLABLES 6 (frontaux, latéraux avant, rideaux latéraux)
CONCURRENCE Dodge Durango, Ford Explorer, Honda Pilot, Hyundai Santa Fe, Jeep Grand Cherokee, Nissan Pathfinder, Toyota 4Runner

AU QUOTIDIEN

PRIME D'ASSURANCE
25 ANS: 2100 à 2300 $
40 ANS: 1400 à 1600 $
60 ANS: 1100 à 1300 $
COLLISION FRONTALE nm
COLLISION LATÉRALE nm
VENTES DU MODÈLE DE L'AN DERNIER AU QUÉBEC nd **AU CANADA** 14 031
DÉPRÉCIATION 49,3 (3 ans)
RAPPELS (2007 à 2012) 4
COTE DE FIABILITÉ nm

GARANTIES... ET PLUS

GARANTIE GÉNÉRALE 5 ans/100 000 km
GROUPE MOTOPROPULSEUR 5 ans/100 000 km
PERFORATION 5 ans/kilométrage illimité
ASSISTANCE ROUTIÈRE 5 ans/100 000 km
NOMBRE DE CONCESSIONNAIRES AU QUÉBEC 56 **AU CANADA** 167

NOUVEAUTÉS EN 2013.5

Nouvelle génération

LA COTE VERTE

MOTEUR L4 DE 2,4 L

> **Consommation (100 km) 2RM** 11,8 L **4RM** 12,4 L
> **Consommation annuelle** nd
> **Indice d'octane** 87 > **Émissions polluantes CO_2** nd

(SOURCE: Kia)

MÊME AIR, AUTRE CHANSON

Même si, au premier coup d'œil, le Sorento 2014 semble s'être contenté de quelques retouches de mi-parcours, dans les faits, le véhicule a fait peau neuve à 80 %. Il s'agit donc d'une transformation plus importante qu'elle n'y paraît pour le porte-étendard des utilitaires de la famille Kia.

Benoit Charette

CARROSSERIE > Sous son habit de métal, le Sorento a droit à un nouveau châssis, gracieuseté de Hyundai qui a installé le même sous la coque du nouveau Santa Fe. Fort de cette nouvelle structure, le Sorento offre une rigidité en torsion accrue de 18 %. Un pylône placé en entretoise dans le compartiment du moteur augmente la rigidité du châssis et fournit une plateforme plus solide pour la nouvelle suspension avant à roues indépendantes qui intègre un berceau en forme de H plus rigide. À l'arrière, une configuration à liens multiples renforcés et dotés de nouveaux joints et supports, permet de mieux isoler les passagers des bruits et des vibrations de la route. À l'extérieur, on note que l'avant et l'arrière ont été redessinés avec de nouveaux pare-chocs et des yeux au xénon à décharge à haute intensité (DHI) offerts en option. Des phares antibrouillard dans une nouvelle position verticale sont offerts sur tous les modèles. À l'arrière, un ensemble de lampes à DEL émet une couronne de lumière à travers les feux arrière rouges givrés qui enclavent les clignotants et les feux de recul. Des nouvelles jantes de 17, de 18 ou de 19 pouces (SX) sont offertes. Dans l'ensemble, le Sorento a laissé de côté son style camion des premières générations pour adopter une silhouette qui le rapproche des multisegments, un segment populaire en ce moment.

HABITACLE > L'intérieur a également fait l'objet d'un remaniement intensif. L'ensemble des modifications présente un style nettement plus haut de gamme. Cela commence avec les matériaux de meilleure

Rapport prix/équipement/gabarit • Rigidité de la caisse
Suspension très bien calibrée • Tenue de route de qualité

La boîte de vitesses manque un peu de vivacité
Certains boutons de commandes mal placés

facture. Le tableau de bord redessiné intègre un écran ACL TFT qui affiche la distance parcourue et divers renseignements sur le véhicule ainsi que des instruments analogiques faciles à consulter indiquant les révolutions du moteur, la vitesse, le niveau de carburant et la température du moteur. Les modèles les plus huppés de la gamme ont droit à un écran tactile de 8 pouces qui renferme un système de navigation, la caméra de vision arrière (qui ne fonctionne jamais l'hiver...), et les fonctions du dispositif d'infodivertissement UVO qui se révèle d'une grande facilité d'utilisation. Une chaîne audio Infinity ajoute une touche de noblesse à l'ambiance feutrée qui règne à bord. Sans oublier la radio par satellite SiriusXM et la connectivité à mains libres Bluetooth. Parmi les autres caractéristiques proposées, on dénombre le premier hayon électrique de l'histoire du Sorento, un toit ouvrant panoramique avec un rideau qui se déroule électriquement, des pare-soleil coulissants intégrés à la deuxième rangée, des sièges avant climatisés à double ventilation, des sièges arrière chauffants offerts en option et un convertisseur d'alimentation à 110 volts. Un mot sur la sécurité : le Sorento offre encore six coussins gonflables de série. Ces derniers sont alliés à un système de gestion de la stabilité du véhicule (VSM) qui intervient automatiquement lors du sous-virage ou du survirage. Le Sorento 2014 est également le premier véhicule de Kia à proposer un système de détection dans les angles morts. Un voyant s'allume sur les miroirs latéraux quand un intrus est repéré dans ces fichus angles morts qui peuvent si facilement nous mettre dans le trouble. En plus, quand le clignotant est activé, le système ausculte rapidement la circulation et, si un autre véhicule est détecté à l'intérieur d'une distance paramétrée, d'autres voyants et alertes sonores mettent davantage le conducteur au courant. Le seul hic vient de la difficulté à repérer les boutons qui activent et désactivent ces systèmes (ils sont situés à gauche et en bas du volant, un endroit difficile d'accès qui nous oblige à quitter la route des yeux, ce qui est paradoxal quand on sait que ces dispositifs existent pour nous garder en vie). Pour ce qui est de l'espace intérieur, on parle toujours d'une configuration à sept passagers (5+2). Si l'espace est compté à l'arrière, Kia a fait un effort en abaissant la hauteur du plancher de 3 centimètres pour la 2e rangée et de 9 centimètres pour la troisième.

MENTIONS

CLÉ D'OR | CHOIX VERT | COUP DE CŒUR | RECOMMANDÉ

VERDICT

PLAISIR AU VOLANT
QUALITÉ DE FINITION
CONSOMMATION
RAPPORT QUALITÉ / PRIX
VALEUR DE REVENTE nm
CONFORT

1 5 10

2e OPINION

Quelle curieuse stratégie que de conserver la carrosserie d'un modèle de précédente génération pour l'appliquer à un nouveau châssis et à de nouvelles mécaniques. Quoi qu'il en soit, le résultat est heureux. Le nouveau Sorento n'est peut-être pas aussi audacieux sur le plan esthétique que son cousin, le Hyundai Santa Fe, mais il demeure très élégant, et tout à fait à jour. Par rapport au Santa Fe, son principal avantage repose sur le fait qu'il reste offert avec ce V6 de 3,3 litres aussi doux que performant. Par rapport au 4 cylindres turbocompressé de son rival, le Kia sera plus apte à remorquer de petites charges, tout en consommant moins de carburant. D'autres bons arguments ? La garantie, le prix, l'équipement et le comportement.

Antoine Joubert

FICHE TECHNIQUE

+ MOTEUR (S)

(2.4) L4 2,4 L DACT
PUISSANCE 191 ch. à 6 300 tr/min
COUPLE 181 lb-pi à 4 250 tr/min
BOÎTE(S) DE VITESSES automatique à 6 rapports
PERFORMANCES 0 À 100 KM/H nd
VITESSE MAXIMALE 170 km/h

(3.3) V6 3,3 L DACT
PUISSANCE 290 ch. à 6 400 tr/min
COUPLE 252 lb-pi à 5 200 tr/min
BOÎTE(S) DE VITESSES automatique à 6 rapports
PERFORMANCES 0 À 100 KM/H 7,2 s (est.)
VITESSE MAXIMALE 200 km/h (est.)
CONSOMMATION (100 KM) 13,1 L (Octane 87)
ANNUELLE 2RM nd
COÛT ANNUEL nd
ÉMISSIONS DE CO_2 nd

+ AUTRES COMPOSANTS

SÉCURITÉ ACTIVE Freins ABS, assistance au freinage, répartition électronique de la force de freinage, contrôle électronique de la stabilité, antipatinage, avertisseurs d'obstacles latéraux
SUSPENSION avant/arrière indépendante
FREINS avant/arrière disques
DIRECTION à crémaillère assistée électriquement
PNEUS LX, EX P235/65R17 **SX** P235/60R18

+ DIMENSIONS

EMPATTEMENT 2 700 mm
LONGUEUR 4 685 mm
LARGEUR 1 885 mm
HAUTEUR 1 700 mm, 1 735 mm (avec galerie)
POIDS 2RM 2.4 1 630 kg **3.3** 1 688 kg
4RM 2.4 1 708 kg **3.3** 1 766 kg
DIAMÈTRE DE BRAQUAGE 10,9 m
COFFRE 258 L, 1 045 L (3e rangée abaissée), 2 052 L (sièges abaissés)
RÉSERVOIR DE CARBURANT 66 L
CAPACITÉ DE REMORQUAGE 2.4 748 kg **3.3** 1 588 kg

GALERIE

A La console centrale moderne a été redessinée et réorganisée pour devenir encore plus simple d'emploi. Son design offre amplement d'espace pour intégrer le nouvel écran tactile de Kia qui regroupe la navigation, la chaîne audio Infinity et la connectivité à mains libres Bluetooth.

B Dès le second trimestre de 2013, une application UVO permettra au système central de transférer de l'information de votre téléphone intelligent vers le tableau de bord et ainsi, par exemple, vous guider jusqu'à la destination souhaitée. Toutefois, UVO ne permet pas encore un accès direct à Internet.

C Sur les modèles SX, l'ensemble d'instruments intègre un écran ACL TFT qui affiche la distance parcourue et des renseignements sur le véhicule, ainsi que des instruments analogiques faciles à consulter.

D Comme sur l'ancien modèle, la troisième rangée conviendra mieux à des enfants ou, enfin, à des adultes de petit gabarit. En sacrifiant ces places au profit des bagages, l'espace devient caverneux, passant de 258 litres à plus de 2 000 !

E Tout nouveau, un V6 de 3,3 litres GDI entièrement en aluminium qui produit 290 chevaux à 6 400 tours par minute et un couple de 252 livres-pieds à 5 200 tours. La puissance est transmise aux roues avant ou à toutes les roues, selon la version choisie.

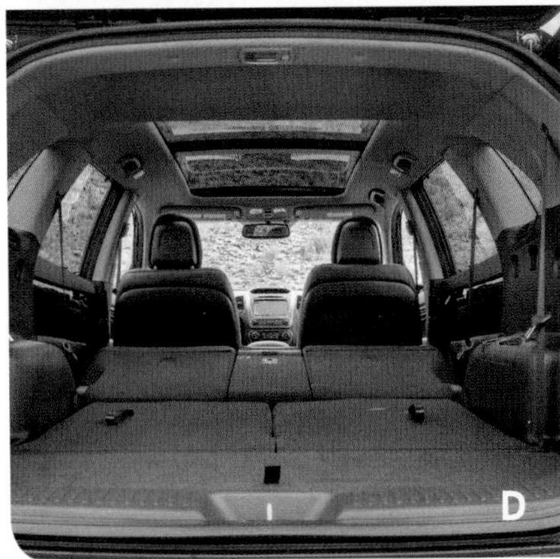

HISTORIQUE

C'est en 2002 que la première génération de Sorento a fait son apparition. Populaire dès ses débuts parce que la firme sud-coréenne avait bien compris l'engouement des Nord-Américains pour les utilitaires. En 2007, deux prototypes donneront un avant-goût des futurs VUS de Kia. Tout d'abord, le KND-4, dessiné au centre de design national, a été présenté au salon de l'auto de Séoul. Mais c'est surtout à partir de l'imposant KUE (V8 de 400 chevaux), exhibé la même année, qu'on a pu faire connaissance avec les traits de caractère qui allaient se retrouver dans la deuxième génération du Sorento, arrivée en 2009. Enfin, au dernier Salon de Chicago, on a vu le Cross GT qui, à son tour, préfigure les prochains utilitaires de Kia.

SORENTO 1992

KND-4 2007

KUE 2007

SORENTO 2012

CROSS GT 2013

SORENTO 2013

Grâce aux dossiers rabattables individuellement, vous pouvez passer d'un volume de chargement de 258 à 2 052 litres. À noter que la 3e rangée profite d'une aération qui lui est propre pour le confort de ses occupants.

MÉCANIQUE > Il y a toujours deux choix de moteurs sous le capot. L'engin de base demeure le même 4 cylindres de 2,4 litres à injection directe de carburant qu'on connaît bien. Il produit 191 chevaux et un couple de 181 livres-pieds. La nouveauté pour 2014 provient du V6 qui, malgré sa taille un peu réduite à 3,3 litres (au lieu de 3,5 litres), développe 290 chevaux. Son bloc tout en aluminium et l'injection directe de carburant en font un moteur puissant et léger. Ce muscle est transmis aux roues avant ou aux quatre roues, si vos besoins vous ont aiguillé vers la version à transmission intégrale. Peu importe le choix du moteur, le Sorento est livré de série avec une boîte automatique à 6 rapports.

COMPORTEMENT > Même si le Sorento est offert en modèle à traction, votre seule raison d'opter pour cette version serait un budget trop serré. Car, en définitive, le modèle à transmission intégrale sur demande est le choix le plus judicieux. Aux commandes de ce véhicule, alors que vous conduirez une traction dans des conditions normales de conduite, une partie du couple ira aux roues arrière dès que la route deviendra plus glissante. Ce petit tour de passe-passe s'effectue sans l'intervention du conducteur de manière tout à fait transparente. Il y a même une fonction qui bloque le différentiel quand les conditions deviennent réellement inhospitalières pour une tenue de route maximale (jusqu'à 40 km/h). Mentionnons aussi la direction électrique assistée (EPS), maintenant offerte en équipement de série avec le système *FlexSteer* en option. Il permet au conducteur de choisir le réglage de conduite de sa préférence : confort, normal ou sport. Nos premières minutes sur les routes plus que parfaites de l'Arizona ont révélé un châssis beaucoup plus robuste que par le passé, l'absence complète de bruits parasites et une conduite dans son ensemble beaucoup plus sophistiquée que celle du modèle à remplacer. La direction électrique est progressive et, avec les réglages possibles sur la fermeté de la direction, les sensations sont bonnes. Au final, mes impressions de conduite ressemblent à celles que je formulerais pour un multisegment dont la facture serait pas mal plus salée. Il faut en remercier notamment le châssis et la suspension qui se chargent d'absorber avec diligence toutes les imperfections de la route, et qui dialoguent subtilement avec l'état du chemin emprunté grâce aux différents réglages possibles.

CONCLUSION > Avec cette nouvelle génération, le Sorento a atteint l'âge adulte. Il a acquis beaucoup de maturité. De la conduite beaucoup plus assurée à l'équipement enrichi, on pourrait presque se croire au volant d'un véhicule germanique. Il possède les qualités propres aux grandes routières, une liste d'équipements très complète et toujours à un prix qui porte à réfléchir, qui nous force à se demander pourquoi on paierait plus chez la concurrence. Au risque de me répéter, et si votre budget le permet, le modèle V6 avec motricité à 4RM est le plus intéressant du lot. ■

LAMBORGHINI

On ne prévoit pas chômer chez Lamborghini au cours des prochaines années alors que de nouvelles variantes des modèles existants feront leurs débuts, et que de nouveaux produits se pavaneront jusqu'aux salles d'exposition très sélectes. L'entreprise, qui a vu ses ventes chuter à la suite de la crise de 2008, connaît une croissance intéressante depuis 2010 et démontre que le créneau des produits de luxe est là pour rester. L'avenir sera plus nuancé, toutefois. Au menu du plan d'affaires de la firme italo-germanique (propriété du groupe Volkswagen), on retrouve des voitures à faire rêver, bien sûr, mais aussi d'autres types de produits, dont un VUS qui promet de ne pas passer incognito. Stephan Winkelmann, le chef de la Direction, s'attend à ce que le segment des super voitures décline légèrement au cours des prochaines années, principalement en raison de l'apparition de nouveaux joueurs et des goûts changeants des consommateurs. En conséquence, pour maintenir une croissance, la firme de Sant'Agata doit diversifier son offre. Voilà qui promet d'être intéressant.

AVENTADOR

Celle qui a remplacé la Murciélago dans la gamme est venue s'imposer d'un bloc dans le segment des super voitures. Il faut dire que, avec un moteur V12 de 700 chevaux et un temps de 2,9 secondes au traditionnel 0 à 100 km/h, il y a de quoi écrire à sa mère... et aussi à tous ses amis. La version Spyder a été officiellement présentée en novembre dernier après un délai de quelques mois et est déjà offerte. On s'attend maintenant à ce qu'une version GT concept soit exhibée au prochain Salon de Genève. Elle serait munie de sièges à l'arrière et de portes inversées, style Mazda RX-8. Quant à la version SV (*Super Veloce*), elle serait présentée en 2014 et, bien entendu, elle offrira encore plus de puissance, soit une livrée brute oscillant entre 770 et 800 chevaux.

Nous vous le présentions sous le nom de code LB736 l'an dernier. C'était avant son dévoilement officiel au Salon de l'auto de Beijing, en mars 2012. L'endroit choisi est révélateur des intentions de Lamborghini. En effet, bien que le marché américain demeure prioritaire - on prévoit que 50 % des ventes de l'Urus se matérialiseront sur le marché chinois - un univers qui recèle un potentiel immense pour le nouveau VUS de Lambo. Ce qui est incroyable quand on l'examine, c'est que les stylistes ont réussi à le doter des lignes qui caractérisent les super bolides de la marque ; un véritable tour de force. L'Urus partagera sa plateforme avec le prochain Q7 d'Audi, le Porsche Cayenne et, même le nouvel utilitaire Bentley codé EXP 9 F ou Falcon, selon les sources. L'Urus verrait le jour en 2016.

URUS

À VENIR...

La présentation du concept Estoque remonte à 2008, au Salon de l'auto de Paris. Depuis, Lamborghini jongle avec l'idée d'ajouter une super berline à sa gamme, mais rien ne s'est concrétisé en ce qui concerne la forme qu'elle prendra. L'an dernier, les rumeurs se faisaient plus persistantes quant à la renaissance de ce concept qui se voulait très près de la production. Ce qu'on sait, c'est que Lamborghini diversifiera son offre au cours des prochaines années, et qu'une berline ferait partie des plans. Fera-t-on appel à l'Estoque ou retournera-t-on sur la planche à dessin ?

Celle-là, prenez bien le temps de la zieuter dans nos pages, car vous ne risquez pas de la voir sur la route. Pourquoi ? Trois raisons. Primo, elle ne peut pas être immatriculée, la Sesto Elemento étant essentiellement une bête de piste. Secundo, seulement 20 exemplaires seront produits. Tertio, son prix se situe tout juste sous la barre des deux millions d'euros. Elle vous tente toujours ? Allumez des lampions car les 20 exemplaires auraient déjà été promis à de richissimes passionnés, déjà propriétaires d'autres Lamborghini. Question de tourner le fer dans la plaie, sachez que cette œuvre d'art sera capable de franchir la barre des 100 km/h en seulement 2,5 secondes. Bonsoir, elle est partie !

SESTO ELEMENTO

Le prochain Salon de l'auto de Francfort, qui se tiendra l'automne prochain, sera le théâtre de la présentation du modèle de troisième génération de la Gallardo. De toute évidence, la voiture changera de nom au passage. Avec une architecture signée Volkswagen, la nouvelle Gallardo, rebaptisée Cabrera, sera plus légère de 66 kilos et aussi plus rapide grâce à un chrono au 0 à 100 km/h de seulement 3,4 secondes. On promet également que la voiture sera 15 % plus économique à la pompe. À bien y penser, cette information n'a pas vraiment d'importance pour les acheteurs, mais elle démontre tout de même qu'un certain souci écologique règne chez Lamborghini.

GALLARDO/CABRERA

LAND ROVER

L'an dernier, Land Rover a connu une excellente année chez nous en pulvérisant son record de ventes de l'année précédente, principalement grâce à l'Evoque qui est devenu le plus populaire de la marque. Que nous réserve les prochaines années? Du pareil au même, essentiellement. Mais n'allez pas croire que l'entreprise s'assoira sur ses lauriers. L'automne dernier, la firme de Gaydon a dévoilé ses plans pour les sept prochaines années, c'est-à-dire la commercialisation de 16 modèles différents regroupés sous trois divisions. En gros, l'entreprise veut doubler sa production de véhicules d'ici 2020 pour qu'elle atteigne 600 000. Ambitieux? Absolument. Et pour y arriver, elle mise sur deux joueurs importants: la Chine et l'Inde (le pays de Tata Motors, le proprio de la marque). Pour ce qui est du nombre de variantes qui nous seraient réservées à nous, Nord-Américains, alors là, il est trop tôt pour le dire.

RANGE ROVER

Le Range Rover revient amélioré pour 2013, lui dont l'esthétique a été retapée, et la conception, chamboulée. Même si l'on a droit à un passage de génération, l'allure du baroudeur par excellence de l'industrie demeure presque intacte, tradition oblige. Dans le nouvel échiquier de l'entreprise, le RR demeurera roi et maître de la division la plus prestigieuse de la marque, la *Luxury* Range Rover. Cette dernière comprendra, lorsque la métamorphose sera complétée, six modèles distincts: le Range Rover, le Range Rover Sport, l'Evoque, le Grand Evoque (allongé), l'Evoque Cabrio ainsi que le Baby Evoque. Dans le cas de ce dernier, sa production demeure incertaine, mais le responsable du design, Gerry McGovern, le voit dans sa soupe. Le Baby Evoque, comme son nom le suggère, n'aurait que quatre mètres de longueur. En attendant, le Range Rover domine.
Lisez notre essai complet à la page 134.

EVOQUE

L'Evoque est devenu, en quelques mois seulement, le produit le plus populaire de Land Rover. Actuellement décliné en deux versions, soit à deux et à quatre portes, il s'apprête à voir des variantes s'ajouter à sa gamme. La première d'entre elles devrait se présenter sans couvre-chef. On pense qu'elle verrait le jour en 2014. Land Rover profiterait de l'occasion pour remettre le design de toute la gamme Evoque au goût du jour.

LR2

Le doute planait à pareille date l'an dernier quant à l'avenir du LR2. L'arrivée de l'Evoque dans la gamme ne pouvait que le menacer. Eh bien, semble-t-il que les amateurs de LR2 peuvent dormir sur leurs deux oreilles puisque le modèle de prochaine génération a été vu à l'essai dans un paysage bucolique du nord de l'Europe. La nouvelle mouture sera moins lourde et proposera des mécaniques plus frugales. Vraisemblablement, elle se pointera le bout du nez à temps pour le millésime 2015.

LR4

La prochaine génération du LR4 est actuellement à l'essai dans le nord de l'Europe; elle mettra à profit la nouvelle plateforme du Range Rover. Le LR4 (ou LR5, qui sait ?), selon les souhaits les plus ardents de Land Rover, serait le rival idéal des BMW X5 et Mercedes-Benz Classe ML. Ainsi, on parlerait moins d'un VUS capable de franchir monts et rivières et davantage d'un produit de luxe destiné à atteindre un plus grand public. Pour les vraies randonnées hors route, Land Rover nous réserve d'ailleurs une division spécialement conçue à cette fin. Ainsi, à l'avenir, le LR4 (Discovery en Europe) s'inscrira dans la deuxième grande famille de produits Land Rover, la *Leisure Discovery/Freelander*. Elle regrouperait cinq produits : le LR2 (Freelander), deux variantes de ce dernier, dont un Baby Freelander, le LR4 et, enfin, un nouveau VUS qui se situerait au-dessus du LR4.

Au Salon de l'auto de Los Angeles 2011, Land Rover levait le voile sur deux concepts : le DC100 et le DC100 Sport. Ces derniers avaient été présentés quelques semaines auparavant au Salon de Francfort. À la suite de l'annonce des plans futurs de l'entreprise, il est clair que ces modèles feront partie de la troisième gamme de produits Land Rover, la *Utility Defender*. Le DC100 aura de la compagnie dans cette division, alors qu'une camionnette est dans les plans pour l'année 2016. Nous retrouverons aussi un Defender à sept passagers ainsi qu'un autre à empattement plus court aux environs de 2017. Enfin, l'actuel modèle Defender, toujours vendu en Europe, survivrait en étant entièrement redessiné pour le millésime 2015. Ce dernier est pratiquement inchangé depuis 1991 et n'est plus conforme aux normes nord-américaines depuis 1998 (d'où son absence).

DEFENDER

GRAND EVOQUE

C'est en 2015 que le Grand Evoque ferait ses débuts. La version allongée d'environ 30 centimètres pourrait recevoir jusqu'à sept passagers, même si rien n'a été confirmé en ce sens. Elle pourrait aussi accueillir une motorisation Diesel qui s'ajouterait au moteur à 4 cylindres déjà proposé. Les normes gouvernementales de 2016 en matière de consommation forcent les constructeurs à offrir des véhicules moins énergivores. Chez Land Rover, on a du rattrapage à faire, et on mise sur l'arrivée de nouveaux produits pour corriger le tir.

FICHE D'IDENTITÉ

VERSIONS Supercharged, Autobiography
TRANSMISSION(S) 4
PORTIÈRES 5 **PLACES** 5
PREMIÈRE GÉNÉRATION 1970
GÉNÉRATION ACTUELLE 2013
CONSTRUCTION Solihull, Angleterre
COUSSINS GONFLABLES 6 (frontaux, latéraux avant, rideaux latéraux)
CONCURRENCE Cadillac Escalade, Infiniti QX56, Lexus LX570, Lincoln Navigator, Porsche Cayenne

AU QUOTIDIEN

PRIME D'ASSURANCE
25 ANS: 4 400 à 4 600 $
40 ANS: 2 000 à 2 200 $
60 ANS: 1 500 à 1 700 $
COLLISION FRONTALE 5/5
COLLISION LATÉRALE nd
VENTES DU MODÈLE DE L'AN DERNIER AU QUÉBEC nd **AU CANADA** 388
DÉPRÉCIATION (%) 56,6 (2 ans)
RAPPELS (2007 à 2012) 7
COTE DE FIABILITÉ 2,5/5

GARANTIES... ET PLUS

GARANTIE GÉNÉRALE 4 ans/80 000 km
GROUPE MOTOPROPULSEUR 4 ans/80 000 km
PERFORATION 6 ans/kilométrage illimité
ASSISTANCE ROUTIÈRE 4 ans/80 000 km
NOMBRE DE CONCESSIONNAIRES AU QUÉBEC 4 **AU CANADA** 23

NOUVEAUTÉS EN 2013.5

Nouvelle génération

LA COTE VERTE 

MOTEUR V8 SURALIMENTÉ DE 5,0 L

> Consommation (100 km) 16,6 L
> Consommation annuelle 2 780 L, 4 309 $
> Indice d'octane 91 > Émissions polluantes CO_2 6 394 kg/an

(SOURCE: ÉnerGuide)

LE ROI DES UTILITAIRES

Les gens de Land Rover ont réussi un exploit. Ils ont réussi à convaincre la population en général que quand un individu a l'argent nécessaire pour se doter du meilleur et du plus prestigieux utilitaire qui soit, il n'a pas à se casser les nénettes longtemps, il n'a qu'à s'acheter un Range Rover. La réputation de ce char d'assaut ouaté repose sur un savant mélange d'opulence, de robustesse et de technologie, le tout assaisonné d'un soupçon de royauté. Plus de 40 ans après la naissance du Range Rover, Tata Motors, le propriétaire indien de la souveraine marque britannique, vient de procéder au lancement de la 4e génération.

Michel Crépault

CARROSSERIE > Le poids est une lame à double tranchant. Pour gagner de la stabilité sur une surface glissante, ça aide. Plus facile de faire perdre pied à un gringalet qu'à un lutteur sumo. Mais pour gagner en agilité ou consommer moins de carburant, ce n'est pas l'idéal. Voilà pourquoi les ingénieurs du nouveau RR ont-ils décidé d'allier la solidité à la frugalité (relative) en dotant le nouveau RR d'un squelette monocoque tout en aluminium, une première pour un VUS. En utilisant aussi du magnésium (tableau de bord) et du plastique composite (hayon), ils ont écrémé quelque 420 kilos (ou 39 %) du poids du modèle précédent. De l'extérieur, on s'aperçoit que le succès mondial du jeune et dynamique Range Rover Evoque a convaincu le chef styliste, Gerry McGovern, de conférer au RR un profil plus élancé. Le long pavillon flotte et chute vers l'arrière en donnant à l'immense fenestration une allure trapézoïdale très moderne. Si le véhicule, dont le coefficient de traînée se chiffre à 0,34, a perdu 20 millimètres en hauteur, la longueur hors tout demeure inchangée. Les flancs sont reconnaissables aux branchies de requin ; la calandre évoque toujours la tête d'un

Athlète consommé du cross-country • Confort, design et matériaux dignes de la facture • Sentiments de confiance et d'exclusivité

Autant d'électronique, ça doit finir par nous jouer un tour coûteux
Vivement un Diesel chez nous pour abaisser la facture de carburant !

bélier prêt à tout défoncer ; le pare-chocs semble englobé jusqu'aux phares qui sont enjolivés par une nouvelle signature visuelle autorisée par la souplesse des diodes électroluminescentes (DEL). Gros mais élégant, rajeuni mais toujours instantanément reconnaissable, le Range Rover impressionne.

HABITACLE > Un intérieur pur et fort. Pas de flafla, que du beau solidement agencé afin que le cuir, le bois et l'aluminium conjuguent leur personnalité pour nous faire nous exclamer : « Voilà une cabine qui sort de l'ordinaire. » L'affichage contient beaucoup d'information, et il est à souhaiter que le proprio consacrera proportionnellement autant de minutes à se familiariser avec le mode d'emploi qu'il a mis de dollars sur son véhicule. Dans un effort louable d'épuration du décor, la moitié des interrupteurs ont pris le bord. Ils sont devenus virtuels dans l'écran de contrôle. Reste maintenant à maîtriser cet écran... Les belles aiguilles blanches des cadrans glissent sous les chiffres rouges de l'indicateur de vitesse créant un effet 3D très intéressant. Par ailleurs, combien de manœuvres arrière sont rendues pénibles à cause d'une lunette qui malmène la visibilité au nom du design ? Or, bien que le RR déploie un arsenal de caméras, on peut facilement s'en passer pour reculer tant l'immense paroi de verre du hayon nous permet de tout voir sans risquer le torticolis. La sono Meridian enveloppe les passagers dans un nuage de décibels qui enchantent l'oreille. Les hauts et énormes baquets privilégient la fermeté, mais restent confortables. Les appuie-tête avant intègrent des écrans à DVD pour le bénéfice des passagers arrière déjà choyés par un dégagement plus que généreux (118 millimètres de plus qu'avant pour leurs jambes), alors que l'empattement du véhicule a gagné 42 millimètres. En cochant le forfait Classe Exécutive, vous dorloterez encore davantage vos invités. Les dossiers se replient électriquement pour former une soute à bagages caverneuse. Non seulement le hayon est-il à assistance électrique, mais il en est de même de sa section inférieure qui sert de plateforme de chargement.

MÉCANIQUE > En Europe, la clientèle a le choix de trois V8, soit un 5 litres atmosphérique (le 0 à 100 km/h

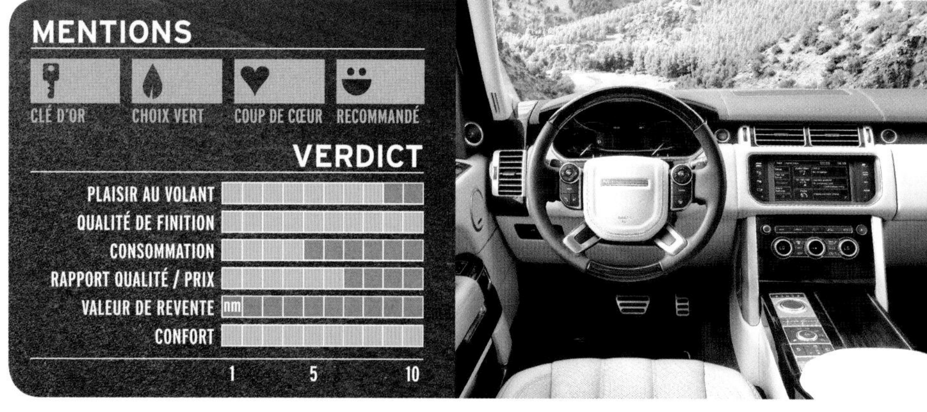

FICHE TECHNIQUE

+ MOTEUR (S)

(Supercharged, Autobiography) V8 5,0 L DACT suralimenté par compresseur volumétrique
PUISSANCE 510 ch. à 6 000 tr/min
COUPLE 461 lb-pi de 2 000 à 5 500 tr/min
BOITE(S) DE VITESSES automatique à 8 rapports
PERFORMANCES 0 À 100 KM/H 5,4 s
VITESSE MAXIMALE 225 km/h, 250 km/h (option)

+ AUTRES COMPOSANTS

SÉCURITÉ ACTIVE Freins ABS, assistance au freinage, répartition électronique de la force de freinage, contrôle dynamique de la stabilité et antiretournement, ajustement automatique aux condition du terrain, antipatinage, limiteur de vitesse actif
SUSPENSION avant/arrière indépendante
FREINS avant/arrière disques
DIRECTION à crémaillère, assistée électriquement
PNEUS 21 po., 22 po. (option)

+ DIMENSIONS

EMPATTEMENT 2 922 mm
LONGUEUR 4 999 mm
LARGEUR 1 983 mm
HAUTEUR 1 835 mm
POIDS 2 330 kg
DIAMÈTRE DE BRAQUAGE 12,3 m
RÉSERVOIR DE CARBURANT 105 L
CAPACITÉ DE REMORQUAGE 750 kg sans freins de remorque, 3 500 kg avec freins

2e OPINION

Je dois vous l'avouer, le Range Rover, le vrai (parce que l'Evoque n'est pas, pour moi, un Range Rover), c'est mon plaisir coupable. C'est un véhicule qui symbolise l'opulence et l'égocentricité, mais avec lequel je me délecte à chaque fois que j'en prends le volant. J'adore son côté *british*, toujours aussi présent, mais surtout la très grande qualité d'assemblage et de finition qui, oui, se fait, hélas, au détriment d'une fiabilité qu'on dit toujours problématique. En ce qui concerne cette nouvelle édition 2013, j'apprécie par-dessus tout le fait qu'on soit demeuré fidèle aux traditions. Lignes évolutives, identité propre et surenchère de luxe. Et que dire des 510 chevaux du moteur V8 suralimenté, qui permettent de déplacer cette bête de plus de deux tonnes avec une réelle aisance. Donc j'adore !

Antoine Joubert

GALERIE

A Les stylistes ont beau respecter la forme générale de l'icône qu'est devenu le Range Rover, ils s'attardent quand même à raffiner des détails de la légende, comme ces phares d'allure résolument très moderne.

B L'introduction du dispositif *Terrain Response* en 2006 a changé la donne parmi les systèmes tout-terrains. Désormais, la transmission du véhicule allait s'adapter au type de sol rencontré (neige, boue, sable, etc.). Le nouveau RR met en vedette la 2e génération de ce dispositif révolutionnaire.

C Il n'y a pas qu'à l'avant qu'on se sent bien dans un Range Rover ! Les passagers arrière sont aussi extrêmement choyés, surtout quand on coche des options qui montrent à quel point on les aime !

D La chaîne audio Meridian, de la réputée maison britannique, simule la salle de concert dans le véhicule à l'aide d'une technologie numérique qui gomme les imperfections acoustiques de la cabine.

E Pour la toute première fois, le squelette d'un utilitaire passe à un châssis monocoque tout en aluminium. Non seulement cette technique protège-t-elle la robustesse et augmente le confort du véhicule, mais elle en réduit le poids.

en 6,5 secondes) ou surcompressé (5,1 secondes), un 4,4 litres Diesel et un V6 Diesel de 3 litres. Chez nous, on se contente des 510 chevaux du V8 à compresseur volumétrique. Le constructeur, en passant, a promis une motorisation hybride diesel-électricité d'ici la fin de l'année. Tous ces moteurs sont appareillés à une boîte de vitesses automatique à 8 rapports qui répond à nos exigences avec une fermeté enveloppée dans de la soie. Même si 99 % des acheteurs ne braveront jamais rien de plus périlleux que le chemin de leur chalet, le RR se doit d'être prêt pour toutes les situations. Il y va de sa réputation. Les ingénieurs ont donc perfectionné le système *Terrain Response*. La mollette dans la console permet toujours de programmer la transmission intégrale selon la surface rencontrée (neige, sable, herbe, gravier, etc.). Mais, sur le mode Auto, c'est le véhicule lui-même qui, après avoir analysé les paramètres ambiants (température, couple, altitude, etc.), décide de la motricité appropriée. Une fois ce choix effectué, les systèmes *Dynamic Response* et *Adaptive Dynamics* influent sur les fonctions vitales (accélération, suspension, direction) pour harmoniser encore plus la conduite avec les conditions routières, et ce, sans jamais altérer le confort royal à bord. Au contraire. Dans un virage, par exemple, les barres stabilisatrices se raidissent pour éliminer le roulis. Les roues peuvent se mouvoir selon une amplitude plus grande que la concurrence quand vient le temps de crapahuter sur des rocs. Un Range Rover peut presque exécuter un grand écart pour se sortir d'embarras. Sa force 4WD est distribuée 50/50 avec la possibilité de la passer en gamme basse ou, même, de la verrouiller en cas de pépin.

COMPORTEMENT > On nous présente souvent des images du Range Rover dans des situations abracadabrantes. En train de traverser le Sahara avec la dignité d'un chameau. En train de gravir une falaise là où une chèvre des montagnes paniquerait. En train de piquer une jasette avec des saumons dans le lit d'une rivière. Bref, la publicité le dit, il n'y a rien à l'épreuve d'un RR. Et je dois admettre avoir accompli au fil de ma carrière des promenades pas banales au volant de ce véhicule. Pénétrer dans le ventre d'un volcan et en ressortir en balayant négligemment les cendres de vos épaules est le genre d'activités quotidiennes à laquelle les gens de LR aiment que vous participiez pour pleinement profiter de votre baroudeur à quatre roues. Il y a sûrement parmi nous des aventuriers qui trouvent cela rigolo, mais, sauf exception, les gens ne sont pas si enthousiastes que cela à l'idée d'érafler ou, même, de salir l'utilitaire qui vient de leur coûter deux fois le salaire annuel de la majorité des mortels. Alors ? Alors, sur une autoroute enneigée et potentiellement dangereuse, est-ce que le RR nous donne un sentiment de sécurité qu'un véhicule 4 x 4 coûtant deux et trois fois moins cher est incapable de nous donner ? La réponse est non. On ressent assurément une confiance certaine grâce aux facteurs positifs comme la solide construction, le poids qui induit la stabilité, le dispositif 4 x 4 qui pense à notre place, la position de conduite qui nous permet de dominer la route. Mais de là à dire qu'on se sent invincible ou qu'aucun autre véhicule ne fournit ce genre d'assurance, ce serait être dans le champ à défaut de le prendre vraiment. En revanche, vous obtenez à coup sûr une insonorisation délectable et une suspension géniale qui impose sa loi aux nids-de-poule, et non l'inverse. On survole les routes en ruine avec un énorme coussin dodu sous les fesses. Et, en temps opportun, la garde au sol de 303 millimètres, la possibilité de s'enfoncer dans 900 millimètres d'eau ou de tirer jusqu'à 3 500 kilos vous rendront des services, inestimables ou improbables, selon vos ambitions.

CONCLUSION > Si j'avais beaucoup d'argent, j'aurais mon exotique pour les belles journées d'été, ma camionnette pour les travaux salauds et un Range Rover pour leur tenir compagnie, c'est déjà décidé pour le jour où mes rêves deviendront réalité... ■

HISTORIQUE

Le Range Rover 2013 en représente la 4e génération. Le tout premier, appelé désormais le Range Rover Classic, a été introduit en Europe en 1970 et en Amérique du Nord en 1987. La première génération est demeurée inchangée pendant un incroyable laps de temps de 25 ans ! La 2e génération (codée P38a) s'est pointée en 1995, suivie en 2003 de la troisième. L'idée du RR est née du fertile cerveau de Charles Spencer « Spen » King, ingénieur en chef à l'époque du fabricant d'automobiles Rover (Land Rover était alors la division 4 x 4 de la Rover Car Company). Le nom Range Rover, lui, a été trouvé par le styliste Tony Poole, après que des suggestions comme Panther et Leopard furent écartées.

1961 PROTOTYPE 129

1970 RANGE ROVER GÉNÉRATION 1

1995 RANGE ROVER GÉNÉRATION 2

2003 RANGE ROVER GÉNÉRATION 3

2013 RANGE ROVER GÉNÉRATION 4

1970 À 2013

LEXUS

La dernière année en a été une de grands bouleversements chez Lexus alors que deux nouvelles générations de modèles ont fait leurs débuts - GS et ES -, tandis qu'une troisième, l'IS, vient tout juste d'être présentée au public et sera mise à l'essai par l'équipe de* L'Annuel de l'automobile *sous peu. Ce que nous avons constaté au cours du dernier millésime, c'est que les intentions de Lexus sont sérieuses. On ne peut plus parler de produits moribonds ou ennuyeux. Les sensations derrière le volant n'ont jamais été aussi bien communiquées. En prime, les habitacles ont été revus avec goût et rigueur, de sorte qu'aucun complexe ne peut désormais être entretenu face à la concurrence allemande. Les prochains produits à passer sous le bistouri seront sans contredit les VUS du fabricant. Il faut aussi compter sur l'arrivée de nouvelles variantes hybrides, une spécialité de la marque de luxe de Toyota. En fait, on prédit qu'entre 20 et 25 % de toutes les Lexus offertes feront appel à la technologie hybride, soit un total de huit modèles d'ici 2015.

La CT200h demeure relativement nouvelle sur le marché, alors ne nous attendons pas à de grands changements. Lorsqu'elle passera chez la maquilleuse pour une révision de mi-parcours, assumons que les lignes de sa calandre porteront la nouvelle signature du constructeur. Prochaine refonte complète en 2016.

CT200H

ES350/300H

Fraîchement revue, la berline inodore et incolore qu'on a toujours connue propose désormais plumage et ramage. On est loin de l'allure extérieure d'une voiture allemande, mais on ne baille plus aux corneilles en imaginant une ES. Au volant, c'est nettement plus intéressant, pourvu que le confort soit votre priorité. En prime, une variante hybride propose une cote de consommation fort intéressante.

À VENIR...

En 2015, on pourrait bien voir apparaître un nouveau joueur au sein de la famille. Malgré la popularité retentissante du RX, Lexus ne possède pas de guerrier capable de rivaliser avec les Mercedes-Benz GLK et Audi Q5 de ce monde. Voilà qui lui permettrait de le faire. La version 200T mettrait à profit un tout nouveau moteur turbo de 2 litres, alors que la 300h s'ajouterait à l'offre hybride du constructeur.

NX 200T/300H

GS350/450h

La toute nouvelle GS vous a été présentée l'an dernier dans *L'Annuel de l'automobile 2012.5*. Par conséquent, il faudra attendre la fin du règne de Barak Obama avant de voir apparaître la prochaine génération sur la route. D'ici là, les acheteurs jouiront d'une berline savamment revue qui se veut désormais l'un des ténors de son segment.

Les 500 exemplaires promis ont été assemblés et livrés. L'entreprise a décrété un hiatus d'un an avant de faire saliver à nouveau les amateurs avec une version décapotable, probablement à l'été 2014.

LFA

GX460

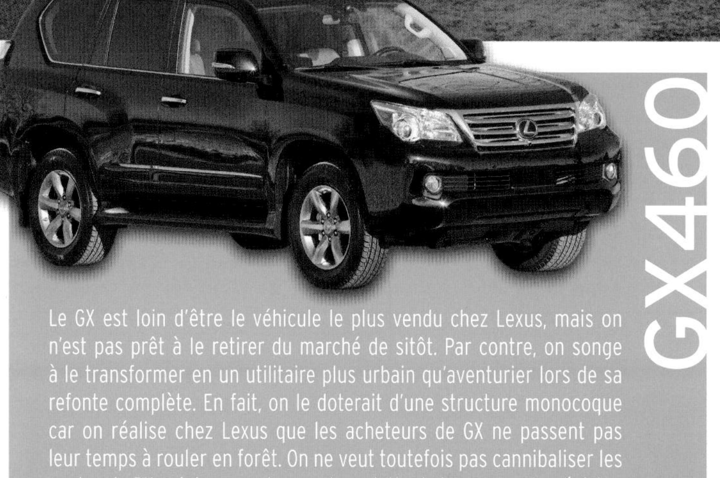

Le GX est loin d'être le véhicule le plus vendu chez Lexus, mais on n'est pas prêt à le retirer du marché de sitôt. Par contre, on songe à le transformer en un utilitaire plus urbain qu'aventurier lors de sa refonte complète. En fait, on le doterait d'une structure monocoque car on réalise chez Lexus que les acheteurs de GX ne passent pas leur temps à rouler en forêt. On ne veut toutefois pas cannibaliser les ventes du RX qui demeure la grande vedette de la marque. La révision devrait se tenir pour 2016, à temps pour l'entrée en vigueur des nouvelles normes en matière de consommation.

IS

Vue à Detroit et à Montréal, la nouvelle IS revient avec une nouvelle gueule et, surtout, un comportement routier plus mordant. On le promet même étonnant. La voiture a été testée avec méticulosité sur certains des circuits les plus exigeants de la planète, y compris celui du Nürburgring, en Allemagne. Une version hybride était visible au Michigan, mais serait pour l'instant réservée au marché européen. Chez Lexus Canada, on demeure ouvert à la possibilité de l'importer, à condition de ne pas nuire à la CT200h.

LX570

Voilà un autre produit qui devrait demeurer inchangé jusqu'à l'horizon 2015-2016, surtout qu'on a modernisé ses lignes en 2013. En Europe, le LX est en fait un Toyota Land Cruiser, un modèle iconique. En 2012, ses ventes ont crû de 127 % au pays, passant de 114 à 259. Au Québec, sa popularité est moindre. Pour être honnête, il disparaîtrait de nos routes qu'on ne s'en rendrait même pas compte.

LF-LC

On se souviendra de ce concept présenté en grande pompe au Salon de l'auto de Detroit en 2012. Les dirigeants de Lexus sont inondés de lettres d'amateurs les suppliant de le mettre en production. L'hybride sportif de 500 CV a été vu, en aluminium et en fibre de carbone, au dernier Salon de l'auto de Los Angeles, de sorte que les rumeurs se font de plus en plus persistantes quant à sa venue. On se croise les doigts !

LS460/600H

Malgré quelques révisions au fil des ans, l'actuelle LS a été introduite en 2007 et commence à montrer de l'âge. L'année 2014 serait celle du renouveau. En attendant, son esthétique a été revue, et une version sportive, la LS F, a été ajoutée à la gamme.

RX350/450h

À quelques grenailles près, il se vend autant de RX que de voiture Lexus, tous modèles confondus. Ça vous donne une idée de sa popularité. L'année de son renouvellement serait 2015, et, chez Lexus, on jongle avec l'idée de le doter d'une troisième banquette. Tout dépendra du sort réservé au GX.

LINCOLN

Lincoln a été fondée en 1917 par Henry Leland, ingénieur américain et admirateur de l'ancien président américain Abraham Lincoln. Leland avait également donné naissance à Cadillac 12 ans auparavant. Deux constructeurs de luxe américains, deux destins. Cadillac a bien réussi son renouveau au début des années 2000 avec une stratégie de différenciation qui la distinguait nettement des autres filiales de General Motors. Lincoln, contrairement à sa concurrente, a plutôt failli à la tâche. On essaie aujourd'hui de recoller les pots cassés. Comment ? En rajeunissant le public cible. On vise désormais la tranche d'âge des 25 à 54 ans, un défi qui s'annonce ardu. Pour ce faire, la division de luxe de Ford a mis en branle un remodelage total de l'image de marque à grand coût démarré en décembre 2012. Cette refonte est appuyée par une offensive publicitaire de taille : grands médias imprimés américains, Web, médias sociaux, spots télévisés. Elle s'est même articulée lors du Super Bowl en février avec deux publicités. Un travail exhaustif donc, mais qui pourrait rapporter des dividendes, s'il est bien exécuté.

MKX

Le MKX est essentiellement un Ford Edge endimanché. Contrairement à ce dernier, il n'est offert qu'avec un seul moteur, un V6 de 3,7 litres (305 chevaux) greffé à une boîte de vitesses automatique à 6 rapports. La transmission intégrale est de série, tout comme une longue liste d'équipements. Selon les rumeurs qui circulent, la prochaine cuvée, prévue pour l'année prochaine, pourrait être édifiée sur les soubassements de la MKZ et retenir les services de son 4 cylindres turbo (2 litres de 240 chevaux) et de son V6 (3,7 litres de 300 chevaux).

MKT

Avec des ventes totales au Canada de 450 exemplaires en 2012, cette mouture cossue du Ford Flex n'a certainement pas la cote ici. Son design resculpté pour 2013 demeure plutôt controversé. Sa partie avant semble bizarrement reproduire un homme moustachu, ce qui n'est pas nécessairement la meilleure image pour cibler des acheteurs plus jeunes. Sous le capot se terre un seul moteur, le V6 EcoBoost biturbo (3,5 litres de 365 chevaux). Tout comme pour la MKS, le *Lincoln Drive Control* fait partie de l'équipement de série.

MKS

La grande berline de la marque bonifie son offre pour 2013 avec un V6 de base plus puissant (3,7 litres de 304 chevaux) et un système de réglage de l'amortissement selon trois modes de fermeté. Le *Lincoln Drive Control* permet, pour sa part, de régler le comportement de l'accélérateur, de la direction et de la boîte de vitesses afin de créer une harmonie avec ce même système. Le puissant V6 EcoBoost biturbo (3,5 litres de 365 chevaux) reste dans le carnet d'options. Une nouvelle génération pourrait être proposée dès l'année modèle 2015 avec comme charpente la plateforme allongée de la MKZ.

NAVIGATOR

Le Navigator persiste et signe comme produit de niche. Anachronisme sur quatre roues, il embarque toujours un V8 de 5,4 litres (310 chevaux) qui consomme autant qu'un avion. Son habitabilité reste un atout, tout comme son confort. Un rafraîchissement pourrait survenir d'ici deux ans. Le V6 de 3,5 litres biturbo (365 chevaux) serait alors un choix cohérent.

Lincoln met actuellement la main à la pâte pour développer un petit multisegment qui prendra forme sur le châssis du Ford Escape. Le Lincoln MKC, dévoilé au dernier Salon de Detroit, donne un avant-goût du produit fini dont on suppose qu'il prendra le chemin des concessionnaires dès 2014. Les motorisations retenues devraient être les 4 cylindres turbocompressés du Ford Escape (1,6 et 2 litres) afin d'abaisser les coûts de développement. D'autre part, des rumeurs font état d'un désir de Lincoln de rapatrier une architecture à propulsion au sein de sa gamme.

Centre d'attraction de cette stratégie de *rebranding*, la MKZ 2013 débarque avec une silhouette beaucoup plus accrocheuse que sa devancière. Son dessin, d'une belle fluidité (comme pour sa cousine, la Ford Fusion), est étroitement inspiré du prototype présenté au Salon de Detroit de 2012. Certains disent qu'elle aura une grande incidence sur l'avenir de Lincoln. La recette prendra-t-elle ?

MKZ

LOTUS

www.lotuscars.com

Voici un constructeur qui alimente bien des conversations depuis plusieurs années. Revenons un peu en arrière, si vous le voulez bien, plus précisément au Mondial de l'automobile de Paris en 2010. Lotus s'offre alors un immense kiosque. Naomi Campbell, Brian May et Mickey Rourke dévoilent cinq nouveaux modèles: Esprit, Elan, Elise, Elite et Eterne. C'est ce qu'on claironne comme étant The New Era pour le fabricant. La troupe débarque ensuite à Los Angeles pour un autre show, cette fois avec le projet Metamorphosis. Ensuite, rien. Depuis ces coups médiatiques fumants, le propriétaire de la marque, le Malaisien Proton, a vendu Lotus à DRB-Hicom. Le nouveau propriétaire a appris en passant que tous ces beaux projets n'étaient que de la poudre aux yeux. Les voitures présentées n'étaient que des maquettes et l'ancien patron anglais, Dany Bahar, n'a jamais eu l'intention de commercialiser ces modèles. Bref, rien n'a jamais été aussi embrouillé pour Lotus qui ne s'est même pas présentée au Salon de l'auto de Paris en 2012 et qui s'est limitée à un très modeste kiosque à Los Angeles en novembre dernier. Son avenir repose entre les mains des nouveaux propriétaires et de la volonté politique du gouvernement malaisien de venir en aide à l'entreprise. Ou pas. Cela dépendra du sort des élections en Malaisie. Mais parions que, dans un pays aussi pauvre, la priorité ne sera pas de venir en aide à une entreprise qui fabrique des supervoitures. Certains disent que les jours de la petite compagnie créée par Colin Chapman sont comptés, alors que d'autres sont convaincus que l'expertise des 1000 ingénieurs anglais sera récupérée par un plus gros joueur comme Volkswagen, dont l'appétit semble sans fin. Cette rumeur, en fait, circule depuis plus de cinq ans. Ce mariage serait heureux. Lotus entrerait dans le giron du groupe allemand, aux côtés de Porsche, Lamborghini, Bugatti et Bentley, ce qui permettrait une redistribution des cartes d'un point de vue technique. Les voitures profiteraient de mécaniques Audi (au lieu de Toyota) et partageraient des plateformes. La recette pourrait fonctionner, mais n'allons pas trop vite en affaires.

EVORA

Pour le moment, le seul modèle qui reste encore offert sous le nom Lotus chez nous, c'est l'Evora. L'actuel propriétaire de la marque indique qu'un remplacement de ce 2+2 est prévu pour 2016, tout comme l'Exige qui roule encore en Europe. Mais est-ce un autre vœu pieux ? Rappelons que l'Evora est mue par une version retravaillée du moteur V6 de 3,5 litres de la Toyota Camry. Les ingénieurs de Lotus lui ont accolé un embrayage, un échappement et un volant moteur spécifique qui amènent sa puissance à 276 chevaux. La version S ajoute un compresseur Eaton qui porte le muscle à 345 chevaux. Lotus offre également un choix de deux boîtes de vitesses à 6 rapports (provenant aussi de Toyota). L'option Sport donne droit à une boîte à étagements courts, qui dispense une réponse plus alerte de l'accélérateur. La boîte de base propose des changements plus étalés mais aussi plus fluides.

MASERATI

www.maserati.com

Maserati a écoulé au final 6 288 exemplaires de ses modèles sur la planète durant l'année 2012. Ce faible volume traduit évidemment sa fonction de fabricant cossu, mais aussi sa difficulté à séduire les biens nantis avec une offre restreinte à deux modèles qui, de surcroît, montrent des signes de vieillissement. À titre de comparaison, sa grande sœur, Ferrari, a distribué 7 318 véhicules durant cette même période malgré des prix beaucoup plus élevés. Le patron du groupe Fiat (dont Maserati fait partie), Sergio Marchionne, croit néanmoins plus que jamais en la viabilité de la marque au trident qui fêtera son 100e anniversaire l'année prochaine. L'objectif est d'envergure exceptionnelle: 50 000 ventes annuelles d'ici 2015. Pour ce faire, on élargira de manière progressive la gamme afin d'exploiter de nouveaux segments, plus profitables. Maserati se démocratisera avec cinq nouvelles créations dont les coûts de développement seront diminués grâce à un partage de pièces avec les autres marques du groupe Fiat.

L'archétype du coupé de grand tourisme est reconduit pour 2013 sans modifications d'importance. Une variante plus puissante de la GranCabrio, débarquée au dernier Mondial de Paris, affute légèrement la livrée décapotable avec le même V8 de 4,7 litres mais poussé à 460 chevaux. Comme pour l'ensemble des versions, le V8 ne peut être commandé qu'avec une boîte de vitesses automatique à 6 rapports fournie par l'équipementier allemand ZF. Le président de Maserati a confirmé qu'une refonte entière est prévue pour 2015. La nouvelle GranTurismo sera plus petite que l'actuelle génération. Ses dimensions devraient être comparables à celles de la Jaguar XK.

GRANTURISMO/ GRANCABRIO

À VENIR...

Comme spécifié en préambule, Maserati pourrait introduire jusqu'à cinq nouveaux modèles dans sa gamme au cours des prochaines années. Le Levante (que la firme avait d'abord appelé Kubang avant de se raviser, fort heureusement), un multisegment construit sur le squelette retravaillé du Jeep Grand Cherokee, démarrera le bal en 2014. Suivra ensuite, probablement la même année, le retour de la Ghibli, sous une configuration très différente à quatre portières. Cette dernière sera opposée aux BMW Série 5, Mercedes-Benz Classe E et Audi A6. À plus long terme, des rumeurs circulent voulant qu'une voiture sport à moteur central soit envisagée. Elle s'attaquerait à nulle autre que la Porsche 911. Enfin, un multisegment compact, dont les dimensions se compareraient à celles d'un Audi Q5, pourrait aussi être proposé.

QUATTROPORTE

L'ambassadrice de la marque au sein des grandes berlines de luxe est complètement réactualisée pour son 40e anniversaire. Elle pave la voie aux nouvelles ambitions de Maserati. D'un design plus consensuel, elle se veut une cuvée plus accessible que sa devancière qui était d'un caractériel notoire. Plus imposante et plus légère, elle est animée au choix par deux mécaniques très compactes, soit un V6 de 3,0 litres biturbo (410 chevaux) ou un V8 également biturbo de 3,8 litres (530 chevaux). Le V8 propulse par ailleurs sa masse de 1 900 kilos jusqu'à une vitesse maximale sidérante de 307 km/h, un exploit. Une boîte automatique ZF à 8 rapports relaie le couple aux roues arrière dans les deux cas. En outre, un système de transmission intégrale exclusivement réservé au V6 apparaît sur le carnet d'options pour rendre la Quattroporte plus polyvalente.

MAZDA

Malgré la grande popularité de la Mazda3, Mazda reste un joueur de second plan au Canada quand on examine ses parts de marché (71 638 ventes contre 131 558 pour Honda, par exemple). Le constructeur d'Hiroshima doit alors ruser pour convaincre l'acheteur. On amorce donc l'année 2013 avec une série de nouveautés destinées à rendre plus attrayants plusieurs modèles œuvrant dans des créneaux de choix. Ce renouvellement se fait sur deux axes : l'instauration graduelle de la technologie SKYACTIV à l'ensemble de la gamme et l'application du code de design KODO qui emploie le mouvement comme inspiration première. La calandre en pentagone inversé s'imbriquant aux deux phares avant devient la signature et le fil conducteur du cadre stylistique. La technologie SKYACTIV, pour sa part, touche l'ensemble des composants mécaniques et du châssis afin de diminuer la consommation de carburant. On a conséquemment recourt à l'injection directe de carburant, à des boîtes de vitesses calibrées pour favoriser la frugalité et à une diminution générale du poids sans affecter la rigidité. Pertinent, certes, mais est-ce suffisant ?

Représentante de Mazda du côté des sous-compactes, la 2 est reconduite en 2013 sans modifications. Ainsi, l'acheteur n'a toujours qu'un seul choix de moteur, un 4 cylindres de 1,5 litre (100 chevaux) qu'on peut coupler à deux boîtes de vitesses plutôt vétustes (manuelle à 5 rapports et automatique à 4 rapports). Elle pourrait, en outre, recevoir un petit *facelift* pour l'année modèle 2014 afin de préparer l'arrivée potentielle d'une nouvelle génération pour 2015. Cette dernière partagera sa charpente avec un nouveau modèle Toyota qui sera construit à la même usine d'assemblage de Salamanca, au Mexique.

5

La minifourgonnette de Mazda continue son parcours en affichant toujours la même pertinence qu'à ses débuts. Non, ce n'est pas l'aspect faiblard de son 4 cylindres de 2,5 litres (157 chevaux) qui rend le produit attirant, mais plutôt sa polyvalence dans un format fort bien étudié. Elle devrait, par ailleurs, garder son aspect actuel pendant encore quelques années. Il ne serait toutefois pas étonnant de voir atterrir sous son capot une motorisation SKYACTIV d'ici là.

Affirmer que la Mazda3 est importante au Canada, c'est un euphémisme. Au pays, 54,9 % des Mazda écoulés en 2012 avaient l'insigne 3 apposé sur le couvercle de leur coffre arrière. Voilà certainement pourquoi Mazda a jugé bon d'introduire la technologie SKYACTIV sur notre marché avec la Mazda3 en 2012. Pour 2013, le même quatuor de 4 cylindres est au menu pour les 4 et 5 portes : 2 litres (148 chevaux); 2 litres SKYACTIV (155 chevaux) ; 2,5 litres (167 chevaux) et 2,3 litres turbocompressé (263 chevaux). Un rafraîchissement de sa robe pourrait intervenir dès cette année afin qu'elle incorpore les nouveaux éléments de design KODO pour préparer l'arrivée d'une nouvelle génération prévue pour 2015 avec un châssis retravaillé et la possibilité d'une mécanique Diesel.

3

L'intermédiaire de la famille est complètement renouvelée pour 2014 et met en relief un constat indéniable : les stylistes de Mazda n'ont certainement pas perdu la main. D'une grande qualité esthétique, cette berline devient la deuxième intermédiaire offerte sur notre marché à se nourrir au gazole (l'autre étant la VW Passat). Le fabricant croit d'ailleurs tellement en cette mécanique qu'elle a aligné sur la ligne de départ un bolide Mazda6 à Daytona alimenté au Diesel. Lisez notre essai complet à la page 146.

Le petit multisegment s'équipe pour 2014 d'un deuxième moteur en option pour s'insuffler un peu dynamisme. Le 4 cylindres de 2 litres (155 chevaux) SKYACTIV cohabitera dorénavant avec un autre bloc à 4 cylindres, mais celui-là de 2,5 litres (184 chevaux). Ce nouveau moteur, qu'on peut uniquement commander avec une boîte automatique (6 rapports) a un taux de compression très élevé (13 : 1) pour augmenter son efficacité tout en ne consommant pratiquement pas plus que le 2 litres. Compte tenu de son arrivée récente sur le marché, aucun changement ne devrait intervenir à court terme pour le CX-5.

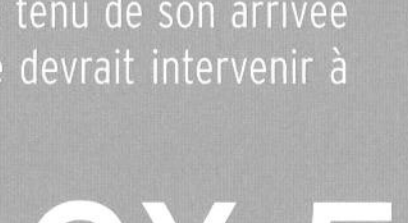

CX-9

Avec 1419 CX-9 écoulées l'année dernière au Canada, Mazda est loin d'être la panacée. Par conséquent, on essaie tant bien que mal de rectifier le tir sans trop débourser. Ainsi, on lui a donné un léger coup de plumeau pour 2013, des traits qu'elle devrait garder pour deux années encore. Côté mécanique, c'est du pareil au même. Son V6 de 3,7 litres (273 chevaux) d'origine Ford reste inchangé. Il fait donc toujours équipe avec une boîte automatique à 6 rapports. La transmission intégrale est offerte en option.

Malgré son âge, la Mazda MX-5 reste l'une des voitures les plus agréables à conduire sur le marché. La symbiose qui s'opère entre le conducteur et la machine rend l'expérience délicieuse. Pas de changement important au programme dans son cas pour 2013, ni même pour 2014. Le 4 cylindres de 2 litres de 167 chevaux (158 pour la boîte automatique) subsiste. Une toute nouvelle génération développée de concert avec Alfa Romeo débarquera en 2015. Son architecture à propulsion restera, tout comme la philosophie de conception. Elle devrait en outre être plus légère et plus puissante. Voilà qui semble prometteur !

Mazda travaillerait à un multisegment sous-compact reposant sur le châssis de la Mazda2. Ce nouveau modèle s'appellerait logiquement CX-3 et s'attaquerait, entre autres, au Chevrolet Trax. En outre, le fabricant continuerait en coulisse le développement d'un moteur rotatif destiné à un modèle hybride enfichable.

À VENIR

LA COTE VERTE

MOTEUR L4 DE 2,5 L

> Consommation (100 km) man. 8,1 L auto. 7,6 L
> Consommation annuelle nm
> Indice d'octane 87 > Émissions polluantes CO_2 nm

(SOURCE: Mazda)

FICHE D'IDENTITÉ

VERSIONS GX, GS, GT
TRANSMISSION(S) avant
PORTIÈRES 4 **PLACES** 5
PREMIÈRE GÉNÉRATION 2003
GÉNÉRATION ACTUELLE 2014
CONSTRUCTION Hofu, Japon
COUSSINS GONFLABLES 6 (frontaux, latéraux avant, rideaux latéraux)
CONCURRENCE Chevrolet Malibu, Chrysler 200, Dodge Avenger, Ford Fusion, Honda Accord, Hyundai Sonata, Kia Optima, Nissan Altima, Subaru Legacy, Suzuki Kizashi, Toyota Camry, Volkswagen Passat

AU QUOTIDIEN

PRIME D'ASSURANCE
25 ANS: 1600 à 1800 $
40 ANS: 1000 à 1200 $
60 ANS: 900 à 1100 $
COLLISION FRONTALE nm
COLLISION LATÉRALE nm
VENTES DU MODÈLE DE L'AN DERNIER AU QUÉBEC nd **AU CANADA** 5128
DÉPRÉCIATION (%) 55,1 (3 ans)
RAPPELS (2007 À 2012) 2
COTE DE FIABILITÉ 3,5/5

GARANTIES... ET PLUS

GARANTIE GÉNÉRALE 3 ans/80 000 km
GROUPE MOTOPROPULSEUR 5 ans/100 000 km
PERFORATION 5 ans/kilométrage illimité
ASSISTANCE ROUTIÈRE 3 ans/80 000 km
NOMBRE DE CONCESSIONNAIRES AU QUÉBEC 58 **AU CANADA** 168

NOUVEAUTÉS EN 2013.5

Nouvelle génération

À LA RECHERCHE DE RÉDEMPTION

Lorsqu'elle commercialisait la 626, Mazda a toujours été en mesure de construire une berline intermédiaire de qualité, mais qui, pour de nombreuses raisons, n'a jamais vraiment fait une percée. Lorsqu'elle a lancé la 6, encore une fois, la réaction, tant des journalistes que du public, avait été bonne, mais toujours pas plus d'acheteurs. Difficile de percer les secrets des Toyota Camry, Nissan Altima et Honda Accord. Pourtant, Hyundai et Kia y sont parvenues. Loin de se compter pour battue, Mazda n'a pas l'intention d'abandonner ce lucratif segment et nous revient pour 2014 avec un tout nouveau modèle.

Benoit Charette

CARROSSERIE > Voici un résumé de la présentation d'une heure du responsable du Design en quelques lignes. La Mazda6 adopte la plus récente philosophie de la marque, le style «Kodo» qui s'inspire de la nature pour créer les formes de ses voitures. Dans le cas de la Mazda6, elle illustre la gestuelle des animaux sauvages. Les ailes bombées représentent les épaules d'un félin tapi au sol qui attend le bon moment pour bondir sur sa proie. La ligne continue sur la ceinture de caisse personnifie les muscles tendus de l'animal, et l'habitacle surbaissé rejeté en arrière reflète la puissance et la grâce. Pour les épaules et les muscles tendus, on le voit bien. Pour le reste, on tombe un peu dans l'abstrait. Mais une chose est sûre, la nouvelle 6 a du chien, des lignes évocatrices et une personnalité très affirmée dans une catégorie où, habituellement, le gris domine.

HABITACLE > Il règne une certaine sérénité à bord de la Mazda6 avec son vaste espace intérieur qui invite à la détente. L'ergonomie a été étudiée, et les modèles en finition cuir mis à notre disposition n'avaient rien à envier à des berlines de luxe. Les concepteurs

Style très réussi • Confort de roulement • Performances intéressantes
Finition et insonorisation à la hauteur • Modèle Diesel à venir

Manque de puissance à bas régime (diesel) • Visibilité arrière imparfaite

ont eu le souci du détail. Ils ont notamment agrandi le bas de l'habitacle aux places avant en supprimant les bords situés à la périphérie de la console centrale, et en élargissant l'espace sous les sièges avant pour un plus grand confort des passagers arrière. Les sièges en cuir de nos modèles d'essai comportaient une plaque de soutien du bassin ainsi qu'un dossier de moindre épaisseur laissant davantage de place aux passagers arrière. Son réglage électrique en huit directions permet de trouver une bonne position de conduite. Tout le poste de conduite a été conçu pour permettre une identification simple et précise des commandes et des témoins. Le conducteur peut consulter les données de conduite comme la consommation, la température et la distance du trajet à l'affichage multi-information de 3,5 pouces intégré au combiné des instruments principal ainsi que d'autres données comme l'audio et la navigation, notamment, à l'écran tactile de 5,8 pouces implanté dans la console centrale. Ce dernier a même été repositionné plus en hauteur pour permettre au conducteur de ne pas quitter la route des yeux. L'espace pour tous les passagers est généreux, l'insonorisation de haut calibre et le confort de roulement sont sans reproche. Pour le plaisir des oreilles, Mazda offre, en option, une chaîne audio ambiophonique Premium BOSE® à 11 haut-parleurs conçue spécifiquement pour la nouvelle Mazda6, intégrant la technologie de son ambiophonique virtuel Centerpoint® 2 développée par Bose®.

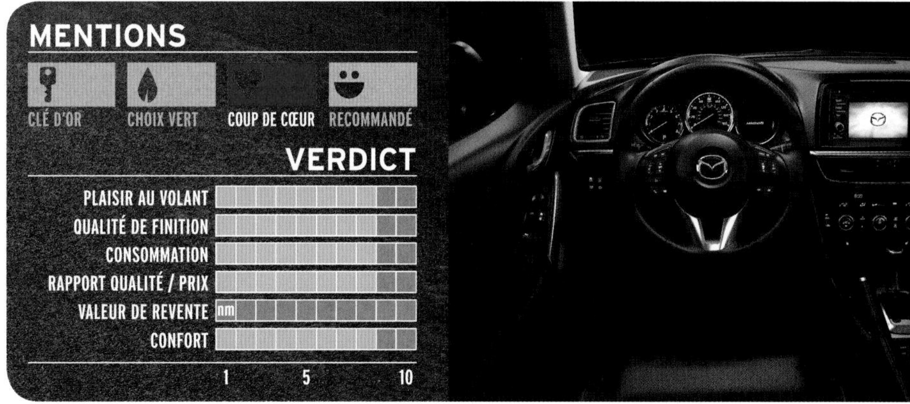

MÉCANIQUE › Apôtre de la nouvelle religion du SKYACTIV, la Mazda6 pousse encore un peu plus loin ses applications. Des matériaux plus légers à la boîte de vitesses en passant par les moteurs, Mazda a optimisé tous les systèmes pour tirer la meilleure consommation de carburant. Le moteur à 4 cylindres de 2,5 litres de 184 chevaux de la technologie SKYACTIV est le plus puissant à ce jour. Sa technologie à injection directe de carburant permet des accélérations de 0 à 100 km/h en 7,8 secondes. La Mazda6 bénéficie en exclusivité (pour le moment) de la technologie i-ELOOP. Il s'agit d'un système de récupération de l'énergie au freinage qui permet de réduire la consommation de carburant. L'i-ELOOP, pour *Intelligent Energy Loop* (boucle d'énergie intelligente), utilise un condensateur qui stocke

FICHE TECHNIQUE

+ MOTEUR (S)

(GX, GS, GT) L4 2,5 L DACT
PUISSANCE 184 ch. à 5 700 tr/min
COUPLE 185 lb-pi à 3 250 tr/min
BOÎTE(S) DE VITESSES manuelle à 6 rapports, automatique à 6 rapports (en option sur GX), automatique à 6 rapports avec manettes au volant (en option sur GS et GT)
PERFORMANCES 0 À100 KM/H 7,8 s
VITESSE MAXIMALE 225 km/h (est.)

+ AUTRES COMPOSANTS

SÉCURITÉ ACTIVE Freins ABS, assistance au freinage, répartition électronique de la force de freinage, contrôle dynamique de la stabilité, antipatinage
SUSPENSION avant/arrière indépendante
FREINS avant/arrière disques
DIRECTION à crémaillère assistée
PNEUS GX, GS P225/55R17 **GT** P225/45R19

+ DIMENSIONS

EMPATTEMENT 2 830 mm
LONGUEUR 4 895 mm
LARGEUR 1 840 mm
HAUTEUR 1 450 mm
POIDS man. 1 444 kg **auto** 1 466 kg
DIAMÈTRE DE BRAQUAGE 11,2 m
RÉSERVOIR DE CARBURANT 62 L
COFFRE 419 L

2e OPINION

Il était temps que le constructeur nippon se penche sur sa berline intermédiaire, surtout que ce segment revêt une si grande importance au sud de notre frontière. Le coup de crayon est heureux, un compliment qui s'adresse également au récent CX-5, ce qui devrait contribuer à récupérer quelques-uns des clients perdus au fil des années. Le moteur à 4 cylindres SKYACTIV de 2,5 litres est tout à fait adéquat pour cette voiture, et l'abondance de boîtes rend le choix plus facile pour le consommateur. D'ailleurs, Mazda deviendra le premier constructeur du pays du soleil levant à offrir une motorisation turbodiesel propre en Amérique du Nord, et ce, dès l'été 2013. Franchement, cette nouvelle 6 nous propose suffisamment de bonnes raisons pour qu'on s'y attarde !

Vincent Aubé

A

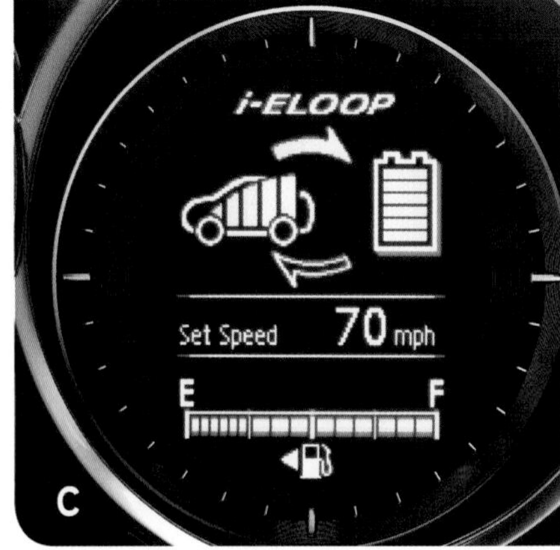

GALERIE

A La Mazda6 2014 se décline en trois modèles, soit la GX, la GS et la GT. Le déverrouillage sans clé, des essuie-glaces automatiques avec détecteur de pluie, la connectivité Bluetooth, un écran couleur tactile de 5,8 pouces pour la chaîne audio, des roues en alliage de 17 pouces, des feux arrière à diodes électroluminescentes et des rétroviseurs chauffants avec clignotant font partie de l'équipement de série.

B Les sièges en tissu noir sont offerts en équipement de série et des garnitures en cuir noir et blanc cassé sont offertes en option.

C Mazda a développé un système baptisé i-ELOOP. Quand le conducteur freine ou relâche l'accélérateur, l'alternateur tourne à plein régime et récupère l'énergie cinétique du véhicule pour charger des super-condensateurs. Ceux-ci se déchargent ensuite à travers un convertisseur 24V/12V, et alimentent les composants électriques de l'auto (climatisation, chaîne audio...) et permet, selon Mazda, d'économiser 10 % en carburant.

D La Mazda6 GT équipée de la boîte de vitesses automatique peut aussi être dotée d'un ensemble technologique composé de la radio satellite SIRIUS XM et de la nouvelle gamme de technologies de sécurité, appelée i-ACTIVSENSE. Celle-ci comprend la nouvelle aide intelligente au freinage en ville de Mazda, le régulateur de vitesse par radar de Mazda, l'avertisseur de la présence d'objet à l'avant, le contrôle des feux de route et un système d'avertissement de changement de voie.

E Une mollette de contrôle permet de faire apparaître les diverses options du menu.

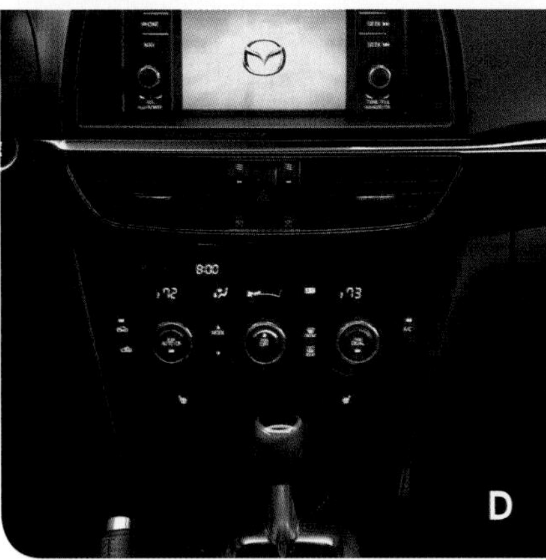

l'énergie récupérée à des fins d'alimentation des accessoires consommateurs d'électricité du véhicule. Donc, au lieu d'utiliser l'énergie de la batterie pour faire fonctionner tout ce qui est électrique dans le véhicule, le système utilise un alternateur à tension variable 24/12 volts pour générer efficacement de l'électricité dès que le conducteur relâche la pédale d'accélérateur et recharger complètement le condensateur qui peut être totalement chargé en 7 à 10 secondes, en un seul cycle de décélération. Une fois le condensateur rechargé, le convertisseur CC/CC abaisse ensuite la tension électrique dans le condensateur à 12 volts pour alimenter les composants électriques comme le climatiseur et la chaîne audio. Tout excédent d'électricité est renvoyé vers la batterie. Selon Mazda, 10 % du carburant utilisé sert à alimenter la voiture en électricité. Avec le système i-Eloop, on économise ces 10 %. Ajoutez à cela un poids réduit de 10 %, et Mazda annonce une consommation moyenne de 6,3 litres aux 100 kilomètres. Nous avons terminé notre journée d'essai autour des 7 litres aux 100 kilomètres, ce qui est excellent pour une voiture qui fait presque 5 mètres de longueur. Mazda proposera également un moteur Diesel, une rareté dans ce segment. Il s'agit d'un moteur de 2,2 litres biturbo de 175 chevaux. Cette mécanique défie les conventions en affichant le taux de compression le plus faible du monde. Le taux de compression étant plus faible, les contraintes exercées sur leurs pièces sont donc moins importantes, ce qui permet d'utiliser des composants plus légers. Le faible taux de compression permet également d'améliorer le calage de la combustion et le rendement, d'où les exceptionnelles prestations du moteur. Un 0 à 100 km/h en 7,8 secondes avec boîte manuelle et une consommation annoncée de 4,8 litres aux 100 kilomètres.

COMPORTEMENT > Au-delà du moteur, la technologie SKYACTIV est une philosophie globale qui englobe le châssis, les matériaux plus légers, une boîte de vitesses plus réactive, une suspension mieux calibrée. Tous les éléments nécessaires à une expérience de conduite positive. De la couche d'insonorisation supplémentaire dans le pare-brise afin de réduire les écoulements d'air aux arbres d'équilibrage moteur pour réduire la vibration en passant par le dispositif antibruit intégré aux freins, des efforts notables ont été faits pour rendre l'expérience de conduite agréable. La boîte de vitesses automatique à 6 rapports est bien étagée et souple. La puissance est bonne, et le moteur monte en régime sans rechigner. En version Diesel, on note un léger manque de puissance à bas régime, mais dès que les turbos arrivent dans le décor, la voiture se met en marche. Sur la route, la calibration précise de la suspension et un châssis plus léger que la moyenne offrent une conduite précise qui semble être le prolongement du conducteur. Le conducteur fait corps avec la voiture et respecte en tous points la philosophie Mazda du plaisir de conduire.

CONCLUSION > Un style unique, une finition de grande qualité, une conduite inspirée, des technologies novatrices et une consommation de carburant exemplaire. Mazda, qui n'a pas eu de succès dans le passé, a redoublé d'effort pour que cette génération de 6 réussisse enfin à se tailler une place au soleil. Mais la partie n'est pas gagnée. Presque tous les constructeurs ont du nouveau dans cette catégorie. La lutte sera féroce, mais Mazda offre sans doute la plus belle berline du lot et, à ce jour, la plus agréable à conduire. Une voiture à considérer dans ce créneau de marché. ■

HISTORIQUE

Lancée au Japon sous le nom de Capella en 1970, la 626 est introduite sur le marché en 1978. Deux carrosseries sont proposées : une berline à 4 portes et un coupé. Il y aura ainsi cinq générations de Mazda 626 avant de voir la première génération de Mazda 6 qui arrivera à l'automne 2002. Vendue d'abord au Japon où elle est assemblée puis en Europe, en Amérique du Nord et enfin dans le reste du monde. Une version familiale fait son apparition en 2003. Fin 2005, la 6 a été légèrement retouchée. La deuxième génération a été dévoilée lors du salon de Francfort en septembre 2007, puis elle a été lancée au début de l'année 2008. Pour les marchés nord-américains, Mazda n'a commercialisé que la berline quatre portes, alors que la familiale a continué ailleurs dans le monde, comme pour la nouvelle génération.

626 1978

626 1985

626 1992

626 1997

626 2002

MAZDA6 2005

MERCEDES-BENZ

La lutte de tous les instants avec BMW et Audi empêchent les dirigeants de Mercedes-Benz de s'accorder ne serait-ce qu'un seul instant de répit. Ils travaillent sans cesse à renouveler leur portfolio aux deux extrémités du spectre, comme le prouvent la refonte de la limousine Classe S et l'introduction du modèle d'entrée de gamme CLA. Le bras de fer allemand se joue surtout aux États-Unis. Selon la firme R.L. Polk, les Américains ont immatriculé 272 674 Mercedes-Benz en 2012 et 267 649 BMW. Les Benziens ont sablé le champagne! Sauf que BMW annonce plutôt 281 460 ventes. Les Béhémiens crient alors victoire. Et on ne parle ici que de la bisbille pour le trône américain. Dans le monde, le classement actuel place Audi et Mercedes-Benz respectivement au 2e et au 3e rangs du créneau des voitures de luxe, et toutes sont dévorées par la même ambition: tasser BMW du sommet. Les analystes prédisent que Mercedes-Benz pourrait au moins reprendre le 2e rang à Audi grâce, justement, à l'arrivée cette année des nouvelles Classe CLA et S. Dieter Zetsche, le grand manitou du fabricant, a déclaré que son entreprise sortirait 13 nouveaux véhicules au cours des huit prochaines années pour reprendre à BMW la couronne qu'elle lui a ravie en 2005. Bref, pendant que se déroule cette guerre de chiffres, les ingénieurs et les stylistes de Stuttgart s'échinent à nous surprendre avec des produits et des technologies novateurs.

CL

La version coupé de la limousine de Classe S exprime un grandiose coquetel d'opulence et de puissance avec la CLS550 4MATIC de 429 chevaux (V8 de 4,7 litres turbo) et la CL600, l'une des rares de la famille à encore glisser sous son capot un V12 (5,5 litres turbocompressé de 510 chevaux). Bien sûr, les gens d'AMG n'ont pu s'empêcher de triturer ces glorieuses autos: CL63 AMG (563 chevaux) et CL65 AMG (621 chevaux parce qu'ils ont osé greffer deux turbos au V12 de 6 Litres) d'un quart de million de dollars. De la classe avec un très grand C, et des prix malheureusement à l'avenant. La future CL de 2014 ou de 2015 reprendra la plateforme de la S, justement nouvelle, et pourrait désormais être désignée sous le nom de S Coupé.

GL

Entièrement retapé à temps pour 2013, le GL à sept places a débarqué dans nos vies l'automne dernier. Déjà pas mal plus gros qu'un ML, le GL de 2e génération distance aussi le premier en termes d'espace logeable. Choix d'un V6 Diesel ou de deux V8 et, comme tous les autres utilitaires de la famille, les planificateurs de produits Mercedes-Benz ont attribué au trio la boîte de vitesses à 7 rapports et la transmission 4MATIC.

CLASSE E

Le constructeur vient de sérieusement rafraîchir sa très populaire Classe E, au milieu de sa 9e génération (quand même). Comme ce modèle représente le pain et le beurre du constructeur, pas question de lésiner sur les configurations: berline, coupé, familiale, cabriolet et versions AMG (E63 4MATIC et E63 S 4MATIC) sont au programme. Sans oublier l'E400 hybride. Le modèle 2014 comprendra notamment un nouveau dispositif qui avertit le conducteur qui aurait eu la drôle d'idée de s'aventurer dans une voie à sens contraire (malheureusement, ça se produit plus souvent qu'on pense). Une caméra intégrée au pare-brise lira le panneau interdisant l'accès et alertera le conducteur qui aura fait fi de ce panneau. Mercedes-Benz installera d'abord ce système préventif en Allemagne puis lui fera éventuellement traverser l'Atlantique. **Lisez notre essai complet à la page 154.**

CLASSE C

À l'image de la populaire Classe E, la Classe C revue et corrigée l'an dernier multiplie les saveurs pour justifier sa première raison d'être: démocratiser la marque à l'étoile. En conséquence, nommez une configuration, une transmission, un moteur, la C l'offre... mais pas nécessairement en Amérique, hélas. J'ai été comblé en conduisant une C250 de base (le 1,8 litre turbo de 201 chevaux de la SLK250) et je ne dirais pas non à une rarissime C63 AMG Black Series de 510 chevaux, surtout à l'aise sur une piste de course. Quand on la redessinera en 2014, attendez-vous à un cabriolet, à une hybride enfichable et à un modèle Diesel!

CLA

On reprend la plateforme (MFA) de la Classe B et on déguise une berline en coupé, comme on l'a réussi avec tant de succès pour la CLS, pour justement créer un « bébé CLS ». Le modèle de base adoptera des roues de 17 pouces. Ne cherchez pas de piliers B (centraux), il n'y en a pas. Les ingénieurs ont aussi emprunté à la B le 4 cylindres de 2 litres turbocompressé de 208 chevaux avec boîte de vitesses automatique à double embrayage et leviers de sélection au volant. Le couple vise d'abord les roues avant mais une transmission intégrale 4MATIC est attendue au printemps 2014. Puis, bien sûr, une version AMG dotée, celle-là, d'environ 350 chevaux. La CLA250 se pointera à l'automne à un prix de départ canadien estimé sous les 35 000 $ (une pub du *SuperBowl* disait 29 900 $ US). Avec la CLA 2014, Benz veut maltraiter les Acura ILX et Buick Verano Turbo, mais aussi séduire les propriétaires de Camry, d'Accord et de Passat soucieux de graduer vers le luxe abordable.

Un autre utilitaire de Mercedes-Benz, et pas le plus discret, a bénéficié d'un rafraîchissement pour 2013, mais encore d'une manière qui s'est limitée à des détails. Car le *Gelandewagen* paraît sincèrement immuable depuis qu'il a commencé en 1979 à terroriser les autres VUS. À l'intérieur du char d'assaut, on note toutefois un nouvel écran en couleurs qui rappelle une tablette électronique, modernisme oblige. À part ça, les modèles G550 et G63 AMG (à 150 000 $) peuvent recevoir un équipement capable de tirer le marché Bonsecours.

CLASSE G

GLK

Toujours dans sa première génération, l'utilitaire intermédiaire de luxe a subi un léger remodelage pour 2013, à l'intérieur comme à l'extérieur. Mais même les nouveaux dispositifs de sécurité doivent s'effacer devant la vraie grosse nouveauté : l'addition d'un moteur Diesel à la famille ! Le GLK250 BlueTEC reçoit un 4 cylindres de 2,1 litres biturbo au gazole de 190 chevaux et la promesse de quelque 6,5 litres aux 100 kilomètres en moyenne. Offert à l'automne. Le 350, pour sa part, voit son V6 de 3,5 litres de 302 chevaux gagner l'injection directe de carburant et la technologie d'arrêt-démarrage. Ces deux GLK n'acceptent que la transmission intégrale 4MATIC. La refonte complète du modèle est prévue pour 2016.

Une nouvelle génération est au calendrier d'ici la fin de l'année. En fait, les Européens auront droit à la nouvelle Classe S dès le mois de juillet. Ce lancement prend une importance inhabituelle depuis l'abandon des Maybach. On s'attend en effet à ce qu'une version « extrême » de la S, baptisée la Pullman, vienne titiller les Rolls-Royce de BMW et les Bentley du groupe VW. D'ici là, la gamme est déjà impressionnante : S350 BlueTEC 4MATIC, S400 hybride, deux versions de la S550 dont une à empattement allongé et, enfin, le délirant trio constitué des S600, S63 AMG et S65 AMG. On parle aussi d'un modèle enfichable et d'une immense décapotable inspirée du prototype Ocean Drive montré en 2007.

CLASSE S

CLASSE B

La 2e génération de la Classe B a été mise en vente en novembre dernier. Après un hiatus d'un peu plus d'un an chez nous, le temps de se refaire une beauté, ce multisegment compact, qui n'est toujours pas vendu aux États-Unis (mais les Américains considèrent une version électrique pour 2014) reprend sa configuration à hayon mais avec une coque plus effilée que lors de sa dernière visite. Un seul moteur au menu, soit un 4 cylindres de 2 litres turbocompressé qui délivre 208 chevaux. Pour vivre une introduction pratico-pratique à l'univers de Mercedes-Benz à un prix raisonnable (juste sous les 30 000 $), difficile de trouver mieux. Pour ceux que ça intéresse en vue de leur prochain voyage en Chine : la Classe B y sera mise en production pour aider Benz à y doubler ses ventes à 300 000 exemplaires d'ici 2015.

CLASSE M

À la suite du dévoilement de la 3e génération de la Classe M l'an dernier, on devrait normalement se contenter des deux modèles de base offerts pour un certain temps, soit le ML350 (V6 de 3,5 litres de 302 chevaux) et son petit frère, le ML350 BlueTEC et son 3 litres turbodiesel de 240 chevaux. Chaque membre du tandem travaille uniquement avec une boîte à 7 rapports et l'AWD. On dit que M-B aimerait ajouter un ML250 BlueTEC 4MATIC en 2014, mais rien n'est confirmé. Et si vous recherchez plus de puissance, reluquez les deux livrées investies d'un V8 turbocompressé, soit le ML550 (4,7 litres de 402 chevaux) et le ML63 AMG (5,5 litres de 518 chevaux, et même 550 avec l'option Performance). Enfin, on avance qu'un MLC, c'est-à-dire un Classe M avec des airs de coupé, à la BMW X6, se joindrait à la parade d'ici 2015.

SL

Que ce soit les versions 550, 63 AMG ou 65 AMG, le superbe roadster a été repensé l'an dernier. Si vous y décernez des éléments visuels qui vous rappellent la SLS, vous n'avez pas la berlue. Les trois bolides racés se partagent deux V8 et un V12, tous turbocompressés pour offrir une puissance variant de 429 à 621 chevaux. Rien de vraiment neuf avant 2015.

SLS AMG

La star de la marque étoilée ! L'une des bonnes raisons d'acheter un billet de loto ! L'héritière moderne de la 300SL Gullwing possède des attributs uniques, dorlotés un à un par l'atelier AMG, trop heureux de pouvoir enfin concocter un bolide de A à Z. Le coupé et le cabriolet, tous les deux spectaculaires, sont remplacés sur le marché par les versions GT encore plus aptes sur la piste. La SLE E Cell tout électrique sera également offerte mais au compte-gouttes.

Mercedes-Benz a pris le parti de viriliser la SLK quand elle nous a balancé la 3e génération il y a à peine deux ans. De sorte que même une SLK250 animée par le 4 cylindres de 1,8 litre turbo de 201 chevaux émet une sonorité qui provoque un sourire en coin. Pour de la franche rigolade, la SLK350 avec son V6 à injection directe de carburant veille au grain (302 chevaux). Et pour l'hilarité, la SLK55 AMG (415 chevaux) vous attend. Pour renforcer cette image plus sportive, les trois SLK canadiennes reçoivent toutes de série un kit signé AMG.

CLS

Ce faux coupé, qui promène bel et bien quatre portières, a démarré une mode lors de son introduction en 2006. Alors que 2013 se vit avec une CLS550 4MATIC (V8 de 4,6 litres biturbo de 402 chevaux) et une CLS63 AMG à propulsion (V8 de 5,5 litres turbo de 518 chevaux), on attend avec impatience une CLS63 AMG 4MATIC et une CLS63 S AMG 4MATIC pour 2014. Malheureusement, il semble que nous n'aurons pas la sublime CLS Shooting Brake, une familiale qui se cantonnera (pour l'instant) aux vieux pays.

Parce qu'Audi entend produire un compact Q2 basé sur le prototype Crosslane Coupe montré à Paris l'automne dernier et parce que le constructeur travaille aussi sur un plus gros Q6 et parce que BMW planche sur un futur X4, alors, forcément, Mercedes-Benz ne peut pas se croiser les bras. Elle nous préparerait en fait un nième utilitaire compact qui se joindrait à la famille déjà nombreuse des G, GL, GLK et M. Quant à une Classe A, elle finira par se pointer chez nous dès que les Américains seront convaincus. Et ça s'en vient, ne désespérez pas.

SPRINTER

Le roi des fourgons commerciaux a été déclaré champion de sa catégorie par les auteurs de *L'Annuel de l'automobile* un nombre incalculable de fois. Mais c'était un titre remporté à peu près par acclamation. Cette fois, les autres constructeurs n'ont plus envie de lui laisser le champ libre. Et, donc, les Nissan NV, Ford Transit et Ram ProMaster s'en viennent donner au Sprinter du fil à retordre. Mais il détient une telle longueur d'avance...

LA COTE VERTE 

MOTEUR L4 DE 2,1 L TURBODIESEL

- **Consommation (100 km)** 7,0 L (est.)
- **Consommation annuelle** nd
- **Indice d'octane** Diesel > **Émissions polluantes CO_2** nd

(SOURCE: Mercedes-Benz)

FICHE D'IDENTITÉ

VERSIONS berline 2RM 400 Hybrid **4RM (4MATIC)** 250 BlueTEC, 300, 350, 550, 63 AMG, 63 AMG S-Model **familiale 4RM (4MATIC)** 350, 63 AMG, 63 AMG S-Model **Coupé et Cabrio** 350, 350 4MATIC, 550
TRANSMISSION(S) avant, 4
PORTIÈRES 2, 4, 5 **PLACES** 4, 5
PREMIÈRE GÉNÉRATION 1968
GÉNÉRATION ACTUELLE 2014
CONSTRUCTION Sindelfingen, Allemagne
COUSSINS GONFLABLES 11
CONCURRENCE Acura RLX, Audi A6, BMW Série 5, Infiniti M, Lexus GS, Volvo S80

AU QUOTIDIEN

PRIME D'ASSURANCE
25 ANS: 2 900 à 3 100 $
40 ANS: 2 300 à 2 500 $
60 ANS: 1 500 à 1 700 $
COLLISION FRONTALE nm
COLLISION LATÉRALE nm
VENTES DU MODÈLE DE L'AN DERNIER AU QUÉBEC nd **AU CANADA** 4 083
DÉPRÉCIATION (%) 39,7 (3 ans)
RAPPELS (2007 à 2012) 4
COTE DE FIABILITÉ 2/5

GARANTIES... ET PLUS

GARANTIE GÉNÉRALE 4 ans/80 000 km
GROUPE MOTOPROPULSEUR 4 ans/80 000 km
PERFORATION 5 ans/kilométrage illimité
ASSISTANCE ROUTIÈRE 4 ans/ kilométrage illimité
NOMBRE DE CONCESSIONNAIRES AU QUÉBEC 12 **AU CANADA** 53

NOUVEAUTÉS EN 2013.5

Nouvelle génération

DIESEL RAISONNABLE, AMG PASSIONNEL

Les constructeurs allemands se livrent une véritable guerre de tranchées dans le segment des berlines de luxe, et quiconque tarde un peu à renouveler son modèle perd rapidement du terrain. Donc, après un nouvelle Série 5 chez BMW et une nouvelle A6 chez Audi, Mercedes-Benz se devait de réagir et, comme de fait, nous propose une Classe E rafraîchie pour 2014. Cette Classe E, c'est le modèle le plus vendu de l'histoire de Mercedes avec 13 millions d'exemplaires écoulés depuis 60 ans. C'est aussi un modèle qui met de l'avant un certain conservatisme. Toutefois, avec la concurrence qui prône le côté sportif de ses berlines avec succès, Mercedes-Benz a dû revoir son approche.

Benoit Charette

CARROSSERIE > Tout comme elle l'a fait avec la Classe C, Mercedes-Benz propose deux versions de la Classe E avec deux calandres distinctes. Une classique à trois barrettes, avec l'étoile sur le capot, pour les finitions de base et Élégance. La version plus traditionnelle pour la clientèle aux cheveux gris.... L'autre calandre, empruntée aux coupés de la marque, intègre une énorme étoile en son centre. De quoi rajeunir efficacement la face du modèle. On remarque que les portes et les ailes présentent une forme plus acérée. Le bouclier avant est aussi de plus grandes dimensions et plus échancré. Les projecteurs ont une allure modernisée qui procure un regard davantage menaçant. Finalement, les feux et le pare-chocs à l'arrière ont été modifiés. Ces feux à DEL, à structure horizontale et au nouveau graphisme bicolore, soulignent la largeur du véhicule et affichent dans la nuit une signature visuelle typique.

Nous aurons droit à trois configurations de Classe E : la berline, la familiale et des versions AMG proposées en format autant berline que familiale. De plus, vous

Large éventail de modèles et de moteurs, de même qu'un choix de styles
Comportement serein • Des versions AMG époustouflantes

Diesel : boîte automatique paresseuse et moteur un peu bruyant en accélération • Beaucoup d'électronique • Prix des options toujours élevés

pourrez avoir accès, sur commande seulement, à une version E400 hybride à compter de la mi-avril. En ce qui concerne les AMG, on ne peut pas s'y tromper, on a affaire à des prédateurs dont la performance suinte d'un pare-chocs à l'autre. Les éléments prédominants sont la calandre AMG « Twin blade » sculptée dans des tons argentés et la bordure centrale inférieure de la jupe avant. L'impression de largeur que dégage l'arrière est due aux sorties d'air dessinées latéralement, à la calandre noire et aux deux doubles embouts d'échappement chromés. Le diffuseur noir avec appliques et contours marqués confère au derrière de l'E63 AMG un style évoquant fortement le monde de la course automobile. La livrée S du modèle AMG pousse un peu plus loin l'agressivité avec un échappement distinctif, tandis que le déflecteur peint dans les teintes de la carrosserie (berline uniquement) réduit la portance à grande vitesse.

HABITACLE >L'intérieur évolue peu, mais il le fait dans la bonne direction. Il y a quelques changements notables comme un nouveau volant à trois branches, et non plus quatre. La baguette décorative en deux parties qui s'étend sur toute la largeur de la planche de bord est aussi nouvelle. Indépendamment de la ligne d'équipement choisie, elle est offerte en finition bois ou aluminium. Autres nouveautés : le style des buses de ventilation et l'horloge analogique placée entre les évents centraux ajoute une touche racée. On note aussi une console centrale inédite dépourvue de levier de sélection. L'habitacle de l'E63 AMG S 4MATIC s'ouvre de série sur une sellerie en cuir Nappa. En liaison avec l'aménagement noir, le véhicule est paré de surpiqûres contrastantes grises sur les sièges sport AMG, la partie centrale des contre-portes, les accoudoirs et la console. Aplatie dans ses parties inférieure et supérieure, la couronne du volant Performance AMG en cuir noir est garnie de zones de contact en Alcantara. On l'empoigne avec délice, ce volant ! Le blason exclusif AMG est bien entendu estampé sur les appuie-tête avant des sièges moulés sportivement. Le combiné d'instruments, pour sa part, est orné d'applications rouges et d'un logo « S AMG » sur le compteur de vitesse gradué jusqu'à 320 km/h. Et si jamais tout cet équipement ne parvient pas à vous satisfaire, il vous reste l'option suprême de personnaliser votre bolide. À ma connaissance, les seules limites aux possibilités sont celles de votre compte en banque.

MÉCANIQUE > Prenez une grande respiration car l'exercice exige votre concentration. Commençons par la partie facile. Toutes les Classe E vendues au Canada sont des modèles 4MATIC, à l'exception de la E400 hybride qui sera une propulsion. Tous les modèles offrent une seule boîte de vitesses, soit la 7G-Tronic qui devient la Speedshift pour les modèles AMG. Avec la nouvelle carrosserie qui arrive au printemps, Mercedes-Benz conserve pour le moment les mêmes moteurs que l'actuelle génération. Il y a donc l'E300 V6, l'E350 V6, l'E550 V8 et l'E400 hybride. Cela dit, dès l'automne, une nouvelle génération de mécaniques prendra place sous les capots. Un 4-cylindres 250 BlueTEC Diesel fera notamment son entrée dans la Classe E. Il s'agit du même engin qui anime actuelle-

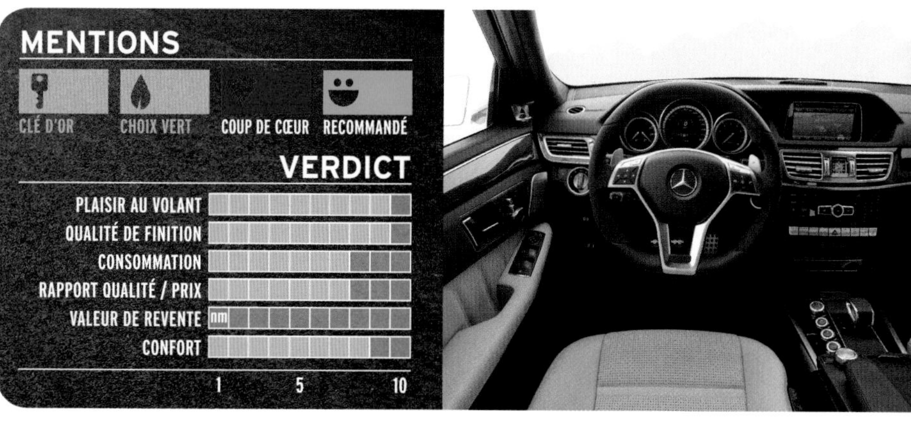

FICHE TECHNIQUE

+ MOTEUR (S)

(250 BLUETEC) L4 2,1 L turbodiesel
PUISSANCE 190 ch. à 3 800 tr/min
COUPLE 369 lb-pi de 1 600 à 1 800 tr/min
BOITE(S) DE VITESSES berline/familiale manuelle à 6 rapports, automatique à 7 rapports avec mode manuel
PERFORMANCES 0 À 100 KM/H nd
VITESSE MAXIMALE nd

(300 4MATIC) V6 3,5 L DACT
PUISSANCE 248 ch. à 6 500 tr/min
COUPLE 251 lb-pi de 3 400 à 4 500 tr/min
BOITE(S) DE VITESSES berline automatique à 6 rapports
PERFORMANCES 0 À 100 KM/H 7,4 s
VITESSE MAXIMALE 210 km/h (bridée)
CONSOMMATION (100 KM) nd (octane 91)

(350 4MATIC) V6 3,5 L DACT
PUISSANCE 302 ch. à 6 500 tr/min
COUPLE 273 lb-pi de 3 500 à 5 250 tr/min
BOITE(S) DE VITESSES berline/familiale automatique à 6 rapports **coupé** manuelle à 6 rapports, automatique à 6 rapports (option)
PERFORMANCES 0 À 100 KM/H berline 6,6 s **familiale** 7,1 s
VITESSE MAXIMALE 210 km/h (bridée)
CONSOMMATION (100 KM) nd (octane 91)

(400 HYBRIDE) V6 3,5 L DACT
PUISSANCE 302 ch. à 6 500 tr/min + 27 ch. moteur électrique
COUPLE 273 lb-pi de 3 500 à 5 250 tr/min + 184 lb-pi moteur électrique
BOITE(S) DE VITESSES automatique à 6 rapports
PERFORMANCES 0 À 100 KM/H nd
VITESSE MAXIMALE 210 km/h (bridée)
CONSOMMATION (100 KM) nd (octane 91)

(550 4MATIC) V8 4,7 L DACT bi-turbo
PUISSANCE 402 ch. de 5 000 à 5 750 tr/min
COUPLE 443 lb-pi de 1 600 à 4 750 tr/min
BOITE(S) DE VITESSES berline automatique à 6 rapports **coupé** manuelle à 6 rapports, automatique à 6 rapports (option)
PERFORMANCES 0 À 100 KM/H 5,2 s
VITESSE MAXIMALE 210 km/h (bridée)
CONSOMMATION (100 KM) nd (octane 91)

(E63 AMG) V8 5,5 L DACT bi-turbo
PUISSANCE 550 ch. de 5 250 à 5 750 tr/min
COUPLE 531 lb-pi de 1 750 à 5 000 tr/min
BOITE(S) DE VITESSES berline/familiale automatique à 7 rapports avec mode manuel
PERFORMANCES 0 À 100 KM/H berline 3,7 s **familiale** 3,8 s
VITESSE MAXIMALE 250 km/h (bridée)
CONSOMMATION (100 KM) nd (octane 91)

(E63 AMG S-MODEL) V8 5,5 L DACT bi-turbo
PUISSANCE 577 ch. à 5 500 tr/min
COUPLE 590 lb-pi de 2 000 à 4 500 tr/min
BOITE(S) DE VITESSES berline/familiale automatique à 7 rapports avec mode manuel
PERFORMANCES 0 À 100 KM/H berline 3,6 s **familiale** 3,7 s
VITESSE MAXIMALE 300 km/h
CONSOMMATION (100 KM) nd (octane 91)

+ AUTRES COMPOSANTS

SÉCURITÉ ACTIVE Freins ABS, assistance au freinage, répartition électronique de la force de freinage, contrôle électronique de la stabilité, antipatinage, système d'assistance à la prévention de collision avant et arrière, assistance à l'attention, assistance au changement de voie
SUSPENSION avant/arrière indépendante
FREINS avant/arrière disques
DIRECTION à crémaillère assistée électriquement
PNEUS 300 P245/45R17 **350/400 HYBRID/550/OPTION 300** P245/40R18
63 AMG P255/35R19 av. P285/30R19 arr.

+ DIMENSIONS

EMPATTEMENT berline/familiale 2 874 mm **coupé** nd
LONGUEUR berline 4 879 mm **63 AMG** 4 892 mm **63 AMG S-Model** 4 900 mm **familiale** 4 905 mm **63 AMG** 4 904 mm **63 AMG S-Model** 4 912 mm **coupé** nd
LARGEUR berline 1 854 mm **63 AMG** 1 873 mm **familiale** 1 854 mm **63 AMG** 1 873 mm **coupé** nd
HAUTEUR berline 1 477 mm **550** 1 458 mm **63 AMG** 1 466 mm **familiale** 1 509 mm **63 AMG** 1 522 mm **coupé** nd
POIDS berline 300/350 1 825 kg **400** 1 900 kg **550** 1 985 kg **63 AMG** 1 920 kg **63 AMG S-Model** 1 940 kg **familiale 350** 1 925 kg **63 AMG** 2 025 kg **63 AMG S-Model** 2 045 kg **coupé** nd
DIAMÈTRE DE BRAQUAGE berline/familiale 11,3 m **63 AMG** 11,8 m **coupé** nd
RÉSERVOIR DE CARBURANT 80 L
COFFRE berline 540 L **familiale** 695 L, 1 950 L (sièges abaissés) **coupé** nd

A

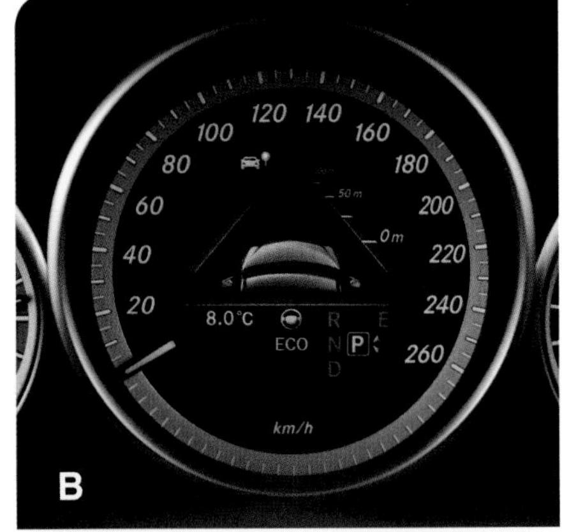

GALERIE

A Les quatre roues sont équipées d'un disque de frein grand format de 360 millimètres, ventilé et perforé. Les étriers à 6 pistons sont peints en rouge. Un système de freinage en céramique composite de hautes performances AMG réservé exclusivement à la variante E63 S AMG 4MATIC est également offert en option.

B Le régulateur de vitesse et de distance DISTRONIC PLUS avec assistant directionnel peut aider le conducteur à conserver son cap et maîtrise la conduite semi-automatique en file dans les bouchons.

C Les quatre programmes de conduite « C » (*Controlled Efficiency*), « S » (*Sport*), « S+ » (*Sport plus*) et « M » (*Manuel*) permettent au conducteur de choisir des réglages personnalisés. En C, la fonction d'arrêt-démarrage ECO reste activée et coupe le moteur dès que le véhicule est à l'arrêt. Les autres modes préconisent des réglages du moteur et de la boîte nettement plus dynamiques, et la fonction d'arrêt-démarrage ECO est désactivée.

D En plus de la baguette décorative en deux sections qui s'étale sur toute la largeur de la planche de bord, offerte en finition bois ou aluminium, Mercedes-Benz a refait le dessin des buses de ventilation et de l'horloge analogique.

E Dès l'an prochain, Mercedes-Benz proposera un nouveau moteur V6 de 3,5 litres biturbo de 333 chevaux. Bien que puissant, il est aussi plus économe et plus propre que les moteurs V8 qu'il sera appelé à remplacer dans un avenir assez proche.

ment le GLK. Viendra ensuite une E400 avec moteur V6 de 3,5 litres biturbo de 333 chevaux (à ne pas confondre avec le modèle hybride) qui débarquera au printemps 2014. Et n'oublions pas les berlines et familiales AMG avec leur moteur de 5,5 litres de 550 chevaux dans la version de base et de 577 chevaux en livrée S. Celles-là se pointeront quand les feuilles tomberont. Tout est clair ?

COMPORTEMENT > Je crois que le titre de cet article résume très bien l'expérience vécue lors de nos deux jours de conduite au cours de la première mondiale médiatique qui s'est tenue en Espagne. La première journée s'est déroulée au volant des modèles 250 Diesel et 400 à essence. Le 4-cylindres se montre un peu lent et bruyant au départ et en accélération, mais c'est bien là sont seul défaut. Une fois la vitesse de croisière atteinte, tout redevient calme et je prédis que ce sera un modèle très populaire en raison de son prix qui sera concurrentiel (mon petit doigt me l'a dit) et sa grande sobriété à la pompe. Le V6 biturbo est, pour sa part, appelé à remplacer le V8 qui, tôt ou tard, disparaîtra. L'E400 est donc une automobile plus fougueuse, dotée de 4 modes de conduite qui distillent beaucoup de plaisir. Imposante et relativement lourde, la 400 se montre tout de même très maniable et elle offre un excellent rayon de braquage. Le confort et la tenue de route profitent grandement de la suspension Airmatic proposée en option. Un investissement qui vaut la peine. La 400 constitue un juste milieu intéressant.

Notre deuxième journée m'a entraîné sur les lacets sinueux de la montagne de Montserrat, l'une des plus belles routes où il m'a été donné de conduire dans ma carrière. Et dire que j'étais alors au volant d'une AMG-S de 577 chevaux ! Caramba ! Une familiale, en plus, avec quatre roues motrices et capable de faire rougir de honte une Porsche 911. Un animal, je vous dis. Voyez un peu : 3,6 secondes pour le 0 à 100 km, un blocage du différentiel sur l'essieu arrière, des freins en céramique (une option) et, mesdames et messieurs, la sonorité de ce V8 ! Oui, je dois l'admettre, il m'a arraché une larme. Bref, j'étais au volant d'une voiture de course mais sur une route de montagne. Dans un confort surprenant et avec une maniabilité désarmante. Nos amis d'Audi et de BMW devront garder la dragée haute car Mercedes-Benz a assurément mis le paquet. Si mon budget le permettait, il y aurait une familiale AMG-S dans mon entrée de garage demain matin. Du pur bonheur automobile. Je ne vais pas terminer en m'étendant sur le freinage anticollision d'urgence, sur les vibrations incessantes dans le volant qu'engendre l'alerte de franchissement sur des chemins louvoyants, ni sur le système censé prévenir les collisions frontales. Trop d'électronique à mon goût. Mais saluons plutôt Mercedes-Benz qui ne met pas les bidules devant l'homme et, donc, les aides à la conduite ne sont pas trop intrusives (contrairement à celles de Lexus, par exemple). À bord spécialement des versions AMG, on a toute la latitude voulue pour rouler au paradis.

CONCLUSION > Mercedes-Benz, qui a une pente à remonter face à BMW et à Audi, s'est décidée à offrir des modèles plus jeunes et plus avant-gardistes. Personnellement, je retiens surtout de ce premier contact avec la Classe E 2014 que le modèle Diesel sera populaire, et que les AMG existent pour mettre tous nos sens en ébullition. Quelles machines ! ■

HISTORIQUE

Le premier modèle à porter le nom de Classe E arrive en 1968. La deuxième génération sera la plus vendue à plus de 2,6 millions d'exemplaires. En Afrique et au Moyen-Orient, elle sert encore souvent de taxi. Contrairement à bien des constructeurs, Mercedes-Benz met en moyenne 10 ans avant de changer un modèle. La troisième génération, connue à l'interne sous le nom de code W124, sera sur les routes de 1985 à 1995. Avec la Classe E de 1995 (W210), Mercedes-Benz revient aux phares ronds après avoir dessinés des blocs pendant trois décennies. Enfin, en 2002, la W211 prend le relais, puis passe la main en 2012. Depuis sa première mise en marché, Mercedes-Benz a vendu plus de 13 millions de Classe E dans le monde.

MERCEDES-BENZ CLASSE E 1968

MERCEDES-BENZ CLASSE E 1976

MERCEDES-BENZ CLASSE E 1988

MERCEDES-BENZ CLASSE E 1996

MERCEDES-BENZ CASSE E 2005

MERCEDES-BENZ CLASSE E AMG 2012

MINI

MINI a le vent dans les voiles. Depuis le creux de 2009, vécu par tous les constructeurs, MINI ne cesse d'augmenter ses ventes. Il faut dire que l'entreprise germano-britannique favorise la progéniture nombreuse en multipliant les modèles année après année. D'un seul apparu chez nous en 2002, nous en serons à huit cet automne! Et pareille diversité de l'offre sert bien le constructeur qui a élargi son bassin de clients potentiels. On pourrait qualifier 2013 d'année John Cooper Works. En effet, ces versions survitaminées sont maintenant offertes sur tous les modèles, sauf la Clubvan - mais quel véhicule de livraison cela ferait! -, tout en faisant l'objet d'une édition spéciale GP limitée à 2000 exemplaires. Avec des révisions à la suspension et des appendices aérodynamiques, MINI nous promet une vitesse de pointe de 241 km/h, faisant de la GP la MINI la plus véloce de son histoire. John Cooper serait fier.

COOPER

C'est en 2002 qu'apparaissait sur notre continent la nouvelle génération de MINI. Cinq ans plus tard, elle était remaniée, délaissant le moteur BMW-Chrysler pour une nouvelle mécanique développée de concert avec le groupe PSA (Peugeot Citroën) et gonflant un tant soit peu la carrosserie, entre autres pour respecter les nouvelles normes européennes en matière de collision avec les piétons. Pour les versions S, le mode de suralimentation passait du compresseur mécanique au turbocompresseur. La relative facilité de modification de la pression propre à cette dernière solution pour obtenir plus de puissance et la meilleure utilisation de l'énergie produite par le moteur, résultant en une meilleure cote de consommation, ont tout de suite reçu l'approbation des amateurs. La Cooper se décline en trois variantes, toutes avec le même moteur à 4 cylindres de 1,6 litre plus ou moins gonflé. La version de base avec ses 121 chevaux et sa dynamique de conduite qu'on ne retrouve pas chez les autres fabricants se révèle un petit kart fort plaisant à utiliser. La S, avec ses 181 chevaux, se transforme en avaleuse de bitume. Quant à la version John Cooper Works (JCW pour les intimes), ses 208 chevaux en font une machine aussi à l'aise sur la route que sur une piste. Et que dire de la version GP citée dans l'intro! En plus, MINI se plaît à concocter des éditions spéciales comme, cette année, la *Knightsbridge*, une Cooper Classique avec quelques extras, et la *Baker Street*, une version habillée de la Cooper. Côté S, la *Bayswater* a fière allure avec ses jantes distinctes et sa finition exclusive, alors que l'*Inspired by Goodwood* a été habillée par Alan Sheppard, responsable du design intérieur chez Rolls-Royce. Prévoyez toutefois un gros chèque pour attraper l'un des 1000 exemplaires... Après de loyaux services, on s'attend à ce que la MINI actuelle change de livrée, fort probablement en 2014.

CLUBVAN

MINI tente l'aventure cette année avec un minivéhicule de livraison haut de gamme. Basée sur la Clubman et rendue « utilitaire » par un aménagement intérieur où les sièges arrière sont remplacés par une aire de chargement cloisonnée et ses panneaux latéraux arrière opaques. Offerte avec le moteur de base et en quatre couleurs de carrosserie, la Clubvan trouvera sans doute preneur auprès de petits commerces de niche. Le moteur Diesel n'est pas encore confirmé pour l'instant.

CLUBMAN

Pour qui veut profiter de l'expérience de conduite de la Cooper mais avec un peu plus d'espace intérieur, la Clubman est tout indiquée. Elle offre, en effet, 100 litres de chargement supplémentaires en configuration sièges relevés et 250 litres avec dossiers abaissés. Avec la venue d'une nouvelle Cooper quelque part l'an prochain, on peut s'attendre au même traitement pour la Clubman l'année suivante.

Qui eût cru, lors de son lancement en 2011, que la Countryman représenterait 30 % des ventes MINI au Canada ? Il faut bien admettre que, dans le créneau des miniVUS de luxe, il est le plus petit, mais sans doute le plus sportif. On a su garder le plaisir au volant des autres MINI mais avec plus d'espace, tout en offrant la possibilité de la transmission intégrale. Et cette année, avec l'apparition de la version John Cooper Works, la jungle urbaine n'a qu'à bien se tenir.

COUNTRYMAN

CABRIOLET

Aux caractéristiques déjà alléchantes de la Cooper, on ajoute un toit repliable qui peut s'arrêter à mi-parcours pour en faire l'équivalent d'un toit ouvrant, et nous voilà devant une bagnole irrésistible, prête à vous faire découvrir des chemins tortueux, les cheveux au vent.

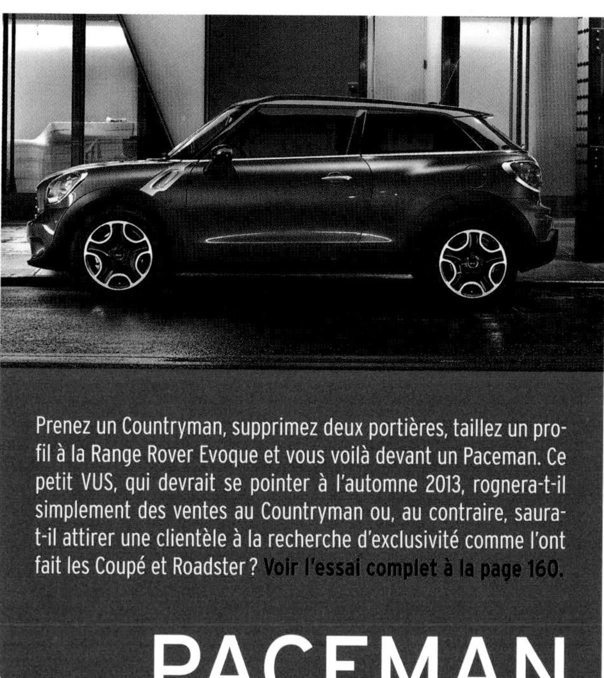

Prenez un Countryman, supprimez deux portières, taillez un profil à la Range Rover Evoque et vous voilà devant un Paceman. Ce petit VUS, qui devrait se pointer à l'automne 2013, rognera-t-il simplement des ventes au Countryman ou, au contraire, saura-t-il attirer une clientèle à la recherche d'exclusivité comme l'ont fait les Coupé et Roadster ? **Voir l'essai complet à la page 160.**

PACEMAN

Le tandem Coupé et Roadster partage la même philosophie : le plaisir à deux ! Avec son hayon, le Coupé en profite pour jouer le jeu du véhicule pratique... pour un couple, s'entend. Comme le coupé est le plus sportif de la gamme, ses suspensions plus rigides ne sont toutefois pas pour toutes les colonnes vertébrales. Quant au Roadster à la bouille sympathique, il n'offre peut-être pas quatre places comme le cabrio, mais la position de conduite au ras du sol la rend plus attrayante à ceux qui recherchent une expérience encore plus sportive. Le tandem est mû, comme tous les autres modèles de la gamme, par un 4 cylindres de 1,6 litre atmosphérique ou turbo dont la puissance varie entre 121 et 211 chevaux.

La troisième génération de la MINI Cooper, prévue pour 2014, sera construite sur une nouvelle base qu'elle partagera avec la future première traction de BMW. On pourrait retrouver un 3 cylindres sous le capot. Le constructeur allemand se propose d'offrir une version à 5 portes de la Cooper, et on parle même d'une berline.

ROADSTER & COUPÉ

FICHE D'IDENTITÉ

VERSIONS Cooper, Cooper S All4, John Cooper Works All4
TRANSMISSION(S) avant, 4
PORTIÈRES 3 **PLACES** 4
PREMIÈRE GÉNÉRATION 2013
GÉNÉRATION ACTUELLE 2013
CONSTRUCTION Graz, Autriche
COUSSINS GONFLABLES 6 (frontaux, latéraux, rideaux latéraux)
CONCURRENCE Audi A3, Buick Encore, Chevrolet Trax, Nissan Juke, Mitsubishi Lancer Sportback, Suzuki SX4, Subaru XV Crosstrek

AU QUOTIDIEN

PRIME D'ASSURANCE
25 ANS: nm
40 ANS: nm
60 ANS: nm
COLLISION FRONTALE nm
COLLISION LATÉRALE nm
VENTES DU MODÈLE DE L'AN DERNIER AU QUÉBEC nd **AU CANADA** nm
DÉPRÉCIATION (%) nm
RAPPELS (2007 à 2012) nm
COTE DE FIABILITÉ nm

GARANTIES... ET PLUS

GARANTIE GÉNÉRALE 4 ans/80 000 km
GROUPE MOTOPROPULSEUR 4 ans/80 000 km
PERFORATION 12 ans/kilométrage illimité
ASSISTANCE ROUTIÈRE 4 ans/80 000 km
NOMBRE DE CONCESSIONNAIRES AU QUÉBEC 4 **AU CANADA** 25

NOUVEAUTÉS EN 2013.5

Nouveau modèle

LA COTE VERTE  MOTEUR L4 DE 1,6 L

> **Consommation (100 km) man.** 7,4 L **auto.** 8,1 L
> **Consommation annuelle man.** 1320 L 2 046 $ **auto.** 1480 L, 2 294 $
> **Indice d'octane** 91 > **Émissions polluantes CO_2 man.** 3 036 kg/an **auto.** 3 404 kg/an
(SOURCE: ÉnerGuide)

LA 7E NE SERA PAS LA DERNIÈRE

Nous allons faire connaissance ensemble avec la 7e ou la 233e MINI depuis que BMW en a repris le contrôle, tout dépend de votre manière de compter. Ce n'est pas évident, en effet, de tenir une comptabilité exacte à cause des très nombreuses éditions spéciales que le constructeur allemand s'amuse également à lancer en parallèle. C'en est presque rendu un *running gag*! Mais il s'agit d'un bon gag pour les amateurs qui se massent en grand nombre chez les concessionnaires de la puce très hip et très hop, et d'un gag payant pour BMW qui court en riant vers la banque pour aller y déposer ses profits. Enfin, la nouvelle mouture qui se joint à la famille MINI, laquelle donc, à l'instar de l'univers, est constamment en expansion, se prénomme Paceman. Examinons ensemble cette nouvelle bibitte.

Michel Crépault

CARROSSERIE > L'idée générale de la Paceman, c'est de sauvegarder le plaisir qu'on a règle générale à conduire une MINI (ici, le terme piloter conviendrait mieux), de l'enrober d'une allure sportive, de ne pas négliger néanmoins un aspect pratico-pratique, symbolisé par un empattement étiré, et de lui conférer finalement une grande assurance peu importe les conditions routières grâce à la transmission intégrale. Pour faire plus court, la Paceman est une version à deux portières de la Countryman ! D'autres n'hésitent pas à parler d'un mini-multisegment (c'est le cas de le dire). Chose certaine, on reconnaît une MINI dont on a étiré les traits caractéristiques. Ce compact *Sports Activity Coupé*, comme l'appelle BMW, est percé de deux longues (enfin, tout est relatif) portières et d'un lourd hayon (témoignage de la robustesse du véhicule). Le meilleur angle pour admirer la spécificité de la Paceman est sans contredit son profil, alors que l'auto nous laisse admirer son pavillon chuter radicalement vers l'arrière pour accentuer l'effet de coupé. Les puits d'ailes musclés servent

Une solidité de construction qui inspire confiance • Deux baquets arrière surprenants de confort • L'option ALL4 qui sied bien à pareille puce

Visibilité limitée aux trois quarts arrière
Les options et leurs prix (à venir mais on devine bien, allez !)

bien l'effet athlétique recherché. À l'arrière, les feux ont adopté un design horizontal, une première chez MINI. Par ailleurs, la Paceman est la première de la famille à se promener avec un badge d'identification collé sur le hayon. Je crois bien que MINI n'a plus le choix car, avec les nombreux modèles en circulation qui n'ont souvent entre eux que de subtiles distinctions, surtout vus de dos, il est devenu important de spécifier qui est qui, un peu comme des congressistes qui ne se déplacent pas sans leur nom accroché autour du cou. La coque de la Paceman est offerte en huit teintes, et l'une d'elles lui est exclusive, soit la *Starlight Blue*. Pour le toit et les rétroviseurs extérieurs, vous pouvez vous les taper en noir, en blanc ou de la couleur de la carrosserie.

HABITACLE > Les deux places arrière ont l'air bigrement invitantes quand on les contemple debout, à côté de l'auto. S'agit maintenant de les atteindre ! Surprise, c'est facile ! Faites coulisser le siège devant et un beau passage se libère. Une fois installé, vous apprécierez le second panneau de toit vitré qui amenuise les risques de claustrophobie. Les hautes tailles verront leur tête à peine frôler le plafond, mais ils devront négocier ferme pour sauver leurs rotules avec le collègue d'en face si celui-ci est aussi un *grand Jack*. Quand on se donne la peine de replier les dossiers arrière, on fait passer le volume de chargement de 330 à 1 080 litres. Comme la Paceman s'inspire librement de la Countryman mais deux portières en moins, normal que l'habitacle en fasse autant. On retrouve donc en guise de console centrale une espèce de rail entre les sièges et pour lequel BMW a eu la brillante idée de concevoir une série de porte-accessoires : pour son cellulaire, pour ses lunettes de soleil, pour sa tablette électronique, etc. Comble de coquetterie, ce rail est illuminé, à l'instar des panneaux arrière proéminents en forme de boomerang (et dans lesquels la ceinture de sécurité a tendance à se prendre). Impossible d'imaginer une MINI pas branchée ! La Paceman offre donc (dans un ensemble *Wired* malheureusement offert en option) la navigation, Bluetooth, la reconnaissance vocale, l'imagerie visuelle intégrée et le dispositif *MINI Connected*. Ce dernier vous donne accès à Facebook, à Twitter, à Google, etc. par l'entremise de votre téléphone intelligent compatible.

MENTIONS

CLÉ D'OR | CHOIX VERT | COUP DE CŒUR | RECOMMANDÉ

VERDICT

PLAISIR AU VOLANT
QUALITÉ DE FINITION
CONSOMMATION
RAPPORT QUALITÉ / PRIX
VALEUR DE REVENTE nm
CONFORT

1 5 10

FICHE TECHNIQUE

+ MOTEUR (S)

(COOPER) L4 1,6 L DACT
PUISSANCE 121 ch. à 6 000 tr/min
COUPLE 114 lb-pi à 4 250 tr/min
BOITE(S) DE VITESSES manuelle à 6 rapports, automatique à 6 rapports avec mode manuel (option)
PERFORMANCES 0 À 100 KM/H 10,6 s
VITESSE MAXIMALE 188 km/h

(COOPER S) L4 1,6 L DACT à turbocompresseur
PUISSANCE 181 ch. à 5 500 tr/min
COUPLE 177 lb-pi de 1 600 à 5 000 tr/min (en mode overboost : 192 lb-pi à 1 700 tr/min)
BOITE(S) DE VITESSES manuelle à 6 rapports, automatique à 6 rapports avec mode manuel (option)
PERFORMANCES 0 À 100 KM/H 7,0 s
VITESSE MAXIMALE nm
CONSOMMATION (100 KM) man. 8,1 L **auto.** 8,7 L (Octane 91)
ANNUELLE man. 1 460 L **auto.** 1 540 L
COÛT ANNUEL man. 2 263 $ **auto.** 2 387 $
ÉMISSIONS DE CO_2 man. 3 358 kg/an **auto.** 3 542 kg/an

(JOHN COOPER WORKS) : L4 1,6 L DACT à turbocompresseur
PUISSANCE 208 ch. à 6 000 tr/min
COUPLE 192 lb-pi de 1 850 à 5 600 tr/min
BOITE(S) DE VITESSES manuelle à 6 rapports, automatique à 6 rapports avec mode manuel et manettes au volant (option)
PERFORMANCES 0 À 100 KM/H man. 6,9 s
VITESSE MAXIMALE nm
CONSOMMATION (100 KM) man. 8,1 L **auto.** 8,7 L (Octane 91)
ANNUELLE man. 1 460 L **auto.** 1 540 L
COÛT ANNUEL man. 2 263 $ **auto.** 2 387 $
ÉMISSIONS DE CO_2 man. 3 358 kg/an **auto.** 3 542 kg/an

+ AUTRES COMPOSANTS

SÉCURITÉ ACTIVE Freins ABS, assistance au freinage, répartition électronique de la force de freinage, contrôle électronique de la stabilité, antipatinage
SUSPENSION avant/arrière indépendante
FREINS avant/arrière disques
DIRECTION à crémaillère, assistée électriquement
PNEUS Cooper P205/55R17 **S** nd **JCW** nd

+ DIMENSIONS

EMPATTEMENT 2 595 mm
LONGUEUR 4 115 mm
LARGEUR 1 786 mm
HAUTEUR 1 521 mm
POIDS Copper **man.** 1 334 kg **auto.** 1 365 kg
DIAMÈTRE DE BRAQUAGE nd
COFFRE 330 L, 1 080 L (sièges abaissés)
RÉSERVOIR DE CARBURANT 47 L

2e OPINION

Il arrive un moment dans la vie d'un fabricant d'automobiles où l'on se demande si la sauce n'est pas trop claire. Ce qui m'amène à vous parler de la Paceman, le septième membre de la famille MINI, qui semble commencer à manquer d'imagination pour poursuivre la lignée de la tribu. Je peux vous résumer cette voiture en une phrase : il s'agit d'une MINI Countryman à deux portes ! Du capot au pilier de portes, les deux voitures sont rigoureusement identiques. Il manque ensuite deux portières à la Paceman. Sinon, elle propose les mêmes moteurs, la même transmission intégrale et la même ambiance à l'intérieur. Et sa conduite est aussi sèche que celle de la Countryman. Je me pose des questions sur la pertinence de ce modèle.

Benoit Charette

A

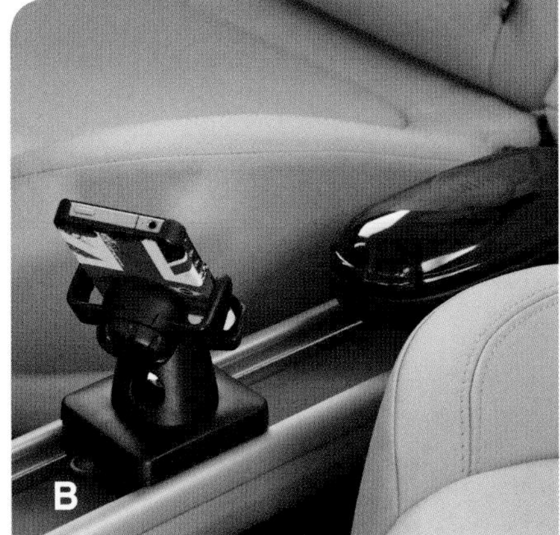

GALERIE

A La MINI Countryman a été la première à s'illustrer au sein de la famille avec un système à quatre roues motrices. Et la seule. Du moins jusqu'à l'arrivée ce printemps de la Paceman qui reprend le même dispositif ALL4. Au cœur de celui-ci : un différentiel central électromagnétique qui se charge d'expédier le couple à l'essieu en ayant le plus besoin.

B Très charmante initiative, très dans le ton branché de la MINI : un rail illuminé qui zèbre la Paceman entre les deux paires de baquets et sur lequel le propriétaire peut greffer des porte-accessoires aussi pratiques que joliment tournés.

C Peu importe le nom de la MINI ou son nombre de portières ou la longueur de son empattement, une chose ne change pas : l'originalité de la présentation de ses instruments de bord. Parmi des éléments qui sont rapidement devenus une signature de la marque, on retrouve les interrupteurs à bascule et un cadran central plus gros qu'un hublot de bateau.

D Les deux baquets arrière ont l'avantage d'être beau et invitants. Le fait de s'y installer ne représente pas un défi aussi insurmontable qu'il n'y paraît les premières fois. Une fois en place, on se rend compte qu'ils sont aussi seyants.

E Les quelques centimètres supplémentaires que présente la Paceman servent en priorité au confort des occupants des deux places arrière et à leurs bagages. Repliez les dossiers et l'espace de chargement passe de 330 à 1080 litres.

HISTORIQUE

La première mondiale de la MINI Paceman Concept s'est déroulée au Salon de l'auto de Detroit en janvier 2010, exactement 10 ans après le lancement de la première MINI à la mode BMW. Un peu moins de deux ans plus tard, au Mondial de l'automobile tenu à Paris en septembre 2012, le modèle destiné au public a été dévoilé en grande première internationale. La Paceman est le septième membre officiel de la famille et le deuxième (après la Countryman) à mesurer plus de quatre mètres et pour lequel le client peut choisir une transmission intégrale permanente baptisée ALL4. En Europe, du moins pour son lancement, cette nouvelle MINI est desservie par deux moteurs à essence et par une paire de moteurs Diesel. Chez nous, on doit faire notre deuil du gazole.

MÉCANIQUE > Fidèle à la tradition MINI, la Paceman se décline en trois versions. La MINI Cooper Paceman est une traction animée par le 4-cylindres de 121 chevaux. Elle parcourt le 0 à 100 km/h en un peu plus de 10 secondes et devrait consommer autour de 6 litres de carburant aux 100 kilomètres, une cote que je trouve trop optimiste étant donné notre climat. La MINI Cooper S Paceman est aussi une traction qui fait aussi confiance aux 4-cylindres mais dont la puissance passe à 181 chevaux grâce à l'injection directe de carburant et à un turbo. Le 0 à 100 km/h passe alors sous la barre des 8 secondes pendant que l'appétit de carburant ne diffère pas tellement de celui du modèle de base. Enfin, la MINI Cooper S Paceman ALL4 reprend les mécaniques de la S et y ajoute un dispositif de transmission intégrale, comme son nom le suggère, lequel dépend d'un différentiel central électromagnétique pour répartir le couple entre les deux essieux. Au plan des performances, le poids du dispositif AWD la pénalise juste un peu par rapport aux statistiques de la S à motricité avant. Le trio Paceman est desservi de série par une boîte manuelle à 6 rapports ou, en option, par une boîte automatique comptant le même nombre de rapports et dont la fonction Steptronic permet de changer manuellement les rapports à l'aide de gros commutateurs très agréables à manipuler logés dans les alvéoles du volant.

COMPORTEMENT > L'agilité de la Paceman est mise en relief grâce à une suspension à roues indépendantes et à une direction assistée électriquement. Tout le génie de BMW s'exprime quand la voiture bouge : une brique sur des ressorts, un bloc spongieux mais stable, une force tranquille. Si vous choisissez de conduire la Paceman à boîte automatique sans vous presser, l'accélérateur répond paresseusement. Mais appuyez dessus avec fermeté et le turbo embarque en un clin d'œil pour vous rappeler que vous n'êtes pas au volant d'une Toyota Avalon. Pour vous octroyer encore plus de plaisir, il ne faut pas hésiter à jouer avec les leviers de sélection au volant. Même le chant du petit 4-cylindres devient alors plus enjoué. Bien entendu, la Paceman accuse des millimètres de plus qu'une Cooper S classique, et ça paraît dans la conduite, plus lourde, moins vive. Côté motricité, les aides électroniques veillent au grain, et le bidule ALL4 ne fait que rendre tout ça encore plus sécuritaire.

CONCLUSION > BMW veut faire de la Paceman une pionnière urbaine, une automobile capable de jumeler la sensation d'un *go kart* à la polyvalence d'une toute petite familiale affublée de l'allure d'un coupé et dotée, de surcroît, des quatre roues motrices. Pourquoi pas ? Il doit en coûter si peu cher à BMW de jongler avec les variantes d'un même thème que l'amateur se retrouve avec des MINI de plus en plus polyvalentes mais toujours très *in*. ■

PREMIÈRES ESQUISSES

AUTRES ESQUISSES

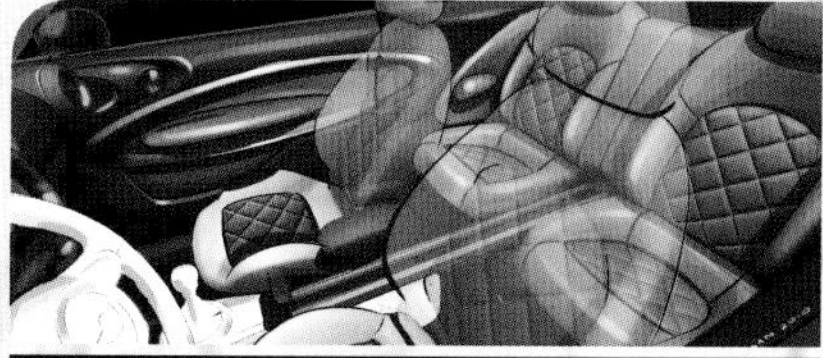

CROQUIS D'INTÉRIEUR

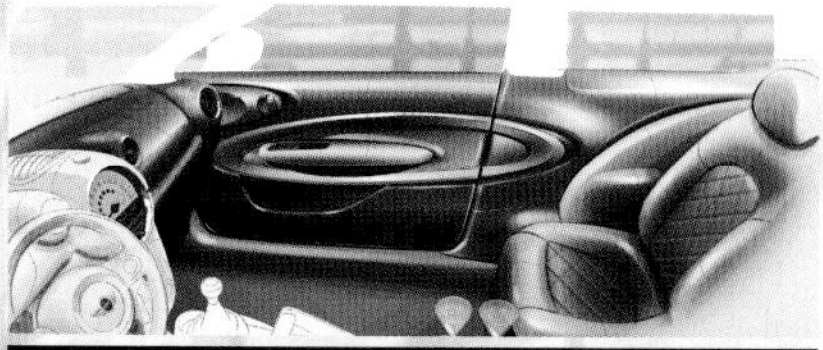

DÉTAILS DE L'HABITACLE

MINI PACEMAN CONCEPT 2010

MINI PACEMAN CONCEPT 2010

MITSUBISHI

Le Québec compte pour 40 % des ventes de Mitsubishi au Canada, mais les chiffres sont humbles : ventes totales de 19 671 véhicules en 2012, comparativement, disons, à 71638 pour Mazda durant la même période, ou à 131558 pour Honda Canada ! D'aucuns jugent le design général un peu trop conservateur, exception faite de la calandre qui rappelle la gueule d'un brochet cherchant à s'oxygéner. Des éléments aérodynamiques comme les jupes et les ailerons viennent parfois briser le conservatisme. Dans l'espoir de caracoler un jour au sommet des ventes, Mitsubishi mise sur une garantie de 10 ans/160 000 kilomètres sur le groupe motopropulseur, de 5 ans/100 000 kilomètres sur le véhicule et de 5 ans d'assistance routière. Ça ne peut pas nuire. Pendant qu'un nouvel Outlander 2014 se rapproche de nos rives, le constructeur clame à qui veut l'entendre que l'efficacité énergétique est devenue sa mission première.

MIRAGE

Mirage, c'est le nom qu'on lui donne ailleurs dans le monde, mais on ignore encore son patronyme canadien. Le constructeur a utilisé le récent Salon de l'auto de Montréal pour montrer en première nord-américaine cette nouvelle sous-compacte à quatre portes et à hayon. Plus large qu'une Chevrolet Spark, plus haute qu'une Hyundai Accent et plus longue qu'une Scion iQ, elle sera offerte au Canada cet automne. Fabriquée en Thaïlande, elle est équipée d'un moteur à 3 cylindres de 1,2 litre de 74 chevaux couplé, au choix, à une boîte manuelle à 5 rapports ou à variation continue (CVT). Mitsubishi promet une consommation de carburant remarquable. Cette sous-compacte dérive du *Global Small*, un concept présenté il y a un an. Son prix devrait graviter autour des 13 000 $.

OUTLANDER

Mitsubishi annonce que la prochaine génération de son Outlander - chez nous en juin - sera la plus verte, la plus technologiquement avancée et la plus stylée de son existence. Elle pourra freiner d'elle-même en cas de collision imminente, elle avertira le conducteur qui piétine les lignes blanches et elle maintiendra une distance constante avec le véhicule qui la précède. Bon, du connu ailleurs, mais qui sera le bienvenue chez ces nippones qui recherchent un peu d'amour. Dans l'habitacle mieux insonorisé, les versions à 7 passagers (au lieu de celles à 5) promettent une troisième rangée de sièges complètement remaniée pour que ses occupants ne se sentent pas traités comme des citoyens de deuxième classe. La masse a été réduite de 100 kilos et le coefficient de traînée est maintenant de 0,33, une amélioration de 7 %. Les motorisations iront du 4 au V6 mais à essence seulement, tandis que les Européens bénéficieront d'un 2,2-litres Diesel pour assurer une consommation de carburant championne dans le segment des 7 places à transmission intégrale. On attend aussi une version hybride enfichable. Mais alors que cet Outlander PHEV fonctionnera au gazole sur le vieux continent, nous hériterions d'une version essence-électricité d'une autonomie à 100 % électrique d'environ 50 kilomètres. Quand ? Au début de 2014.

RVR

Le RVR, offert à 2 ou à 4 roues motrices, mène la charge en ce qui concerne la consommation de carburant de son segment avec un rendement combiné inférieur à 7 L/100 km (pour les deux roues motrices). Peut-être en guise de récompense, son constructeur l'a gratifié d'une très légère refonte pour 2013 (nez plus effilé et CVT raffinée). À notre avis, ce multisegment compact mériterait un meilleur sort. À découvrir.

LANCER

La Lancer raffole des versions : GT, Ralliart, Sportback, Evolution et AWC. C'est comme si Mitsubishi les multipliait dans l'espoir que la Lancer sorte enfin de l'ombre que lui font des rivales plus connues comme la Honda Civic et la Mazda3. Sous les divers capots s'activent des 4-cylindres de 2 et de 2,4 litres qui, selon la version, peuvent développer de 148 à 291 chevaux. La boîte de vitesses est manuelle (sauf dans l'AWC) ou CVT (sauf la diabolique Evo). Quant à la hyper modifiée et modifiable Evolution, son système S-AWC (*Super All-Wheel Control*) est génial. La transmission intégrale de l'AWC est contrôlée au moyen d'une mollette et elle se verrouille au besoin. Il s'agit en fait d'une compacte surprenante qui se révèle une belle alternative aux produits Subaru.

La sous-compacte à quatre places, à hayon et à motricité arrière entièrement électrique de 66 chevaux a été améliorée pour 2013. Le nouveau modèle SE comprend des sièges avant chauffants et un chargement plus rapide de la batterie. En effet, ce VE est désormais muni d'un câble à deux modes à 120 volts qui réduit le temps de charge de 22 à 14 heures (avec le chargeur de 240 volts, l'attente est toujours de sept heures pour une batterie complètement vide). La SE propose toutes les caractéristiques de la version ES de base et ajoute, entre autres, des jantes en alliage de 15 pouces, des sièges en tissu haut de gamme, un volant et un pommeau de levier de vitesses gainés de cuir, une chaîne audio de 360 watts, des garnitures argentées sur le tableau de bord et deux miroirs de courtoisie. L'ensemble Navigation offert en option (2 500 $) comprend GPS avec disque dur de 40 gigaoctets qui s'affiche sur un écran tactile de 7 pouces, la caméra de vision arrière et la compatibilité Bluetooth. Cet ensemble de l'i-MiEV SE remplace la version Premium de 2012. Ah oui : le chauffage complet des sièges avant a été intégré au modèle 2013 (au lieu de le limiter à celui du conducteur). L'autonomie maximale tourne autour de 155 kilomètres. Garantie de 8 ans/160 000 kilomètres sur la batterie. Après l'avoir lancée à la fin de l'année 2011, Mitsubishi Canada en avait livré 219 exemplaires au 31 décembre 2012.

i-MiEV

NISSAN

Nissan poursuit la revitalisation de sa gamme au grand complet en 2013-2014. En revoyant des modèles d'envergure comme l'Altima et la Sentra, le constructeur s'assure de performer à nouveau dans les chiffres de ventes nord-américains. Certains modèles devront encore attendre quelques années, mais d'autres sont sur le point d'être revus de fond en comble - pensez à la plupart des multisegments de la marque. Et n'oublions surtout pas l'incursion de plus en plus importante du constructeur dans le segment des véhicules commerciaux.

ALTIMA

En voici une autre qui a subi une cure de rajeunissement à la fin de 2012. Si l'Altima n'est pas la plus vendue au Canada, c'est tout le contraire aux États-Unis où elle flirte avec le Top 3 de la catégorie des intermédiaires depuis plusieurs années. Étant donné son succès sur notre continent, on comprend tout de suite que la recette n'ait pas été trop altérée. On retrouve donc les mêmes organes mécaniques que par le passé, mais qui se montrent moins gourmands, soit le 4 cylindres de 2,5 litres et l'increvable V6 de 3,5 litres, tandis que seule une boîte CVT peut désormais s'accoupler aux deux moteurs. Le coupé Altima, de son côté, revient inchangé en 2013. Gageons que, en 2014, ce dernier aura droit à une première refonte majeure.

ARMADA

Si l'Infiniti QX56 a été revu l'an dernier, l'Armada, qui est son cousin de plateforme, n'a pas eu cette chance. C'est donc dire qu'il nous revient inchangé pour une autre année. De toute manière, avec un public cible aussi restreint, les refontes fréquentes ne sont pas aussi obligatoires. Pour les familles très nombreuses, l'Armada est une alternative intéressante.

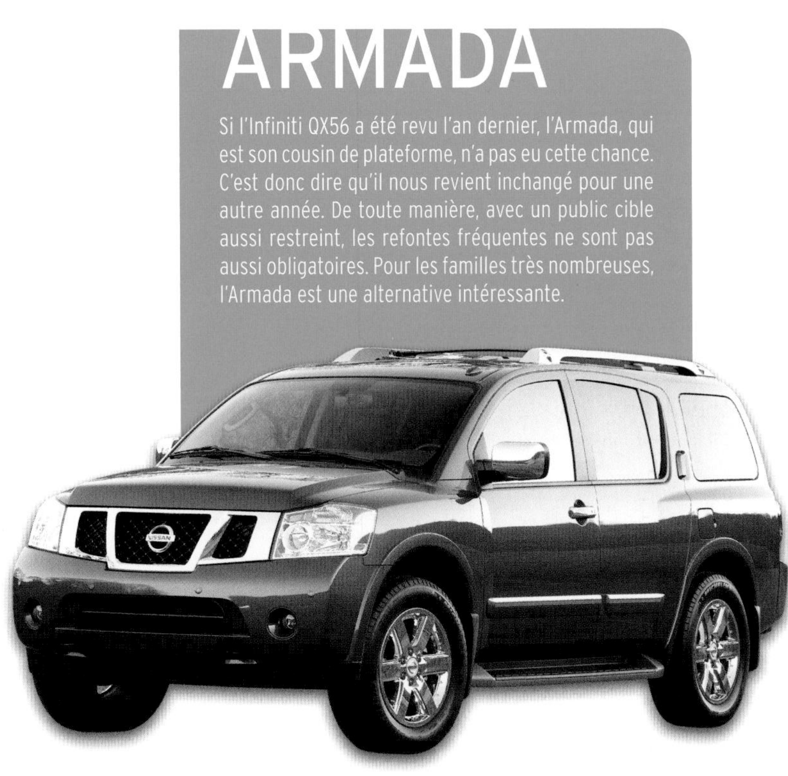

370Z

Renouvelé légèrement pour 2013, le coupé 370Z est encore l'un des meilleurs rapports performance/prix de l'industrie. Oui, il est vrai que la cabine mériterait une meilleure insonorisation, tandis que la fermeté des suspensions représente un inconvénient sur les « belles » routes du Québec, mais, pour le reste, ce coupé à propulsion se révèle une redoutable machine à piloter. Prière de ne pas mettre entre les mains de n'importe qui ! Au récent Salon de Chicago, Nissan a dévoilé une édition 370Z Nismo revue et améliorée.

XTERRA

Voici un autre modèle qui aurait besoin d'un rajeunissement certain. Vrai qu'ils se font de plus en plus rares les véritables 4x4 capables d'escalader des obstacles en apparence infranchissables. Le XTerra est l'un des derniers représentants de cette race d'aventuriers. Mais pour combien de temps encore ?

Pour 2013, la sous-compacte électrique a droit à quelques réglages, à commencer par une version moins cossue et plus abordable. Remarquez, à 38 995 $, ce n'est pas encore donné, mais n'oubliez surtout pas le rabais du gouvernement provincial de 8 000 $ à ajouter à l'équation. Si le marché des véhicules purement électriques est encore marginal, sachez que la LEAF est assurément la meilleure de ces voitures. Si seulement Nissan pouvait en améliorer l'autonomie (de 120 à 160 kilomètres pour le moment, selon la météo) !

LEAF

JUKE

En plus du Cube, Nissan propose également le Juke, un autre compact multisegment basé sur la plateforme de la Versa. Et comme le Cube, le Juke propose l'un des designs les plus controversés de l'industrie. On aime ou on déteste. Mais sachez que sous cette carrosserie musclée se cache un véhicule très agréable à conduire au quotidien. Avec sa motorisation à 4 cylindres de 1,6 litre turbocompressée, le choix de deux boîtes de vitesses et deux modes d'entraînement, le Juke est très polyvalent. Les amateurs de performances seront ravis cette année, puisque le constructeur vient de lancer une édition Nismo plus puissante et, pourquoi pas, d'allure plus racée.

Au moment d'écrire ces lignes, le constructeur n'a pas encore dévoilé ses plans au sujet du remplaçant de son VUS compact. Le récent véhicule concept Terra a-t-il révélé les grandes lignes du futur Rogue - d'ailleurs, s'appellera-t-il toujours ainsi ? Mais on peut présumer sans se tromper que la prochaine mouture sera plus musclée que le modèle actuel. Et vous pouvez compter sur Nissan pour boulonner un 4 cylindres sous le capot, en plus de proposer une boîte CVT dans le lot, c'est certain !

ROGUE

Chez Nissan, l'échelon suprême est occupé par la GT-R. Ce coupé à 4 roues motrices est équipé d'un V6 biturbo de 3,8 litres accouplé à une boîte de vitesses à double embrayage. De plus, la GT-R est capable de faire la vie dure aux Porsche 911 Turbo et Audi R8 de ce monde, et ce, à un prix moindre. Pour 2014, la puissance demeure identique, mais le couple est supérieur à régime moyen. Il y a désormais trois versions au menu, soit la GT-R Premium (106 930 $), la GT-R Premium avec ensemble haut de gamme (110 930 $) et la Black Edition (116 565 $).

GT-R

Destiné à la catégorie des petits multisegments (Kia Soul, Scion xB), le Cube a du mal à s'imposer en Amérique. Très populaire au Japon, cet étrange véhicule propose un style asymétrique qui est loin de faire l'unanimité. Pourtant, il n'est pas dépourvu de qualités dynamiques. Bien construit et volumineux pour un véhicule sous-compact, le Cube est en plus très économique à la pompe. Mais ne comptez pas sur Nissan pour une version 2.0 nord-américaine !

CUBE

FRONTIER

La petite camionnette a curieusement vu ses ventes augmenter l'an dernier. Pourquoi ? La raison est fort simple : la Ford Ranger n'est plus offerte, ce qui laisse plus de places aux joueurs restants que sont la Frontier, la Toyota Tacoma et la Honda Ridgeline, qui n'est cependant pas aussi costaude que les deux autres. Nissan n'aurait pu espérer meilleur scénario pour son vieillissant véhicule.

MAXIMA

Avec une Maxima équipée du même moteur V6 que l'Altima, en plus du fait que les deux véhicules partagent la même plateforme, il est étonnant de constater que le constructeur persiste à commercialiser cette voiture néanmoins plus cossue, il faut l'admettre. Après tout, Toyota a toujours son Avalon, n'est-ce pas ? En fait, Nissan affirme qu'il y a encore un marché distinct pour sa grande berline, surtout aux États-Unis. Il sera intéressant de voir comment il s'y prendra pour renouveler cette dernière au cours des prochains mois, vraisemblablement avant 2015.

QUEST

La quatrième génération risque de devenir un modèle de collection d'ici quelques années. Avec des ventes aussi décevantes et un segment dominé par Chrysler, et dans une moindre mesure, par Honda et Toyota, la part de marché qui reste pour Nissan est minime. L'un des collègues de *L'Annuel de l'automobile* a récemment discuté avec un haut gradé de la division américaine qui lui a avoué que, cette fois-ci, Nissan avait compris : après l'actuelle Quest, il n'y aura plus de fourgonnette Nissan en Amérique...

MURANO

Le Murano est l'un des produits qui a très bien vieilli au sein de la gamme du constructeur. Malgré une baisse des ventes l'an dernier, l'avenir s'annonce prometteur pour ce multisegment cossu car le prototype Resonance fraîchement dévoilé à Detroit est tout sauf laid. Et comme on dit qu'il annonce le prochain Murano, celui-ci devrait revenir dans le peloton de tête du segment.

PATHFINDER

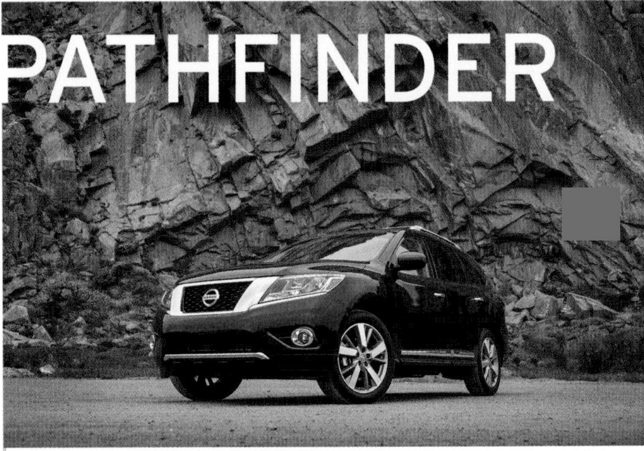

Le Pathfinder a délaissé son châssis à échelle au profit d'une structure monocoque cette année. Plus léger, plus économe à la pompe grâce, notamment, à la boîte CVT, cet ancien utilitaire transformé en multisegment peut toujours accueillir sept passagers mais avec plus d'aisance qu'auparavant. C'est le V6 de 3,5 litres qui loge encore sous son capot. Le gros avantage de ce gros véhicule, c'est qu'il se révèle aussi confortable qu'une Quest sans avoir l'air d'une fourgonnette traditionnelle. **Lisez notre essai complet à la page 170.**

NV

Petit à petit, les Nissan NV commencent à peupler le paysage canadien. Offert avec un V6 de 4 litres ou un V8 de 5,6 litres, deux motorisations bien connues du public nord-américain, le NV a été conçu pour le travail. Pour ce qui est de la silhouette, on repassera, mais, bon, outre cette apparence discutable, il faut applaudir le fait que le NV propose une intéressante solution de rechange aux vieillissants fourgons commerciaux américains de GM (Ford ayant pour sa part retiré sa non moins vieille Série E pour la remplacer par le Transit).

TITAN

La Titan est à la remorque du segment des camionnettes pleine grandeur. Toyota vient tout juste de présenter sa nouvelle Tundra au Salon de l'auto de Chicago, idem pour GM (avec la Chevrolet Silverado et la GMC Sierra), tandis que Ford nous a montré l'avenir de la F-150 à Detroit avec son véhicule concept Atlas. À la division Ram de Chrysler, les camionnettes 1500 trouvent facilement preneur. Toutefois, précisons que les ventes de la Titan 4x4 ont explosé en 2012, contrairement à celles du modèle 4x2. La deuxième génération est pour bientôt, nous dit-on.

VERSA

La berline Versa a été changée l'an dernier et a reçu un accueil tiède de la presse automobile. C'est que cette sous-compacte élaborée pour les marchés émergents n'offre tout simplement pas la qualité d'exécution des meilleures de la catégorie. En 2013, Nissan ajoutera la Versa Note (comme modèle 2014), une version à 5 portes de sa berline abordable. Heureusement, le coup de crayon est plus heureux cette fois-ci, mais, d'un point de vue mécanique, il s'agit du même petit 4 cylindres de 1,6 litre qui peut être accouplé à une boîte CVT ou une manuelle.

SENTRA

Elle roule depuis l'automne 2012 sur nos routes, cette nouvelle Sentra 2013, et il était plus que temps que le constructeur lui apporte des changements majeurs. Si la silhouette ne risque pas de passer à l'histoire pour son élégance, il faut tout de même avouer que le design est plus réussi que l'ancien. Plus spacieuse, plus aérodynamique et passablement mieux finie, cette nouvelle mouture est beaucoup plus intéressante. Sous le capot, la Sentra 2013 reçoit un 4 cylindres de 1,8 litre bon pour 130 chevaux et un couple de 128 livres-pieds, le tout pouvant être accouplé à une boîte manuelle comptant 6 rapports ou une boîte CVT. Il ne manque plus que des versions SE-R et Spec V pour épicer le tout. Suspense. **Lisez notre essai complet à la page 174.**

NV200

Nissan occupera enfin le segment des petits véhicules commerciaux à la fin de 2013 avec son NV200, un fourgon compact qui roule déjà ailleurs sur le globe. Mû par l'ancien moteur à 4 cylindres de 2 litres de la Sentra, développant 140 chevaux et produisant un couple de 147 livres-pieds, le NV200 fera appel à une boîte CVT qui enverra la puissance à l'essieu avant. Plus économique que le gros NV, le NV200 se veut un concurrent direct au Ford Transit Connect qui, comme par hasard, se refera une beauté en 2014.

FICHE D'IDENTITÉ

VERSIONS S, SV, SL, Platinum
TRANSMISSION(S) avant, 4
PORTIÈRES 5 **PLACES** 7
PREMIÈRE GÉNÉRATION 1986
GÉNÉRATION ACTUELLE 2013
CONSTRUCTION Smyrna, Tennesse, É-U.
COUSSINS GONFLABLES 6 (frontaux, latéraux, rideaux latéraux)
CONCURRENCE Dodge Durango, Ford Explorer, Honda Pilot, Hyundai Santa Fe, Jeep Grand Cherokee, Kia Sorento, Mazda CX-9, Toyota 4Runner

AU QUOTIDIEN

PRIME D'ASSURANCE
25 ANS: 1900 à 2100$
40 ANS: 1200 à 1400 $
60 ANS: 900 à 1100 $
COLLISION FRONTALE 4/5
COLLISION LATÉRALE 5/5
VENTES DU MODÈLE DE L'AN DERNIER AU QUÉBEC nd **AU CANADA** 2 666
DÉPRÉCIATION (%) 46,0 (3 ans)
RAPPELS (2007 à 2012) 9
COTE DE FIABILITÉ 3/5

GARANTIES... ET PLUS

GARANTIE GÉNÉRALE 3 ans/60 000 km
GROUPE MOTOPROPULSEUR 5 ans/100 000 km
PERFORATION 5 ans/kilométrage illimité
ASSISTANCE ROUTIÈRE 3 ans/kilométrage illimité
NOMBRE DE CONCESSIONNAIRES AU QUÉBEC 56 **AU CANADA** 171

NOUVEAUTÉS EN 2013.5

Nouvelle génération

LA COTE VERTE

MOTEUR V6 DE 3,5 L

> **Consommation (100 km) 2RM** 10,5 L **4RM** 10,8 L
> **Consommation annuelle** nd
> **Indice d'octane** 91 > **Émissions polluantes CO_2** nd

(SOURCE: Nissan)

LE CONFORT AVANT TOUT

En vente depuis l'automne dernier chez les concessionnaires du pays, le nouvel utilitaire Pathfinder (d'autres disent le nouveau multisegment, faites votre choix, ça importe peu) nous a d'abord été présenté au cours des mois précédents sous la forme d'un concept que Nissan a traîné dans différents salons de l'auto pertinents. La principale métamorphose est sans aucun doute le retrait du châssis en échelle en faveur d'une carrosserie monocoque. Ce qui signifie en pratique que Nissan abandonne ou, en tous les cas, diminue fortement les prétentions tout-terrains du Pathfinder, et qu'il reviendra désormais au Xterra de rester l'authentique coureur des bois de la famille.

Michel Crépault

CARROSSERIE > Pourquoi délaisser le genre de squelette davantage approprié à un camion? Primo, parce que Nissan avait déjà tenté l'expérience avec la 2e génération du Pathfinder, et qu'il n'y a que les fous qui ne changent pas d'idée. Secundo, parce que la demande des consommateurs pour ce genre de véhicule rugueux a diminué. Les études démontrent constamment que les acheteurs d'utilitaires ne leur font prendre que très rarement l'air en forêt. C'est encore plus évident de nos jours alors que les consommateurs mettent davantage l'accent sur le design, le confort, les gadgets et la consommation de carburant. À bien y penser, ce n'est pas pour rien que l'industrie a substitué lentement mais sûrement l'expression multisegment à utilitaire...

En revenant à la monocoque, les stylistes ont pu s'en donner à cœur joie pour prodiguer à la 4e génération du Pathfinder une allure plus moderne, davantage au goût du jour. En plus de nous dessiner un nouveau véhicule plus aérodynamique, ils ont pu aménager un intérieur moins étriqué que l'ancien.

Habitacle agréable et confortable • Consommation de carburant très satisfaisante • Accès aux sept places bien pensé

CVT (pour ceux que ça dérange, pas moi) • Manières toujours onctueuses, jamais sportives • Oubliez les expéditions dans l'Amazonie

Parmi les signes extérieurs distinctifs, on note des becquets à l'avant et à l'arrière, une imposante calandre chromée comme les poignées des portières (qui n'occupent plus le pilier C) et de gros phares, presque aussi volumineux que les feux arrière.

HABITACLE > Au sein de la division Infiniti, Nissan a lancé le gros et cossu JX (qui désormais s'appelle le QX60). Sa plateforme a servi de base au nouveau Pathfinder, plus bourgeois et plus convivial que jamais. Tout plein de lumière pénètre dans l'habitacle grâce à un toit panoramique à deux panneaux. Le premier coulisse, alors que le second, fixe, permet surtout d'augmenter cette luminosité à bord. Des sièges dodus, à la configuration polyvalente, et des matériaux choisis pour leur air de richesse contribuent à forger une impression favorable. On ne veut pas salir ce salon roulant. Pourtant, le véhicule peut accueillir jusqu'à sept passagers. Ceux d'en avant sont gâtés car les stylistes ont retravaillé le volume habitable afin que leur garde au toit et leur dégagement aux jambes soient les plus généreux du segment. Par ailleurs, on ne peut pas offrir sept places dans un véhicule comme le Pathfinder sans penser à un système qui facilitera l'accès à ces places, surtout celles du fond. Le nouveau système de Nissan a été baptisé *EZ Flex*. Son mécanisme vedette a, lui aussi, eu droit à un nom déposé : *Latch & Glide*, qu'on pourrait traduire littéralement par « Fixe et glisse ». Considérée comme une première dans l'industrie (quoique les fourgonnettes de Chrysler ont beaucoup innové dans ce domaine), cette fonction permet aux sièges de la 2e rangée de basculer vers l'avant pour dégager un passage jusqu'à la 3e rangée sans devoir retirer un siège pour enfant qui serait déjà en place au centre. Ces sièges de la rangée médiane peuvent coulisser sur une distance de 5,5 pouces (14 centimètres) et sont également rabattables 60/40 (mais là, on conseille d'enlever le siège d'enfant et l'enfant dedans...). Pour ne pas être en reste, les sièges de la 3e rangée se replient aussi. Tiens *toé* ! Un écran de 4 pouces glissé entre le compte-tours et l'indicateur de vitesse, juste devant le conducteur, autorise ce dernier à obtenir plusieurs données essentielles selon un affichage qu'il peut personnaliser. Un second écran, celui-là tactile et positionné au cœur du tableau de bord, s'occupe de la navigation (en option) et des autres réglages du véhicule (climatisation, sono, etc.). Quelques équipements intéressants offerts en option : sièges en cuir, volant chauffant, sièges avant et de la 2e rangée chauffants (et même climatisés l'été pour celui du conducteur et son passager), clé intelligente, systèmes de navigation et de téléphonie à mains libres Bluetooth, sono Bose de qualité supérieure (13 haut-

MENTIONS

CLÉ D'OR · CHOIX VERT · COUP DE CŒUR · RECOMMANDÉ

VERDICT

PLAISIR AU VOLANT
QUALITÉ DE FINITION
CONSOMMATION
RAPPORT QUALITÉ / PRIX
VALEUR DE REVENTE nm
CONFORT

1 5 10

2e OPINION

Ni beau ni laid, ni bon ni mauvais, le Nissan Pathfinder n'arrive pas à se démarquer. Sa boîte de vitesses à variation continue (CVT) lui confère un soupçon d'originalité dans ce segment surpeuplé, mais c'est aussi l'une de ses principales faiblesses: si vous êtes allergique à ce type de boîte, celle du Pathfinder ne fera rien pour vous ramener à de meilleurs sentiments. Certes, elle maintient la consommation à un niveau raisonnable - pour un gros véhicule, s'entend - mais elle rend aussi l'expérience au volant plutôt désagréable. L'habitacle est une autre déception : finition terne, qualité plus qu'ordinaire des matériaux, insonorisation perfectible... On a l'impression que les Nissan sont des « sous-Toyota » ou des « sous-Honda », et le Pathfinder nouvelle cuvée renforce cette perception.

Philippe Laguë

FICHE TECHNIQUE

+ MOTEUR (S)

(V6) V6 3,5 L DACT
PUISSANCE 260 ch. à 6 400 tr/min
COUPLE 240 lb-pi à 4 400 tr/min
BOÎTE(S) DE VITESSES automatique à variation continue
PERFORMANCES 0 À100 KM/H 7,9 s
VITESSE MAXIMALE 195 km/h

+ AUTRES COMPOSANTS

SÉCURITÉ ACTIVE Freins ABS, assistance au freinage, répartition électronique de la force de freinage, assistance au départ en pente, contrôle électronique de la stabilité, antipatinage
SUSPENSION avant/arrière indépendante
FREINS avant/arrière disques
DIRECTION à crémaillère, assistée
PNEUS P235/65R18 **Platinum** P235/55R20

+ DIMENSIONS

EMPATTEMENT 2 900 mm
LONGUEUR 5 008 mm
LARGEUR 1 960 mm
HAUTEUR 1 768 mm, 1 783 mm avec galerie de toit
POIDS 2RM S 1 898 kg, **SL** 1 923 kg **4RM S** 1 962 kg **SV** 1 972 kg **SL** 1 987 kg **Platinum** 2 044 kg
DIAMÈTRE DE BRAQUAGE 11,8 m
COFFRE 453 L, 2 260 L (sièges abaissés)
RÉSERVOIR DE CARBURANT 73 L
CAPACITÉ DE REMORQUAGE 2 268 kg

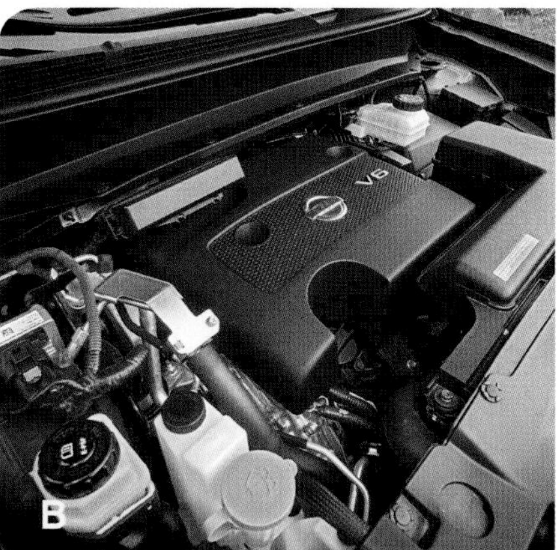

GALERIE

A L'intérieur du nouveau Pathfinder met en vedette le dispositif *EZ Flex* qui permet de faire coulisser et d'abaisser les sièges du centre afin de libérer un passage vers les places du fond, et ce, même si un siège d'enfant est sanglé à la 2e rangée.

B Tous les Pathfinder 2013 sont équipés du V6 de 3,5 litres qui développe 260 chevaux et que les ingénieurs ont associé pour une deuxième génération consécutive à une boîte CVT pour économiser le carburant.

C Le Pathfinder 2013 peut transporter jusqu'à sept adultes. Mais si vous vous donnez la peine de rabattre à plat les places médianes (60/40) et d'en faire autant avec les places de la troisième rangée (50/50), vous obtenez alors une soute à bagages dont le volume de chargement s'inscrit dans une honnête moyenne.

D Le système à transmission intégrale *All-Mode 4x4-i* (« i » pour « intelligent ») permet au conducteur de sélectionner une motricité à 2 roues motrices ou de laisser l'électronique décider en programmant le mode Auto ou, même, de verrouiller le 4WD en cas de situations pénibles.

E Le nouvel affichage *Advanced Drive-Assist*, casé entre le compte-tours et l'indicateur de vitesse, utilise un écran en couleurs de 4 pouces et des graphiques 3D pour bien faire passer ses messages.

parleurs), radio par satellite SiriusXM (abonnement à part), climatiseur bizone, caméra de vision arrière et démarreur à distance. Non, il ne manque pas grand-chose, tant que votre budget collabore. Voilà pourquoi Nissan a établi plusieurs livrées (S, SV, SL et Platine), à deux ou à quatre roues motrices, pour accommoder un grand choix de bourses (de moins de 30 000 $ à plus de 42 000 $).

MÉCANIQUE > Peu importe le modèle, tous les Pathfinder 2013 sont dotés d'un moteur V6 à DACT de 3,5 litres qui développe 260 chevaux et qui, comme dans le cas de la génération précédente, est associé à une boîte Xtronic CVT à variation continue. Mais entretemps, Nissan l'a perfectionnée, bien entendu. Quand on jette notre dévolu sur une motricité 4 x 4, le dispositif 4 x 4-i tous modes nous permet de choisir entre les modes 2RM, automatique et verrouillage. Alors que le Pathfinder est assemblé à l'usine de Smyrna, au Tennessee, le V6 provient de l'usine de Decherd, toujours au Tennessee.

COMPORTEMENT > Absolument tous les constructeurs font leur gros possible pour améliorer la performance énergétique de leurs modèles, et Nissan ne veut pas faire exception. Or, qu'on parle de la version à traction ou à transmission intégrale, les deux configurations de Pathfinder arrivent en tête de leur segment au plan de l'économie de carburant en général. En fait, les cotes de consommation ont été améliorées de plus de 26 % par rapport à celles du modèle de 2012. Plus précisément, on parle d'une mesure en ville de 10,5 litres aux 100 kilomètres, de 7,7 litres sur l'autoroute et, enfin, de 9,3 litres au combiné. Ça, c'est pour une livrée à traction, mais le véhicule à 4RM boit à peine plus. Les ingénieurs expliquent qu'ils sont parvenus à ces résultats en affinant la silhouette, en réduisant le poids total du véhicule de quelque 227 kilos, en éliminant des frictions à l'intérieur du moteur et, enfin, en peaufinant la boîte à variation continue. Le passage à la plateforme monocoque explique une bonne partie de la perte de poids du Nissan Pathfinder 2013. Paradoxalement, ce n'est pas parce qu'il est plus léger qu'il est moins robuste. En réalité, la nouvelle charpente a permis d'accroître la rigidité structurelle du véhicule par rapport à l'ancien. Conséquences ? Meilleure tenue de route, moins de bruits et de vibrations et de rudesse, plus de souplesse derrière le volant. Ce raffinement général n'a pas altéré non plus la puissance de remorquage du Pathfinder qui est encore capable de tracter jusqu'à 2 268 kilos, ce qui n'est pas à la portée de n'importe quel gringalet. Cela dit, le Pathfinder roule un peu dans les coins et n'est pas le plus viril quand il s'agit de dépasser. On perçoit nettement l'accent mis sur le confort et le pratico-pratique, tant que ce quotidien exclut l'escalade de l'Annapurna.

CONCLUSION > Nissan a décidé de séduire les gens avec un véhicule spacieux, relativement gracieux et à la motorisation assez sérieuse pour nous garder en vie sans nous ruiner en pétrole. Le Pathfinder fait tout cela bien, mais on ne ressort pas d'une balade à bord marqué pour la vie. Si l'essayer n'est pas nécessairement l'adopter, il convient au moins de lui laisser la chance de vous faire la cour. ■

HISTORIQUE

Quand Nissan nous sort son Pathfinder, en 1985, c'est pour rivaliser avec les Chevrolet Blazer et Isuzu Trooper de ce monde. Les pièces et les divers organes, pour la plupart, proviennent alors de la camionnette Nissan Hardbody, d'où la construction en échelle dès le départ. On pouvait s'offrir un modèle 2 x 4 ou 4 x 4 et à deux ou à quatre portières, bien que la version à deux portières ait été abandonnée chez nous à compter de 1990. Une première expérience avec une charpente monocoque est tentée avec la 2e génération, en 1996. Le Pathfinder a aussi été prénommé Terrano (et Terramax) dans d'autres marchés avant que Nissan décide d'en uniformiser l'appellation mondialement. À ne pas confondre avec le Terrano II (connu aussi sous le patronyme Mistral), qui aura vécu de 1993 à 2006.

PATHFINDER 1987

PATHFINDER 1989

PATHFINDER 1996

PATHFINDER 1999

PATHFINDER 2011

PATHFINDER CONCEPT 2012

FICHE D'IDENTITÉ

VERSIONS S, SV, SR, SL
TRANSMISSION(S) avant
PORTIÈRES 4 **PLACES** 5
PREMIÈRE GÉNÉRATION 1983
GÉNÉRATION ACTUELLE 2013
CONSTRUCTION Aguacalientes, Mexique.
COUSSINS GONFLABLES 6 (frontaux, latéraux avant, rideaux latéraux)
CONCURRENCE Chevrolet Cruze, Dodge Dart, Ford Focus, Honda Civic, Hyundai Elantra, Kia Forte, Mazda3, Mitsubishi Lancer, Subaru Impreza, Suzuki SX4, Toyota Corolla, Volkswagen Jetta

AU QUOTIDIEN

PRIME D'ASSURANCE
25 ANS : 1700 à 1900 $
40 ANS : 1600 à 1800 $
60 ANS : 1200 à 1400 $
COLLISION FRONTALE nm
COLLISION LATÉRALE nm
VENTES DU MODÈLE DE L'AN DERNIER AU QUÉBEC nd **AU CANADA** 11 008
DÉPRÉCIATION (%) 46,3 (3 ans)
RAPPELS (2007 à 2012) 6
COTE DE FIABILITÉ 3,5/5

GARANTIES... ET PLUS

GARANTIE GÉNÉRALE 3 ans/60 000 km
GROUPE MOTOPROPULSEUR 5 ans/100 000 km
PERFORATION 5 ans/kilométrage illimité
ASSISTANCE ROUTIÈRE 3 ans/ kilométrage illimité
NOMBRE DE CONCESSIONNAIRES AU QUÉBEC 56 **AU CANADA** 171

NOUVEAUTÉS EN 2013.5

Nouvelle génération

LA COTE VERTE  MOTEUR L4 DE 1,8 L

> Consommation (100 km) man. 7,5 L CVT 6,6 L
> Consommation annuelle nm
> Indice d'octane 87 > Émissions polluantes CO_2 nm

(SOURCE: Nissan)

PAS SI COMPACTE QUE CELA

La tendance actuelle du côté des voitures compactes est assez claire : leur conférer suffisamment de design, de raffinement et d'espace intérieur pour les faire quasiment passer pour des intermédiaires. Et c'est sans surprise la direction qu'a empruntée Nissan pour installer sa nouvelle Sentra 2013 dans une catégorie où la concurrence est extrêmement vive (Corolla, Mazda3, Civic, Focus, Elantra, alouette !). Pour cette septième génération de Sentra en 30 ans d'existence, l'équipe de stylistes a essayé de rehausser son image, de la rendre davantage haut de gamme, tout en gardant les prix raisonnables. Comment s'y sont-ils pris ?

Michel Crépault

CARROSSERIE > Une autre tendance forte dans l'industrie se veut l'inclusion des diodes électroluminescentes (les DEL) dans les phares. Ça fait joli et ça permet aux stylistes de donner du caractère aux yeux de l'auto. En se rabattant sur une ligne de toit abaissée, une calandre trapézoïdale et des phares élargis soulignés par les fameuses DEL, la nouvelle Sentra a ennobli son allure. Les feux arrière ont également goûté à la médecine des diodes. Le coefficient de traînée s'est fortement amélioré, passant de 0,34 à 0,29. Or, habituellement, si les lignes sont plus fluides, la silhouette est plus belle ! C'est le cas ici, bien qu'on ne puisse jurer que la nouvelle allure de la Sentra lui permette de transcender son segment. Parmi les quatre variantes offertes - S, SV, SR et SL - la SR se veut l'athlète du quatuor grâce à des appendices aérodynamiques et à des jantes spéciales de 17 pouces. Chose certaine, on peut discerner sans se tromper dans la nouvelle Sentra une filiation avec la non moins nouvelle Altima, ce qui n'est absolument pas un hasard de la part des stylistes.

HABITACLE > La Sentra a gagné des poussières de millimètres en longueur (58) et en empattement (15),

Présence visuelle améliorée • Cabine généreuse et matériaux plus nobles
Consommation de carburant séduisante

Performances pépères • Accélérations bruyantes
On prendrait plus d'espace de rangement

de sorte que la générosité de l'habitacle en a profité un peu. Malgré ce léger étirement, le poids de l'auto a diminué de 5 % par rapport à l'ancien modèle. On a surtout aménagé un nouvel espace de dégagement de 950 millimètres pour les jambes aux sièges arrière, ce qui est louable pour les passagers de la banquette arrière divisible 60/40, sauf pour leurs pieds qui peinent à se faufiler sous les sièges avant. Le coffre à bagages a lui aussi profité de ce réaménagement de l'espace en gagnant pas moins de 57 litres de chargement supplémentaires. Cette impression de liberté intérieure accrue contribue à la nouvelle allure sophistiquée que les gens de Nissan ont tenté de développer autant à l'extérieur que dans la cabine. Un autre truc utilisé consiste à étaler des matériaux doux au toucher et agréables à regarder. Le tableau de bord et les accoudoirs des portières avant se retrouvent donc avec un recouvrement qui évite les plastiques durs, tandis que le cuir pour les sièges et des garnitures dans des tons érable se rangent du côté des options qui donnent de la classe à cette compacte subitement raffinée. Parmi les options à considérer : le dispositif NissanConnect avec navigation. Outre son bel écran en couleurs de 5,8 pouces, le bidule lit les messages texte qui entre par l'entremise de votre téléphone intelligent et permet d'y répondre à mains libres à l'aide de messages préprogrammés. On peut aussi se préparer un itinéraire de voyage dans le confort de son foyer, puis le télécharger dans la voiture. Outre le Nissan Connect, les gâteries dans l'habitacle peuvent inclure les sièges en cuir

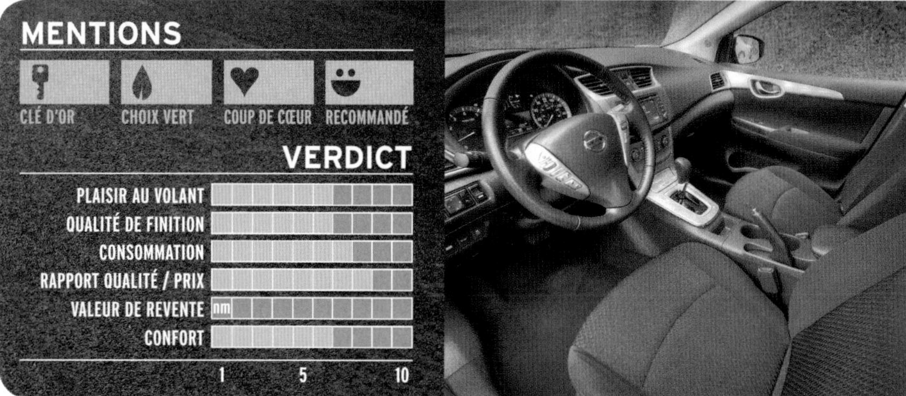

chauffants, le système de climatisation automatique bizone, la sonorisation Bose et la caméra de vision arrière. Nous sommes loin des spartiates automobiles compactes d'antan !

MÉCANIQUE > Les quatre versions, y compris la « sportive » SR, sont animées par un nouveau moteur à 4 cylindres de 1,8 litre de 130 chevaux. Rappelons ici que le modèle 2012 disposait d'un 2 litres de 140 chevaux. Nissan souhaite désormais privilégier l'économie de carburant avant les performances. D'ailleurs, même si une boîte de vitesses manuelle à 6 rapports est offerte sur les deux modèles d'entrée de gamme (S et SV), le constructeur mise beaucoup sur sa boîte à variation continue CVT Xtronic améliorée pour rehausser sa frugalité, surtout à haute

2e OPINION

Pour moi, la nouvelle Sentra n'aura été que la vedette d'un jour. Je m'explique en vous mentionnant que, lors de la sortie des premières images, je publiais sur le Web quelques dizaines de photos de la voiture accompagnées d'un article descriptif. L'intérêt des internautes aura été très grand, la curiosité sans doute aidant. Par la suite, Nissan m'a invité à faire l'essai de cette voiture, ce qui a résulté en un article, toujours publié sur la Toile. Et, cette fois, les internautes n'ont pas répondu à l'appel. On l'a vue, on a constaté, comme moi, qu'elle était banale, ordinaire, qu'elle n'avait rien de novateur, et nous sommes tous passés à un autre appel. Et le seul fait de savoir que Nissan devra commercialiser cette voiture pendant au moins cinq ans me désole encore davantage...

Antoine Joubert

FICHE TECHNIQUE

+ MOTEUR (S)

(TOUS) L4 1,8 L DACT
PUISSANCE 130 ch. à 6 000 tr/min
COUPLE 128 lb-pi à 3 600 tr/min
BOÎTE(S) DE VITESSES S, SV manuelle à 6 rapports, automatique à variation continue (CVT)(option)
SR, SL automatique à variation continue (CVT)
PERFORMANCES 0 À100 KM/H 10,5 s (est.)
VITESSE MAXIMALE nd

+ AUTRES COMPOSANTS

SÉCURITÉ ACTIVE Freins ABS, assistance au freinage, répartition électronique de la force de freinage, contrôle électronique de la stabilité, antipatinage
SUSPENSION avant/arrière indépendante/essieu rigide
FREINS avant/arrière disques/tambours, disques (option SR, SL)
DIRECTION à crémaillère assistée
PNEUS S, SV P205/55R16 **SR, SL** P205/50R17

+ DIMENSIONS

EMPATTEMENT 2 700 mm
LONGUEUR 4 625 mm **SR** 4 636 mm
LARGEUR 1 760 mm
HAUTEUR 1 495 mm
POIDS S man. 1 268 kg **CVT** 1 283 kg
SV man. 1 283 kg **CVT** 1 289 kg
DIAMÈTRE DE BRAQUAGE 10,6 m
COFFRE 428 L
RÉSERVOIR DE CARBURANT 50 L

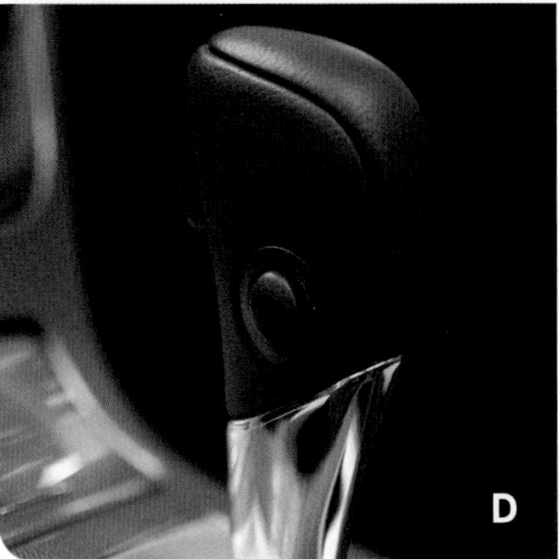

GALERIE

A Les quatre versions de la Sentra, y compris la SR qui se veut sportive au moins d'allure, sont animées par un 4 cylindres de 1,8 litre de 130 chevaux qui remplace le 2 litres de 140 chevaux.

B Les deux Sentra les plus cossues (SR et SL) proposent des garnitures de couleur argent afin de créer une atmosphère plus chic que celle qu'on attend normalement d'une compacte.

C Les stylistes de la Sentra se bombent le torse quand ils disent que leur création est la seule de sa catégorie à offrir des DEL à l'avant et à l'arrière en équipement de série.

D Le sélecteur de vitesses accepte trois modes de conduite : Normal, Eco et Sport. En combinaison avec la boîte manuelle, le programme Eco allume un voyant pour suggérer au conducteur de changer les rapports.

E L'ensemble SR comprend une calandre avant et une partie arrière plus athlétiques, un aileron arrière et des jantes en alliage à sept rayons de 17 pouces exclusives.

vitesse. Des engrenages et des poulies différents autorisent une réduction des révolutions (tr/min) et une accélération plus rapide. Mais Nissan insiste sur le fait que sa Sentra 2013 décroche la meilleure consommation de carburant combinée de sa catégorie, soit 5,8 litres aux 100 kilomètres pour le modèle S 2013, selon le document ÉnerGuide 2012 de l'Office de l'efficacité énergétique. On y reviendra dans deux secondes. La suspension est à roues indépendantes à l'avant (jambe de force) et à longerons de torsion à l'arrière. Le freinage est confié à des disques assistés et ventilés à l'avant mais à des tambours à l'arrière, bien que l'option des disques aux quatre roues soit au menu.

COMPORTEMENT > Oui, la Sentra 2013 est moins gloutonne. En combinant un moteur de 1,8 litre et une boîte de vitesses Xtronic CVT de nouvelle génération, la berline présente une consommation de carburant combinée améliorée de 13 % par rapport à la précédente génération. Ce score théorique est toutefois obtenu en excluant les véhicules hybrides et Diesel de l'équation, et en comparant la nouvelle Sentra avec les véhicules appartenant à la catégorie des véhicules de taille intermédiaire. Pourquoi ? Parce que, selon Didier Marsaud, responsable des Relations publiques de Nissan Canada, la Sentra jouit d'un intérieur si spacieux que l'organisme fédéral a cru bon de la comparer avec de véritables intermédiaires. Mais en comparant la consommation de la Sentra avec des véhicules plus gros et plus lourds, sa cote paraîtra forcément meilleure. Cela dit, 5,8 litres aux 100 kilomètres, ce n'est effectivement pas vilain. Si l'on tient compte du fait que le réservoir compte 50 litres, ça nous donne une autonomie d'environ 860 kilomètres. Comme il se trouve que les deux facteurs principaux qui motivent un acheteur de voiture compacte sont le rapport qualité/prix et la consommation de carburant, pareille consommation risque de plaire au client, même s'il bonifie les mesures d'ÉnerGuide de 10 à 20 % pour respecter davantage la réalité. Une fois en mouvement, le conducteur a le choix entre trois modes de conduite : Normal, Eco et Sport. Avec le programme Eco, l'air climatisé fonctionne à régime moyen et, en combinaison avec une boîte manuelle, un voyant au tableau de bord s'allume pour suggérer au conducteur le moment idéal pour passer au rapport suivant. Tout cela a un prix : des performances médiocres. Cette Sentra a beau avoir l'air spacieuse et bien équipée (et encore, selon les dollars dépensés, comme le prouve l'écart de prix plutôt costaud entre une S manuelle et une autre avec CVT), elle est l'une des plus anémiques de sa catégorie. Son moteur, privé d'injection directe de carburant, fournit des accélérations - si on peut les appeler ainsi - hyper bruyantes et, franchement, on n'a pas envie de recommencer. À vitesse de croisière et en ville, heureusement, la Sentra redevient silencieuse.

CONCLUSION > Avec la nouvelle Sentra, oubliez les sensations grisantes. Elle est loin, très loin de vous donner autant de plaisir qu'une Civic ou une Mazda3. Et je ne serais pas étonné que la nouvelle Corolla attendue se révèle elle-même plus stimulante. C'est un pari corporatif qu'a fait Nissan : de l'espace, du kilométrage et des bas prix, mais zéro joie sous le pied droit. Tout dépend de ce qui vous allume. Une version SE-R est peut-être à l'horizon, mais, en attendant, saluez un moyen de transport qui mise sur le confort, la technologie multimédia et un pied de nez aux pétrolières. ■

HISTORIQUE

La Sentra entame sa 30e année chez nous ! Les six générations précédentes ont toutes été construites en Amérique du Nord, sauf au tout début alors que le modèle nous arrivait de l'usine japonaise Zama. D'ailleurs, le nom Sentra n'est pas utilisé au Japon où l'auto porte plutôt le patronyme de Sunny. Déjà complimentée à sa naissance pour sa faible consommation de carburant, la Sentra a vu ses dimensions gonflées au fil des ans, au point de céder son rôle de porte d'entrée à la gamme Nissan à sa petite sœur, la sous-compacte Versa. Quand la Sentra s'est pointée en 1982, elle était la remplaçante de la Datsun 210 et le deuxième véhicule du constructeur à s'affubler du nom Nissan (le premier ayant été la Stanza).

NISSAN SENTRA 1984

NISSAN SENTRA 1992

NISSAN SENTRA 1995

NISSAN SENTRA 2002

NISSAN SENTRA 2007

NISSAN SENTRA 2013

PORSCHE

Plus les années avancent, plus le constructeur Porsche se porte bien au chapitre des ventes. Un résultat directement lié à l'élargissement de sa gamme. Depuis l'introduction du Cayenne, le constructeur allemand aime beaucoup les VUS. En effet, c'est le Cayenne qui trône au sommet des ventes de la marque, tandis que la 911 a terminé au deuxième rang en 2012, devant la Panamera. Au total, l'an dernier, Porsche a vendu 35,6 % plus de véhicules que l'année précédente. Et ce n'est pas terminé puisque le Cayenne aura bientôt un petit frère baptisé Macan. Sans oublier que les rumeurs vont bon train au sujet de la 960 (nom de code au moment d'écrire ces lignes), une sportive qui ferait le pont entre la 911 GT2 et la nouvelle 918 Spyder. On va jusqu'à chuchoter en coulisse que cette 960 serait équipée d'un 8 cylindres à plat...

CAYENNE

Le Cayenne, c'est le pain et le beurre du constructeur. L'année 2013 bonifie encore l'offre du modèle puisqu'il est désormais offert avec un V6 turbodiesel, tandis que l'édition Turbo S reprend le haut du pavé. Il ne manque plus que la version équipée du moteur V8 turbodiesel déjà offerte aux Européens pour que la famille Cayenne soit au complet chez nous, mais il paraît plutôt improbable que ce *hot rod* soit distribué de ce côté-ci de l'Atlantique.

MACAN

Très peu de détails ont été divulgués au sujet de ce bébé Cayenne. Si le design observé sur les divers prototypes rappelle beaucoup celui du grand frère, la plateforme, elle, est différente. En effet, c'est sur la base du prochain Audi Q5 que ce VUS plus compact reposera, et il n'est pas impossible que les mécaniques soient également partagées. Après tout, Porsche est désormais la propriété du groupe Volkswagen, n'est-ce pas ? Cet utilitaire d'entrée de gamme devrait normalement connaître énormément de succès, ce qui obligera le constructeur à multiplier les versions. Verra-t-on, par exemple, un 4 cylindres turbocompressé sous le capot ? On aura la réponse un peu plus tard, mais les chances sont très élevées...

918 SPYDER

Même s'il est clair que le segment des supervoitures s'adresse à une minorité, le constructeur Porsche est également conscient de l'importance d'une voiture porte-étendard. Depuis le retrait de la Carrera GT, la division allemande compte sur son increvable 911 pour attirer les richissimes clients du globe. Avec la 918 Spyder qui sera propulsée par un V8 tiré de la RS Spyder utilisée en course automobile et qui produit un total de 563 chevaux, lesquels grimpent à 767 grâce à deux moteurs électriques, Porsche entend reprendre sa place dans l'échiquier très exclusif des bolides d'exception. Toutefois, avec une production mondiale limitée à moins de 1 500 exemplaires, nous ne verrons pas cette 918 Spyder à toutes les intersections.

Porsche est passée maître dans l'art de multiplier les versions de sa mythique voiture. Après l'introduction de la Carrera et de la Carrera S (également offerte en version cabriolet) en 2012, c'est désormais au tour des éditions Carrera 4 et Carrera 4S d'entrer en scène pour 2013; et il y a fort à parier que la tonitruante 911 Turbo sera la prochaine à se pointer chez nous. Et pourquoi pas une GT3 RS 2014 pendant qu'on y est ? Grâce à la refonte de l'an dernier, Porsche a, encore une fois, réussi à conserver le caractère unique de son modèle fétiche tout en améliorant plusieurs points. Et ce n'est que le début : emmenez-en des versions spéciales !

911

Voilà une autre voiture qui fait en sorte que Porsche écoule autant de véhicules chaque année. Et comme pour la plupart des modèles de la gamme, la Panamera est commercialisée en plusieurs saveurs. Du moteur V6 à essence au V8 biturbo de la Turbo S sans oublier le modèle hybride, le consommateur a l'embarras du choix. Le design extérieur ne fait peut-être pas l'unanimité, mais, au moins, il n'y a rien sur la route qui lui ressemble. De toute façon, cette controverse risque de changer puisque le concept Panamera Sport Turismo, dévoilé à la fin de 2012, a montré de belles choses pour la deuxième génération du modèle prévue pour l'année 2015. Que les insatisfaits se montrent donc patients !

PANAMERA

La Boxster de troisième génération est parmi nous depuis déjà quelques mois et elle continue d'être le modèle d'entrée de gamme idéal pour l'amateur de sensations fortes. La répartition des masses est parfaite, les mécaniques sont plus efficaces, tandis que la qualité d'exécution a été élevée d'un cran. Est-ce nécessaire d'en rajouter ?

BOXSTER

Fraîchement dévoilée au Salon de Los Angeles à la fin de 2012, la version à toit dur de la Boxster revient en force pour 2013, et c'est tant mieux. À l'instar de sa jumelle à toit souple, la Cayman est plus jolie qu'auparavant et s'installe juste au-dessus de sa sœur dans la hiérarchie du constructeur. Si une Boxster s'adresse tant aux mordus de pilotage qu'à ceux qui apprécient une belle promenade au bord de la mer, la Cayman se montre plus pointue grâce à une rigidité supérieure. Pour ceux qui veulent une Porsche mais n'ont pas le budget pour se procurer une 911, la Cayman est une heureuse alternative. **Lisez notre essai complet à la page 180.**

CAYMAN

FICHE D'IDENTITÉ

VERSIONS Base, S
TRANSMISSION(S) arrière
PORTIÈRES 2 **PLACES** 2
PREMIÈRE GÉNÉRATION 2006
GÉNÉRATION ACTUELLE 2013
CONSTRUCTION Stuttgart, Allemagne
COUSSINS GONFLABLES 6 (frontaux, latéraux avant, rideaux latéraux)
CONCURRENCE Audi TT, Chevrolet Corvette, Lotus Evora, Nissan 370Z

AU QUOTIDIEN

PRIME D'ASSURANCE
25 ANS: 4100 à 4300 $
40 ANS: 1800 à 2000 $
60 ANS: 1500 à 1700 $
COLLISION FRONTALE nm
COLLISION LATÉRALE nm
VENTES DU MODÈLE DE L'AN DERNIER
AU QUÉBEC nd **AU CANADA** 92
DÉPRÉCIATION (%) 23,4 (3 ans)
RAPPELS aucun à ce jour
COTE DE FIABILITÉ 4/5

GARANTIES... ET PLUS

GARANTIE GÉNÉRALE 4 ans/80 000 km
GROUPE MOTOPROPULSEUR 4 ans/80 000 km
PERFORATION 10 ans/kilométrage illimité
ASSISTANCE ROUTIÈRE 4 ans/80 000 km
NOMBRE DE CONCESSIONNAIRES
AU QUÉBEC 3 **AU CANADA** 12

NOUVEAUTÉS EN 2013.5

Nouvelle génération

LA COTE VERTE

MOTEUR H6 DE 2,7 L

> Consommation (100 km) man. 11,4 L robo. 10,6 L
> Consommation annuelle nm
> Indice d'octane 91 > Émissions polluantes CO_2 nm

(SOURCE: Porsche)

LA VIRTUOSE

Il y a des gens qui sont talentueux plus que d'autres, qui poussent leur art à un degré supérieur avec une facilité qui trouble. Dans le film *Amadeus*, le maître de Mozart, Antonio Salieri, en veut à Dieu d'être né à la même époque que son élève parce que ce dernier étant le musicien d'exception qu'on connaît, le pauvre maître doit vivre et mourir dans son ombre. Ô frustration! Même chose dans l'industrie de l'automobile: quelques sportives pâliront d'envie devant la nouvelle Cayman, qui est ni plus ni moins la virtuose des voitures sport à moteur central. Porsche, dans son approche habituelle, conserve ses acquis et continue d'améliorer la structure, le style et, naturellement, les performances. Voici une auto qui respire l'excellence.

Benoit Charette

CARROSSERIE > Même si, à première vue, la carrosserie évolue peu, le phénomène est normal chez Porsche. L'évolution chez le constructeur allemand est très souvent imperceptible à l'œil. La filiation avec la première génération, datant de 2006, est claire, avec un pavillon très proche, de larges hanches et des optiques non arrondies. On note au passage un bouclier avant redessiné, des jantes distinctives pour la version de base et la S qui, de plus, présente un échappement double. Mais au-delà du premier coup d'œil, Porsche a effectué de grands pas en avant par rapport à l'environnement technologique du modèle. Il faut aussi souligner l'allongement de 60 millimètres de l'empattement et l'élargissement des voies, de même que le gain de 10 millimètres en hauteur. La longueur augmente de 33 millimètres mais le porte-à-faux avant est réduit de 26 millimètres, ce qui confère plus d'espace à l'intérieur. Le pare-brise est également repoussé de 100 millimètres vers l'avant pour des lignes davantage fuyantes. Les ailes sont aussi plus bombées, et la ligne des portes, plus acérée, une idée reprise de

Rigidité à toute épreuve du châssis • **Performances inspirées**
Facile à vivre au quotidien • **Coffre à bagages de 312 litres**

Liste d'options trop longue
Chère (mais c'est plus que du bonbon...)

la nouvelle Boxster présentée l'an dernier. En fait, la carrosserie de la Cayman 2014 a été entièrement repensée à partir de la caisse de sa sœur décapotable. Résultat : la construction innovante en aluminium-acier a permis d'alléger la coque de 47 kilos, tout en augmentant la rigidité en torsion statique de 40 %.

HABITACLE > Porsche prouve qu'il est possible de faire cohabiter le sport et le confort à la même adresse. Même si vous ne profitez pas de l'espace d'une grande berline, le cockpit enveloppant se veut très bien conçu. L'approche joue la carte du raffinement. Au-delà de l'habituel compte-tours de l'écran central, quelques nouveautés honorent le millésime 2014. Par exemple, pour la première fois, vous aurez l'occasion de cocher l'option de la chaîne audio haut de gamme Burmester conçue spécialement pour la Cayman. Pour être franc, plusieurs autres équipements viennent allonger la liste déjà très (trop) longue des options. Du régulateur de vitesse adaptatif au système d'accès sans clé en passant par les sièges en cuir bicolore, vous pouvez personnaliser l'intérieur de la Cayman pour la rendre encore plus unique. Porsche offre même un intérieur or citron et un autre vert lime d'une laideur indescriptible...

Sans aucune surprise, l'intérieur est pensé en fonction de la conduite. La console centrale inclinée vers l'avant et la position d'assise du conducteur réduisent la distance entre le volant et le levier de vitesses. Avec la boîte de vitesse manuelle placée plus haut dans la console, la main tombe naturellement sur le pommeau. Le nouvel affichage des rapports, intégré au compte-tours, indique la vitesse engagée. Par ailleurs, le rapport conseillé sur le combiné d'instruments permet de rouler en optimisant la consommation. Une suggestion que je n'ai jamais réussi à respecter tellement le moteur chante bien. Avec son écran tactile de sept pouces placé en position centrale surélevée, la chaîne audio CDR de série est parfaitement visible et donne accès à une multitude de fonctions.

MENTIONS

CLÉ D'OR | CHOIX VERT | COUP DE CŒUR | RECOMMANDÉ

VERDICT

PLAISIR AU VOLANT
QUALITÉ DE FINITION
CONSOMMATION
RAPPORT QUALITÉ / PRIX
VALEUR DE REVENTE nm
CONFORT

1 5 10

MÉCANIQUE > Au-delà d'un équilibre de conduite aussi proche de la perfection qu'on puisse imaginer, la Cayman offre aussi des moteurs qui sont capables de vous arracher une larme de joie. Et ne croyez pas les gens qui vous disent que seule la version S est intéressante. La Cayman de base est capable aussi de vous transporter dans une région avoisinant l'extase; la S vous transporte ensuite dans une dimension différente mais parallèle. Prenons d'abord la mécanique de base qui passe de 2,9 à 2,7 litres. Malgré cette légère perte de cylindrée, le moteur gagne 10 chevaux pour un total de 275. Une puissance spécifique de 101,6 chevaux par litre. Ce gain vient du régime plus élevé du moteur qui tonitrue maintenant sans fausse note jusqu'à 7 400 tours par minute, contre 7 200 précédemment.

La Cayman S offre toujours le 6-cylindres en H de 3,4 litres qui développe désormais 325 chevaux. Un muscle qui se rapproche des 350 chevaux de la 911. Pour profiter au maximum des capacités sportives de cette voiture, Porsche propose trois réglages de conduite. Le mode Confort optimise la consommation de carburant et le plaisir de conduire à vitesse plus modérée. Sur le mode Sport, le système de gestion électronique modifie la réactivité du moteur avec, à la clé, un comportement dynamique encore plus direct. Sur les modèles dotés d'une boîte PDK,

FICHE TECHNIQUE

+ MOTEUR (S)

(BASE) H6 2,7 L DACT
PUISSANCE 275 ch. à 7 400 tr/min
COUPLE 214 lb-pi de 4 500 à 6 500 tr/min
BOÎTE(S) DE VITESSES manuelle à 6 rapports, manuelle robotisée à 7 rapports (option)
PERFORMANCES 0 À 100 KM/H man. 5,7 s **robo.** 5,6 s **robo.+Sport Plus** 5,4 s
VITESSE MAXIMALE man. 266 km/h **robo.** 264 km/h

(S) H6 3,4 L DACT
PUISSANCE 325 ch. à 7 400 tr/min
COUPLE 273 lb-pi de 4 500 à 5 800 tr/min
BOÎTE(S) DE VITESSES manuelle à 6 rapports, manuelle robotisée à 7 rapports (option)
PERFORMANCES 0 À 100 KM/H man. 5,0 s **robo.** 4,9 s, **robo.+Sport Plus** 4,7 s
VITESSE MAXIMALE man. 283 km/h **robo.** 281 km/h
COÛT ANNUEL nm
ÉMISSIONS DE CO_2 nm

+ AUTRES COMPOSANTS

SÉCURITÉ ACTIVE Freins ABS, assistance au freinage, répartition électronique de la force de freinage, contrôle électronique de la stabilité, antipatinage
SUSPENSION avant/arrière indépendante
FREINS avant/arrière disques
DIRECTION à crémaillère assistée électriquement
PNEUS Base P235/45R18 av. P265/45R18 arr. **S** P235/40R19 av. P265/40R19 arr.

+ DIMENSIONS

EMPATTEMENT 2 475 mm
LONGUEUR 4 380 mm
LARGEUR 1 801 mm
HAUTEUR 1 295 mm
POIDS Base man. 1 310 kg **robo.** 1 340 kg **S man.** 1 320 kg **robo.** 1 350 kg
DIAMÈTRE DE BRAQUAGE nm
COFFRE 150 L (av.) 162 L (arr.)
RÉSERVOIR DE CARBURANT 64 L

A

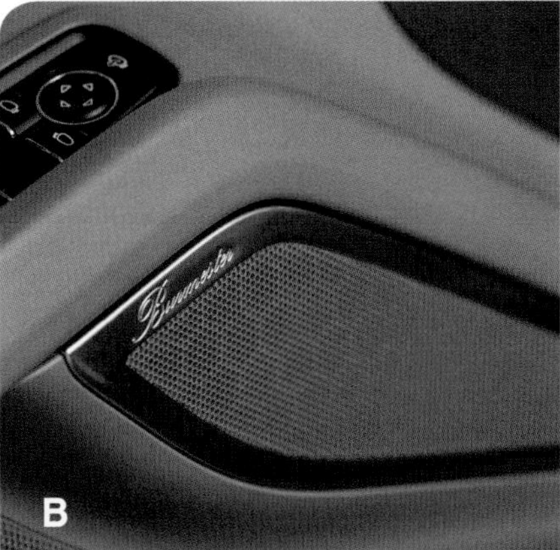

GALERIE

A Les pare-chocs redessinés intègrent à leurs extrémités les blocs optiques ronds avec feux de jour/position à quatre points, créditant le nouveau coupé sport d'une signature lumineuse unique.

B De concert avec le spécialiste Burmester, Porsche a mis au point une sono spécialement conçue pour la Cayman : 12 haut-parleurs dont un caisson de graves et autant de canaux d'amplification pour une puissance totale de plus de 800 watts.

C Le renfoncement dynamique à la hauteur des portes, qui conduit l'air d'admission vers le moteur par l'entremise de la prise d'air sur le flanc, se révèle particulièrement expressif et caractéristique. L'architecture à moteur central ne transparaît nulle part mieux qu'ici.

D Dans le prolongement arrière de la voiture, la fine lame de l'aileron affleure avec le hayon. Il se déploie plus haut et davantage à la verticale que sur la Boxster.

E Juste au-dessus de l'écran de navigation loge l'horloge qui sert aussi de chronomètre si l'envie vous prend de rouler en circuit routier avec votre petit bolide. Discret et bien pensé, cet instrument ajoute une touche sportive bien née.

la montée des rapports est plus tardive, et la descente, plus précoce. D'autre part, la fonction d'arrêt-démarrage et le mode « Croisière » sont désactivés. Enfin, le programme Super Sport élimine le 7e rapport de la boîte PDK et garde le moteur à plus haut régime. Un comportement idéal pour les petites routes sinueuses à basse vitesse où vous devez fréquemment ralentir et relancer les gaz rapidement. Sur le 6 cylindres à plat de la Cayman S, un clapet de résonance commutable améliore le taux de remplissage, assurant ainsi un couple élevé à bas régime de même qu'une courbe régulière. Vous avez toujours le choix entre la boîte manuelle à 6 rapports et la PDK à 7 rapports en option. J'avoue franchement que j'opterais pour cette dernière. Son efficacité est diabolique alors que sa douceur d'utilisation est exemplaire.

COMPORTEMENT > Il est très rare que je ne trouve pas de défauts au comportement d'une voiture mais, dans ce cas-ci, j'ai beau chercher, je reste bredouille ! C'est la voiture la plus équilibrée que j'ai jamais conduite. Elle est à la fois docile, facile à prendre en main et très civilisée pour qui veut en faire sa voiture de tous les jours. Sous la barre des 4 000 tours par minute, elle se comporte comme un chaton charmant et inoffensif. Dès que vous poussez la mécanique, la Cayman S vous entraîne à 100 km/h en 4,7 secondes, et le moteur grimpe jusqu'au point de rupture avec une musicalité qui vous transporte de bonheur. Ce n'est pas la plus puissante des sportives, mais il est possible avec la Cayman d'en exploiter toute la cavalerie. La tenue de route est sidérante, les reprises, franches à tous les régimes, et la boîte PDK se révèle d'une rapidité et d'une précision qui vous donnent l'impression de piloter une voiture de course. Mon cœur bat plus vite juste à écrire ces lignes... C'est une expérience multisensorielle que je souhaite à tout le monde de vivre au moins une fois dans sa vie. Et tout cela avec une grande simplicité d'exécution, d'où ma notion de virtuosité de tout à l'heure. Porsche a tellement perfectionné tous les systèmes d'aide à la conduite que l'expérience est devenue accessible, même si vous n'êtes pas un pilote professionnel. Sur les routes de montagne de la région de l'Algarve, au Portugal, j'ai expérimenté le paradis automobile comme nous en vivons peu dans une année pourtant ponctuée de plusieurs essais. J'ai fait un détour de 80 kilomètres pour revenir à l'hôtel simplement pour rester 45 minutes de plus au volant.

CONCLUSION > On dit que la perfection n'existe pas en ce bas monde. La Cayman S s'en approche dangereusement. Son équilibre de conduite et ses performances inspirées forment une combinaison magique. Bon, il y a toujours des compromis, la liste d'options est encore trop longue, et le prix est élevé. Mais si je n'avais pas de frein monétaire, cette voiture ferait partie de ma collection personnelle. ■

HISTORIQUE

Dans l'histoire de Porsche, il y eu d'abord la 356, la première voiture de la marque débarquée après la Deuxième Guerre mondiale. Cette 356 servira d'inspiration à la 550 rendue célèbre par l'acteur américain James Dean qui trouva la mort au volant d'une version Spyder. Le coupé 550 a été un modèle de course produit à partir de 1953 et a servi de muse aux stylistes de la première génération de Cayman en 2005. La 550 étrennait un 4 cylindres de 1,5 litre de seulement 110 chevaux, mais elle pouvait néanmoins atteindre 218 km/h. Des déclinaisons plus sportives, comme la Cayman R, ou carrément plus rarissimes, comme la Black Edition, ont précédé l'arrivée de la Cayman 2014 dont la maturité est belle à voir.

PORSCHE 356 1950

PORSCHE 550 COUPÉ 1953

PORSCHE CAYMAN 2006

PORSCHE CAYMAN BLACK EDITION

PORSCHE CAYMAN R

PORSCHE CAYMAN 2014

Fargo 1953

En cette année de retouches importantes du côté de la RAM 1500 et des annonces de même nature concernant la RAM 3500, découvrons l'un des ancêtres de ces populaires camionnettes.

L'histoire du nom Fargo est invraisemblable. Truffée de rebondissements, elle est le récit d'un nom condamné à mort, mais qui, à la suite de circonstances incroyables, a connu une formidable carrière internationale. Tellement que le nom existe encore aujourd'hui: il est utilisé par un fabricant turc!

À l'époque, chez nous, le nom Fargo rimait avec Dodge. Véhicules identiques, marques différentes, même constructeur. Cependant, la crise économique de 1929 avait scellé le sort du nom aux États-Unis. Devant des chiffres de ventes atroces, Chrysler avait décidé en effet de le retirer de son marché à la fin de 1930. Plusieurs ont cru alors que les carottes étaient cuites pour le nom Fargo.

Mais non! Chrysler a décidé de déménager ce nom sur les camions Dodge voués à l'exportation. Ironiquement, le logo de la marque était un globe terrestre, mais il avait été choisi bien avant que Chrysler décide d'en faire un symbole international. Ça sent la sorcellerie...

Au Canada, nos Fargo étaient assemblés au pays et distribués par l'entremise des concessionnaires Chrysler-Plymouth. Quant aux concessionnaires Dodge (et DeSoto avant sa disparition), ils offraient le même véhicule mais avec l'écusson Dodge.

Entre 1936 et 1972, des camions de marque Fargo ont été vendus partout au Canada!

C'est en 1913 qu'apparaissent pour la première fois des camionnettes portant le nom Fargo en Amérique du Nord. La Fargo Motor Car Company était basée à Chicago et commercialisait une petite gamme de camions, notamment des fourgons destinés aux entreprises de livraison.

En 1928, l'entreprise est rachetée par la Chrysler Corporation qui crée instantanément une subdivision de véhicules commerciaux appelée Fargo. La branche portait le nom de Fargo Motor Corporation et était présentée comme une filiale de la Chrysler Corporation. En 1929, les concessionnaires offraient deux modèles aux consommateurs, soit le Fargo Clipper et le Fargo Packet. Le prix de ce dernier cette année-là: 795 $

L'année 1953 marque la fin pour la Série B chez Fargo. Dès 1954, une nouvelle série apparaît, la C. Il faudra attendre 1955 pour pouvoir mettre la main sur un modèle muni d'un moteur V8. Quant à l'intérieur du Fargo, il sera aussi complètement redessiné pour 1954. De l'avis de plusieurs, la présentation du modèle 1953 (notre photo) était nettement plus jolie.

Jadis, tous les produits Ram étaient précédés de l'appellation Dodge. Mais, depuis l'an dernier, Chrysler a concentré ses Dodge dans le coin des voitures pour ainsi isoler les camionnettes de travail Ram dans un autre coin de l'arène. Si le grand public n'éprouve aucune difficulté à y reconnaître les camionnettes Ram 1500, 2500 et 3500, ça se corsera quand viendra le temps de baptiser les nouveaux venus. En effet, l'alliance avec Fiat a du bon dans le sens qu'elle permettra à Chrysler de repeupler sa gamme de véhicules commerciaux, à commencer par une édition Ram du fourgon Fiat Ducato. Et cette transformation du portfolio de Ram ne s'arrêtera pas là, c'est certain, puisque d'autres camions à vocation commerciale actuellement distribués en Europe traverseront l'Atlantique d'ici quelques années.

RAM 1500

La Ram 1500 vient tout juste d'être nommée « camionnette nord-américaine de l'année » par les journalistes membres d'un sélect jury présent au récent Salon de l'auto de Detroit. En retouchant l'esthétique extérieure, en plus d'améliorer la qualité de l'habitacle - on se croirait vraiment dans une berline cossue ! -, les ingénieurs de Ram ont réussi à peaufiner un produit qui était déjà apprécié du public. Qui plus est, la Ram a évolué tout autant, sinon plus, sous le capot. En effet, l'ancien V6 de base a été remplacé par le polyvalent V6 Pentastar, ce dernier étant accouplé à la toute première boîte de vitesses automatique à 8 rapports du segment. Et, dernière heure : un V6 EcoDiesel de 3 litres se pointera au 3e trimestre de 2013. **Lisez notre essai complet à la page 186.**

RAM C/V

D'ici à ce que le groupe Chrysler ne transforme sa gamme de fourgonnettes Grand Caravan (comptez quelques années), les versions Ram Cargo Van continuent de représenter des options peu coûteuses, tant en termes de prix que d'entretien. Sous le capot, c'est le bien connu V6 Pentastar qui s'occupe de mouvoir ce fourgon typiquement américain. Ram a trouvé une façon simple de contrer l'offensive amorcée par le Ford Transit Connect, et c'est tant mieux !

Pour le gros travail, les camionnettes Ram 2500 et 3500 représentent un choix incontournable. Bien entendu, le consommateur peut cocher l'option du V8 HEMI de 5,7 litres, mais pour vivre réellement les sensations de conduire une « grosse camionnette », il faut choisir le 6 cylindres en ligne turbodiesel issu du catalogue Cummins. Oui, il est certainement bruyant, et les vibrations dans l'habitacle sont plus intenses, mais ce groupe motopropulseur a fait ses preuves et ne vous laissera jamais tomber. Grâce à tout le couple dont elles disposent, les camionnettes HD de Ram peuvent tirer de lourdes charges tout en vous baladant dans une cabine digne d'une limousine.

RAM 2500/3500

PROMASTER

Le segment du fourgon commercial s'agrandira encore davantage au cours de 2013. En effet, depuis la perte du Sprinter issu de l'alliance avec Daimler, Chrysler n'avait plus de véhicule commercial de ce gabarit. Ram remédiera donc à ce problème en apposant un écusson américain sur le Fiat Ducato, le fourgon commercial qui circule déjà en Europe. Toutefois, la production de ces véhicules utilitaires sera assurée par l'usine mexicaine qui s'occupe déjà de l'assemblage des camionnettes Ram 1500 et Ram HD. Contrairement aux fourgons déjà en place sur notre marché (Mercedes-Benz Sprinter, Nissan NV et le futur Ford Transit), le Promaster 2014 sera à traction, une configuration plutôt inusitée dans ce segment. Le consommateur aura le choix entre plusieurs types de carrosseries, tandis que deux motorisations seront offertes, soit le V6 de 3,6 litres Pentastar déjà bien apprécié du public, et un 4 cylindres de 3 litres issu du catalogue de Fiat.

FICHE D'IDENTITÉ

VERSIONS ST, Tradesman, SXT, Express, SLT, HFE, Outdoorsman, Big Horn, Sport, Laramie, Laramie Longhorn
TRANSMISSION(S) arrière, 4
PORTIÈRES 2, 4 **PLACES** 3 à 6
PREMIÈRE GÉNÉRATION 1981
GÉNÉRATION ACTUELLE 2013
CONSTRUCTION (2 portes) Saltillo, Mexique, (autres) Warren, Michigan, É-U
COUSSINS GONFLABLES 8 (frontaux, latéraux avant, genoux conducteur et passager, rideaux latéraux)
CONCURRENCE Chevrolet Silverado, Ford F-150, GMC Sierra, Nissan Titan, Toyota Tundra

AU QUOTIDIEN

PRIME D'ASSURANCE
25 ANS: 1700 à 1900 $
40 ANS: 1100 à 1300 $
60 ANS: 900 à 1100 $
COLLISION FRONTALE 5/5
COLLISION LATÉRALE nd
VENTES DU MODÈLE DE L'AN DERNIER
AU QUÉBEC nd **AU CANADA** 67 634
DÉPRÉCIATION (%) 54,7 (3 ans)
RAPPELS (2007 à 2012) 4
COTE DE FIABILITÉ 3/5

GARANTIES... ET PLUS

GARANTIE GÉNÉRALE 3 ans/60 000 km
GROUPE MOTOPROPULSEUR 5 ans/100 000 km
PERFORATION 5 ans/160 000 km
ASSISTANCE ROUTIÈRE 5 ans/100 000 km
NOMBRE DE CONCESSIONNAIRES
AU QUÉBEC 93 **AU CANADA** 440

NOUVEAUTÉS EN 2013.5

Nouveau V6 de 3,6 L Pentastar couplé à une boîte de vitesses à 8 rapports, suspension pneumatique disponible, retouches esthétiques, connectivité améliorée

LA COTE VERTE — MOTEUR V6 DE 3,6 L

> **Consommation (100 km) 2RM** 12,3 L **4RM** 13,0 L
> **Consommation annuelle 2RM** 2 080 L, 3 016 $ **4RM** 2 200 L, 2 519 $
> **Indice d'octane** 87 > **Émissions polluantes** CO_2 **2RM** 4 784 kg/an **4RM** 5 060 kg/an

(SOURCE: ÉnerGuide)

LE NOUVEAU VÉHICULE FAMILIAL

Depuis l'an dernier, Ram est devenue une division à part entière du groupe Chrysler, et la 1500 est le fer de lance de ce nouveau bataillon de véhicules. C'est à l'occasion du Salon de l'auto de New York de 2012 que Ram a introduit sa nouvelle camionnette sur le marché, et c'est un peu plus tard, à l'automne, que nous avons eu la chance de faire les premiers tours de roues dans un lieu familier à ce genre de véhicule, c'est-à-dire Nashville, au Tennessee.

Benoit Charette

CARROSSERIE > Vous avez toujours la même gueule à l'avant du véhicule. Les phares antibrouillard sont maintenant à la verticale (au lieu de l'horizontale), et la calandre a changé un peu son style, mais dans l'ensemble, le coup d'œil est assez semblable. Le pare-chocs arrière des modèles à moteur HEMI enveloppe les deux sorties d'échappement chromées livrables en option. Des roues de 20 pouces avec un dessin de jante renouvelé sont aussi livrables. Les bas de caisse qui se prolongent vers le bas pour recouvrir les longerons du châssis contribuent à la beauté de l'ensemble. Les écussons tridimensionnels qui remplacent les décalques rehaussent aussi la qualité esthétique. Bref, peu de changements dans une recette qui a fait ses preuves. Il faut aussi noter l'utilisation de matériaux plus légers, comme des épures de suspension en aluminium, une plus grande quantité d'acier à haute résistance qui permet dans le meilleur des cas d'alléger le véhicule de 56 kilos et ainsi d'économiser quelques gouttes supplémentaires de carburant. L'utilisation d'une direction à assistance électrique et des volets qui se referment dans la calandre pour un meilleur aérodynamisme contribuent aussi à consommer moins de carburant. Ram avait déjà franchi le premier pas en offrant une suspension à quatre ressorts hélicoïdaux sur une camionnette, une première dans l'industrie. Pour 2013, la Ram est

Confort • Tenue de route • Moteur V6 • Suspension pneumatique

Système d'arrêt-démarrage seulement sur version HFE (*High Fuel Efficiency*)
Pertinence du V8 de 4,7 litres • Coût des options
V6 limité aux modèles de base

offerte avec une suspension pneumatique (1 500 $) qui transforme cette camionnette en voiture de luxe. Il faut prendre place à bord pour constater à quel point la conduite est confortable. Et le plus beau dans tout cela, c'est que la Ram conserve sa capacité à abattre du gros travail.

HABITACLE > L'habitacle de la Ram 2013 propose aussi son lot de nouveautés. Si la console centrale conserve son dessin général, on note les nouveaux compteurs avec un nouvel ordinateur de bord paramétrable de 7 pouces. Les modèles haut de gamme offrent le système U-Connect avec écran tactile de 8,4 pouces et la connexion Internet avec téléchargement d'applications. La finition est aussi en nette progression. Du bloc d'instrumentation en passant par les commandes, les garnitures chromées, les sièges à soutien lombaire et la garniture à deux tons, on voit que Chrysler ne veut pas se laisser distancer par Ford qui a continuellement rehaussé la qualité des intérieurs de la F-150 depuis quelques années. Le sélecteur de boîte automatique (en forme de roulette) incorporé à la console centrale libère beaucoup d'espace et est très facile à utiliser. N'oublions pas les matériaux plus doux au toucher. Les travailleurs de la construction apprécieront...

MÉCANIQUE > Si le moteur HEMI demeure le joueur clé dans ce monde où domine le muscle, il faut aussi mentionner le nouveau moteur Pentastar et la boîte automatique à 8 rapports qui, ensemble, permettent une économie de carburant de 14 % face à l'ancien et moins puissant V6. Le nouveau V6 offre 305 chevaux dans la livrée de base de la 1500 et une consommation de carburant que Ram annonce à 7,8 litres aux 100 kilomètres sur l'autoroute, ce qui est encore mieux que la Ford F-150 EcoBoost. Mais attention, vous n'arriverez jamais à atteindre ces chiffres. Je ne sais pas qui sur la planète prend ces mesures, mais elles sont totalement irréalistes. Nous avons roulé quelques heures dans l'après-midi uniquement sur l'autoroute, sans dépasser une seule fois les 110 km/h, et nous avons obtenu une moyenne de 11 litres aux 100 kilomètres, ce qui est tout de même très correct pour une camionnette pleine grandeur. Le mariage de la boîte à 8 rapports et du V6 est très heureux. Le passage des rapports est imperceptible,

MENTIONS

CLÉ D'OR | CHOIX VERT | COUP DE CŒUR | **RECOMMANDÉ**

VERDICT

PLAISIR AU VOLANT
QUALITÉ DE FINITION
CONSOMMATION
RAPPORT QUALITÉ / PRIX
VALEUR DE REVENTE nm
CONFORT

1 5 10

FICHE TECHNIQUE

+ MOTEUR (S)

(V6) V6 3,6 L DACT
PUISSANCE 305 ch. à 6 400 tr/min
COUPLE 269 lb-pi à 4 175 tr/min
BOÎTE(S) DE VITESSES automatique à 8 rapports
PERFORMANCES 0 À 100 KM/H nd
VITESSE MAXIMALE 170 km/h

(V8 4.7) V8 4,7 L SACT
PUISSANCE 310 ch. à 5 650 tr/min
COUPLE 330 lb-pi à 3 950 tr/min
BOÎTE(S) DE VITESSES automatique à 6 rapports
PERFORMANCES 0 À 100 KM/H 9,8 s
VITESSE MAXIMALE 180 km/h
CONSOMMATION (100 KM) 2RM 15,0 L **4RM** 15,3 L (Octane 87)
ANNUELLE 2RM 2 580 L **4RM** 2 620 L
COÛT ANNUEL 2RM 3 741 $ **4RM** 3 799 $
ÉMISSIONS DE CO_2 2RM 6 026 kg/an **4RM** 6 256 kg/an

(V8 5.7) V8 5,7 L ACC
PUISSANCE 395 ch. à 5 650 tr/min
COUPLE 407 lb-pi à 3 950 tr/min
BOITE(S) DE VITESSES automatique à 6 rapports, automatique à 8 rapports (option)
PERFORMANCES 0 à 100 KM/H 9,9 s
VITESSE MAXIMALE 190 km/h
CONSOMMATION (100 KM) 2RM 15,4 L **4RM** 15,8 L (Octane 87)
ANNUELLE 2RM 2 620 L **4RM** 2 720 L
COÛT ANNUEL 2RM 3 799 $ **4RM** 3 944 $
ÉMISSIONS DE CO_2 2RM 6 026 kg/an **4RM** 6 256 kg/an

+ AUTRES COMPOSANTS

SÉCURITÉ ACTIVE Freins ABS, assistance au freinage, répartition électronique de la force de freinage, assistance au départ en pente, contrôle électronique de la stabilité et contrôle de louvoiement de la remorque, antipatinage
SUSPENSION avant/arrière indépendante/pont rigide (susp. pneumatique en option)
FREINS avant/arrière disques
DIRECTION à crémaillère assistée électriquement
PNEUS ST /Tradesman/SLT P265/70R17 **Outdoorsman** P275/70R17 **option Outdoorsman, Laramie, Laramie Longhorn/ de série Sport** P275/60R20 **ensemble R/T** P285/45R22

+ DIMENSIONS

EMPATTEMENT 3 061 à 3 569 mm
LONGUEUR 5 308 à 5 867 mm
LARGEUR 2 017 mm
HAUTEUR 1 894 à 1 922 mm
POIDS 2 239 à 2 568 kg
DIAMÈTRE DE BRAQUAGE 12 à 13,9 m
RÉSERVOIR DE CARBURANT **boîte courte** 98 L **boîte longue** 121 L
CAPACITÉ DE REMORQUAGE 1 632 à 4 740 kg

2e OPINION

Jadis, le renouvellement d'une camionnette ne faisait pas la manchette. Ça se résumait à de petits changements ici, de légers réglages là, et le tour était joué. Les choses ont tellement évolué qu'on a l'impression que les camionnettes sont aujourd'hui remaniées à chaque rotation de la Terre autour du soleil. Dans le cas de la Ram 1500, un habitacle revu et amélioré, l'arrivée du moteur V6 Pentastar de 3,6 litres, une boîte de vitesses automatique à 8 rapports - aussi livrable avec le moteur V8 HEMI - ainsi qu'une nouvelle suspension pneumatique constituent l'essentiel des changements apportés. Rien que la suspension transforme radicalement l'expérience de conduite. En tout, 11 variantes figurent au catalogue, sans compter les neuf autres déclinaisons proposées sous les gammes 2 500 et 3 500. Du choix en masse!

Daniel Rufiange

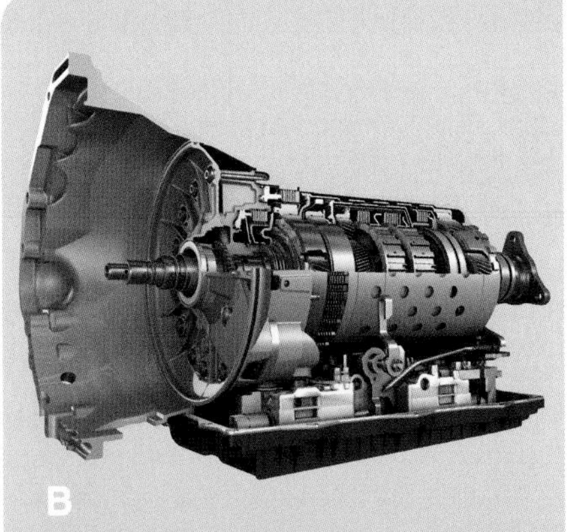

GALERIE

A La Ram 1500 2013 comporte le nouveau système Uconnect Touch de 8,4 pouces avec fond d'écran adapté sur mesure à chaque modèle Ram. Pour faire de la place pour le nouvel écran plus grand, le bloc de commandes est amélioré avec des matériaux assortis au reste de l'habitacle.

B La boîte de vitesses automatique à 8 rapports, exclusive dans la catégorie, est livrée de série avec le moteur V6 Pentastar de 3,6 litres. Cette boîte est également livrable avec le moteur V8 HEMI de 5,7 litres - c'est la première fois que le fabricant la jumelle à un moteur V8.

C La nouvelle boîte à 8 rapports exclusive à la Ram 1500 a suscité la création d'un commutateur rotatif E-Shift novateur dans l'habitacle pour remplacer le sélecteur de vitesses – une première dans une camionnette.

D Pour la Laramie Longhorn, l'équipe de design Ram a utilisé un très rare placage en similibois noyer découvert accidentellement par des propriétaires de ranches utilisant des arbres comme poteaux pour les fils barbelés. Les arbres finissent par pousser en incorporant les fils de métal rouillés, créant un tourbillon de couleurs et une tonalité uniques.

E Les passagers arrière profitent de la même qualité de finition que le conducteur. Les quatre portes et les accoudoirs comportent maintenant de nouveaux matériaux de catégorie supérieure, de nouvelles couleurs et de nouveaux designs.

et la conduite, très coulée. D'ailleurs, cette même boîte sera proposée pour 2013 avec le moteur V8 HEMI de 5,7 litres avec une conduite en douceur identique et permettra au passage quelques économies de carburant. Ram conserve le V8 de 4,7 litres dans le catalogue des moteurs offerts pour 2013. Toutefois, avec une puissance de 310 chevaux contre 305 pour le V6, je me demande bien pourquoi vous iriez choisir cette mécanique.

COMPORTEMENT > La Ram 1500 2013 est livrable en versions à cabine simple, Quad Cab et cabine d'équipe, assortie de caisses de trois longueurs: 2,4 mètres (8 pieds) pour la cabine simple, 1,9 mètre (6 pieds 4 pouces) pour les cabines simple et Quad Cab, et 1,7 mètre (5 pieds 7 pouces) pour la cabine d'équipe. Plusieurs niveaux d'équipements sont aussi livrables, chacun dégageant son propre style: ST, SXT, Tradesman, Express, Outdoorsman, SLT, Sport, Big Horn, Laramie et Laramie Longhorn. Au châssis à sections en acier à haute résistance viennent se greffer une suspension arrière multibras à ressorts hélicoïdaux et une suspension pneumatique en option - une exclusivité dans l'industrie - qui améliore le confort et la tenue de route. De plus, la suspension pneumatique est autonivelante et conserve la même garde au sol, peu importe le poids dans la caisse. Au moyen d'un simple bouton à l'intérieur, il est possible de régler cette suspension à cinq positions différentes, selon le terrain à affronter. La camionnette peut ainsi s'élever de 5 centimètres pour les sentiers hors route ou s'abaisser d'autant pour faciliter le chargement. Après notre essai, mon collègue et moi avons réalisé deux choses. Premièrement, même après toute une journée derrière le volant, zéro mal de dos, zéro nausée. La suspension pneumatique fait de la Ram la camionnette la plus confortable. Deuxièmement, nous avons réalisé tout le chemin parcouru par ce véhicule aux origines modestes. L'intérieur de la Ram rivalise avec celui de n'importe quelle berline de luxe. Au-delà de la camionnette fonctionnelle, la Ram est devenue un véhicule multiusage qui peut très bien combler tous les besoins de transport de la famille.

CONCLUSION > Avec cette nouvelle édition de la Ram 2013, Chrysler rétrécit de beaucoup le fossé entre sa camionnette et la F-150 qui caracole depuis plus de 45 ans au sommet des ventes. Même si la fidélité est très élevée parmi les propriétaires de camionnettes, j'invite les amateurs à aller en faire l'essai. J'ajoute que les 1500 $ exigés pour la suspension réglable se révéleront un investissement judicieux. La Ram est sans doute la première camionnette à offrir un aussi grand confort derrière le volant sans réellement faire de compromis sur sa capacité à travailler fort quand le besoin s'en fait sentir. Avec un moteur plus économique et une boîte à 8 rapports, vous éviterez aussi d'avoir à prendre une deuxième hypothèque pour la nourrir. Ce n'est pas encore un produit parfait, mais les efforts appréciables consentis par le constructeur élargissent énormément son bassin de clientèle. ■

HISTORIQUE

La Dodge a eu pour ancêtre un modèle célèbre, la Power Wagon, qui était, dans les faits, dérivée d'un châssis de camion militaire qui a été la première camionnette du genre offerte au grand public en 1946. Sa production s'est poursuivie jusqu'en 1980. C'est l'année suivante, en 1981, que l'appellation Ram a fait son apparition pour la première fois sur la camionnette qui remplaçait la gamme D Series. Cette génération restera sur la route de 1981 à 1994. Le style qu'on connaît aujourd'hui remonte à l'année 1994 où la Ram a été désignée camionnette de l'année par de nombreux organismes pour son innovation visuelle. Un style que la marque a conservé depuis.

1951

1981

1997

2003

2012

2013

ROLLS-ROYCE

www.rolls-roycemotorcars.com

L'année 2012 ne fut pas si mal pour Rolls-Royce: 3575 voitures livrées dans le monde, le plus haut total en 108 ans d'histoire et un troisième record annuel consécutif. Récession! Quelle récession? D'ailleurs, les Américains se sont forcés: ils sont redevenus l'an dernier le marché numéro un des R-R, après l'avoir concédé aux Chinois en 2011. Qui plus est, la compagnie a agrandi son Home of Rolls-Royce dans le West Sussex pour lui permettre de mieux répondre aux demandes croissantes de Bespoke, le programme qui permet aux acheteurs de Rolls de la personnaliser à leur goût. Si Bentley (Volkswagen) bat Rolls-Royce (BMW) au fil d'arrivée du total des ventes annuelles (plus du double), c'est grâce à la Continental GT dont les infinies déclinaisons n'en finissent plus de séduire et d'engranger des profits. Mais Rolls ne déteste pas se faire davantage désirer. Elle entretient une exclusivité qui dépasse celle de Bentley. C'est elle qui vend le plus d'automobiles se détaillant au-dessus de 200000 euros (268000$). Cela dit, pour la première fois, la marque compte plus de 100 dépositaires dans le monde. Nous sommes choyés au Québec, nous en avons un! Et voici que la firme concocte un nouvel objet de convoitise pour sa richissime clientèle, comme le prouve l'addition d'un troisième modèle à la gamme...

GHOST

Deux plus petits fantômes, plus jeunes, beaucoup plus proches de la Série 7 de BMW et même plus alertes que leur grande sœur grâce aux 563 chevaux du V12 biturbo. Ici, pas de doute, on laisse le chauffeur au manoir. Il reste néanmoins un dilemme : la Ghost à empattement régulier ou l'autre à empattement allongé ?

WRAIGHT

Tout nouveau, tout beau, qui vient juste d'être dévoilée au Salon de l'auto de Genève. Le terme « wraith » est un mot de dialecte écossais pour « fantôme » et aussi une manière de parler d'une force imperceptible mais bel et bien présente et puissante. Ce nom épouse à la perfection le thème spectral amorcé par BMW (le proprio de la marque depuis 1998) avec la renaissance des modèles Ghost et Phantom. Faut dire aussi que l'ancien R-R avait utilisé ce nom en 1938. R-R a promis de faire de la Wraith l'automobile la « plus dynamique et la plus puissante » de l'histoire de la compagnie. Le président Torsten Müller-Ötvos a renchérit : « Attendez-vous au plus audacieux des designs et aux performances les plus dramatiques. » Nous voilà prévenus. Avant la tenue du Salon de Genève, R-R n'a dévoilé que des images très partielles de la Wraith, question de nourrir le suspense. L'intérieur, par exemple, s'inspirerait d'un yacht de millionnaire. Non, de milliardaire ! Le célèbre constructeur désigne la Wraith comme un *fastback*, c'est-à-dire une automobile dont le pavillon s'empresse de chuter vers l'arrière. Mettons que nous avons bien hâte de le voir, ce nouveau fantôme à quatre roues ! Quant à la frayeur qu'il inspirera, ce sera surtout en découvrant son prix...

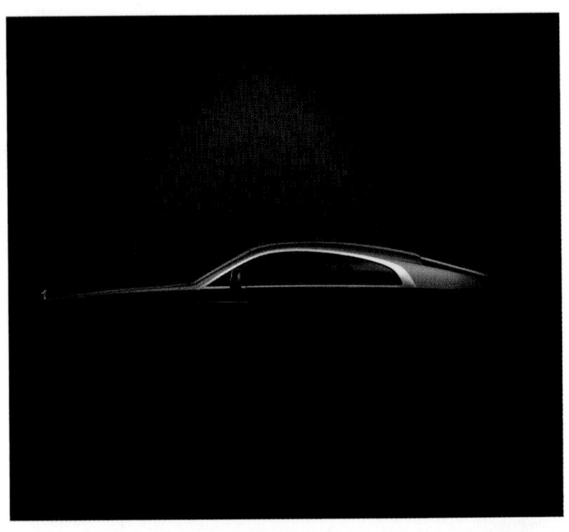

Depuis l'arrivée de la première Phantom en 2003, la famille fantomatique a pris de l'ampleur. Outre le modèle de base (haha), on dénombre la Phantom à empattement allongé, la Phantom Drophead Coupé (tu aperçois juste un exemplaire de cette incroyable décapotable et tu « drop dead » ! Scusez ...) et la Phantom Coupé. Il y a un an, on a levé le voile sur la Phantom Series II, plus harmonieuse dans son opulence extérieure que la première génération, qui conserve les services du V12 6,7 litres de 460 chevaux mais qui a eu la bonne idée d'écarter la transmission à 6 vitesses pour une toute moderne qui compte deux rapports de plus. Mais la vraie question : avec ou sans chauffeur ?

PHANTOM

SCION

www.scion.ca

Bien que Scion ne soit représentée au Canada que depuis 2011, Toyota, la société-mère, en fait bénéficier nos voisins du sud depuis 2003. Les vieillissantes tC, xB et xD ont accueilli avec soulagement l'appui de deux nouveaux modèles débarqués ces deux dernières années, soit l'iQ et la FR-S.

tC

Le coupé tC était jusqu'à cette année l'offre sportive de Scion. La FR-S jettera-t-elle de l'ombre sur ses ventes ? On ne peut les comparer directement puisque la tC est une traction plus spacieuse que la propulsion qu'est la FR-S. Elle peut se targuer d'être une vraie quatre-places (cinq annoncées), contrairement à la FR-S qui est une 2+2. Offerte à meilleur prix, la tC a des chances de conserver sa place dans un créneau différent où sa polyvalence s'impose.

iQ

Performance honorable de l'iQ avec 1045 exemplaires écoulés pendant sa première année complète sur notre marché, mais loin des quelque 4 000 que smart avait su placer en 2006. Depuis lors, l'attrait de la nouveauté du format a disparu et pour celui qui ne peut s'offrir qu'un seul véhicule, l'offre est un peu juste quand vient le moment de partir en voyage en famille. Oui, l'iQ est annoncée comme une quatre-places, mais les passagers arrière doivent impérativement y avoir été déposés dans leur siège de bébé. Et dans ce cas, l'expression anglaise « travel light » est un euphémisme, car la soute à bagages proteste dès que vous tentez de lui faire avaler plus qu'un sac à couches et quelques biberons. Enfin, en cas de doute à cause de sa petite taille, rappelez-vous que l'iQ compte 11 coussins gonflables !

La xD aussi est mûre pour la chirurgie plastique et, ici encore, le Salon de New York serait le terrain de prédilection pour le dévoilement de sa remplaçante. Elle serait élaborée à partir de la nouvelle plateforme de la Yaris et pourrait prendre des allures de mini-fourgonnette. Entretemps, la xD actuelle ne fait pas fureur chez nous où elle doit concurrencer de grosses pointures chez les sous-compactes. Mais si le style vous attire, la xD demeure un véhicule fiable et sans histoire.

xD

xB

Bien que la xB ne soit chez nous que depuis 2011, ce modèle a été remanié en 2008 pour les Américains. Un rafraîchissement donc s'annonce. Scion ayant lancé sur notre continent ce style « boîte », il faudra maintenant voir si la division jeune de Toyota maintiendra le cap ou nous offrira un style différent. La presse spécialisée a évoqué l'utilisation comme base d'un modèle Daihatsu, la Materia, mais rien n'est confirmé. Au moment d'écrire ces lignes, nous savons qu'il faudra patienter au Salon de l'auto de New York pour en avoir le cœur net. D'ici là, la xB demeure originale dans sa présentation et pratique grâce à son volume habitable.

Le petit coupé sport a certes ce qu'il faut pour satisfaire une clientèle à la recherche d'une conduite sportive à bon prix. Après tout, n'a-t-il pas été comparé à la Porsche Cayman pour la tenue de route ? C'est tout dire. Avec 200 chevaux et une suspension axée sur la sportivité, la FR-S se tire bien d'affaire. On parle d'une version décapotable pour 2014, mais rien n'est moins sûr puisque le constructeur de la coqueluche de l'année peine à fournir à la demande. Dans certains pays, le délai de livraison est de plusieurs mois !

FR-S

La plus petite des voitures sur nos routes continue de faire son chemin. Bon an mal an, Mercedes-Benz réussit à écouler entre 2 000 et 3 000 exemplaires de la fortwo, la seule offre de la marque pour le moment. Pas mal dans un pays où les citadins aiment bien sortir de la ville pour parcourir les longues distances qui les séparent de leurs lieux de villégiature. Même la Scion iQ n'a pas su malmener les ventes de la smart. Sans doute que le déploiement du réseau car2go y est pour quelque chose. Ce service de location à court terme de voitures smart, qui existe actuellement à Vancouver, à Calgary et à Toronto et qui devrait finir par se pointer à Montréal (enfin, on l'espère), a contribué au maintien des chiffres de ventes de la microvoiture au Canada.

Le concept forstars a été présenté au Salon de l'auto de Paris 2012. Il n'intégrait rien de moins qu'un projecteur sur le capot pour vous permettre de visionner un film sur n'importe quel mur tout en vous entourant d'une sonorité 3D avec des haut-parleurs intégrés aux bouches d'aération. Le cinéma maison à emporter, quoi ! Ce petit utilitaire sport urbain utilise le même système de propulsion que la fortwo Brabus électrique, et il laisse entrevoir une future quatre-places. Eh oui, avec quelque 85 centimètres de plus en longueur que la fortwo, elle pourrait facilement accueillir deux places arrière. Le projet serait développé de concert avec Renault, et on s'attend à un lancement au prochain salon de Francfort.

FORSTARS

SMART EV

Depuis le temps qu'on en parle, la smart EV (pour *Electric Drive*) entièrement électrique est censée se pointer chez nous cet été. À un prix annoncé de 26 990 $ pour le coupé et de 29 990 $ pour le cabriolet, l'offre devient intéressante, surtout après le rabais de 8 000 $ du gouvernement provincial, pour qui cherche une seconde voiture absolument pas gourmande. Grâce à une autonomie de 140 kilomètres, cette smart électrifiée peut combler les besoins en déplacement de la majorité des travailleurs. Les statistiques disent que 90 % d'entre eux parcourent moins de 60 kilomètres par jour. Et si la smart EV est encore trop grosse pour vous, tournez-vous vers la bicyclette à assistance électrique smart ebike à 3 240 $!

Petite, la fortwo ? Certes, mais Mercedes-Benz n'a jamais lésiné sur l'aspect sécurité. En effet, le développement de la puce sur roues a été pensé en fonction de la protection des occupants en cas de collision. Sa structure forme une véritable cellule de survie autour des deux occupants. De plus, la partie avant et les roues servent de zone de déformation pour absorber l'énergie de l'impact. La smart fortwo est offerte en versions coupé et cabriolet. La boîte de vitesses automatique n'est pas des plus agréables à subir, avec ses à-coups à chaque changement de rapport, mais, pour le reste, la petite auto demeure une citadine agréable. Vous voulez un peu plus de piquant dans la conduite ? Offrez-vous la version Brabus, plus luxueuse et au système d'échappement dédié. Avec des roues surdimensionnées et une suspension sport abaissée de 10 millimètres, la coquine se donne alors des allures de sportive. Smart nous a habitués à de longues séries de production (la première s'étant étendue sur 10 ans). Comme l'actuel modèle n'est avec nous « que » depuis 2007, on ne s'attend donc pas à des modifications majeures avant encore quelques années.

FORTWO

Le 10 janvier dernier s'est déroulée l'inauguration de l'usine Conner Avenue, à Détroit, en rénovation depuis plus d'un an après l'arrêt de production de la Viper en juillet 2010. Fiat, qui détient 61,8 % de Chrysler, avait en effet jugé, à l'époque, que la Viper n'était pas nécessaire à la survie de Chrysler. Le groupe est revenu sur sa décision depuis, et l'assemblage des nouvelles SRT Viper a donc commencé le 5 décembre 2012, et c'est ce fameux 10 janvier que la première Viper a été livrée lors d'une cérémonie spéciale en présence de Sergio Marchionne, président et chef de la Direction de Chrysler, et de Ralph Gilles, président et chef de la Direction de la nouvelle division SRT. Il faut dire que Scott Thomas, l'acquéreur de la bête, avait déboursé 300 000 $ pour l'obtenir... Les quelque 150 employés de l'usine fabriquent la Viper principalement à la main au rythme de 12 par jour contre quatre avec l'ancienne méthode. Les normes de fabrication ont été resserrées, la capacité de production, augmentée, notamment du côté des moteurs, les tests des composants et de l'assemblage final se sont multipliés, le tout afin, bien sûr, d'assurer une meilleure qualité au bolide. La division SRT (pour Street and Racing Technology*) mettra sans doute au monde d'autres produits aux côtés de la Viper. En attendant, elle veille à pourvoir certains modèles Chrysler, Dodge et Jeep d'ensembles de performance exclusifs. On retrouve ainsi des versions SRT8 des Chrysler 300, Dodge Challenger et Charger, de même que du Jeep Grand Cherokee.*

VIPER

Cette troisième itération de la Viper arrive tout juste chez les concessionnaires. Elle est offerte en versions Viper et Viper GTS. Pour l'instant, seul le modèle coupé est en production; le cabriolet se fera attendre encore plusieurs mois. La SRT de nouvelle mouture a reçu une attention particulière du côté de l'aérodynamisme : des appendices mieux intégrés et des formes habituellement plus fluides. Le moteur, doté d'un impressionnant couple de 600 livres-pieds, a gagné 40 chevaux pour en totaliser 640. Pour faciliter la tâche du conducteur, quelques aides électroniques sont apparues. Un ensemble piste (*Track Package*) est offert aux adeptes de tours sur circuit fermé. Il ajoute des freins plus performants, des roues plus légères et des pneus de hautes performances Pirelli Corsa. Le véhicule perd 25 kilos au passage. SRT prépare aussi une version ACR de la Viper, mais les rumeurs veulent que Fiat, qui est aussi propriétaire de Ferrari, ne verrait pas d'un bon œil que le rapport poids/puissance du serpent de Detroit fasse de l'ombre à celui de la Ferrari F12. Comme les deux voitures sont pratiquement nez à nez à ce chapitre, cela ne laisse pas beaucoup de place à l'amélioration pour la SRT. Une histoire à suivre...

VIPER GTS-R

Dès 1996, le coupé Viper a été recruté dans les cercles de course, avec une première apparition aux 24 heures de Daytona, puis à Sebring et, même, au Mans. SRT relèvera encore le défi cette année puisque deux Viper GTS-R prendront le départ au Mans les 22 et 23 juin prochain.

Subaru GL BRAT 1984

Depuis l'introduction de son XV Crosstrek, Subaru vit un bel élan de popularité chez nous. Ce constructeur, on le sait, aime offrir des produits différents. Et, fort heureusement, ses créations ont habituellement l'heur de plaire aux Québécois. Jetons un regard historique sur l'une d'elles, la BRAT.

Produite entre 1978 et 1993, elle n'a, ironiquement, jamais été vendue au Japon, là où pourtant elle a été créée. En fait, la BRAT (pour *Bi-drive Recreational All-Terrain*) était destinée à des marchés où ce genre de produit était susceptible de trouver preneur. On a donc visé l'Australie, la Nouvelle-Zélande, le Royaume-Uni et, bien sûr, l'Amérique du Nord.

En raison des lois régissant l'importation de camionnettes aux États-Unis, la BRAT nord-américaine présentait une caractéristique unique, soit la présence de deux sièges dans la boîte arrière. Ont-ils été boulonnés là pour simplement ajouter deux places à la BRAT ? Non. D'ailleurs, il aurait fallu un kamikaze pour se laisser dépeigner à 120 km/h, bien ligoté dans l'un de ces sièges d'appoint dont le confort n'était pas le principal atout !

En fait, la présence de ces derniers s'expliquait par la taxe à l'importation de 25 % qui touchait les camionnettes importées aux États-Unis. En ajoutant des sièges dans la caisse, la BRAT était du coup considérée comme une voiture, donc non assujettie à la fameuse *Chicken Tax*!

Il suffisait d'y penser. Quant à s'y asseoir, il fallait au contraire ne pas trop y penser...

La BRAT était caractérisée par une particularité mécanique qui, elle aussi, a fait jaser. En effet, le conducteur pouvait passer de deux à quatre roues motrices tout en roulant ! Oui, c'est vrai, aujourd'hui, on effectue ce genre d'opération les deux doigts dans le nez; mais, à l'époque, c'était très inusité, voire magique !

Ceux qui ont possédé des Subaru dans les années 80 au Québec se souviennent d'une chose : leur propension à rouiller rapidement. C'est simple, elles s'oxydaient à la simple vue d'une épandeuse de sel (une lubie heureusement disparue). En conséquence, celles qui ont survécu, à quelques exceptions près, ne proviennent pas du Québec. C'est le cas de notre voiture photographiée. Elle a passé les 16 premières années de sa vie sous le chaud soleil californien.

Notre Subaru BRAT possède un moteur à 4 cylindres à plat de 1,8 litre dont la puissance atteint, tenez-vous bien, l'impressionnant total de 73 chevaux, lesquels sont mis au pas par une boîte de vitesses manuelle à 4 rapports.

SUBARU

Le constructeur Subaru n'a peut-être pas l'envergure de son partenaire Toyota, mais il peut tout de même se targuer d'enregistrer des ventes record en Amérique du Nord. En fait, puisque la chose est presque devenue une tradition, la marque nipponne a encore fracassé sa marque de l'année précédente au Canada, en raison, notamment, d'un alignement partant bien adapté à notre climat. De plus, Subaru a poursuivi la revitalisation de plusieurs de ses modèles qu'elle avait commencée l'an dernier, tandis que les prochaines années risquent également d'être chargées en dévoilements divers.

Introduit en 2012, le petit coupé à propulsion, une première pour Subaru en Amérique, s'est écoulé au compte-gouttes, contrairement à son équivalent chez Scion, le coupé FR-S, qui s'est vendu trois fois plus grâce, notamment, à des stocks plus importants. N'empêche, cet adorable véhicule amène un nouveau genre de clientèle dans les salles d'exposition du constructeur, ce qui n'est pas une mauvaise chose. Il est trop tôt pour connaître l'appellation de la version plus pimentée de la BRZ - probablement Sti - ou même de savoir ce que les ingénieurs ajouteront à cette sportive, mais il est assuré que Subaru travaille fort sur ce dossier. Les rumeurs du moment parlent d'un moteur plus vitaminé de 250 chevaux, tandis que la voiture aurait droit à une diète, en plus de recevoir des appendices aérodynamiques, sans oublier des pneus et des freins plus mordants.

BRZ

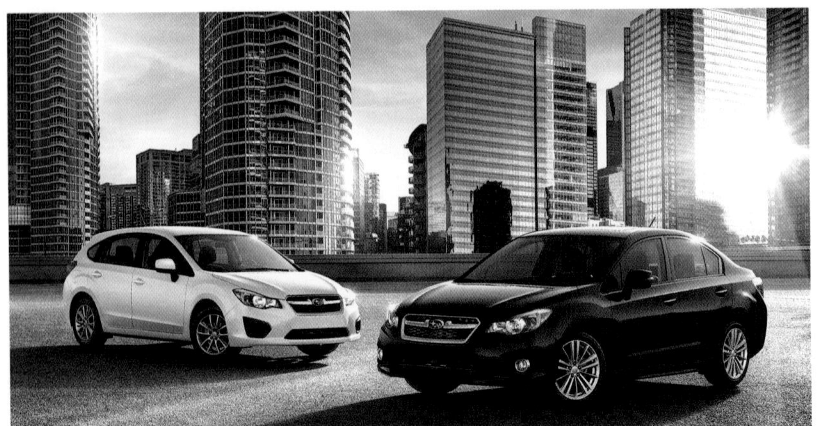

La berline compacte continuera d'être l'une des seules voitures du segment au pays à offrir la transmission intégrale. Remaniée l'an dernier, l'Impreza est reconduite sans grand changement pour cette année et ce statu quo risque de s'appliquer aussi à l'année modèle 2014.

IMPREZA

XV CROSSTREK

Il faut lever notre chapeau au constructeur pour avoir concocté un si joli petit multisegment à partir d'une Impreza à 5 portes. Le principe est le même que pour la bien connue Outback. Avec ses gros pneus montés sur des jantes exclusives au modèle, le XV Crosstrek ne manque pas de charme. Ajoutez des colorations uniques au modèle et des bas de caisse plus imposants, et vous obtenez une recette gagnante. Quant au reste de cette Impreza haute sur roues, les organes mécaniques sont les mêmes, ce qui veut dire que le moteur boxer à 4 cylindres de 2 litres est reconduit, ce dernier étant offert avec une boîte manuelle ou une CVT.

La refonte de l'Outback veut obligatoirement dire que la Legacy a droit à une transformation de mi-parcours également. Le faciès est revu un tantinet, question de garder les amateurs en haleine, et c'est la même histoire à l'arrière. Les modifications techniques sous le capot sont également les mêmes. Notez l'abandon de la version turbocompressée, ce qui est bien triste ! À l'instar de l'Impreza, l'une des rares voitures de son segment à proposer la transmission intégrale, la Legacy est *la* seule berline intermédiaire à offrir cette option si avantageuse quand la température s'enlaidit. Il faut s'attendre à une refonte majeure du modèle d'ici deux ou trois ans.

LEGACY

Les mordus de la marque pleurent encore le départ de la Legacy familiale. La seule familiale Subaru encore commercialisée en Amérique du Nord se révèle donc la version Outback. Bien entendu, cette dernière possède une garde au sol supérieure, un atout pour franchir des bancs de neige, tandis que l'allure est résolument plus dynamique. Pour 2013, Subaru a tenu à peaufiner son produit en redessinant quelque peu les parties avant et arrière, alors que la puissance du moteur à 4 cylindres a gagné quelques chevaux au passage (le 6 cylindres ne bouge pas). Quant au système *EyeSight*, un régulateur de vitesse adaptatif qui intègre notamment un dispositif de freinage précollision, il constitue une nouvelle option intéressante.

OUTBACK

Fraîchement présenté au Salon de Montréal, le Subaru Forester 2014 se fait plus agressif avec ce bouclier découpé au couteau et cette calandre plus imposante, tandis qu'à l'arrière, les feux ressemblent à ceux de l'Impreza. Même s'il elle s'est allongée, la silhouette demeure très semblable à la précédente. En termes de mécanique, le 2,5 litres boxer revient au menu, mais la boîte de vitesses manuelle gagne un rapport pour un total de 6, tandis que l'ancienne boîte automatique est reléguée aux oubliettes en faveur d'une CVT. L'édition XT a droit à une version turbocompressée du moteur de 2 litres de la BRZ, ce qui nous vaut une puissance de 250 chevaux et un couple de 258 livres-pieds. Le seul hic, c'est que l'unique boîte proposée pour ce modèle est la CVT. Dommage pour les amateurs de conduite !

TRIBECA

Avec des ventes ne dépassant pas le cap des 400 exemplaires au pays, il est difficile de comprendre la stratégie du constructeur en ce qui a trait au Tribeca. Présent sur nos routes depuis 2006, le VUS le plus cossu du constructeur n'a pas beaucoup changé depuis. Vous voulez notre avis ? L'année 2013 est probablement sa dernière.

FORESTER

À l'exception du vieillissant Tribeca, le tandem WRX/WRX STi est ce qui se fait de plus vieux chez Subaru. Pourtant, le plaisir de conduire est toujours à l'avant-plan ! Normalement, Subaru présente ses versions turbocompressées en même temps que la refonte de sa gamme Impreza, mais pour une raison qu'on ignore, Subaru nous fait languir. L'année modèle 2013 sera donc la dernière de cette génération. Dès l'an prochain, Subaru proposera un nouveau duo turbocompressé. On s'en réjouit déjà !

WRX / WRX STI

SUZUKI

Les temps sont durs pour Suzuki en Amérique. Avec des ventes en chute libre entre 2008 et 2011, pour atteindre moins de 50 % du volume d'il y a cinq ans, la division étasunienne de Suzuki s'est mise sur la loi des faillites à la fin de 2012. Suzuki ne distribuera plus d'automobiles aux États-Unis, mais continuera ses ventes de motos, de tout-terrains et de moteurs de bateau. Au Canada, on nous assure que la situation est différente car la clientèle est plus encline que nos voisins du sud à se procurer des véhicules de petite et de moyenne tailles. N'empêche, avec seulement quelque 5 500 véhicules vendus au Canada en 2012, volume qui s'est à peu près maintenu par rapport à l'année précédente, la marge de manœuvre est faible. Suzuki a besoin d'un grand coup de barre pour attirer de nouveaux clients dans ses salles d'exposition. Aux prises avec le même problème en Europe, Suzuki entend y présenter pas moins de cinq nouveaux modèles d'ici 2016. Verra-t-on un rajeunissement de la gamme de ce côté-ci de l'Atlantique aussi ? Avec l'abandon des ventes aux USA, la période d'amortissement des coûts reliés à l'adaptation des véhicules aux normes canadiennes en matière de sécurité, qui ne sont malheureusement pas standardisées dans le monde, sera plus longue; conséquemment, on peut penser que Suzuki voudra allonger la période d'offre d'un modèle donné. Suzuki devra miser sur une augmentation des ventes pour justifier cet investissement. Si Hyundai et Kia ont réussi à se hisser parmi les 10 meilleurs vendeurs au Canada, Suzuki peut certes améliorer son sort. Mais il faudra la volonté d'y arriver et mettre les investissements nécessaires en recherche et développement. Il y a fort à parier que l'accent sera plutôt mis sur leurs trois plus importants marchés que sont le Japon, l'Inde et la Chine.

GRAND VITARA

Le Grand Vitara nous revient pratiquement inchangé pour une huitième année. Dans le monde de l'automobile, aussi bien dire une éternité. Les amateurs de VUS à la construction classique y trouvent leur profit, mais la tendance actuelle est de se tourner vers les structures monocoques élaborées à partir d'une plateforme de voiture de même gabarit. Après tout, le pourcentage des conducteurs qui s'aventurent en forêt est plutôt faible, les VUS, pour la plupart, ne foulant que le bitume de la ville. Aussi bien donner plus de confort aux occupants même s'il faut sacrifier un peu de robustesse. Les rumeurs allant bon train, on pourrait voir se pointer un nouveau Grand Vitara élaboré sur la plateforme de la Kizashi aussi tôt que l'an prochain. On lui prête des airs du concept Kizashi 2, présenté en 2007, mais qui garde des lignes très actuelles.

KIZASHI

Contrairement à plusieurs modèles Suzuki qui ont été le fruit d'un partenariat avec d'autres constructeurs - pensons au Grand Vitara avec General Motors, à feu la Swift avec Daewoo, la filiale sud-coréenne de GM, ou à la SX4 avec Fiat en Europe - la Kizashi est une Suzuki pure laine. Or, bien que le constructeur démontre avec brio tout son savoir-faire avec cette berline, la Kizashi n'arrive pas à percer le marché. Elle en offre pourtant beaucoup pour 30 000 $: transmission intégrale, boîte de vitesses CVT, programme d'antipatinage et de stabilité intelligent, siège du conducteur électrique, alouette ! Mais le créneau est occupé par des ténors et les dimensions de la Kizashi sont trop compactes pour les amateurs d'intermédiaires... et trop intermédiaires pour les amants de compactes ! Présentée en 2011, la Kizashi ne risque pas d'être remaniée avant quelques années encore. Mais pour qui son format convient, voilà une voiture bien équilibrée qui vaut la peine d'être considérée.

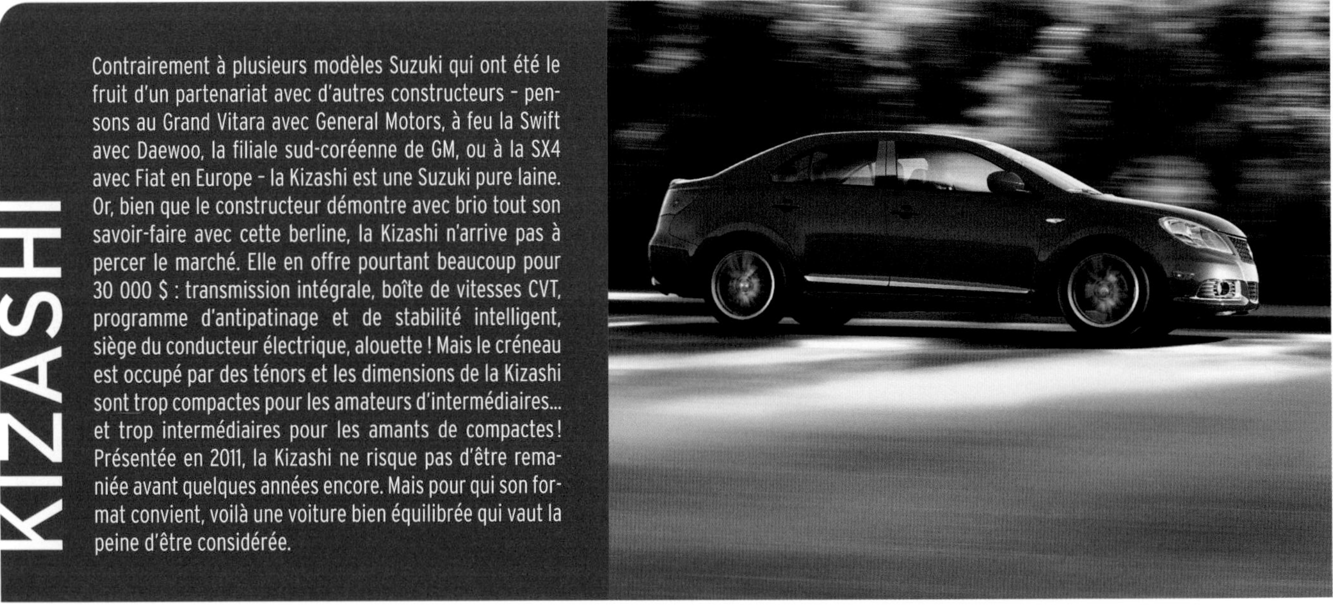

SX4

La SX4 aussi prend des rides. Depuis 2007 qu'on la fréquente pratiquement inchangée. Elle demeure toutefois seule dans son créneau à proposer une variante à transmission intégrale dans un format de poche. La chaîne de production japonaise de la SX4 sera arrêtée au cours de l'année, mais cette dernière continuerait d'être produite en Europe de l'Est. Difficile de dire si la SX4 sera maintenue ici à partir de cette filière (elle en provenait lors de son lancement en 2007) ou si elle sera remplacée par un modèle plus récent. En effet, le salon de Genève 2013 aura dévoilé le modèle de production dérivé du concept S-Cross, un multisegment de dimensions à peine moindres que le Grand Vitara actuel. On prévoit une introduction au Japon au milieu de l'année, puis en Europe à l'automne, mais sa venue au Canada n'a pas encore été annoncée. Si le Grand Vitara de prochaine génération prend du volume, le S-Cross pourrait devenir un beau complément, se situant entre celui-ci et la SX4, mais il pourrait tout aussi bien remplacer cette dernière. Mais qu'adviendrait-il alors de la version berline ? On sait d'autre part que les moteurs actuels ne seront remplacés par des nouveaux plus performants qu'à partir de 2015, donc Suzuki pourrait attendre avant d'introduire un modèle qui subirait une transplantation du cœur l'année suivante. À suivre...

S-CROSS

TOYOTA

On ne peut pas dire que le géant nippon soit demeuré inactif depuis l'an dernier. Le renouvellement d'une panoplie de ses modèles lui a fait le plus grand bien au chapitre des ventes. Toyota est toujours le maître de la technologie hybride avec sa famille Prius, tandis que ses voitures Camry, Avalon et Yaris sont de conception récente, la Corolla étant la seule à ne pas avoir reçu la visite des stylistes (mais, n'ayez crainte, cette situation ne durera pas). Un autre véhicule qui avait pris de l'âge, le RAV4, vient lui aussi d'être remodelé, et le Highlander sera le prochain sur la liste. Enfin, au moment d'écrire ces lignes, Toyota vient tout juste de dévoiler sa nouvelle Tundra 2014. Non, Toyota ne chôme pas.

YARIS

La grosse nouveauté pour la Yaris en 2013, c'est l'annulation de la version berline dont la carrière avait été prolongée en 2012. Son prix similaire à la Corolla était son principal obstacle. Y aura-t-il une nouvelle Yaris à 4 portes ? Il est trop tôt pour le savoir. De son côté, la Yaris à hayon poursuit sa route sans changements majeurs.

VENZA

Ce multisegment, malheureusement très populaire auprès des voleurs (eh oui), est sans aucun doute l'un des meilleurs véhicules proposés par Toyota en ce moment. Normal puisqu'il est basé sur la plateforme de la Camry. Offert avec un 4 cylindres de 2,7 litres ou le V6 de 3,5 litres, le Venza est également proposé avec la transmission intégrale. De plus, il dégage une fière allure ce multisegment urbain, un compliment qui ne s'applique pas à tous les véhicules de la marque.

RAV4

À l'instar de la Corolla, le RAV4 avait besoin d'un sérieux coup de balai. L'ancienne version était encore pertinente, mais la concurrence en avait profité pour affûter ses crocs. Avec son édition 2014, Toyota concrétise sa position dans le segment. L'allure du nouveau RAV4 est plus dynamique, il paraît plus ramassé qu'avant, tandis que le pneu de secours, d'habitude monté à l'arrière, est désormais logé sous le véhicule, de telle sorte que la portière arrière est transformée en hayon, ce qui est plus pratique ! De plus, le moteur V6 est abandonné au profit d'un seul et unique moteur à 4 cylindres de 2,5 litres, tandis que la boîte automatique compte désormais 6 rapports au lieu de 4. Gageons que les ventes exploseront au cours des prochains mois. **Lisez notre essai complet à la page 208.**

COROLLA

Voici une voiture qui a un urgent besoin d'être renouvelée. D'après les premiers pronostics, la prochaine génération de la berline compacte ressemblera fortement au concept Furia (notre photo) présenté à Detroit, sans les appendices en fibre de carbone et les énormes jantes, bien sûr ! Sous le capot, Toyota présentera enfin de nouvelles motorisations plus modernes et plus frugales à la pompe. Il est d'ailleurs déjà acquis que la berline aura un comportement sur route plus dynamique que le modèle qu'elle remplace.

FJ CRUISER

L'autre 4 x 4 robuste de Toyota conçu pour surmonter divers obstacles placés sur son chemin a toujours une bouille aussi originale, mais les acheteurs le boudent. Il souffre peut-être d'être dès le départ destiné à un public restreint. Quoiqu'il en soit, cette version rétro du 4Runner n'a pas beaucoup d'avenir, et ce, malgré une légère augmentation des ventes en 2012 au pays. On peut donc se poser la question qui tue : l'année 2013 sera-t-elle la dernière du modèle ?

La marque Prius brille en Amérique du Nord. C'est ce qui explique la décision de Toyota de ne pas importer la Yaris Hybrid distribuée en Europe et de plutôt se concentrer sur un modèle sous-compact de la famille Prius. La Prius c est assurément l'une des plus amusantes voitures hybrides du moment. Agile, légère et abordable à l'achat, la c est vouée à un brillant avenir sur notre marché.

PRIUS C

4RUNNER

Vous le savez, les 4 x 4 purs et durs sont de plus en plus rares. Le 4Runner est encore un excellent choix pour les amateurs de conduite hors route, mais encore faut-il les fréquenter ces parcours accidentés ! Si vous n'avez pas l'intention d'aller vous amuser hors des sentiers battus, le 4Runner n'est pas pour vous. Une refonte serait prévue pour l'an prochain.

SIENNA

Dans le segment des fourgonnettes familiales, il y a Dodge (et Chrysler), puis il y a les autres. Avouons-le, les meilleures fourgonnettes proviennent de Toyota et de Honda, même si la majorité des ventes se retrouvent chez Chrysler à cause du prix concurrentiel. La Sienna est toutefois la seule du segment à offrir un 4 cylindres et un V6 sous le capot, tandis que la qualité d'assemblage est supérieure à ce qui se fait chez Dodge. Une fourgonnette à considérer !

HIGHLANDER

Au moment d'écrire ces lignes, le Highlander 2014 n'avait pas encore été dévoilé, mais on chuchote en coulisses que le prochain VUS aura droit à un manteau plus inspirant. D'ailleurs, un haut placé nous a promis que la prochaine variante sera définitivement plus dynamique à l'extérieur. Pour le reste, il est certain que le constructeur continuera de proposer trois types de motorisations, soit un 4 cylindres, un V6 et une hybride.

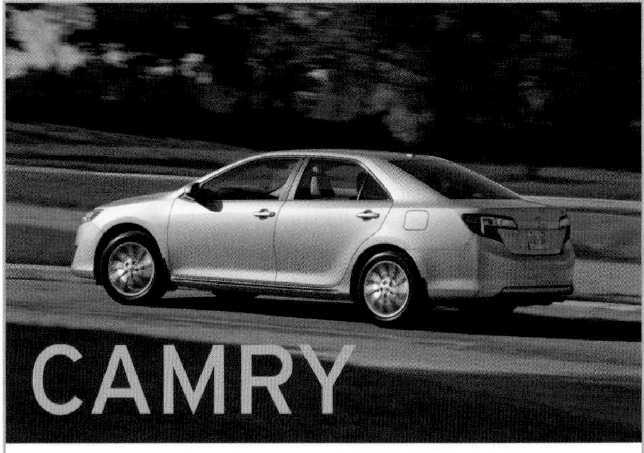

CAMRY

La Camry est l'un des bons produits du constructeur. Après tout, la berline est l'une des plus vendues depuis des lunes aux États-Unis. Proposée avec un 4 cylindres éprouvé, un puissant V6 et même une motorisation hybride, la Camry en offre pour tous les goûts... ou presque !

PRIUS V

Toyota a également pensé aux petites familles l'an dernier. La Prius v est en fait une Prius normale à laquelle on a greffé plus d'espace à l'arrière. De plus, cette v est une concurrente directe aux Mazda5 et Chevrolet Orlando de ce monde, mais avec une consommation moins pénible pour notre portefeuille. Les compagnies de taxi se l'arrachent déjà, tandis que les petites familles y songent fortement. Une autre bonne idée de la part du constructeur.

MATRIX

Dans le cas de la Matrix, les rumeurs sont moins bonnes. En effet, la popularité en dents de scie du modèle aux États-Unis ferait en sorte que Toyota songerait à annuler carrément la production basée en Ontario. D'ailleurs, aucun prototype n'a été aperçu jusqu'ici, ce qui confirmerait cette crainte. Toyota Canada sera peut-être tentée de prolonger d'un an la carrière de sa petite voiture à hayon, mais on pourrait alors parler d'un miracle...

AVALON

Renouvelée pour 2013, cette grande berline plus populaire au sud de la frontière qu'en sol canadien affiche désormais des lignes définitivement plus convaincantes. En fait, il s'agit carrément de la plus belle Avalon de l'histoire. Pourtant, dans le fond, on retrouve la recette bien connue de la plateforme allongée, d'un intérieur bourgeois et d'un moteur V6 associé à une boîte de vitesses automatique peinarde. Y aura-t-il une motorisation hybride en 2014 ? C'est fort possible. **Lisez notre essai complet à la page 204.**

Avec à peine plus de 700 Sequoia vendus chaque année au pays, le gros VUS n'est pas exactement un succès monstre (malgré sa taille) pour le constructeur. Toyota se défend en affirmant que les familles nombreuses réclament encore ce genre de véhicule. Pour être franc, ce bassin de clients potentiels se trouve surtout au sud de la frontière : l'an dernier, Toyota y a en effet écoulé plus de 13 000 exemplaires.

SEQUOIA

TUNDRA

Fraîchement dévoilée au Salon de l'auto de Chicago, la nouvelle Tundra 2014 est plus évolutive que révolutionnaire. Question de mieux percer ce segment typiquement américain, Toyota a multiplié les versions (SR, SR5, Limited, Platinum et 1794 Edition). Sous le capot, la Tundra est toujours offerte avec les mêmes mécaniques, soit un V6 de 4 litres de 270 chevaux, un V8 de 4,6 litres de 310 chevaux et le puissant V8 de 5,7 litres de 381 chevaux. Mais cette nouvelle offensive sera-t-elle suffisante ? Les prochaines années serviront de gros test à cette camionnette. Sa commercialisation débutera à l'automne 2013.

TACOMA

Depuis la mise à la retraite de la Ford Ranger, la Toyota Tacoma est destinée à dominer le marché de la camionnette intermédiaire. La Nissan Frontier constitue sa principale concurrente, tandis que les autres joueurs (GMC Canyon et Chevrolet Colorado) ne sont plus dans le coup. La robuste camionnette a subi une légère refonte l'an dernier dans le but de demeurer au sommet des ventes.

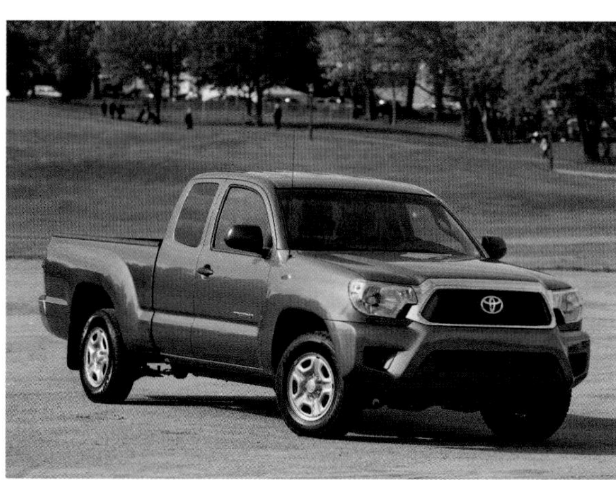

La Prius est sans aucun doute l'hybride la plus connue et réputée du globe. Tout le monde la connaît, la forme de sa carrosserie a quasiment acquis le statut de symbole. L'an dernier, la version hybride rechargeable a été ajoutée au parc du constructeur, question de répliquer à la Chevrolet Volt. Avec une consommation annoncée de 2,2 litres aux 100 kilomètres, cette variante plus sophistiquée de la Prius se veut très intéressante pour ceux qui veulent économiser au quotidien.

PRIUS PRIUS PHV

FICHE D'IDENTITÉ

VERSIONS XLE, Limited
TRANSMISSION(S) avant
PORTIÈRES 4 **PLACES** 5
PREMIÈRE GÉNÉRATION 1994
GÉNÉRATION ACTUELLE 2013
CONSTRUCTION Georgetown, Kentuky, É-U
COUSSINS GONFLABLES 10 (frontaux, latéraux avant et arrière, genoux conducteur et passager, rideaux latéraux)
CONCURRENCE Buick LaCrosse, Chevrolet Impala, Chrysler 300, Dodge Charger, Ford Taurus, Hyundai Genesis, Lexus ES, Lincoln MKS, Nissan Maxima

AU QUOTIDIEN

PRIME D'ASSURANCE
25 ANS : 1600 à 1800 $
40 ANS : 1200 à 1400 $
60 ANS : 1000 à 1200 $
COLLISION FRONTALE nm
COLLISION LATÉRALE nm
VENTES DU MODÈLE DE L'AN DERNIER AU QUÉBEC nd **AU CANADA** 427
DÉPRÉCIATION (%) 41,3 (3 ans)
RAPPELS (2007 à 2012) 3
COTE DE FIABILITÉ 4/5

GARANTIES... ET PLUS

GARANTIE GÉNÉRALE 3 ans/60 000 km
GROUPE MOTOPROPULSEUR 5 ans/100 000 km
PERFORATION 5 ans/kilométrage illimité
ASSISTANCE ROUTIÈRE 3 ans/60 000 km
NOMBRE DE CONCESSIONNAIRES AU QUÉBEC 68 **AU CANADA** 243

NOUVEAUTÉS EN 2013.5

Nouvelle génération

LA COTE VERTE  MOTEUR V6 DE 3,5 L

> **Consommation (100 km)** 9,9 L
> **Consommation annuelle** 1660 L, 2 407 $
> **Indice d'octane** 87 > **Émissions polluantes CO_2** 3 818 kg/an

(SOURCE : ÉnerGuide)

AH, LA PERSÉVÉRANCE...

À l'aube de ses 20 ans (oui, déjà), l'Avalon vient d'être complètement renouvelée par Toyota. Le constructeur espère que ce dernier remue-méninges permettra enfin au modèle de réussir une percée significative dans le segment des berlines pleine grandeur. Le problème, c'est que les acheteurs ne se bousculent plus vraiment aux portes de ce créneau. Est-ce que Toyota s'entête obstinément en tentant de ranimer un mort, ou est-ce que ce nouvel assaut lui permettra d'atteindre ses objectifs ? Après deux décennies d'efforts, l'Avalon a tout fait, sauf se tailler une place de choix sur l'échiquier automobile nord-américain. Le modèle connaît une popularité toute relative chez l'Oncle Sam, mais ce n'est pas assez. Chez nous, soyons francs, l'Avalon côtoie l'indifférence la plus totale. En 2012, quelque 427 exemplaires seulement ont trouvé preneur d'un océan à l'autre. Toyota Canada aimerait faire passer ce nombre à 1 400. Bonne chance !

Daniel Rufiange

CARROSSERIE > Pour accoucher de cette quatrième génération d'Avalon, Toyota a mis le paquet en faisant appel à une équipe de design et de conception entièrement américaine. Cette dernière a été composée, nous a-t-on juré, de jeunes talents exceptionnels. Leur mission venue d'en haut : préparer une voiture capable de séduire une clientèle plus jeune. Toyota, on le comprendra, souhaite ardemment transformer l'image de sa grosse berline. En fait, ça urge car, jusqu'ici, l'acheteur typique d'une Avalon a déjà reçu ses cartes rabais de l'âge d'or. Conséquemment, cette nouvelle berline présente des lignes moins mornes que celles de toutes ses devancières. On pourrait même parler d'un certain dynamisme, c'est tout dire. De profil, bien franchement, ce n'est rien de moins que spectaculaire. Le

Suspension plus ferme • Confort omniprésent
Excellente insonorisation • Lignes réussies

À peine moins chère qu'une Lexus ES mais plus rapidement dépréciée
Pas de transmission intégrale • Image peu prestigieuse

coup de crayon appliqué à la partie arrière pourrait même être confondu avec celui d'une... Lexus. Quant à l'avant, Toyota spécifie qu'elle est porteuse de la nouvelle signature agressive de la marque. Agressive ? On se calme !

Officiellement, deux versions de l'Avalon peuvent être commandées, soit la XLE et la Limited. Officieusement, ce sont trois modèles différents qui existent puisque la version Limited peut être livrée avec un ensemble haut de gamme suffisamment bardé d'options pour que le modèle s'en trouve singularisé. Située tout juste au-dessus de la Camry dans la gamme des produits Toyota, l'Avalon s'adresse à celui qui souhaite améliorer son confort et son statut social, mais sans nécessairement changer de marque. Même pas pour une ES 350 offerte à l'enseigne Lexus ? « Même pas », répond Larry Hutchinson, directeur général de Toyota Canada. « Il y a d'importantes différences entre les acheteurs des deux marques, dit-il. Certains souhaitent, pour toutes sortes de raisons, demeurer fidèles à Toyota plutôt que d'opter pour une Lexus. » Mettons que je ne suis pas tout à fait convaincu, mais bon, si c'est le patron qui le dit...

Précisons que l'Avalon nouvelle partage une structure (modifiée) qui dessert aussi la Camry et cette fameuse ES de Lexus. L'Avalon accuse 60 millimètres de moins que la précédente, dont 15 millimètres à l'avant. L'empattement, lui, n'a pas changé.

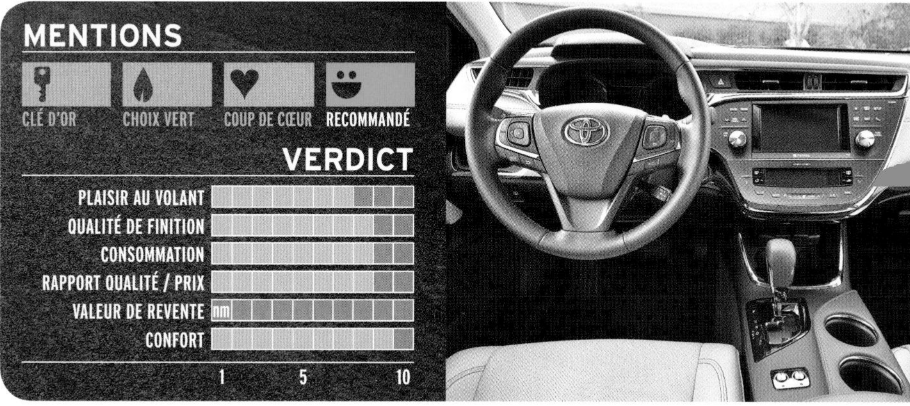

HABITACLE > À bord, qu'on se rassure tout de suite, on profite toujours d'une voiture aussi spacieuse. La principale nouveauté concerne la présentation qui ne rappelle plus la décoration d'un salon mortuaire. Sérieusement, l'ensemble plaît à l'œil et dégage une belle personnalité. Le constructeur a aussi tenu à rehausser la qualité des matériaux utilisés, conscient que des lacunes à ce chapitre avaient été accumulées au cours des dernières années. Conséquemment, on propose un habitacle drapé de tissus et de cuirs de meilleure facture et nettement plus agréables au toucher. Quant à la qualité d'assemblage, elle est correcte, mais loin d'être remarquable. Un bon mot pour l'ergonomie qui a été soignée de façon à faciliter la tâche du conducteur. Le design de la console centrale est quelque peu intru-

2e OPINION

Cinq minutes après avoir pris le volant de cette Toyota, je me remettais en question : « Suis-je rendu à ce point *pépère*, ou est-ce que cette voiture est vraiment surprenante » ? Or, la réponse comporte un peu des deux (fiou !). Car s'il est vrai que j'aime parfois me faire dorloter par une grosse voiture, ce qui jusqu'à tout récemment aurait été sacrilège, il faut aussi admettre que Toyota a accouché d'une voiture qui n'a finalement plus rien d'une grosse Camry. Luxueuse, confortable à souhait, performante et bien construite, elle ne pèche que par un effet de couple agaçant à l'accélération quand on la sollicite un tant soit peu. Mais gageons que la réelle clientèle de l'Avalon, qui ne confond pas jeunesse avec sagesse, n'y verra que du feu...

Antoine Joubert

FICHE TECHNIQUE

+ MOTEUR (S)

(XLE, Limited) V6 3,5 L DACT
PUISSANCE 268 ch. à 6 200 tr/min
COUPLE 248 lb-pi à 4 700 tr/min
BOITE(S) DE VITESSES automatique à 6 rapports avec mode manuel et manettes au volant
PERFORMANCES 0 À 100 KM/H 7,5 s (est.)
VITESSE MAXIMALE nd

+ AUTRES COMPOSANTS

SÉCURITÉ ACTIVE Freins ABS, assistance au freinage, répartition électronique de la force de freinage, aide au freinage en cas d'utilisation simultanée de l'accélérateur et des freins, contrôle électronique de la stabilité, antipatinage, avertisseur de présence d'obstacle latéral et arrière
SUSPENSION avant/arrière indépendante
FREINS avant/arrière disques
DIRECTION à crémaillère, assistée
PNEUS P225/45R18

+ DIMENSIONS

EMPATTEMENT 2 820 mm
LONGUEUR 4 960 mm
LARGEUR 1 835 mm
HAUTEUR 1 460 mm
POIDS XLE 1 590 kg **Limited** 1 605 kg
DIAMÈTRE DE BRAQUAGE nd
COFFRE 453 L
RÉSERVOIR DE CARBURANT 64 L

A

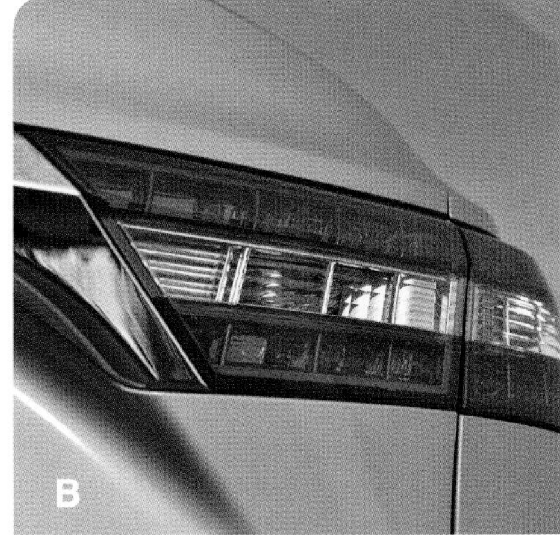

B

C

GALERIE

A Toyota a déployé d'importants efforts stylistiques. La partie avant de l'Avalon, notamment, démontre plus de caractère que jamais. Le constructeur précise que ce nouveau design annonce la facture visuelle qu'entend adopter le fabricant dans le futur.

B À l'arrière, le coup de crayon est nettement plus heureux que par le passé. On y reconnaît même une touche à la Lexus. Bien sûr, mode oblige, l'utilisation de diodes électroluminescentes caractérise l'éclairage des feux.

C Sous le capot, pas de moteur V8 tonitruant, ni de mécanique à 4 cylindres turbo à la graine écolo. Plutôt, une valeur sûre, soit le V6 de 3,5 litres que Toyota utilise depuis une éternité. Il délivre 268 chevaux.

D Plusieurs commandes de la console centrale sont du type tactile. Un effleurement, et elles répondent à nos souhaits. L'embossage intégré à ces commandes fait qu'on les repère facilement, nous permettant de garder les yeux sur la route.

E Trois modes de conduite sont proposés au volant d'une Avalon. Le mode Eco favorise l'économie de carburant en retenant l'accélérateur. En Sport, c'est le contraire, la pédale des gaz devient subitement plus nerveuse, comme la direction.

D

E

sif, mais toutes les commandes qu'elle regroupe sont facilement accessibles. Une approche à la Ford a été tentée par Toyota en ce sens qu'une partie du tableau de bord est tactile. Les commandes répondant de cette façon sont embossées et repérables du bout des doigts. D'autres bonnes notes vont à l'insonorisation, la position de conduite et le dégagement consenti aux passagers arrière.

MÉCANIQUE > Sans surprise, c'est au très fiable V6 de 3,5 litres de Toyota que revient l'honneur d'animer l'Avalon. Les 268 chevaux qu'il propose se montrent vaillants à la tâche et procurent plus de puissance que la majorité des clients en demanderont. Surtout, on s'est attardé au travail des suspensions dont les réglages ont été raffermis afin de transmettre au conducteur une meilleure connectivité avec la route. Christopher Dragan, responsable de la conception du châssis de cette Avalon, nous a expliqué que, parmi la Camry, la Lexus ES et l'Avalon, c'est cette dernière qui jouit des réglages de suspension les plus fermes. Ah ben là ! En prime, la personne aux commandes peut choisir entre trois modes de conduite : Eco, Normal et Sport. Oui, Sport ! Ce programme accentue la réponse de l'accélérateur et celle de la direction. Non, l'Avalon ne devient pas instantanément une grosse sportive, quand même, mais son comportement a de quoi étonner. Autre bonne nouvelle : on a décidé d'oublier toute forme de boîte CVT pour doter l'Avalon d'une automatique à 6 rapports. Bravo ! Enfin, notez que, aux États-Unis, une version hybride est proposée. Chez nous, *niet*. Sage décision. Cela dit, la porte n'est pas fermée pour l'avenir mais, avant, Toyota veut s'assurer d'atteindre ses premiers objectifs.

COMPORTEMENT > En prenant le volant de la nouvelle Avalon, on découvre qu'on s'est aussi occupé du ramage du véhicule, pas seulement du plumage. La sensation de conduite est meilleure, et la tenue de route est nettement plus affirmée. Je dirais même qu'on éprouve un certain plaisir à piloter cette dodue berline qui, enfin, offre autre chose que le comportement routier d'une Cadillac De Ville 1975. Le compromis recherché entre la fermeté des suspensions et le confort est excellent. En virage, même quand on pousse la voiture un tantinet, elle demeure stable. Bref, le tout n'a rien à voir avec ce que nous proposait l'ancien modèle. Une grande question demeure, toutefois : est-ce que ces améliorations seront suffisantes pour séduire la clientèle plus jeune que Toyota souhaite ardemment conquérir ?

CONCLUSION > Nul doute, Toyota nous propose ici la plus intéressante Avalon à ce jour. Cependant, personnellement, je dois répondre par la négative à la question que j'ai posée quelques lignes plus haut : non, le produit ne séduira pas une clientèle plus jeune, à tout le moins pas celle que Toyota souhaite charmer, c'est-à-dire dans la tranche d'âge des 35 à 40 ans. Ce n'est pas une affirmation contre le modèle, mais plutôt en faveur de ce qui se fait ailleurs dans l'industrie. La concurrence est tellement féroce, et l'acheteur est placé face à tellement de produits intéressants, que son choix ne s'arrêtera pas automatiquement sur l'Avalon, aussi intéressante la nouvelle soit-elle. Dans n'importe quelle industrie, ça aide toujours de partir premier, alors que revenir de l'arrière n'est jamais facile. Pourquoi pas une Avalon ? Justement, oui : pourquoi ? ■

HISTORIQUE

Lorsqu'elle fut introduite pour le millésime 1995, la Toyota Avalon venait en fait prendre la place de la Toyota Cressida comme modèle haut de gamme du fabricant. De conception différente, elle s'est surtout taillée une place sur le marché américain, bien qu'elle ait été aussi commercialisée au Moyen-Orient, au Canada et, même, brièvement, en Australie. Considérée comme une vulgaire grosse Camry par plusieurs, Toyota tente, en accouchant du modèle de quatrième génération, de changer cette perception plutôt négative. L'effort y est. Reste à voir si les résultats suivront. Si jamais ils ne suivaient pas, on pourrait se poser des questions sur l'avènement d'une 5e génération...

TOYOTA AVALON 1995-1996

TOYOTA AVALON 2001-2002

TOYOTA AVALON XLS 2003-2005

TOYOTA AVALON LIMITED 2006-2007

TOYOTA AVALON 2008-2010

TOYOTA AVALON 2012

FICHE D'IDENTITÉ

VERSIONS 2RM LE, XLE **4RM** LE, XLE, Limited
TRANSMISSION(S) avant, 4
PORTIÈRES 5 **PLACES** 5
PREMIÈRE GÉNÉRATION 1997
GÉNÉRATION ACTUELLE 2013
CONSTRUCTION Woodstock, Ontario, Canada
COUSSINS GONFLABLES 8 (frontaux, latéraux avant, genoux conducteur, coussin du siège passager avant, rideaux latéraux)
CONCURRENCE Chevrolet Equinox, Ford Escape, GMC Terrain, Honda CR-V, Hyundai Tucson, Jeep Liberty/Patriot, Kia Sportage, Mitsubishi Outlander, Nissan Rogue, Subaru Forester, Suzuki Grand Vitara, Volkswagen Tiguan

AU QUOTIDIEN

PRIME D'ASSURANCE
25 ANS: 1500 à 1700 $
40 ANS: 1100 à 1300 $
60 ANS: 900 à 1100 $
COLLISION FRONTALE nm
COLLISION LATÉRALE nm
VENTES DU MODÈLE DE L'AN DERNIER AU QUÉBEC nm **AU CANADA** 25 942
DÉPRÉCIATION % 36,2 (3 ans)
RAPPELS (2007 à 2012) 3
COTE DE FIABILITÉ 5/5

GARANTIES... ET PLUS

GARANTIE GÉNÉRALE 3 ans/60 000 km
GROUPE MOTOPROPULSEUR 5 ans/100 000 km
PERFORATION 5 ans/kilométrage illimité
ASSISTANCE ROUTIÈRE 3 ans/60 000 km
NOMBRE DE CONCESSIONNAIRES AU QUÉBEC 68 **AU CANADA** 243

NOUVEAUTÉS EN 2013.5

Nouvelle génération

LA COTE VERTE

MOTEUR L4 DE 2,5 L

> **Consommation (100 km) 2RM** 8,7 L **4RM** 9,1 L **Limited** 9,3 L
> **Consommation annuelle 2RM** 1540 L, 2 233 $ **4RM** 1620 L, 2 349 $ Limited 1640 L, 2 378 $ > **Indice d'octane** 87 > **Émissions polluantes CO_2 2RM** 3 542 kg/an **4RM** 3 726 kg/an **Limited** 3 772 kg/an ***(SOURCE: ÉnerGuide)***

UN CR-V DANS LA MIRE

Chez Toyota, on était conscient du fait que le RAV4 de précédente génération commençait sérieusement à être dépassé par la concurrence, et ce, même si on a réussi à en écouler plus de 25 000 exemplaires en 2012. Mais on était aussi conscient que, pour renouveler ce produit, (le deuxième plus important en termes de volume pour Toyota après la Corolla), il ne fallait commettre aucune erreur. Voilà ce qui explique pourquoi le constructeur a mis autant de temps avant de renouveler le RAV4, qui constituait d'ailleurs le plus vieux produit de la gamme (avec la camionnette Tacoma). Toujours aussi conservateur, le constructeur accouche d'un produit qui joue la carte évolutive, en ne prenant aucun risque. Mécanique reconnue, design traditionnel et fonctionnalités multiples sont donc au rendez-vous.

Antoine Joubert

CARROSSERIE > Malgré ses sept ans bien sonnés, le RAV4 de précédente génération affichait encore des lignes séduisantes. Certes, on lui dénotait quelques rides, mais les lignes étaient harmonieuses, bien définies et distinctes par rapport à la concurrence. Pour 2013, on retourne dans les rangs. Pas d'éléments distinctifs, pas de fioritures. Et on élimine le hayon à ouverture latérale ornée d'une roue de secours pour remplacer le tout par un hayon à ouverture traditionnelle, à angles d'ouverture réglables. Le RAV4, qui était presque anticonformiste par le passé, se range donc du côté des acheteurs de Ford Escape, de Honda CR-V et de Mazda CX-5. Le résultat est néanmoins intéressant, les lignes étant plus harmonieuses que celle du Honda CR-V, et, à mon avis, plus aptes à traverser les années que le Ford Escape, esthétiquement plus chargé.

Hélas, Toyota demeure maître dans l'art d'effectuer des économies de bout de chandelle, ce qui signi-

Fiabilité garantie et faible dépréciation • Habitacle spacieux et bien aménagé Groupe motopropulseur efficace • Qualité de fabrication irréprochable

Abandon du V6 et de la banquette coulissante • Manque de puissance du freinage • Version LE décevante à plusieurs niveaux (voir texte)

fie que le modèle LE d'entrée de gamme ressemble esthétiquement à un modèle… d'entrée de gamme ! Vous n'aurez donc pas droit aux longerons de toit, aux glaces teintées, aux poignées de portes de couleur assortie, ni même aux jantes en alliage qui sont remplacées par de simples roues d'acier avec enjoliveurs. En déboursant davantage, on obtient un véhicule nettement plus agréable à l'œil.

HABITACLE > On le dit plus spacieux et encore plus confortable que son prédécesseur, ce qui n'est pas peu dire. Car rappelons-nous que le RAV4 demeurait jusqu'ici l'un des VUS compacts les mieux aménagés de toute l'industrie en termes de modularité. Avec un volume de charge de 2 080 litres, il est vrai que le nouveau RAV4 peut être un as du déménagement. Malheureusement, on perd une caractéristique pratique qui était présente d'office sur l'ancien modèle, soit cette banquette arrière coulissante qui permettait d'augmenter le volume de charge ou l'espace aux occupants. Dommage.

Pour séduire le conducteur, il faut en revanche admettre qu'on a fait ses devoirs. D'abord, oubliez ces plastiques raturés bon marché qu'on retrouve notamment dans le Toyota Venza. Ici, la qualité est en hausse, et le résultat est nettement plus homogène, tant à l'œil qu'au toucher. Les plastiques dodus sont plus nombreux, tandis que les surpiqûres des versions XLE et Limited procurent une impression de luxe réussie. Ajoutez-y un éclairage d'ambiance plus inspiré et un bloc d'instruments plus dynamique que par le passé. Sans oublier un choix de teintes intéressant à bord, dont cette sellerie de couleur terre cuite offerte sur le modèle Limited. Sans être d'une grande originalité, le poste de conduite se présente avec élégance, proposant une ergonomie sans faille et plusieurs compartiments de rangement. Les réglages plus généreux du baquet et l'accoudoir réglable permettent aussi d'obtenir une meilleure position de conduite que par le passé. Par contre, il faut mentionner que le tissu des sièges du modèle LE est indigne de la réputation de qualité du RAV4, et qu'il faut inévitablement passer au modèle XLE pour avoir droit à une qualité décente de tissu. Et aux assises chauffantes ! Qui plus est, la version haut de gamme Limited ne propose pas de sellerie de cuir, mais plutôt du similicuir de « haute qualité », appelé Softex. Entre vous et moi, il est vrai que distinguer le vrai du faux est ardu, au point où je vous jure que vous préférerez le similicuir du RAV4 au cuir véritable du Mitsubishi Outlander. Mais, bon, ce n'est pas du cuir…

MENTIONS

CLÉ D'OR | CHOIX VERT | COUP DE CŒUR | RECOMMANDÉ

VERDICT

- PLAISIR AU VOLANT
- QUALITÉ DE FINITION
- CONSOMMATION
- RAPPORT QUALITÉ / PRIX
- VALEUR DE REVENTE nm
- CONFORT

1 5 10

FICHE TECHNIQUE

+ MOTEUR (S)

(LE, XLE, LIMITED) L4 2,5 L DACT
PUISSANCE 176 ch. à 6 000 tr/min
COUPLE 172 lb-pi à 4 100 tr/min
BOÎTE(S) DE VITESSES automatique à 6 rapports avec mode manuel
PERFORMANCES 0 À 100 KM/H nm
VITESSE MAXIMALE nm

+ AUTRES COMPOSANTS

SÉCURITÉ ACTIVE Freins ABS, assistance au freinage, répartition électronique de la force de freinage, contrôle électronique de la stabilité, aide au freinage en cas d'utilisation simultanée de l'accélérateur et des freins, antipatinage
SUSPENSION avant/arrière indépendante
FREINS avant/arrière disques
DIRECTION à crémaillère assistée électriquement
PNEUS P225/65R17 **Limited** P235/55R18

+ DIMENSIONS

EMPATTEMENT 2 660 mm
LONGUEUR 4 570 mm
LARGEUR 1 845 mm
HAUTEUR 1 660 mm, 1 705 mm incl. galerie de toit
POIDS 2RM LE 1 545 kg **XLE** 1 560 kg **4RM LE** 1 600 kg **XLE** 1 615 kg **Limited** 1 620 kg
DIAMÈTRE DE BRAQUAGE 10,6 m **Limited** 11,2 m
COFFRE 1 090 L, 2 080 L (sièges abaissés)
RÉSERVOIR DE CARBURANT 60 L
CAPACITÉ DE REMORQUAGE 680 kg

2e OPINION

Toyota, reconnue depuis des décennies pour la valeur sûre de ses produits, a aussi la réputation d'assembler des modèles dénués d'émotion. Alors, quand le constructeur a annoncé la venue d'un nouveau RAV4 auréolé d'audace, j'étais sceptique. Pourtant, sans être dynamique, disons que ce RAV4 a du style et, même, un peu de chien dans le nez, chose rare. Le numéro un japonais aurait-t-il enfin compris l'importance de la passion? Même dans l'habitacle, on sent une certaine inspiration des concepteurs. Si la fiabilité demeure ce qu'elle a toujours été pour ce modèle fabriqué en Ontario, et qu'on y ajoute un brin de folie, le succès est garanti. Le 4 cylindres de 2,5 litres emprunté à la Camry offre la bonne puissance sans boire trop de pétrole.

Benoit Charette

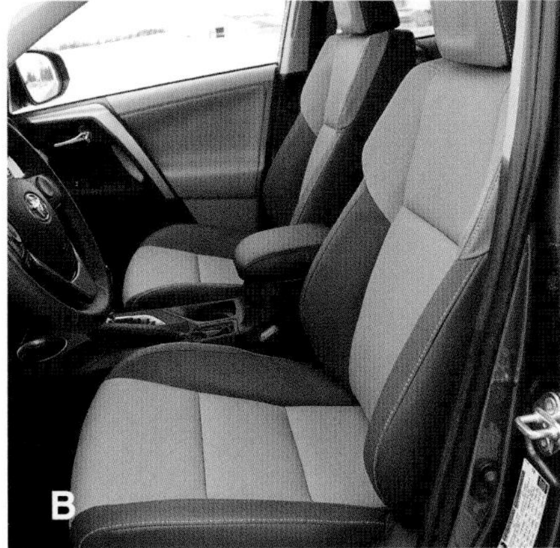

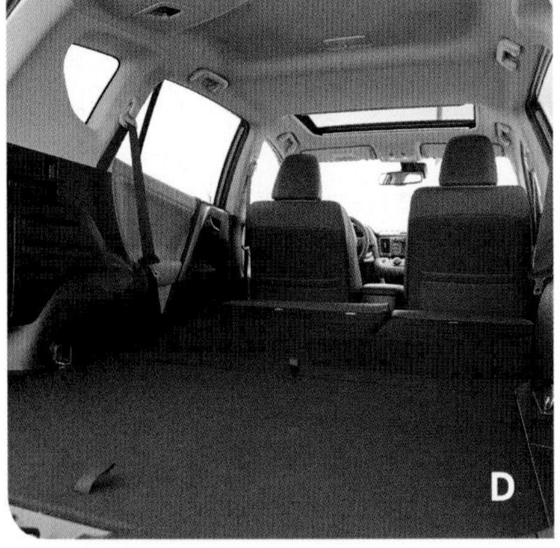

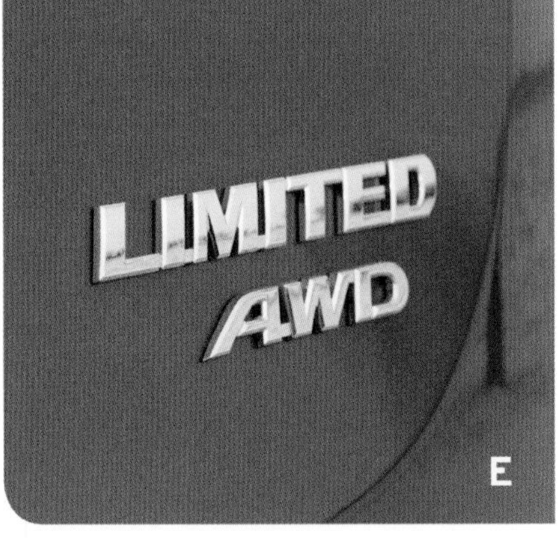

GALERIE

A Le RAV4 profite d'un plancher plat à l'arrière, ce qui améliore non seulement le confort du passager arrière installé au centre, mais qui facilite aussi le chargement d'objets encombrants.

B Toyota propose différents choix de selleries, allant d'un tissu de bas de gamme jusqu'à cette sellerie de cuir synthétique. La sellerie de cuir véritable n'est donc plus disponible dans le RAV4.

C La principale nouveauté mécanique du RAV4 consiste en une nouvelle boîte automatique à six rapports, qui permet d'améliorer les performances et la consommation de carburant.

D La capacité de charge du RAV4 est l'une des plus volumineuses de toute la catégorie des utilitaires compacts. À l'abaissement des dossiers, on profite également d'un plancher entièrement plat, ce qui facilite le chargement.

E Le RAV4 est disponible en trois niveaux de finition, soit LE, XLE et Limited, la version Sport offerte par le passé n'est donc plus disponible, et il n'existe pour l'instant aucune version hybride ou électrique. À suivre...

MÉCANIQUE > La plus grande surprise sous le capot du RAV4 2013 attriste: l'absence du V6, un moteur qui était particulièrement efficace et performant sur le modèle précédent. Chez Toyota, on justifie cette décision par une demande en baisse des V6 (coût du carburant oblige), mais aussi par le fait que plusieurs autres produits de la marque (plus chers, comme le Venza et le Highlander) sont en mesure de combler ce vide. Personnellement, je ne crois pas qu'il s'agisse d'une bonne décision, puisque celui ou celle qui désire remorquer à l'occasion doit dès lors se tourner vers l'Equinox, le Santa Fe 2.0T ou le Kia Sorento. Et puisque le V6 de 3,5 litres était aussi performant que fiable et peu gourmand, je suis persuadé que plusieurs clients seront également déçus. Cela dit, le 4 cylindres de 2,5 litres demeure au poste, sans changements. Non, toujours pas d'injection directe de carburant, ou de technologie d'arrêt-démarrage qui permettrait d'économiser à la pompe. En revanche, on met à jour la boîte de vitesses automatique (il était temps...) en passant de 4 à 6 rapports. Voilà qui permet de diminuer la consommation moyenne d'un demi-litre par 100 kilomètres, tout en améliorant le rendement et les performances.

COMPORTEMENT > Si le Honda CR-V excelle dans l'art d'offrir une conduite confortable et équilibrée, on peut désormais affirmer que le RAV4 s'en approche grandement. Plus stable, plus agile et nettement mieux insonorisé que par le passé, il propose un comportement sans histoire et une maniabilité qui plaira à une grande majorité d'acheteurs. Il est désormais moins sensible aux vents latéraux, mieux ancré au sol et doté d'une transmission intégrale réactive visiblement plus efficace. Il faut à ce propos mentionner que, en conduite normale, la totalité de la puissance est acheminée aux roues avant, et que, en cas de perte d'adhérence, le couple est réparti vers l'arrière jusqu'à concurrence de 50 %. Il est aussi possible de verrouiller le système pour obtenir une telle répartition de façon constante, jusqu'à une vitesse de 40 km/h. Sur la route, je n'ai en fait constaté que deux bémols. D'abord, cette hésitation entre le 5e et le 6e rapport de la boîte, à une vitesse d'environ 85-90 km/h, ce qui agace à vitesse de croisière, ainsi qu'un manque de puissance au chapitre du freinage. J'oubliais: le modèle LE d'entrée de gamme n'a pas droit aux mêmes disques de frein que les modèles plus cossus. Et avis aux intéressés, le modèle mis à l'essai était une version Limited à « gros » disques de frein! Voilà une situation franchement ridicule, surtout de la part d'un constructeur qui vante les mérites de la sécurité active de ses véhicules. Oui, vous avez droit à tous les systèmes d'assistance à la conduite, à huit coussins gonflables et, même, à des détecteurs d'obstacles aux angles morts et à un système de détection de déviation de trajectoire. Mais pas à de bons freins, et encore moins bons si vous choisissez le bas de gamme...

CONCLUSION > Tout comme Honda avec son CR-V, Toyota a joué la carte de la prudence en renouvelant le RAV4. Aucun pari risqué et rien pour déplaire. En somme, voici un produit bien ciblé, de haute qualité, qui n'est certes pas sans défauts mais qui possède les éléments nécessaires pour se retrouver là où Toyota souhaite le positionner, c'est-à-dire dans le trio de tête. Et en terminant, avis aux intéressés, une version hybride sera fort probablement lancée d'ici un an ou deux... ■

HISTORIQUE

Parmi les précurseurs d'un créneau qui constitue aujourd'hui le deuxième en importance au Canada, le Toyota RAV4 a été lancé en Amérique du Nord en 1997, soit en même temps que le Honda CR-V. Offert en plusieurs configurations à ses débuts, il a été renouvelé en 2001, abandonnant les versions à deux portières. C'est toutefois avec l'année-modèle 2006 que le RAV4 a véritablement connu une envolée fulgurante. Choix de moteurs à quatre ou six cylindres, et offert en de multiples versions, il a même été produit en version électrique pour le marché américain. Aujourd'hui, le RAV4 se renouvelle pour une troisième fois, en répondant aux tendances du marché actuel.

TOYOTA RAV4 1994

TOYOTA RAV4 2003

TOYOTA RAV4 SPORT CONCEPT 2006

TOYOTA RAV4 2007

TOYOTA RAV4 EV CONCEPT

TOYOTA RAV4 2013

VOLKSWAGEN

L'homme derrière l'essor fulgurant de Volkswagen, Ferdinand Piech, a célébré ses 75 ans l'an dernier et, bien qu'il prépare sa succession, rien pour le moment ne semble freiner son appétit de conquêtes. À ses pieds, le groupe VW bouffe tout ce qui a quatre roues ! L'arrière-petit-neveu de Ferdinand Porsche est à Volkswagen ce que Steve Jobs était à Apple. Il nourrit l'ambition pas du tout secrète d'instaurer la plus grande puissance automobile au monde. Pour y parvenir, le Napoléon de Wolfsburg n'hésite pas à pomper des milliards d'euros un peu partout. Mais, attention, Volkswagen n'est pas la seule à viser l'hégémonie mondiale. Elle est cependant celle qui, en disposant du plus imposant portfolio, détient la plus grande longueur d'avance sur les autres candidats. Tous les produits VW à venir dans les prochaines années seront issus de seulement trois plateformes. Des châssis modulaires, avec des noms de code comme MQB pour tous les modèles à traction ou AWD à moteur transversal ; le châssis MLB pour les tractions et AWD à moteur longitudinal ; et la MSB pour les modèles à propulsion ou AWD. Ce système permettra d'énormes économies d'échelle et servira aussi de base pour Audi, Skoda, Seat, Porsche, alouette ! Le groupe entend concevoir pas moins de 40 modèles à partir de la seule plateforme MQB !

GOLF

La Golf VII a été officiellement introduite au Salon de l'auto de Genève en 2012. Elle est le modèle-phare de cette nouvelle stratégie de plateforme MQB qui servira également de base à la prochaine Audi A3, à la future Jetta, au nouveau Tiguan et à combien d'autres ! Si les Européens profiteront de cette Golf dès le printemps, nous devrons pour notre part patienter jusqu'en 2014 avant d'acquérir ce modèle qui portera alors le millésime 2015. Bien entendu, VW discute déjà de plusieurs variantes, comme une familiale et une GTd, c'est-à-dire une version Diesel de la GTi qui pourrait bien traverser l'Atlantique. La nouvelle Golf décapotable, qui remplacera l'Eos, se pointerait en 2016. **Lisez notre essai complet à la page 214.**

EOS

Nous assistons aux derniers tours de roues de cette déesse du vent qui prendra sa retraite à la fin de l'année. Arrivée sur nos routes en 2007 pour remplacer la Golf cabriolet, l'Eos a expérimenté une diffusion plutôt discrète. Cela dit, VW semble déterminé à ramener une Golf décapotable d'ici l'an prochain. Les rumeurs parlent même d'une GTi à toit souple pour intéresser aussi les acheteurs masculins à l'idée de se promener cheveux (ou ce qu'il en reste...) au vent.

BEETLE

Après avoir refait une beauté à la Beetle coupé l'an dernier, l'équipe de concepteurs avait le même mandat pour la décapotable : dessiner un modèle plus masculin aux allures plus sportives. Comme cette nouvelle génération de Beetle est basée sur un châssis de Jetta, plutôt que la Golf, il y avait de la place pour des proportions plus généreuses. Face à l'ancienne génération, cette nouvelle mouture de la Beetle est 187 millimètres plus longue, 84 millimètres plus large et 29 millimètres plus basse. La gamme est simplifiée avec un seul moteur et une seule transmission automatique. Une version Diesel et Turbo viendront s'ajouter au courant de l'année. Volks a aussi présenté au Salon de l'auto de Chicago la Beetle GSR qui sera ni plus ni moins qu'une R-Line décorée de façon à rappeler la *Gelb Schwarzer Renner* originale. Elle sera propulsée par le moteur 2,0 litres turbo de 210 chevaux et sera disponible avec au choix une transmission manuelle ou automatique de 6 vitesses. Seulement 3 500 exemplaires numérotés seront produits.

JETTA

La prochaine génération de Jetta sera elle aussi construite sur la plateforme de la 7e incarnation de la Golf. On l'attend en 2015, quelques mois après la Golf. On parle d'un moteur à 4 cylindres de 1,8 litre qui fournirait entre 180 et 200 chevaux. Ce moteur remplacera dans la Golf et la Jetta le vieillissant 5 cylindres de 2,5 litres qui tirera sa révérence dès l'an prochain. Volkswagen planche également sur des moteurs turbo de 1,4 litre qui pourraient se nicher sous les capots nord-américains.

Relativement nouvelle et assemblée dans la cour de l'oncle Sam, la Passat fera l'objet de retouches pour 2014. Volkswagen a laissé entendre qu'elle considérerait une version familiale pour l'Amérique, mais aucune promesse n'a été faite à ce sujet.

PASSAT

TIGUAN

La deuxième génération de Tiguan est prévue pour l'an prochain. Volkswagen profitera de l'occasion pour donner naissance à deux nouveaux dérivés : un Tiguan à version allongée qui pourrait offrir deux places supplémentaires (rien de confirmé encore) et un Tiguan coupé dans le style de la CC. Imaginez ici un BMW X6 en format de poche. Volkswagen compte également introduire un Tiguan R-Line au cours de l'année qui se distinguera grâce à sa sportivité.

CC

À compter de 2014, la CC deviendra une famille de véhicules à part entière. Ce coupé, dont le style doit beaucoup à la jolie Mercedes-Benz CLS, prendra inévitablement du galon. L'objectif prioritaire est de se distancer de la Passat avec qui la CC a entamé des procédures de divorce depuis l'an dernier. Pour y arriver, les dimensions seront revues à la hausse, comme la longueur qui passera de 4,8 mètres à près de 4,9. Mais la quête d'indépendance exige aussi la création d'une véritable gamme. Elle s'amorcera avec une familiale racée et se poursuivra, selon des rumeurs persistantes, avec la mise en chantier d'un grand cabriolet, question de ne pas laisser à la future Golf décapotable le soin de remplir seule le vide causé par le départ de l'EOS.

ROUTAN

Même si le contrat avec Chrysler ne prend fin qu'en 2014, aucune Routan n'a été assemblée depuis juillet 2012 et il semble bien que Volkswagen mettra la hache pour de bon dans ce partenariat et développera sa propre fourgonnette en vue de 2015.

L'utilitaire de luxe demeurera essentiellement le même au cours des prochains mois. Tout comme pour le Tiguan, Volks offrira une version R-Line pour le V6 à moteur essence ou Diesel. Un style plus agressif, une suspension calibrée sport et une conduite plus inspirée seront les principaux attributs de cette version haut de gamme.

TOUAREG

FICHE D'IDENTITÉ

VERSIONS Trendline, Comfortline, Carat (Europe)
TRANSMISSION(S) avant
PORTIÈRES 3,5 **PLACES** 5
PREMIÈRE GÉNÉRATION 1976
GÉNÉRATION ACTUELLE 2013
CONSTRUCTION Puebla, Mexique (anticipé)
COUSSINS GONFLABLES 9 (frontaux, genoux conducteur, latéraux avant et arrière, rideaux latéraux) (Europe)
CONCURRENCE Chevrolet Cruze, Dodge Dart, Ford Focus, Honda Civic, Hyundai Elantra, Kia Forte, Mazda3, MINI Cooper/Clubman, Mitsubishi Lancer, Nissan Sentra, Subaru Impreza, Scion tC/xB, Suzuki SX4, Toyota Corolla/Matrix

AU QUOTIDIEN

PRIME D'ASSURANCE
25 ANS: 1400 à 1600 $
40 ANS: 1000 à 1200 $
60 ANS: 800 à 1000 $
COLLISION FRONTALE nd
COLLISION LATÉRALE nd
VENTES DU MODÈLE DE L'AN DERNIER AU QUÉBEC nd **AU CANADA** 11 711
DÉPRÉCIATION 42,8 (2 ans)
RAPPELS (2007 à 2012) 3
COTE DE FIABILITÉ 4/5

GARANTIES... ET PLUS

GARANTIE GÉNÉRALE 4 ans/80 000 km
GROUPE MOTOPROPULSEUR 5 ans/100 000 km
PERFORATION 12 ans/kilométrage illimité
ASSISTANCE ROUTIÈRE 4 ans/80 000 km
NOMBRE DE CONCESSIONNAIRES AU QUÉBEC 41 **AU CANADA** 131

NOUVEAUTÉS EN 2013.5

Nouvelle génération

LA COTE VERTE

MOTEUR L4 DE 2,0 L TURBO DIESEL

> **Consommation (100 km)** nd
> **Consommation annuelle** nd
> **Indice d'octane** Diesel > **Émissions polluantes CO_2** nd

(SOURCE: nd)

VÉRITABLE AVANT-PREMIÈRE

Ne vous précipitez pas tout de suite chez votre concessionnaire Volkswagen puisque la septième génération de la Golf n'a pas encore traversé l'Atlantique. En fait, la commercialisation ne débutera qu'en 2014. Alors, pourquoi en parler dès cette année? Tout simplement parce que le constructeur a convié *L'Annuel de l'automobile* à un lancement mondial en Italie à la fin de 2012. C'est que nos voisins du Vieux Continent peuvent déjà l'acheter, cette nouvelle Golf, mais en Amérique, il faudra patienter... Encore! La VW Golf est sans contredit le modèle le plus important de la marque allemande avec près de 30 millions d'exemplaires vendus depuis son lancement, en 1974. Toutefois, ce record ne s'applique pas à notre continent, la berline Jetta étant celle qui séduit le plus grand nombre d'automobilistes grâce à un prix concurrentiel (et un assemblage de moindre qualité).

Vincent Aubé

CARROSSERIE > Lors de la conférence de presse, le responsable du design a rappelé à quel point la Golf était un modèle reconnu par tous, et ce, dans le monde entier. C'est d'ailleurs ce qui explique les lignes familières de cette nouvelle génération. Au chapitre des dimensions, les habitués ne seront pas dépaysés puisque la Golf gagne 56 millimètres en longueur, 13 millimètres en largeur et 59 millimètres du côté de l'empattement, tandis que le toit a été abaissé de 28 millimètres. Voilà le résultat de l'utilisation de la nouvelle plateforme MQB qui sera apprêtée à toutes les sauces au sein du groupe VW, notamment du côté d'Audi avec la future A3. Cette nouvelle base a également été élaborée dans un but précis : celui de réduire le poids de l'auto. Et, de fait, la Golf a perdu 100 kilos!

Qualité de finition supérieure • Mécaniques modernes
Plaisir de conduite

Volume du coffre restreint • Plusieurs options exclusives au continent européen • Il faut encore attendre deux ans!

De profil, la nouvelle mouture ne révolutionne rien, si ce n'est peut-être le fait que le large pilier C prend une courbe différente du modèle actuel. Notez également la trappe du réservoir de carburant qui est parallèlement intégrée à cette partie de la voiture, une belle touche sur une voiture grand public. Les feux arrière ont également été remplacés par des blocs optiques ciselés au couteau, puis réunis au centre par une arête qui se prolonge tout autour de la carrosserie.

À l'avant, les phares plus aplatis s'intègrent plutôt bien au faciès qui, doit-on le rappeler, est semblable à celui qu'il remplace. L'élément le plus subtil, mais très important dans les lignes de cette nouvelle voiture, est certainement le fait que les roues avant ont été avancées de 43 millimètres, ce qui augmente la prestance de cette compacte.

HABITACLE > À l'intérieur, l'ambiance est typique des produits Volkswagen. La planche de bord est évolutive, mais, au moins, elle respire la qualité, ce qui n'est pas le cas de la berline Jetta depuis sa refonte de 2011. Rappelons que la Golf rivalise avec les BMW Série 1, Audi A3 et Mercedes-Benz Classe A en Europe, ce qui explique cet assemblage sans faille. Les commandes principales au tableau se retrouvent aux mêmes emplacements qu'auparavant ou presque, mais les ingénieurs ont tenu à orienter la partie centrale vers le conducteur. De plus, le modèle européen peut être livré avec trois grandeurs d'écrans tactiles (5, 5,8 et 8 pouces), les deux plus grands étant équipés de capteurs qui détectent les doigts quand ils s'approchent de l'écran. Ce dernier fait alors apparaître des commandes utiles au bas. Il est encore trop tôt pour savoir si ce gadget fera partie de l'équipement de la version nord-américaine, mais sachez au moins que c'est très efficace !

Cette 7e Golf préserve heureusement l'une de ses meilleures qualités, c'est-à-dire son confort supérieur, du moins pour une compacte. De plus, ajoutons que l'insonorisation s'est encore une fois améliorée, une vertu que la Golf maîtrisait déjà très bien. Les nouveaux sièges à l'avant sont supérieurs à ceux du modèle actuel, notre modèle d'essai étant même équipé de suède Alcantara au centre, une option qui risque probablement d'être enlevée du carnet de commandes lors de la traversée de l'Atlantique. Quant aux places arrière, elles ont également gagné quelques millimètres de dégagement, idem pour le coffre.

MENTIONS

CLÉ D'OR | CHOIX VERT | COUP DE CŒUR | RECOMMANDÉ

VERDICT

PLAISIR AU VOLANT
QUALITÉ DE FINITION
CONSOMMATION
RAPPORT QUALITÉ / PRIX
VALEUR DE REVENTE nm
CONFORT

1 5 10

2e OPINION

J'étais présent à Francfort lorsqu'on a levé le voile sur cette nouvelle Golf. Ma première réaction d'alors est assez facile à résumer: « Bon, c'est une Golf… ». C'est toutefois en la détaillant et, surtout, en prenant la route qu'on découvre qu'il s'agit vraiment d'une nouvelle voiture. Plus gracieuse, plus raffinée et encore plus agréable à conduire. Son poste de commande est également plus inspiré, avec cette partie centrale légèrement inclinée vers le conducteur. Reste maintenant à savoir quels seront les versions et équipements offerts chez nous, et à faire l'essai du nouveau 1,8 litre turbocompressé, notre futur moteur de base. Mais si vous voulez mon avis, le 1,4 litre à turbo de 150 chevaux, offert en Europe, ferait chez nous tout un tabac, surtout en considérant son faible appétit en carburant.

Antoine Joubert

FICHE TECHNIQUE

+ MOTEUR (S)

(ANTICIPÉS)

DIESEL: L4 2,0 L DACT turbo
PUISSANCE 150 ch à 3 500 tr/min
COUPLE 236 lb-pi à 1 750 tr/min
BOITE(S) DE VITESSES manuelle à 6 rapports, manuelle robotisée à 6 rapports (en option)
PERFORMANCES 0 À 100 KM/H 8,6 s
VITESSE MAXIMALE 216 km/h

ESSENCE: L4 1,8 L turbo
PUISSANCE 170 ch (est.)
COUPLE nd
BOITE(S) DE VITESSES manuelle à 6 rapports, manuelle robotisée à 6 rapports (en option)
PERFORMANCES 0 À 100 KM/H nd
VITESSE MAXIMALE nd

ESSENCE: L4 1,4 L turbo
PUISSANCE 140 ch
COUPLE 184 lb-pi
BOITE(S) DE VITESSES manuelle à 6 rapports, manuelle robotisée à 7 rapports (en option)
PERFORMANCES 0 À 100 KM/H nd
VITESSE MAXIMALE nd
CONSOMMATION (100 KM) man. 5,2 L **robot** 5,0 L

+ AUTRES COMPOSANTS

SÉCURITÉ ACTIVE freins ABS, assistance au freinage, contrôle électronique de la stabilité, antipatinage
SUSPENSION avant/arrière indépendante/essieu rigide
FREINS avant/arrière disques
DIRECTION à crémaillère, assistée
PNEUS P195/65R15, P205/55R16, P225/45R17

+ DIMENSIONS

EMPATTEMENT 2 637 mm
LONGUEUR 4 255 mm
LARGEUR 1 790 mm
HAUTEUR 1 452 mm
POIDS 1 354 kg
DIAMÈTRE DE BRAQUAGE nd
COFFRE 380 L, 1 270 L (sièges abaissés)
RÉSERVOIR DE CARBURANT 50 L

GALERIE

A Le design de cette nouvelle Golf respecte le coup de crayon plus découpé des plus récents véhicules concepts de la marque. Gageons que les prochains véhicules respecteront eux aussi cette approche.

B La planche de bord ressemble beaucoup à l'ancienne, mais sa portion centrale est légèrement inclinée vers le conducteur.

C Il y a heureusement plus d'espace pour les passagers installés aux places arrière, même si ce n'est pas encore parfait. Dans le cas du modèle européen, la qualité des matériaux utilisés pour la sellerie est exemplaire.

D Rien n'est encore confirmé au moment d'écrire ces lignes, mais l'écran tactile de l'édition européenne est équipé de capteurs qui détectent les doigts quand ils s'approchent de l'écran, ce qui fait aussitôt apparaitre des boutons à la base de l'affichage.

E Le moteur TDI est de retour avec légèrement plus de puissance et un brin de couple supplémentaire. Voilà une bonne nouvelle pour les amateurs de ce type de motorisation.

HISTORIQUE

La première Golf a été introduite en Europe au cours de 1974, tandis que l'Amérique a eu droit à la Rabbit deux ans plus tard. Curieusement, cette stratégie de présenter une nouvelle génération de Golf sur le continent nord-américain deux années après les Européens perdure encore. La septième génération du modèle le plus vendu de Volkswagen sera distribuée chez nous comme modèle 2015, exactement deux ans après la présentation de la Golf 2013 en Europe. Au fil des années, la compacte aura gagné en volume, en raffinement et en efficacité. Avec près de 30 millions de Golf vendues depuis les années 70, ce modèle risque d'être parmi nous pendant un bon bout de temps encore...

VOLKSWAGEN GOLF 1974 (1978 EN AMÉRIQUE)

VOLKSWAGEN GOLF 1983 (1985 EN AMÉRIQUE)

VOLKSWAGEN GOLF 1991 (1993 EN AMÉRIQUE)

VOLKSWAGEN GOLF 1997 (1999 EN AMÉRIQUE)

VOLKSWAGEN GOLF 2005 (2007 EN AMÉRIQUE)

VOLKSWAGEN GOLF 2009 (2010 EN AMÉRIQUE)

MÉCANIQUE > Sur le continent européen, la nouvelle Golf est offerte avec une multitude de motorisations différentes, carburant tant au diesel qu'à l'essence. Lors du lancement, Volkswagen avait trimbalé ses deux plus puissantes versions, la première étant équipée d'un 4 cylindres TDI turbodiesel de 2 litres de 150 chevaux et de 236 livres-pieds de couple. L'autre motorisation, un 4 cylindres TSI turbocompressé à injection directe de carburant de 1,4 litre bon pour 140 chevaux, constituait le choix essence de la journée. Ces deux moteurs peuvent être couplés à une bonne vieille boîte de vitesses manuelle à 6 rapports ou à une boîte automatique à double embrayage (6 rapports dans le cas de la TDI, 7 dans le cas de la TSI).

Si le moteur Diesel risque d'être offert tel quel en Amérique du Nord, c'est une toute autre histoire en ce qui a trait au petit TSI. En fait, le récent dévoilement du véhicule concept Passat Performance au Salon de l'auto de Detroit 2013 confirme que Volkswagen offrira plutôt un 4 cylindres turbocompressé à injection directe de carburant de 1,8 litre qui n'a rien à voir avec l'ancien 1.8T bien connu des amateurs. Si le moteur du prototype développait pas moins de 250 chevaux, il est clair que ce nouveau 4 cylindres devrait en livrer entre 170 et 180. L'arrivée de cette nouvelle mécanique signifie également la fin du 5 cylindres qui avait malheureusement la fâcheuse habitude de consommer beaucoup de carburant.

COMPORTEMENT > Notre essai sur les routes sinueuses de la Sardaigne n'a malheureusement pas été de longue durée, mais, tout de même, ce premier contact a été suffisant pour constater que notre future Golf demeure fidèle à la précédente. Son caractère européen est toujours aussi plaisant - un élément que les automobilistes québécois adorent -, le plaisir de conduite toujours aussi aiguisé et le degré de confort, inégalé pour une Golf ou n'importe quelle voiture compacte ! La direction n'est pas trop lourde et demeure précise, tandis que le levier de vitesses se révèle un peu vague, mais il existe pire dans l'industrie. Avec les roues bien logées aux quatre coins de la voiture, on a vraiment l'impression de conduire un kart qui colle au bitume. Ce n'est pas encore aussi amusant qu'au volant d'une MINI Cooper, mais bon, disons seulement que la Golf a très bien paru dans les courbes serrées de cette région du globe.

Si les 100 kilos enlevés à la masse semblent peu, c'est plutôt à la pompe que cette diète risque de se manifester avec des cotes de consommation - sur le cycle européen - plutôt impressionnantes de 4,1 litres aux 100 kilomètres pour le moteur TDI et de 4,7 litres pour le moteur à essence de 1,4 litre, ce dernier étant également équipé d'un système de désactivation des cylindres, ne l'oublions pas.

CONCLUSION > Comme c'est souvent le cas avec les modèles populaires, cette refonte complète a plutôt l'air d'une révision majeure en raison du design évolutif de cet habitacle familier et des mécaniques connues. Nul doute que cette septième génération de la Golf sera encore une fois appréciée des amateurs de la marque au Québec. Le design conserve sa bouille sympathique à l'européenne, l'intérieur a gagné en espace et en raffinement, tandis que, sous le capot, l'excellent moteur TDI revient en force en plus de voir un nouveau 4 cylindres 1.8T remplacer le vieillissant 5 cylindres. Il ne reste maintenant qu'une seule question à laquelle les gens de Volkswagen n'ont pas encore voulu répondre: elle coûtera combien, cette Golf VII? La réponse risque d'arriver seulement au début de 2014. Patience mes amis, patience. ■

VOLVO

Si nous avions à établir un bulletin des constructeurs pour l'année 2012, Volvo n'obtiendrait pas la note de passage. En fait, le fabricant suédois, désormais sous tutelle chinoise, échouerait son année de façon lamentable, au point où nous n'aurions pas d'autres choix que de la lui faire recommencer. C'est simple, au cours de la dernière année, l'effort n'y était pas. En marge des réalisations de ses compagnons de classe, c'est à se demander si ces piètres résultats ne sont pas symptomatiques d'un problème plus profond que les personnes concernées devront bien régler tôt ou tard. Une visite chez le directeur s'impose! Cela dit, les choses s'apprêtent peut-être à changer. En effet, que voit-on dans notre boule de cristal quand nous l'astiquons avec vigueur? L'arrivée de moteurs à 4 cylindres turbo issus de la philosophie VEA (Volvo Environnemental Architecture). Chose certaine, les prochaines années seront déterminantes pour ce constructeur qui n'a tout simplement plus de marge de manœuvre. Comme l'a si bien dit Michel Therrien, l'entraîneur-chef du Canadien de Montréal, au début de la saison écourtée: « Pas le temps de niaiser! »

Dépêchez-vous si elle figurait sur votre liste d'achat, car les modèles 2013 seront les derniers. Volvo cesse la production de son plus beau modèle. La raison? Des chiffres de ventes atroces. Un conseil au fabricant : pour vendre, il faut faire de la promotion. À quand remontre la dernière pub que vous avez vue ou entendue sur la C30? Est-ce qu'une version repensée et revue de cette voiture est dans les plans pour l'avenir? La porte ne serait pas entièrement fermée, paraît-il.

C30

V40

La V40 est une petite familiale aux lignes très séduisantes. Voilà un produit qui a tout pour réussir. Malheureusement, cette voiture ne traversera pas l'Atlantique. Bizarre décision venant d'un constructeur qui souhaite augmenter ses ventes au pays de l'Oncle Sam. Mais bon, on sait aussi que les Américains n'apprécient guère les familiales. C'est encore plus dommage pour notre marché puisque la V40 aurait pu faire un malheur chez nous. La bonne nouvelle, c'est que, en 2015, elle pourrait être le plus vieux modèle de la gamme.

Le XC60, lancé en 2010, verra son style retouché pour 2014. Au programme, on peut s'attendre à ce que ses nouvelles lignes soient inspirées de celles de la V40 européenne. Les moteurs sous le capot devraient être les mêmes, ce qui signifie que le XC60 hybride, qui avait été présenté à Detroit en 2012, n'est pas pour demain. En fait, Volvo demeure coite quant à une date de commercialisation de cette version, même si on laisse malgré tout planer un possible intérêt pour l'an prochain. Ou alors, selon d'autres rumeurs, d'ici deux ans...

XC60

La noble berline a du kilométrage dans le corps. En effet, sa dernière refonte date de 2006, ce qui est une éternité de nos jours dans l'industrie de l'automobile. On parle de retouches stylistiques pour 2014, mais c'est en 2015 que le vrai renouvellement du vaisseau-amiral de l'entreprise est attendu. Si on respecte l'esprit du concept You véhiculé depuis quelques années dans les divers salons de l'automobile, Volvo serait alors... en voiture!

S80

XC90

On sait que le nouveau XC90 est attendu pour 2014. Il sera le premier modèle de la marque à faire usage de la nouvelle plateforme à traction développée par Volvo, soit la SPA (pour *Scalable Platform Architecture*). Celle-ci a été conçue pour recevoir la nouvelle famille de moteurs à 4 cylindres que concocte le constructeur. Un souhait : un modèle plus fiable que celui de l'actuelle génération.

En voilà une autre qui parcourt actuellement ses derniers kilomètres. En octobre 2011, on annonçait déjà que la production cesserait en 2013. Ensuite, il faudra s'armer de patience avant de voir poindre la prochaine génération de la décapotable C70. Bien sûr, si prochaine génération il y a... Les paris sont ouverts.

C70

Dernière nouveauté Volvo à nous être parvenue de Suède, la S60 demeure une excellente voiture et elle a permis à la marque de calmer un peu l'impatience croissante des amateurs à l'égard d'une gamme de plus en plus vieillissante. Il faudra attendre au moins 2016 et, même, 2017, avant de reluquer la prochaine mouture.

S60

V60

En Europe, cette variante de la S60 est commercialisée depuis l'an dernier. Mieux encore : il existe aussi une version hybride diesel/électricité enfichable dont la production a débuté en novembre dernier. Malheureusement, pour le moment, la V60 brille sur nos routes par son absence. Une lacune qui pourrait être corrigée d'ici deux ans, selon les dirigeants de Volvo, mais nous n'aurions droit qu'à la version à essence. Misère...

L'utilitaire passe-partout de Volvo verrait son allure transformée peu de temps après la refonte de la S80, une bagnole avec laquelle il partage son ADN. Attendez-vous à un nouveau modèle pour le millésime 2015, ou alors 2016 dans le pire des scénarios.

XC70

Modèles 2013.5

NDLR: Cette liste ayant été compilée à la veille de l'impression de L'Annuel de l'automobile 2013.5, les prix qu'elle contient sont les plus récents de l'ensemble de cet ouvrage au moment d'aller sous presse. Toutefois, juste avant de se rendre chez l'imprimeur, certains prix 2013 n'avaient pas encore été annoncés. Le cas échéant, en guise de référence, nous avons choisi d'indiquer les prix des modèles 2012 et de les identifier par un astérisque. Dans tous les cas, ces prix ont été obtenus des fabricants et ils étaient en vigueur le 22 février 2013.

LÉGENDES

4RM = 4 roues motrices | **C.L.** = caisse longue | **cab. all.** = cabine allongée | **t.** = tonne | **emp. all.** = empattement long

- **> Tous les prix inscrits avec un astérisque* identifient des modèles 2012.**
- **> Mise à jour des données effectuée le 22 février 2013**
- **> NOTE – Ces prix ne comprennent ni les frais de transport et de préparation du véhicule, ni les taxes qui s'appliquent à la vente ou à la location.**

ACURA

ILX	27 790 $
ILX Dynamic 2.4L	29 990 $
ILX Hybride	34 990 $
RL Elite*	64 690 $
TL	39 890 $
TL Tech	43 390 $
TL SH-AWD	43 890 $
TSX Premium	33 990 $
TSX Tech	38 290 $
TSX Tech V6	42 290 $

ACURA I Camions

MDX	53 190 $
MDX Tech	58 690 $
MDX Elite	63 390 $
RDX	40 990 $
RDX Tech	43 990 $
ZDX	56 690 $

ASTON MARTIN

DBS*	316 716 $
DBS Volante*	336 984 $
DB9*	211 900 $
DB9 Volante*	232 200 $
Rapide*	223 100 $
Vanquish	ND
V8 Vantage	123 500 $
V8 Vantage Roadster	145 000 $
V12 Vantage*	186 600 $
Virage*	224 100 $
Virage Volante*	244 350 $

AUDI

A3 2.0T	34 100 $
A3 2.0 TDI	37 100 $
A3 2.0T quattro	37 500 $
A4 2.0T	37 800 $
A4 2.0T quattro	39 700 $
A4 2.0T Allroad quattro	45 100 $
A4 2.0T Allroad quattro Premium Plus	51 900 $
A5 2.0T	46 900 $
A5 cabriolet	59 300 $
A6 2.0T quattro	52 500 $
A6 3.0 Premium Plus	59 800 $
A7 3.0 quattro Premium	69 200 $
A8 3.0	89 900 $
A8 4.0	106 700 $
A8 L 4.2	114 200 $
A8 L W12	172 000 $
R8 4.2*	144 000 $
R8 4.2 Spyder*	158 000 $
R8 5.2*	173 000 $
R8 5.2 Spyder*	187 000 $
R8 5.2 GT*	228 000 $
S4	53 000 $
S5	55 900 $
RS5 4.2	77 000 $
S5 cabriolet	68 800 $
S6	82 300 $
S7	89 300 $
S8	130 000 $
TT 2.0T quattro	48 600 $
TT RS	67 900 $
TT 2.0T roadster Quattro	51 600 $
TTS 2.0T quattro	57 900 $
TTS 2.0T roadster quattro	62 200 $

AUDI I Camions

Q5 2.0	39 900 $
Q5 3.0	46 150 $
Q5 Hybrid	56 600 $
Q7 3.0	58 200 $
Q7 3.0 Sport	73 500 $
Q7 TDI	63 200 $

BENTLEY

Continental GT 6.0L	216 400 $
Continental GT Speed	236 500 $
Continental Supersports*	323 070 $
Continental Supersports cabriolet	308 400 $
Continental GTC 6.0L	238 000 $
Continental Flying Spur	202 600 $
Continental Flying Spur Speed	230 600 $
Mulsanne	325 600 $

BMW

128i coupé	36 000 $
135i coupé	43 200 $
128i cabriolet	41 400 $
135i cabriolet	48 700 $
320i	35 900 $
328i xDrive Classic Line	39 990 $
328i	43 600 $
328i Gran Turismo	ND
335i	51 200 $
335i Gran Turismo	ND
335i xDrive	53 800 $
Active Hybride 3	58 300 $
328i coupé	44 300 $
328i xDrive coupé	46 800 $
335i coupé	53 400 $
335is coupé	59 600 $
335i xDrive coupé	54 100 $
328i cabriolet	57 300 $
335i cabriolet	68 900 $
335is cabriolet	75 100 $
528i	54 500 $
528i xDrive	56 900 $
535i xDrive	64 900 $
550i xDrive	75 900 $
Active Hybride 5	69 990 $
535i Gran Turismo xDrive	69 950 $
550i Gran Turismo xDrive	80 150 $
650i coupé xDrive	101 500 $
650i cabriolet xDrive	109 900 $
650i xDrive Gran Coupé	99 800 $
740 Li xDrive	106 600 $
750i xDrive	112 300 $
750 Li xDrive	120 200 $
Active Hybride 7 L	140 200 $
760 Li	189 100 $
Alpina B7	154 000 $
M3*	69 900 $
M3 coupé	71 700 $
M3 cabriolet	82 300 $
M5	101 500 $
M6 coupé	128 900 $
M6 cabriolet	124 900 $
Z4 sDrive 28i	54 300 $
Z4 sDrive 35i	63 900 $
Z4 sDrive 35is	77 900 $

BMW I Camions

X1 28i xDrive	36 900 $
X1 35i xDrive	39 900 $
X3 28i xDrive	42 450 $
X3 35i xDrive	47 400 $
X5 35i xDrive	61 800 $
X5 35d xDrive	64 300 $
X5 50i xDrive	75 700 $
X5 M	98 500 $
X6 35i xDrive	66 800 $
X6 50i xDrive	82 200 $
X6 M	102 900 $

BUICK

LaCrosse eAssist hybride	36 195 $
LaCrosse eAssist hybride Luxury	38 895 $
LaCrosse Luxury 4RM	42 965 $
LaCrosse Ultra Luxury	44 995 $
Regal eAssist hybride	36 845 $
Regal Turbo	37 450 $
Regal GS	41 455 $
Verano	22 895 $
Verano Groupe cuir	28 695 $

BUICK I Camions

Enclave Convenience	41 525 $
Enclave Cuir	46 685 $

Enclave Premium	50 370 $
Enclave Convenience 4RM	44 525 $
Enclave Cuir 4RM	49 685 $
Enclave Premium 4RM	53 370 $
Encore Convenience	26 895 $
Encore Cuir	30 190 $
Encore Premium	32 505 $
Encore Convenience 4RM	28 845 $
Encore Cuir 4RM	32 140 $
Encore Premium 4RM	34 455 $

CADILLAC

ATS 2.5L	35 195 $
ATS 2.0L Turbo	36 985 $
ATS 3.6L	43 935 $
ATS 2.0L Turbo 4RM	39 710 $
ATS 3.6L 4RM	46 660 $
ATS 3.6L 4RM Premium	53 450 $
CTS Coupe	42 860 $
CTS Coupe 4RM	45 490 $
CTS-V Coupe	72 600 $
CTS 3.0L	45 000 $
CTS 3.6L Performance Collection	51 170 $
CTS 3.0L 4RM	47 600 $
CTS 3.6L 4RM Performance Collection	53 800 $
CTS-V	73 300 $
CTS 3.0L familiale	41 570 $
CTS 3.6L familiale Performance Collection	51 800 $
CTS 3.0L 4RM familiale	44 200 $
CTS 3.6L 4RM familiale Performance Collection	54 840 $
CTS-V familiale	75 460 $
ELR	ND
XTS	48 995 $
XTS Platinum	62 635 $
XTS 4RM	54 135 $
XTS Platinum 4RM	64 975 $

CADILLAC I Camions

Escalade 4RM	85 850 $
Escalade Hybride	96 000 $
Escalade EXT 4RM	80 770 $
Escalade ESV 4RM	89 600 $
SRX V6	40 495 $
SRX V6 4RM	46 595 $
SRX Premium 4RM	55 795 $

CHEVROLET

Camaro LS	28 200 $
Camaro LT	30 110 $
Camaro SS	38 350 $
Camaro LT cabriolet	36 300 $
Camaro SS cabriolet	44 820 $
Camaro ZL1	58 500 $
Camaro ZL1 cabriolet	64 250 $
Corvette coupé	60 600 $
Corvette Grand Sport coupé	68 200 $
Corvette cabriolet	70 200 $
Corvette Grand Sport cabriolet	76 600 $
Corvette Z06	88 220 $
Corvette ZR1	120 000 $
Cruze LS	14 995 $
Cruze ECO	20 795 $
Cruze LT Turbo	19 335 $
Cruze LTZ Turbo	26 445 $
Impala LS	28 300 $
Impala LT	29 290 $
Impala LTZ	34 450 $
Malibu LS	24 995 $
Malibu LT	26 475 $
Malibu LT Eco	27 940 $
Malibu LTZ	34 205 $
Sonic LS	13 665 $
Sonic LT	16 815 $
Sonic LTZ	21 055 $
Sonic LS 5p.	14 155 $
Sonic LT 5p	17 815 $
Sonic LTZ 5p	21 295 $
Sonic RS 5p	23 560 $
Spark LS	11 845 $
Spark LT	15 195 $
Spark 2LT	16 995 $
Volt	42 000 $

CHEVROLET I Camions

Avalanche LS	44 650 $
Avalanche LT	45 955 $
Avalanche LS 4RM	47 895 $
Avalanche LT 4RM	49 200 $
Avalanche LTZ 4RM	59 460 $
Equinox LS	26 935 $
Equinox LT	29 920 $
Equinox LTZ	35 900 $
Equinox LS 4RM	28 885 $
Equinox LT 4RM	31 870 $
Equinox LTZ 4RM	37 850 $
Express 1500 LS Passagers	39 440 $
Express 1500 LT Passagers	44 045 $
Express 1500 LS Passagers 4RM	42 500 $
Express 1500 LT Passagers 4RM	47 005 $
Express 2500 LS Passagers	39 805 $
Express 2500 LT Passagers	44 060 $
Express 3500 LS Passagers	38 790 $
Express 3500 LT Passagers	42 500 $
Express 3500 LS Passagers emp. long	41 600 $
Express 3500 LT Passagers emp. long	44 385 $
Express 1500 Cargo	32 035 $
Express 1500 Cargo 4RM	37 035 $
Express 2500 Cargo	33 785 $
Express 2500 Cargo emp. long	35 125 $
Express 3500 Cargo	34 265 $
Express 3500 Cargo emp. long	35 350 $
Orlando LS	19 995 $
Orlando LT	22 530 $
Orlando LTZ	28 730 $
Silverado 1500 WT	27 205 $
Silverado 1500 LT	31 020 $
Silverado 1500 WT cab. all.	30 430 $
Silverado 1500 WT cab. all C.L.	33 105 $
Silverado 1500 LT cab. all	34 555 $
Silverado 1500 LT cab. all C.L.	36 420 $
Silverado 1500 LTZ cab. all	43 015 $
Silverado 1500 WT Crew Cab	32 790 $
Silverado 1500 LS Crew Cab	35 290 $
Silverado 1500 LT Crew Cab	36 480 $
Silverado 1500 LTZ Crew Cab	44 170 $
Silverado 1500 Hybride Crew Cab	48 010 $
Silverado 1500 4RM WT	30 805 $
Silverado 1500 4RM LT	35 170 $
Silverado 1500 4RM WT cab. all.	34 955 $
Silverado 1500 4RM WT cab. all C.L.	36 640 $
Silverado 1500 4RM LT cab. all	38 705 $
Silverado 1500 4RM LT cab. all C.L.	40 390 $
Silverado 1500 4RM LTZ cab. all	47 215 $
Silverado 1500 4RM WT Crew Cab	36 550 $
Silverado 1500 4RM LS Crew Cab	38 890 $
Silverado 1500 4RM LT Crew Cab	40 370 $
Silverado 1500 4RM LTZ Crew Cab	48 530 $
Silverado 1500 4RM Hybride Crew Cab	52 160 $
Suburban 1500 LS	52 610 $
Suburban 1500 LT	58 510 $
Suburban 1500 LS 4RM	56 060 $
Suburban 1500 LT 4RM	61 960 $
Suburban 1500 LTZ 4RM	73 605 $
Suburban 2500 LS	54 340 $
Suburban 2500 LT	60 240 $
Suburban 2500 LS 4RM	57 780 $
Suburban 2500 LT 4RM	63 680 $
Tahoe LS	49 930 $
Tahoe LT	55 335 $
Tahoe LT Hybride	69 190 $
Tahoe LS 4RM	54 390 $
Tahoe LT 4RM	59 790 $
Tahoe LTZ 4RM	70 475 $
Tahoe LT Hybride 4RM	72 175 $
Traverse LS	32 995 $
Traverse LT	36 035 $
Traverse LTZ	45 875 $
Traverse LS 4RM	35 995 $
Traverse LT 4RM	39 035 $
Traverse LTZ 4RM	48 875 $
Trax LS	18 495 $
Trax LT	23 205 $
Trax LTZ	27 380 $
Trax LT 4RM	25 155 $
Trax LTZ 4RM	29 330 $

CHRYSLER

200 LX	19 995 $
200 Touring	24 295 $
200 Limited	26 995 $
200 S	29 295 $
200 LX décapotable	30 095 $
200 Touring décapotable	37 195 $
200 Limited décapotable	39 195 $
200 S décapotable	39 695 $
300 Touring	34 245 $
300 Limited	36 095 $
300 Limited 4RM	38 495 $
300 S V6	37 995 $
300 S V6 4RM	40 445 $
300 S V8	39 640 $
300 S V8 4RM	41 840 $
300C	40 640 $
300C 4RM	42 840 $
300 SRT8	49 345 $

CHRYSLER I Camions

Town & Country Touring	40 995 $
Town & Country Limited	46 995 $

DODGE

Avenger SE	19 995 $
Avenger SXT	24 295 $
Avenger R/T	29 295 $
Challenger SXT	26 995 $
Challenger R/T	37 745 $
Challenger SRT8	49 745 $
Charger SE	29 995 $
Charger SXT	33 445 $
Charger R/T	38 595 $
Charger SRT8 Super Bee	44 445 $
Charger SRT8	48 345 $
Dart SE	15 995 $
Dart SXT	17 995 $
Dart Rallye	19 495 $
Dart Limited	23 245 $
Dart R/T 2.4L	23 995 $

DODGE I Camions

Durango SXT	39 295 $
Durango Crew Plus	47 495 $
Durango Crew Plus 5.7L	49 645 $
Durango R/T	48 495 $
Durango Citadel	51 495 $
Durango Citadel 5.7L	53 645 $
Grand Caravan SE	27 995 $
Grand Caravan Crew	34 995 $
Grand Caravan R/T	39 995 $
Journey SE	21 495 $
Journey SXT	25 045 $
Journey R/T 4RM	32 045 $

FERRARI

458 Italia	269 000 $
458 Spyder	315 000 $
FF	349 000 $
F12 Berlinetta	(estimé) 400 000 $
California	249 000 $

FIAT

500 Pop	15 995 $
500 Sport	18 995 $
500 Sport Turbo	20 995 $
500 Lounge	19 995 $
500 Abarth	24 495 $
500c Pop Cabrio	19 995 $
500c Lounge Cabrio	23 395 $
500c Abarth Cabrio	27 995 $
500c Lounge Cabrio	23 395 $
500L	ND

FISKER

Karma EcoStandard*	109 000 $
Karma EcoSport*	120 000 $
Karma EcoChic*	125 000 $

FORD

Fiesta S 5p	13 999 $
Fiesta SE 5p	15 999 $
Fiesta Titanium 5p	18 999 $
Fiesta S sedan	13 999 $
Fiesta SE sedan	15 999 $
Fiesta Titanium sedan	18 999 $
Focus SE 5p	19 599 $
Focus Titanium 5p	25 799 $
Focus ST 5p	29 999 $
Focus S sedan	15 999 $
Focus SE sedan	18 699 $
Focus Titanium sedan	24 899 $
Focus Electric	41 199 $
Fusion S	22 499 $
Fusion SE	24 499 $
Fusion SE 1.6L	25 399 $
Fusion Titanium	33 999 $
Fusion SE 2.0L 4RM	28 799 $
Fusion SE Hybride	29 999 $
Fusion Energi (branchable)	38 899 $
Mustang V6	23 999 $
Mustang V6 Premium	26 999 $
Mustang V6 Premium cabriolet	31 999 $
Mustang GT	39 299 $
Mustang GT cabriolet	44 299 $
Mustang Boss 302	48 799 $
Mustang Shelby GT 500	61 699 $
Mustang Shelby GT 500 cabriolet	66 699 $
Taurus SE	28 799 $
Taurus SEL	33 799 $
Taurus SEL 4RM	36 199 $
Taurus Limited 4RM	41 999 $
Taurus SHO 4RM	49 199 $

FORD I Camions

C-Max Energi SEL	36 999 $
C-Max Hybride SE	27 199 $
C-Max Hybride SEL	30 199 $
E-150 fourgon	31 799 $
E-250 fourgon	33 099 $
E-350 Super Duty fourgon	34 399 $
E-150 passagers XL	36 799 $
E-150 passagers XLT	38 899 $
E-350 Super Duty passagers XL	39 499 $
E-350 Super Duty passagers XLT	41 799 $
Edge SE	27 999 $
Edge SEL	34 499 $
Edge Limited	37 999 $
Edge SEL 4RM	36 499 $
Edge Limited 4RM	39 999 $
Edge Sport 4RM	43 499 $
Escape S	21 499 $
Escape SE	26 899 $
Escape SEL	31 599 $
Escape SE 4RM	29 099 $
Escape SEL 4RM	33 799 $
Escape Titanium 4RM	37 499 $
Expedition XLT	47 399 $

Expedition Limited	59 299 $
Expedition MAX Limited	61 799 $
Explorer	29 999 $
Explorer XLT	36 099 $
Explorer Limited	41 399 $
Explorer 4RM	32 999 $
Explorer XLT 4RM	39 099 $
Explorer Limited 4RM	44 399 $
F-150 XL	19 999 $
F-150 STX	27 199 $
F-150 XLT	30 099 $
F-150 XL 4RM	30 899 $
F-150 STX 4RM	29 499 $
F-150 XLT 4RM	35 399 $
F-150 SuperCab XL	31 799 $
F-150 SuperCab STX	30 499 $
F-150 SuperCab XLT	34 199 $
F-150 SuperCab XL 4RM	36 199 $
F-150 SuperCab XLT 4RM	38 099 $
F-150 SuperCab SVT Raptor 4RM	53 999 $
F-150 SuperCrew XLT	35 999 $
F-150 SuperCrew XLT 4RM	40 999 $
F-150 SuperCrew Lariat	46 599 $
F-150 SuperCrew SVT Raptor 4RM	58 999 $
F-150 SuperCrew Lariat King Ranch 4RM	60 399 $
F-150 SuperCrew Lariat Platinum 4RM	60 999 $
Flex SE	30 499 $
Flex SEL	37 099 $
Flex SEL 4RM	39 099 $
Flex Limited 4RM	44 399 $
Flex Limited EcoBoost 4RM	48 299 $
Transit Connect fourgon XLT	27 599 $
Transit Connect tourisme XLT	28 799 $
Transit Connect Electric	ND

GMC

Acadia SLE	36 210 $
Acadia SLT	43 750 $
Acadia SLE 4RM	39 210 $
Acadia SLT 4RM	46 750 $
Acadia Denali 4RM	55 335 $
Savana 1500 SL	39 440 $
Savana 1500 SLE	44 045 $
Savana 1500 SL 4RM	42 500 $
Savana 1500 SLE 4RM	47 005 $
Savana 1500 fourgon	32 035 $
Savana 1500 fourgon 4RM	37 035 $
Savana 2500 SL	39 805 $
Savana 2500 SLE	44 060 $
Savana 2500 fourgon	33 785 $
Savana 2500 fourgon emp. long	35 125 $
Savana 3500 SL	38 790 $
Savana 3500 SLE	42 500 $
Savana 3500 SL emp. long	41 600 $
Savana 3500 SLE emp. long	44 385 $
Savana 3500 fourgon	34 265 $
Savana 3500 fourgon emp. long	35 350 $
Terrain SLE	28 695 $
Terrain SLE V6	32 765 $
Terrain SLT	32 665 $
Terrain SLT V6	34 390 $
Terrain Denali	39 830 $
Terrain Denali V6	41 555 $
Terrain SLE 4RM	30 645 $
Terrain SLE V6 4RM	34 715 $
Terrain SLT 4RM	34 615 $
Terrain SLT V6 4RM	36 340 $
Terrain Denali 4RM	41 780 $
Terrain Denali V6 4RM	43 505 $
Sierra 1500 WT	27 205 $
Sierra 1500 SLE	31 020 $
Sierra 1500 WT cab. All.	30 430 $
Sierra 1500 SL cab. All.	33 675 $
Sierra 1500 SLE cab. All	34 555 $
Sierra 1500 SLT cab. All	43 015 $
Sierra 1500 WT Crew Cab	32 790 $
Sierra 1500 SL Crew Cab	35 290 $
Sierra 1500 SLE Crew Cab	36 220 $
Sierra 1500 SLT Crew Cab	44 170 $
Sierra 1500 Hybride Crew Cab	48 010 $
Sierra 1500 4RM WT	30 805 $
Sierra 1500 4RM SLE	35 170 $
Sierra 1500 4RM WT cab. All.	34 955 $
Sierra 1500 4RM WT cab. all C.L.	36 640 $
Sierra 1500 4RM SL cab. all	37 275 $
Sierra 1500 4RM SLE cab. All	38 705 $
Sierra 1500 4RM SLE cab. all C.L.	40 390 $
Sierra 1500 4RM SLT cab. All	47 215 $
Sierra 1500 4RM WT Crew Cab	36 550 $
Sierra 1500 4RM SL Crew Cab	38 890 $
Sierra 1500 4RM SLE Crew Cab	40 370 $
Sierra 1500 4RM SLT Crew Cab	48 530 $
Sierra 1500 4RM Denali Crew Cab	58 420 $
Sierra 1500 4RM Hybride Crew Cab	52 160$
Yukon SLE	49 930 $
Yukon SLT	59 790 $
Yukon SLT Hybride	69 190 $
Yukon SLE 4RM	54 390 $
Yukon SLT 4RM	59 790 $
Yukon SLT Hybride 4RM	72 175 $
Yukon Denali	73 730 $
Yukon Denali Hybride 4RM	81 250 $
Yukon XL 1500 SLE	52 610 $
Yukon XL 1500 SLT	58 510 $
Yukon XL 1500 SLE 4RM	56 060 $
Yukon XL 1500 SLT 4RM	61 960 $
Yukon XL 1500 Denali 4RM	77 445 $
Yukon XL 2500 SLE	54 340 $
Yukon XL 2500 SLT	60 240 $
Yukon XL 2500 SLE 4RM	57 780 $
Yukon XL 2500 SLT 4RM	63 680 $

HONDA

Accord LX	23 990 $
Accord Sport	25 490 $
Accord EX-L	29 090 $
Accord Touring	30 390 $
Accord EX-L V6	32 790 $
Accord EX-L V6 Touring	35 290 $
Accord coupé EX	26 290 $
Accord coupé EX-L NAVI	29 990 $
Accord coupé EX-L V6 NAVI	35 390 $
Civic DX	15 440 $
Civic LX	18 190 $
Civic EX	20 190 $
Civic Touring	24 840 $
Civic Si	26 190 $
Civic Hybride*	24 990 $
Civic coupé LX	18 590 $
Civic coupé EX	20 590 $
Civic coupé EX-L NAVI	25 240 $
Civic coupé Si	26 190 $
Crosstour EX	28 990 $
Crosstour EX-L	32 590 $
Crosstour EX-L V6 4RM	37 290 $
Crosstour EX-L V6 NAVI 4RM	39 290 $
CR-Z Hybride*	23 490 $
Fit DX	14 580 $
Fit LX	16 980 $
Fit Sport	18 880 $
Insight LX*	23 900$
Insight EX*	27 500 $

HONDA I Camions

CR-V LX 2RM	25 990 $
CR-V EX 2RM	28 940 $
CR-V LX	28 140 $
CR-V EX	31 040 $
CR-V EX-L	33 240 $
CR-V Touring	35 140 $
Odyssey LX	29 990 $
Odyssey EX	34 090 $
Odyssey EX-L	41 190 $
Odyssey Touring	47 190 $
Pilot LX 2RM	34 990 $
Pilot LX	37 990 $
Pilot EX	40 890 $
Pilot EX-L	43 190 $
Pilot Touring	48 590 $
Ridgeline DX	34 990 $
Ridgeline VP	36 890 $
Ridgeline Sport	37 890 $
Ridgeline Touring	42 190 $

HYUNDAI

Accent L	13 299 $
Accent GL	15 199 $
Accent GLS	18 249 $
Accent 5p L	13 699 $
Accent 5p GL	15 599 $
Accent 5p GLS	17 449 $
Elantra Coupé GLS	19 949 $
Elantra Coupé SE	25 199 $
Elantra L	15 949 $
Elantra GL	18 249 $
Elantra GLS	19 949 $
Elantra Limited	23 199 $
Elantra GT GL	19 149 $
Elantra GT GLS	21 349 $
Elantra GT SE	24 349 $
Equus Signature	64 499 $
Equus Ultimate	71 999 $
Genesis Coupe 2.0T	26 499 $
Genesis Coupe 2.0T R-Spec	28 799 $
Genesis Coupe GT 3.8	36 999 $
Genesis 3.8	39 999 $
Genesis 3.8 Technology	49 499 $
Genesis 5.0 R-Spec	53 499 $
Sonata GL	23 999 $
Sonata GLS	25 999 $
Sonata Limited	28 999 $
Sonata Hybride*	28 999 $
Sonata Hybride Premium*	33 999 $
Sonata 2.0T Limited	31 799 $
Sonata 2.0T Limited Navi	34 199 $
Veloster	19 499 $
Veloster Tech	22 999 $
Veloster Turbo	25 999 $

HYUNDAI I Camions

Santa Fe Sport 2.4L	26 499 $
Santa Fe Sport 2.4L Premium	28 299 $
Santa Fe Sport 2.0T Premium	30 499 $
Santa Fe Sport 2.4L 4RM	30 299 $
Santa Fe Sport 2.0T Premium 4RM	32 499 $
Santa Fe Limited 2.0T 4RM	38 499 $
Tucson L 2.0L	19 999 $
Tucson GL 2.4L	24 599 $
Tucson GLS 2.4L	26 899 $
Tucson GL 4RM	26 599 $
Tucson GLS 4RM	28 899 $
Tucson Limited 4RM	34 349 $
Tucson Premium 4RM	26 599 $

INFINITI

G37x Luxury 4RM	43 950 $
G37 Sport	46 040 $
G37x Sport 4RM	48 040 $
G37 coupé Premium	46 800 $
G37 coupé Sport	49 300 $
G37x coupé Premium 4RM	49 300 $
G37 IPL coupé	57 300 $
G37 Sport Cabriolet	58 400 $
G37 IPL Cabriolet	67 300 $
M35h	68 500 $
M37	52 700 $
M37x 4RM	55 200 $
M37x Sport	67 100 $
M56 Premium	67 400 $
M56x Sport	77 100 $
M56x 4RM Premium	69 900 $
Q50	ND

INFINITI I Camions

EX37 Luxury	39 900 $
FX37 Premium	53 350 $
FX37 Limited	61 500 $
FX50	65 100 $
JX35	44 900 $
JX 35 Premium	49 900 $
QX56	73 200 $

JAGUAR

F-Type	ND
XF 2.0L	53 500 $
XF 3.0L 4RM	61 500 $
XFR	88 000 $
XJ 4RM	89 000 $
XJL Portfolio 4RM	96 000 $
XJ Supercharged	102 500 $
XJL Supercharged	105 500 $
XJ Supersport	122 000 $
XJL Supersport	128 500 $
XK	98 625 $
XKR	109 125 $
XKR-S	139 000 $
XK cabriolet	105 625 $
XKR cabriolet	116 125 $
XKR-S cabriolet	146 000 $

JEEP

Compass Sport	18 995 $
Compass Sport 4RM	21 695 $
Compass North	23 095 $
Compass North 4RM	27 195 $
Compass Limited	25 195 $
Compass Limited 4RM	27 195 $
Grand Cherokee Laredo	38 795 $
Grand Cherokee Limited	48 095 $
Grand Cherokee Overland	51 095 $
Grand Cherokee SRT8	56 295 $
Patriot Sport	17 995 $
Patriot Sport 4RM	20 695 $
Patriot North	22 095 $
Patriot North 4RM	23 095 $
Patriot Limited	24 695 $
Patriot Limited 4RM	26 895 $
Wrangler Sport	23 195 $
Wrangler Sahara	31 045 $
Wrangler Rubicon	34 045 $
Wrangler Unlimited Sport	29 045 $
Wrangler Unlimited Sahara	33 045 $
Wrangler Unlimited Rubicon	36 045 $

KIA

Forte Koup EX 2.0L	19 095 $
Forte Koup SX 2.4L	22 395 $
Forte Koup SX Luxury 2.4L	24 695 $
Forte LX 2.0L	15 995 $
Forte EX 2.0L	18 595 $
Forte SX 2.4L	21 895 $
Forte SX Luxury 2.4L	25 595 $
Forte5 LX 2.0L	16 795 $
Forte5 EX 2.0L	19 295 $
Forte5 SX 2.4L	22 595 $
Forte5 SX Luxury 2.4L	26 295 $
Optima LX	21 995 $
Optima EX	26 795 $
Optima EX Turbo	29 095 $
Optima EX Luxury	30 895 $
Optima Turbo SX	33 995 $
Optima Hybride*	30 595 $
Optima Hybride Premium*	35 695 $

Quoris	ND
Rio LX	13 895 $
Rio EX	17 395 $
Rio SX	20 695 $
Rio5 LX	14 195 $
Rio5 EX	17 695 $
Rio5 SX	19 695 $
Soul 1.6L	16 795 $
Soul 2.0L 2u	19 195 $
Soul 2.0L 4u	22 895 $
Soul 2.0L 4u Luxury	25 595 $

KIA I Camions

Sorento LX	26 895 $
Sorento LX V6	29 495 $
Sorento LX 4RM	28 795 $
Sorento LX V6 4RM	31 395 $
Sorento EX 4RM	32 295 $
Sorento EX V6 4RM	34 295 $
Sorento EX V6 Luxury 4RM	38 795 $
Sportage LX	21 995 $
Sportage LX 4RM	27 195 $
Sportage EX	27 595 $
Sportage EX 4RM	30 095 $
Sportage EX Luxury 4RM	34 095 $
Sportage SX 4RM	37 395 $

LAMBORGHINI

Aventador LP700-4	430 000 $
Aventador LP700-4 Roadster	485 000 $
Gallardo LP560-4	230 000 $
Gallardo LP570-4 Superleggera	281 300 $
Gallardo Spyder LP560-4	290 000 $

LAND ROVER

LR2	39 990 $
LR4 V8	59 490 $
Range Rover Evoque Coupe	48 095 $
Range Rover Evoque	46 995 $
Range Rover Sport HSE	73 650 $
Range Rover Sport Compresseur	89 900 $
Range Rover HSE	94 330 $
Range Rover Compresseur	114 750 $

LEXUS

CT 200h	31 450 $
ES 350	39 500 $
ES 300h	43 900 $
IS 250	34 250 $
IS 250 4RM	38 050 $
IS 250C cabriolet	51 105 $
IS 350	51 400 $
IS 350C cabriolet	57 425 $
IS F	70 650 $
GS 350	51 900 $
GS 350 4RM	54 900 $
GS 450h	64 650 $
LS 460	82 950 $
LS 460 4RM	86 150$
LS 460L 4RM	101 105 $
LS 600h L	131 200 $

LEXUS I Camions

GX 460	62 200 $
GX 460 Ultra Premium	77 800 $
LX 570	87 000 $
RX 350	44 950 $
RX 350 F Sport	57 900 $
RX 450h	56 750 $

LINCOLN

MKZ	38 350 $
MKZ 4RM	42 545 $
MKZ Hybride	38 350 $
MKS 4RM	47 700 $
MKS EcoBoost 4RM	52 200 $

LINCOLN I Camions

MKX	47 650 $
MKT EcoBoost	50 550 $
Navigator	74 300 $
Navigator L	77 300 $

LOTUS

Evora	78 400 $
Evora S	90 700 $

MASERATI

GranTurismo S	144 900 $
GranTurismo MC	161 900 $
GranTurismo cabriolet	160 600 $
GranTurismo Sport cabriolet	166 900 $
Quattroporte S	146 900 $
Quattroporte Sport GT S	156 900 $

MAZDA

Mazda2 GX	15 600 $
Mazda2 GS	18 300 $
Mazda3 GX	15 995 $
Mazda3 GS SkyActiv	19 695 $
Mazda3 GT	25 995 $
Mazda3 Sport GX	16 995 $
Mazda3 Sport GS SkyActiv	20 695 $
Mazda3 Sport GT	26 995 $
MazdaSpeed3	29 995 $
Mazda5 GS	21 995 $
Mazda5 GT	24 805 $
Mazda6 GS	24 250 $
Mazda6 GT	30 850 $
Mazda6 GS V6	31 755 $
Mazda6 GT V6	37 695 $
Mazda6 GX (2014)	24 495 $
Mazda6 GS (2014)	28 395 $
Mazda6 GT (2014)	32 195 $
MX-5 GX	29 250 $
MX-5 GS	36 045 $
MX-5 GT	41 450 $

MAZDA I Camions

CX-5 GX	22 995 $
CX-5 GS	27 895 $
CX-5 GX 4RM	28 150 $
CX-5 GS 4RM	30 150 $
CX-5 GT 4RM	32 750 $
CX-9 GS 2RM	33 995 $
CX-9 GS 4RM	36 995 $
CX-9 GT 4RM	44 750 $

MCLAREN

MP4-12C*	247 500 $
MP4-12C Spider	ND

MERCEDES-BENZ

B250	29 900 $
C250 Coupe	40 800 $
C350 Coupe	49 900 $
C63 AMG Coupe	67 700 $
C250	37 300 $
C300 4MATIC	39 990 $
C350	44 750 $
C350 4MATIC	47 700 $
C63 AMG	65 300 $
CL550 4MATIC	136 600 $
CL63 AMG	163 000 $
CL600	195 200 $
CL65 AMG	243 000 $
CLS550	84 800 $
CLS63 AMG	111 200 $
E300 4MATIC	58 300 $
E350 4MATIC	66 300 $
E350 BlueTEC	65 600 $
E550 4MATIC	74 900 $
E350 4MATIC familiale	70 400 $
E63 AMG 4MATIC familiale	102 300 $
E350 Coupe	61 400 $
E550 Coupe	72 900 $
E63 AMG	102 300 $
E350 cabriolet	69 200 $
E550 cabriolet	79 900 $
S400 Hybride	108 200 $
S550 4MATIC	109 900 $
S600	196 000 $
S63 AMG	151 600 $
S65 AMG	236 100 $
SL550	123 900 $
SL63 AMG	158 900 $
SL65 AMG	229 900 $
SLK250	52 200 $
SLK350	67 000 $
SLK55 AMG	80 500 $
SLS AMG	207 900 $
SLS AMG Roadster	214 200 $

MERCEDES-BENZ I Camions

G550	120 900 $
G63 AMG	149 900 $
GLK250 BlueTec	43 500 $
GLK350	44 900 $
GLK350 4RM	44 900 $
GL350 BlueTec	73 700 $
GL450	75 900 $
GL550	95 900 $
ML350 BlueTec	60 400 $
ML350	58 900 $
ML550	76 500 $
ML63 AMG	100 900 $
R350	57 800 $
R350 BlueTec	58 900 $
Sprinter 2500 fourgon	42 900 $
Sprinter 3500 fourgon	49 300 $
Sprinter 2500 passagers	50 100 $

MINI

Cooper	23 950 $
Cooper S	28 950 $
Cooper John Cooper Works	36 900 $
Cooper Clubman	24 950 $
Cooper S Clubman	29 950 $
Cooper John Cooper Works Clubman	38 400 $
Cooper cabriolet	29 200 $
Cooper S cabriolet	33 950 $
Cooper John Cooper Works cabriolet	42 900 $
Cooper Countryman	25 500 $
Cooper Countryman S ALL4	29 900 $
Cooper Coupe	25 950 $
Cooper S Coupe	31 150 $
Cooper Coupe John Cooper Works	38 400 $
Cooper Roadster	28 900 $
Cooper S Roadster	32 900 $
Cooper Roadster John Cooper Works	39 900 $
Cooper Paceman	26 800 $
Cooper Paceman S ALL4	31 200 $
Cooper Paceman John Cooper Works ALL4	39 600 $

MITSUBISHI

i-MiEV	33 998 $
Lancer DE	15 498 $
Lancer SE	19 198 $
Lancer SE AWC 4RM	23 098 $
Lancer GT	23 998 $
Lancer GT AWC 4RM	27 998 $
Lancer Ralliart	31 798 $
Lancer Sportback SE	19 798 $
Lancer Sportback GT	24 198 $
Lancer Evolution GSR	41 998 $
Lancer Evolution MR	51 798 $
Mirage	ND

MITSUBISHI I Camions

Outlander ES	25 998 $
Outlander ES 4RM	27 998 $
Outlander LS 4RM	30 498 $
Outlander XLS 4RM	35 198 $
RVR ES	19 998 $
RVR SE	22 298 $
RVR SE 4RM	25 598 $
RVR GT 4RM	28 998 $

NISSAN

370Z	40 978 $
370Z Roadster	47 478 $
Altima coupé 2.5 S	28 998 $
Altima 2.5	23 698 $
Altima 2.5 S	24 898 $
Altima 2.5 SV	26 998 $
Altima 3.5 SV	29 698 $
Altima 3.5 SL	32 598 $
Cube 1.8S	17 788 $
Cube 1.8SL	21 608 $
GT-R Premium	103 980 $
GT-R Black Edition	113 380 $
Leaf*	38 395 $
Maxima 3.5 SV	37 880 $
Sentra 1.8 S	14 848 $
Sentra 1.8 SV	17 548 $
Sentra 2.5 SE-R*	22 078 $
Sentra 2.5 SE-R Spec V*	23 478 $
Versa hatchback 1.8 S*	14 678 $
Versa hatchback 1.8 SL*	17 678 $
Versa sedan 1.6 S	11 798 $
Versa sedan 1.6 SV	14 198 $
Versa sedan 1.6 SL	16 998 $

NISSAN I Camions

Armada Platine	59 178 $
Frontier S King Cab*	24 478 $
Frontier SV V6 King Cab*	28 478 $
Frontier SV Crew Cab*	32 278 $
Frontier PRO-4X V6 King Cab 4RM*	33 378 $
Frontier SV V6 Crew Cab 4RM*	34 278 $
Frontier SL V6 Crew Cab 4RM*	41 478 $
Juke SV	19 998 $
Juke SL	23 678 $
Juke SV 4RM	23 478 $
Juke SL 4RM	27 078 $
Murano S	34 498 $
Murano SV	37 598 $
Murano SL	40 698 $
Murano LE	44 098 $
NV 200	ND
NV 1500 V6	30 998 $
NV 2500 V6	32 298 $
NV 2500 V8	33 148 $
NV 2500 V8 High Roof	35 838 $
NV 3500 V8	34 448 $
NV 3500 V8 High Roof	39 668 $
Pathfinder S 2RM	29 998 $
Pathfinder SL 2RM	35 698 $
Pathfinder S	31 998 $
Pathfinder SV	35 248 $
Pathfinder SL	37 698 $
Pathfinder Platinum	42 098 $
Rogue S	23 978 $
Rogue SV	26 678 $
Rogue S 4RM	26 778 $
Rogue SV 4RM	29 478 $
Rogue SL 4RM	34 398 $
Titan King Cab S	33 898 $
Titan King Cab SV	38 448 $
Titan King Cab SV 4RM	41 848 $
Titan King Cab PRO-4X 4RM	43 598 $
Titan Crew Cab S 4RM	39 898 $
Titan Crew Cab SV 4RM	44 448 $
Titan Crew Cab PRO 4X 4RM	46 198 $
Titan Crew Cab SL 4RM	51 648 $
Xterra S*	33 998 $

Xterra PRO-4X*	36 578 $
Xterra SV*	37 878 $

PORSCHE

Boxster	56 500 $
Boxster S	69 500 $
Cayman (2014)	59 900 $
Cayman S (2014)	72 900 $
Panamera	87 500 $
Panamera Platinum Édition	97 400 $
Panamera 4	92 700 $
Panamera S	104 500 $
Panamera S Hybride	110 000 $
Panamera 4S	110 200 $
Panamera Turbo	158 500 $
Panamera Turbo S	200 300 $
911 Carrera	93 700 $
911 Carrera 4	103 900 $
911 Carrera S	110 000 $
911 Carrera GTS*	117 600 $
911 Carrera 4S	120 500 $
911 Carrera cabriolet	106 900 $
911 Carrera 4 cabriolet	117 400 $
911 Carrera S cabriolet	123 200 $
911 Carrera GTS cabriolet*	128 800 $
911 Carrera 4S cabriolet	134 100 $
911 Targa 4*	106 700 $
911 Targa 4S*	121 400 $
911 Turbo	156 900 $
911 Turbo S	183 400 $
911 Edition 918 Spyder	183 400 $
911 Turbo cabriolet	170 000 $
911 Turbo S cabriolet	196 400 $
911 cabriolet Edition 918 Spyder	196 400 $

PORSCHE | Camions

Cayenne V6	56 600 $
Cayenne Diesel	64 500 $
Cayenne S	74 300 $
Cayenne S Hybride	79 200 $
Cayenne GTS	93 600 $
Cayenne Turbo	121 900 $
Macan	ND

RAM I Camions

Ram Cargo (Grand Caravan)	29 995 $
Ram 1500 ST	26 995 $
Ram 1500 SLT	31 795 $
Ram 1500 ST 4RM	32 295 $
Ram 1500 R/T	37 095 $
Ram 1500 SLT 4RM	35 295 $
Ram 1500 Quad Cab ST	32 795 $
Ram 1500 Quad Cab ST 4RM	36 495 $
Ram 1500 Quad Cab SLT	35 795 $
Ram 1500 Quad Cab SLT 4RM	39 795 $
Ram 1500 Quad Cab Laramie	44 795 $
Ram 1500 Quad Cab Laramie 4RM	48 795 $
Ram 1500 Crew Cab ST	34 295 $
Ram 1500 Crew Cab SLT	37 295 $
Ram 1500 Crew Cab ST 4RM	38 295 $
Ram 1500 Crew Cab SLT 4RM	41 295 $
Ram 1500 Crew Cab Laramie	46 295 $
Ram 1500 Crew Cab Laramie Longhorn	51 295 $
Ram 1500 Crew Cab Laramie 4RM	50 295 $
Ram 1500 Crew Cab Laramie Longhorn 4RM	55 295 $
Ram ProMaster	ND

ROLLS-ROYCE

Ghost	256 650 $
Ghost LWB	296 000 $
Phantom Series II	398 970 $
Phantom Coupe	429 295 $
Phantom LWB	470 295 $
Phantom Drophead Coupé	469 900 $
Wraith	ND

SCION

FR-S	25 990 $
iQ*	16 760 $
tC	20 940 $
tC Release Series 8.0	24 420 $
xB	18 860 $
xD	17 690 $

SMART

Fortwo pure	14 450 $
Fortwo passion	17 500 $
Fortwo Brabus	20 900 $
Fortwo cabriolet passion	20 500 $
Fortwo cabriolet Brabus	23 900 $
Fortwo EV (électrique)	29 990 $

SRT

Viper	99 995 $
Viper GTS	119 995 $

TESLA

Model S (40kWh)	64 500 $
Model S (60kWh)	75 200 $
Model S (85Wh)	85 900 $

SUBARU

BRZ	27 295 $
BRZ Sport-tech	29 295 $
Impreza 2.0i	19 995 $
Impreza 2.0i Touring	21 695 $
Impreza 2.0i Sport	23 895 $
Impreza 2.0i Limited	26 895 $
Impreza 2.0i 5 portes	20 895 $
Impreza 2.0i Touring 5 portes	22 595 $
Impreza 2.0i Sport 5 portes	24 795 $
Impreza 2.0i Limited 5 portes	27 795 $
Impreza WRX	32 495 $
Impreza WRX Limited	35 495 $
Impreza WRX 5 portes	33 395 $
Impreza WRX Limited 5 portes	36 395 $
Impreza WRX STI	38 195 $
Impreza WRX STI Sport-Tech	41 695 $
Impreza WRX STI 5 portes	39 095 $
Impreza WRX STI Sport-Tech 5 portes	42 595 $
Legacy 2.5i	23 495 $
Legacy PZEV	26 695 $
Legacy 2.5I Touring	27 295 $
Legacy 2.5i Limited	32 495 $
Legacy 3.6R Limited	34 695 $
Outback 2.5i	28 495 $
Outback PZEV	30 495 $
Outback 2.5i Touring	31 095 $
Outback 2.5i Limited	36 295 $
Outback 3.6R	34 495 $
Outback 3.6R Limited	38 495 $

SUBARU I Camions

Forester 2.5X	25 995 $
Forester PZEV	28 995 $
Forester 2.5X Touring	29 095 $
Forester 2.5X Limited	33 395 $
Forester 2.5XT Limited Navi	35 895 $
Tribeca	38 995 $
Tribeca Limited	43 195 $
Tribeca Premier	45 495 $
XV Crosstrek Touring	24 495 $
XV Crosstrek Sport	26 495 $
XV Crosstrek Limited	28 995 $

SUZUKI

Kizashi S 4RM	27 995 $
Kizashi SX 4RM	30 995 $
Kizashi Sport 4RM	33 495 $
SX4 JA	17 835 $
SX4 JX	20 535 $
SX4 JX 4RM	22 235 $
SX4 JE sedan	15 495 $
SX4 JA sedan	17 835 $
SX4 Sport sedan	20 335 $

SUZUKI I Camions

Grand Vitara Urban	27 495 $
Grand Vitara JX	28 635 $
Grand Vitara JLX	30 195 $
Grand Vitara JLX-L	31 135 $

TOYOTA

Avalon XLE	36 800 $
Avalon Limited	38 900 $
Camry LE	23 700 $
Camry SE	26 985 $
Camry SE V6	29 740 $
Camry XLE	30 470 $
Camry XLE V6	34 275 $
Camry Hybride LE	27 710 $
Camry Hybride XLE	29 235 $
Corolla CE	15 450 $
Corolla LE	21 170 $
Corolla S	20 605 $
Corolla LE Premium	24 765 $
Matrix	16 795 $
Matrix XRS	24 015 $
Matrix 4RM	24 560 $
Prius	26 100 $
Prius Plug-in (branchable)	35 700 $
Prius C	20 440 $
Prius V	27 425 $
Yaris Hatchback CE 3p	14 250 $
Yaris Hatchback LE 5p	14 890 $
Yaris Hatchback SE 5p	19 250 $
Yaris Sedan*	14 400 $

TOYOTA I Camions

4Runner SR5 V6	37 990 $
4Runner SR5 V6 Limited	49 085 $
FJ Cruiser	33 440 $
FJ Cruiser TrailTeams Édition	41 495 $
Highlander 4 cyl 2RM	31 680 $
Highlander V6	35 925 $
Highlander Limited	45 100 $
Highlander Hybride	43 400 $
Highlander Hybride Limited	52 450 $
RAV4 LE 2RM	23 790 $
RAV4 XLE 2RM	27 000 $
RAV4 LE	25 990 $
RAV4 XLE	29 200 $
RAV4 Limited	31 700 $
Sequoia SR5	51 890 $
Sequoia Limited	58 960 $
Sequoia Platinum	67 140 $
Sienna LE	28 140 $
Sienna V6	29 140 $
Sienna LE V6	32 905 $
Sienna SE V6	37 205 $
Sienna XLE V6	39 740 $
Sienna XLE Limited	48 935 $
Sienna 4RM LE	35 730 $
Sienna 4RM XLE	41 425 $
Sienna 4RM XLE Limited	50 625 $
Tacoma Access Cab	22 335 $
Tacoma Access Cab SR5	24 410 $
Tacoma Access Cab V6 4RM	27 125 $
Tacoma Doublecab V6 4RM	28 615 $
Tacoma Doublecab V6 SR5 4RM	31 165 $
Tacoma Doublecab V6 Sport TRD 4RM	34 015 $
Tundra 5.7L	26 210 $
Tundra Double Cab SR5 4.6L	32 170 $
Tundra Double Cab 5.7L SR5	36 695 $
Tundra 4RM 5.7L	29 925 $
Tundra 4RM Double Cab SR5 4.6L	36 235 $
Tundra 4RM Double Cab SR5 5.7L	37 335 $
Tundra 4RM Double Cab Limited 5.7L	48 305 $
Tundra 4RM CrewMax	42 360 $
Tundra 4RM CrewMax Limited	48 305 $
Tundra 4RM CrewMax Platinum	52 050 $
Venza	28 690 $
Venza Premium	32 905 $
Venza 4RM	30 490 $
Venza V6	30 445 $
Venza V6 4RM	32 245 $
Venza V6 4RM Touring	38 300 $

VOLKSWAGEN

Beetle 2.5L	22 175 $
Beetle 2.0T	29 575 $
Beetle TDI	24 175 $
Beetle 2.5L Cabriolet	28 775 $
CC	35 125 $
CC V6 4Motion	48 475 $
Eos	39 875 $
Golf 2.5L	19 975 $
Golf 2.0L TDI	25 425 $
Golf 2.5L familiale	22 975 $
Golf 2.0L TDI familiale	27 025 $
Golf R	39 675 $
GTI 3p	29 375 $
GTI 5p	30 375 $
Jetta 2.0L	14 990 $
Jetta 2.5L	21 690 $
Jetta 2.0L TDI	23 990 $
Jetta Hybride	27 875 $
Jetta GLI 2.0T	28 990 $
Passat 2.5L	23 975 $
Passat 2.0L TDI	26 575 $
Passat 3.6L V6	31 575 $

VOLKSWAGEN I Camions

Tiguan	27 875 $
Tiguan 4Motion	31 575 $
Touareg 3.6L V6	49 675 $
Touareg 3.0L TDI	53 975 $

VOLVO

C30 T5	29 500 $
C30 T5 Platinum	35 500 $
C30 T5 R-Design	37 000 $
C30 T5 R-Design Platinum	43 000 $
C70 T5 cabriolet	52 500 $
S60 T5	39 150 $
S60 T5 4RM	41 550 $
S60 T6 4RM	46 550 $
S60 T6 4RM R-Design Platinum	54 650 $
S80	47 450 $
S80 T6 4RM	55 300 $
S80 T6 Platinum 4RM	59 850 $
XC70 3.2	42 400 $
XC70 T6	47 000 $
XC70 Platinum	51 400 $

VOLVO I Camions

XC60 3.2 2RM	39 350 $
XC60 3.2 Platinum 2RM	48 750 $
XC60 3.2	41 750 $
XC60 T6	46 900 $
XC60 T6 Platinum	52 450 $
XC60 T6 R-Design Platinum	58 400 $
XC90 3.2	50 400 $
XC90 3.2 R-Design	57 450 $